图1 2005年,首届经济学硕士研究生秋游合影

图2 2008年8月30日,汇丰银行捐赠冠名签字仪式

图3 2008年12月20日，海闻在汇丰商学院新年晚会上提出打造中国"商界军校"

图4 2009年8月，2008级学生赴惠州军训，标志着学院正式将军训纳入全日制学生培养体系

图5 2010年3月26日,汇丰商学院首届EMBA开学典礼

图6 2012年9月,汇丰商学院首届全日制工商管理硕士(MBA)研究生入学

图7　2013年11月，汇丰商学院新教学楼正式启用

图8　2014年10月24日，全球商学院院长论坛在汇丰商学院举行

图9　2017年6月8日，诺贝尔经济学奖获得者托马斯·萨金特加盟汇丰商学院，组建萨金特数量经济与金融研究所

图10　2018年3月25日，北京大学120周年校庆海外庆典暨英国校区启动仪式在英国牛津郡举行

图 11　2021 年 11 月，首届北大汇丰-剑桥嘉治全球创新创业大赛颁奖典礼

图 12　2022 年，北大汇丰商学院与国际关系学院联合设立"国际政治与国际金融"
跨学科本科联合培养项目，首批同学在汇丰商学院英国校区留影

"商界军校"
二十年

沈清华 ◎ 著

北京大学出版社

图书在版编目（CIP）数据

攀峰之路："商界军校"二十年 / 沈清华著. —北京：北京大学出版社, 2024.9. -- ISBN 978-7-301-35612-8

Ⅰ. G649.286.53

中国国家版本馆CIP数据核字第2024VZ5050号

书　　　名	攀峰之路："商界军校"二十年 PANFENG ZHILU : "SHANGJIE JUNXIAO" ERSHINIAN
著作责任者	沈清华　著
责任编辑	裴　蕾
标准书号	ISBN 978-7-301-35612-8
出版发行	北京大学出版社
地　　　址	北京市海淀区成府路205号　100871
网　　　址	http://www.pup.cn
电子邮箱	编辑部em@pup.cn　总编室zpup@pup.cn
新浪微博	@北京大学出版社　@北京大学出版社经管图书
电　　　话	邮购部010-62752015　发行部010-62750672　编辑部010-62750667
印　刷　者	天津中印联印务有限公司
经　销　者	新华书店
	720毫米×1020毫米　16开本　23.5印张　彩插3　398千字 2024年9月第1版　2025年2月第3次印刷
定　　　价	98.00元

未经许可，不得以任何方式复制或抄袭本书之部分或全部内容。
版权所有，侵权必究
举报电话: 010-62752024　电子邮箱: fd@pup.cn
图书如有印装质量问题，请与出版部联系，电话: 010-62756370

目录

引言   1

第一篇　筑梦南国   *1*

北大"落子"深圳   2
海闻成为不二人选   5
这里能办成一流高校吗？   9
商学院开办费100万元   11
找"邻居"港大谈合作   14
第一届招生全部靠调剂   18
快速组建高水平师资队伍   21
魏炜从北京"跟"到深圳   24
招聘"标杆式"人才   27
学习个个是"拼命三郎"   29
不同寻常的实习规定   32
港大给学生带来了什么   35
学生深度参与学院创建   37
海闻掏钱为学生设基金   40
首届毕业生实现开门红   43

第二篇　争取"外援"　　　　　　　47

力争外部资源加快发展　　　　　48
担任独董，机会来了　　　　　　50
专飞重庆见汇丰"老大"　　　　　53
汇丰高层集体"面试"　　　　　　56
金融风暴来临前签约　　　　　　60
合作带来了共赢局面　　　　　　61
大学城拿地一波三折　　　　　　64
大楼设计"守正出奇"　　　　　　67
政府解决了资金缺口　　　　　　69
黑板应放在哪面墙上　　　　　　73
服务配套也要"国际化"　　　　　76
国内商学院最大单体建筑　　　　78

第三篇　奋力国际化　　　　　　　83

国际化的"顶层设计"　　　　　　84
去海外招聘优秀教师　　　　　　86
招聘这事制度说了算　　　　　　89
外国教师曾经超四成　　　　　　91
考试现场的"文化冲突"　　　　　94
外国学生构成"小联合国"　　　　97
多元文化，成长沃土　　　　　　100
全英文的教学和工作环境　　　　104
做交换生的收获真大　　　　　　107
年轻教师，与国际"同步"　　　　109

率先实行 tenure 制	111
为什么这里不设"系"	114
行政为教学科研服务	116
以国际认证推进国际化	117
千辛万苦也不停步	121
英国飞来一个好消息	124
北大给出强有力的支持	127
击败三大劲敌成功中标	131
这件事"破了天荒"	132
意想不到的风雨	136
中国高校历史性的一步	139
英国校区大有可为	143
加强与英国高校的合作	146
从"院级"上升为"校级"	149
设立机构，落实用房	151
艰难中也有惊喜	153

第四篇 "军校"风格　　157

目标要对得起"北大"	158
"商界军校"横空出世	160
研究生军训开创先河	163
不仅收获了健康肤色	166
军训升级为必修课	169
开了 20 年的特殊班会	171
"海老大"的一次平等对话	174
这件事引发深刻思考	180

素质养成做到内外兼修	183
奖惩规定，明明白白	187
团队意识，这里最强	189
创新全日制硕士培养模式	191
论文抄袭，学位没了	195
实行最严格的毕业标准	198
新冠疫情下的靓丽就业	202
全方位助力学生求职	205
成就斐然的毕业生们	208
实现自己的创业梦想	212
报考这里成为"最佳选择"	214
添砖加瓦捐资助学	217

第五篇　培养企业家　　221

一穷二白中启动 EDP	222
PE 培训做到全国第一	226
EDP 师资国内一流	229
对学院有了家的感觉	232
几千人参加的 EDP 年会	234
EDP 校友遍布世界	237
听一次课躲过金融危机	239
一场突如其来的大整顿	241
规范中实现高质量发展	244
与时俱进满足市场需求	247
加班加点启动 MBA 项目	249
报考人数不降反升	252

"改变自己，改变世界" 255

独创商业智慧教学法 258

EMBA"难进"又"难出" 262

都是"商界军校"学子 265

为何别称"体育学院"？ 268

这里毕业"不离校" 272

做有家国情怀的企业家 275

从上课到上市 277

第六篇　学术大跃升　　　281

首次见面相谈甚欢 282

萨金特决定加盟 284

诺奖得主带来的效应 287

王鹏飞当选SAET会士 291

大楼里的大师与新秀 294

智库：为社会贡献智慧 299

《北大金融评论》的传承与创新 302

到北大汇丰听讲座 304

研发商学教学科研的利器 308

不断提升的学术影响力 312

第七篇　创院院长海闻　　　317

家庭出身带来成长压力 318

写血书争取屯垦戍边 321

北大荒里劳筋励志 323

高考恢复，考进燕园 326

幸遇诸多恩师好友	329
留学美国,获博士学位	332
放弃终身教职毅然回国	335
北大校园里艰苦创业	337
南下深圳开拓新事业	341
做海老师的学生很幸福	343
20年的"得"与"失"	346
教育界的创业家	349

结语	*353*
附录一	*358*
附录二	*360*
后记	*362*

引 言

深圳没有严冬，2007年12月23日，大学城依然树葱草绿，风暖花开。

比天气更温暖人心的，是海闻那番豪情万丈的讲话。

深圳麒麟山庄的宴会厅里，300多名深圳商学院全日制研究生、EDP（高层管理培训项目）学员、教职员工聚在一起，辞旧迎新，创院院长海闻做了一个长长的新年演讲。

在回顾了建院以来所取得的成绩后，海闻提出了未来的奋斗目标："2008年到2013年，将是深圳商学院快速发展的阶段。我们在这个阶段的目标是，融入深圳，走向全国。2013年到2023年，我们要走向世界，成为国际知名的一流商学院，这是我们奋斗的方向和目标。"

接着，海闻又分析了实现这些目标的必要性和可能性。演讲结束时，他满怀激情地宣告："2008年，将是北京大学深圳商学院开始腾飞的一年！"师生们听得热血沸腾，报以长时间的掌声。

然而，没过几天，会场的激情冷却下来，一些议论便私下传开了：

"现在师生加起来才300人，很多教授都是兼职的，要想成为世界一流谈何容易。"

"现在报考光华管理学院的学生挤破门，我们这里硕士还需要调剂才能招满，差距太大了。"

"深圳就不是一个办大学的地方。"

这些人中，很多人说的是事实，当然也有极个别人说风凉话。当时北大深圳商学院创办不久，首届学生还没毕业，各种条件都很有限，很多深圳人都不知道有这样一家商学院。

时间长了，这些议论自然就传到了海闻那里。他对自己说的话当然坚信

不疑,因为北大的商学院在深圳发展可谓兼具天时、地利、人和,尤其是当中国成为世界上一个非常重要的经济体时,中国的教育最终成为世界一流也是必然的。但办学校跟办企业不同,企业有一个好的产品可以迅速崛起,而学校培养的是人,优秀的人需要很长一段时间才能被社会认可。一个新学院的发展毕竟需要时间,而且还受到内部和外部各种条件的限制。听到这些议论,他虽然也感到了重重压力,但既然把话说出去了,就要拼命去实现它。从此在海闻心里,2023年办成世界一流商学院,不仅是坚定的目标和追求,还是矢志不渝的信念!

时光如流,2023年到了。7月底的一天,笔者拜访海闻,他显得特别高兴,对我谈起不久前世界著名高校排名机构QS(Quacquarelli Symonds)发布的报告,以及学院招生和毕业生就业等情况。

谈完之后,他特地从书柜拿出一本上年出版的《海闻浅论:教育卷》,找到16年前的那次讲话,指着那段话一字一句地给笔者读了出来。

"现在终于可以底气十足地说,当初夸下的海口,今天兑现了!"说完,海闻显得有些得意和自豪,甚至有些如释重负。

作为北大汇丰近20年发展的见证人,笔者能深刻理解海闻此时的心情,也非常了解这些年来商学院所取得的巨大成就,以及在社会、学术、行业和国际上所形成的广泛影响力。

先看北大汇丰的生源。好学校必须有好生源,如今这里报考十分火爆。2024级全日制硕士招生290人,推免生申请加上考研报名的人数一共多达3111人,录取率只有9.3%;2022年新冠疫情期间,MBA(工商管理硕士)招生200人,有1283人报名参加考试;EMBA(高级管理人员工商管理硕士)招生名额一直只有100人,这些年报名人数每年都过千。学院各个培养项目都拥有中国最顶尖的生源。

再看毕业生就业。新冠疫情以来,大学生就业形势寒气逼人,北大汇丰这里却始终暖意融融,全日制硕士几乎年年保持100%的就业率。2023届毕业生,不仅就业率达到100%,而且保持了高质量:近70%进入金融行业,绝大多数是头部金融单位;在深圳、北京和上海就业的占比达81%。

再看教师团队。这里既有全球商学院中最好的硬件大楼，也有一批国内外知名的"大师"，比如萨金特（Thomas Sargent）、海闻、樊纲、朱家祥、魏炜、王鹏飞、巴曙松等，明星荟萃。其中萨金特教授是诺贝尔经济学奖获得者，先后担任北大汇丰商学院"萨金特数量经济与金融研究所"的所长和荣誉所长。王鹏飞教授2024年年初当选经济学理论促进学会（Society for the Advancement of Economic Theory，SAET）会士，是中国（不包括港澳台地区）第二位获此殊荣的经济学家，也是华人宏观经济学家中首位当选者。

再看学术成果。最近五年，北大汇丰师生在英文期刊发表论文350篇，其中SSCI（Social Sciences Citation Index，社会科学引文索引）和SCI（Science Citation Index，科学引文索引）论文316篇；在中文期刊发表论文222篇，其中CSSCI（Chinese Social Sciences Citation Index，中文社会科学引文索引）论文126篇；出版学术著作48部。国际知名的IDEAS网站2023年11月发布的数据显示，学院学术排名跃居所有中国经济研究机构第6位。

再看各类国际认证。2023年10月，顺利通过EQUIS（EFMD Quality Improvement System，欧洲管理发展基金会质量改进体系）5年期认证，这标志着北大汇丰正式完成AACSB（The Association to Advance Collegiate Schools of Business，国际商学院协会）、AMBA（The Association of MBAs，工商管理硕士协会）、EQUIS三项权威国际认证。目前全球1.6万余所商学院中，同时获得这三项认证的仅有不到1%。

最后看QS排名。2023年7月，QS全球EMBA排名发布，北大汇丰位居全球第29位、亚太第8位、中国（不包括港澳台地区）第1位。而同榜单中参与的国内其他商学院，最好排名是第42位。此前的2022年9月，QS商科硕士排名发布，北大汇丰金融硕士、管理学硕士分别位居全球第20位、第17位，均位居亚洲第1位。北大汇丰在这些排名中，已经跻身全球顶尖商学院之列。

20年来，北大汇丰全日制硕博、MBA、EMBA和EDP项目共培养、培训了数万名学生，其中多数在深圳工作，为深圳和中国经济转型升级输送了大量高质量的人才；在金融业界，北大汇丰的影响力越来越大，校友遍布国内大型金融机构,他们以过硬的专业素养和出色的能力成为单位骨干,很多校友还担任高管;作为北大的一个学院,汇丰商学院以卓越的办学成就为北大争光,走出国门到英国创办校区,更是以填补中国高教史上的空白而成为北大的骄傲;以创新的思维办学,在国内全日制研究生培养中率先推出"双硕士"以及主修加辅修项目、率先实行全英文教学、率先实行军训并把包含军训项目的"综合素质教育理论与实践课"列入必修课;等等。这些培养模式的创新为中国高校的改革和发展做出了有益探索,不少做法被其他高校学习借鉴。

20年的艰辛,20年的奋斗,20年的辉煌!一串串数字和事实说明,北大汇丰20年前筑梦南国,如今已梦想成真。

"看似寻常最奇崛,成如容易却艰辛。"在这本书里,笔者将带读者去了解北大汇丰20年不同寻常的创业故事,看北大精神在南国深圳演绎出的精彩。在这个商学院的故事里,有筚路蓝缕,有鲜花掌声,有喜怒哀乐,也有为人、做事的经验和智慧。

第一篇
筑梦南国

《老子》有言:"九层之台,起于累土。"然而万事开头难,从0到1从来不易。

当北大汇丰商学院的前身深圳商学院呱呱坠地时,各种难题便涌向创院院长海闻:新学院如何定位,师资队伍怎么建立,赶不上正常招生怎么办,全日制硕士要怎样办出特色,合作项目批不下来怎么应对,严格管理遭遇"反抗"还要坚持吗?

有无数个问题需要破解,任何一个解决不好都可能影响创院大业。北大是顶级高校,追求卓越;深圳是改革开放前沿,敢为人先。深圳商学院是北大与深圳合作的结晶,植入了双方的优秀基因。在商学院创业路上,海闻带领师生传承北大精神,发扬深圳敢闯作风,创新、坚韧、奉献,终于跨过了艰难的初创期,并且实现了首届毕业生就业"开门红",为"九层之台"夯实了根基。

北大"落子"深圳

1979年,那是一个春天,在南海之滨,伟人邓小平画了一个圈。

从此,深圳成了一片生机勃勃的改革开放热土。每天,这里都上演着改革之举,结出开放之果,成就发展奇迹。

2000年,深圳高等教育领域发生了一件大事:大学城诞生!

深圳为何要创办大学城,大学城想建成什么样子,这些与今天的北大汇丰商学院又有怎样的关系?要弄清这些,我们先让时光穿越回2000年。这一年深圳经济特区建立刚20年,但它已经从一个边陲小镇,经过日新月异的发展,在经济和人口规模上呈现出一座现代化超大城市的雏形。

这一年,深圳GDP(Gross Domestic Product,国内生产总值)达到2219亿元,虽然与上海、北京相比,还不在一个数量级;但与广州的2492亿元已相差无几,更是超过了天津的1701亿元。而在发展速度上,深圳1990—1999年GDP年均增速在15%以上,势头迅猛,后劲十足。

这一年,深圳常住人口总规模达到701万人,与上海、北京、广州、天津相比有不小差距,但已经超过了国内绝大多数省会城市。

深圳发展一日千里,带来了经济社会各方面水平的不均衡,有些方面差距巨大,高等教育就是其中之一。严格来说,那时候深圳自己创办的全日制普通高校只有可怜的两所,即1983年创办的深圳大学和1993年创办的深圳职业技术学院。高校数量和在校大学生数量,深圳还不到北京、上海、广州这些高教大市的零头,也远远低于绝大多数省会城市。

不断增加的市民子女需要接受高等教育,产业升级需要大量中高级人才,而深圳高等教育如此之弱,已成显而易见的"瓶颈"。这不仅涉及深圳特区的脸面,更重要的是,已经越来越掣肘深圳的发展。1999年,深圳举办首届中国国际高新技术成果交易会时,已经确定要把高新技术打造成城市的支柱产业，深圳产业要从中低端实现向中高端的升级，需要大量中高级人才，而这些人才不能一味靠"孔雀东南飞"，需要有本地高校提供智力支撑。

面对瓶颈，深圳的决策者开始行动，他们创造性地提出了"大学城"模式。2000年8月，位于深圳西丽的大学城正式创建，这是全国唯一经教育部批准、由深圳地方政府联合著名大学共同成立、以培养全日制研究生为主的研究生院群。深圳希望筑好巢，引进国内知名大学来办学，实现高等教育跨越式发展，达到"深圳无名校，名校在深圳"的效应。

而就在此前，国内高等教育界也迎来一场深刻的变革。1999年教育部出台《面向21世纪教育振兴行动计划》，拉开了高校扩招、扩张的序幕。在这种时代背景下，北京大学也在寻找对外发展的机遇与空间。

于是，作为百年学府、中国高校第一品牌的北大，与作为年轻特区、中国改革开放窗口的深圳相遇了。它们相互欣赏，相互需要，紧紧地拥抱在一起。

2000年10月，在深圳和中国高等教育史上，无疑会留下精彩一笔。北京大学与深圳市政府正式签署合作协议，北大成立深圳研究生院，与清华大学、哈尔滨工业大学一起进驻深圳大学城。

这样的合作，对各方来说都是重大的战略布局，各方都高度重视并做了巨大投入。深圳可谓"不惜血本"，大学城最初规划面积10平方公里，以政府投入为主，2002年便投入了资金20亿元，至2003年9月，一期工程的30多座现代化建筑交付使用。深圳当时对大学城的规划目标是，到2010年实现总招生规模1.5万到2万人，并成为国内具有广泛影响力、国际上有一定知名度的大学园区。

2001年北大深圳研究生院正式挂牌，北大派出了豪华的管理团队，著名科学家、北大副校长陈章良兼任首任院长，校长助理史守旭任常务副院长，环境专家栾胜基任副院长；提出设立商学院、文法学院、生物技术与医学院、信息工程学院、城市与环境学院五个学院。

当时人们对大学城这种新颖的办学模式寄予厚望，甚至产生一些不切实际的幻想，希望短时间内就能看到这样的景象：知名专家学者云集，教室里坐满优秀学子，重大科研成果频出。

但大学自有其发展的内在逻辑，不可能一蹴而就。尤其是高校异地办学，那时在国内算是新生事物，还没有探索出成熟、成功的模式。因此，一开始办学并不顺利，本部的老师不愿意来教，学生不愿意来读，建成后最初两年，甚至连起码的人气都没有，更奢谈其他。

在本部院系的支持下，北大深圳研究生院的文法学院等2002年开始招生，算是办起来了，但办学效果并不好。老师从北京临时指派，课程表也只能临时安排，造成学生这周不知道下周上什么课。甚至在没有老师能安排时，干脆整周不上课，学生只能自习。很多学生苦笑："我们真舒服，经常过'黄金周'。"

栾胜基回忆，创办之初十分艰难。一次几个学生找院领导"维权"，很不满意地说：上课我们是师生关系，下课我们就是契约关系，我们交钱，你们要提供相应的服务，但是现在没有。

一些人开始忍不住批评，媒体也不断报道这类话题："大学城成了空城，几十栋大楼睡大觉，资源严重浪费""外来的和尚念不好经，异地办学难成功"。2003年11月，《21世纪经济报道》的一篇长篇报道指出：深圳大学城硬件设施可谓世界一流，但其师资力量等软件条件目前却令人担忧。

2004年4月，时任北大校长许智宏来到大学城，被数家媒体围着追问："异地办学是不是'水土不服'？"这位儒雅的大学校长非常智慧地回答说，办学好坏关键不在于是不是异地，而在于怎么办！为了支持深圳研究生院（简称"深研院"）发展，他本人就第一个报名来深圳给学生上课，相信深研院一定能够办好。

面对质疑和内外压力，北大和深研院的领导一直在努力寻找办法，以期突破困境。

2003年，时任北大常务副校长的林建华兼任深圳研究生院院长，怎样尽快让深研院发展起来，成为他急需解决的头号问题。认真调研之后，他发现了解决之道：必须把各个学院办实。

而这个突破口，他瞄准了商学院。

原来，从2002年起，北大光华管理学院（下文有时简称"光华"）拿了深圳商学院的招生名额，每年以光华的名义招收40多名金融硕士，由于学生不愿意到深圳来上课，就全部留在北京本部就读。虽然研究生院一直希望让光华派出人力来深圳，把商学院真正办起来，但反复沟通，光华一直对在2000公里之外的深圳办全日制没有兴趣。这样，商学院实际上只有一个空牌子，没有实质上运作起来。

林建华和史守旭商议，决定先在深圳建立商学院的学术和行政领导班子，以此办实商学院，并通过办实办好深圳商学院，带动其他学院和整个研究生院的发展。

发展思路明确之后，创院院长人选成为关键。林建华和史守旭都清楚，这个院长太难选了：必须既是商学方面的专家，又是办教育的能手，还要有勇于开拓的胆识。当然，奉献精神更少不了，他要守在深圳扎扎实实地带着一批人干事创业。

谁能担此重任？两人急切地开始物色。

海闻成为不二人选

"这几天考虑商学院院长人选，觉得有一个人最适合。"一天，史守旭主动找林建华汇报。

"你说，看看咱们想得是不是一样。"林建华看着史守旭。

"海闻。"史守旭丝毫没有犹豫。

"英雄所见略同，看来想到一块儿了！"林建华和史守旭在院长人选上不谋而合，因为他们对海闻太了解了。三人本科都是在北大读的，私下又是好朋友，2004年时三人还都是校级领导。

既是著名经济学家，又有海外留学的背景，还有成功参与创办教育和研究机构的经验，只要熟悉海闻的人，都会认为他就是商学院院长的不二人选。

1982年，海闻读完北大本科之后留学美国，先后拿到经济学硕士和博士学位，然后在美国大学的商学院任教，并获得终身教职。1995年海闻回国，

在北大与林毅夫、易纲、张维迎等一起创办中国经济研究中心（CCER，简称"中心"），担任常务副主任。近十年时间，海闻他们把中心办成了国际知名的教学科研机构。

"海闻这个人，不仅背景好，性格上也特别有闯劲，给他一个平台，就能开拓出一番事业，创院院长就需要这样的人。我一直没说这事，是担心跑到深圳去办学，海闻不愿意。"林建华有些心中没底。

"前几天学校开会，我和海闻坐在一起，他问我深圳研究生院的情况，还说到了很多办学的事情，看样子他对这方面挺有兴趣。"史守旭鼓动林建华，"你出面给他做做工作，说不定就成了。"

林建华马上行动，主动找到海闻，把想法跟他说了。果然如他意料，海闻当面就拒绝了。

海闻拒绝，想想也十分正常：当时担任校长助理的他，主要分管学校基金会、校友会和部分财务工作，工作上顺风顺水，前途看好；作为经济学家，北京是最大、最好的舞台，深圳学术环境根本无法相比；另外，他的家庭在北京，女儿还小。无论是事业还是家庭，他最好的选择都是留在北京。

作为山东人的林建华，干起事来既果断，又有韧劲，有一种不达目的不罢休的劲头。第一次被拒绝之后，只要见到海闻，他仍然时不时把商学院的事提一下："要不这样，你先跟我去深圳看看再说，如果看后还不愿意，就当出去休息一下，顺便帮我出出主意。"

被"缠"得没办法，海闻终于答应在2004年6月去深圳看看。

初夏的深圳，天气闷热潮湿。在阳光和雨水的滋润下，树木葱茏，苍翠欲滴。南方"四大果品"之一的荔枝，正是成熟季节，沉甸甸地挂在枝头。火红的颜色，让人远远就能看见，激发起强烈的食欲。

下飞机后，海闻和林建华直奔大学城。南国的风景，透过车窗玻璃扑面而来，但海闻无心观景，只想尽快见林建华口中"你一看就会喜欢"的大学城。而林建华一路上都在琢磨，苏东坡曾经写出"日啖荔枝三百颗，不辞长作岭南人"的诗句，海闻会不会因为深圳商学院，而"长作深圳人"？

这是海闻第三次到深圳。第一次是1987年，深圳留给他的印象是到处是工地,热火朝天,但尘土飞扬,有点儿脏乱。第二次是20世纪90年代,参加一个学术会议,来去匆匆,没有什么特别的感受。

下了机场高速之后,车子又七弯八拐,最后来到了位于深圳南山区东北部的大学城。从机场到这里,前后共花了40多分钟时间。

当时大学城是离市区最近的一块幽静之地。西北边是碧波粼粼的西丽水库,东北紧靠野生动物园,南面横亘着面积达1.5万亩(约10平方千米)的塘朗山,像一座巨大的屏障,隔开了市中心的喧闹。山中林茂水长,国家重点保护的一级濒危植物桫椤和苏铁就藏身其中。

下车后来不及休息,林建华就亲自带着海闻开始参观。青山环抱的大学城里,大沙河由东至西穿"城"而过,把大学城分成南北两个校区。北大与清华并排在北区,各自相对独立。北大校园占地20万平方米,6栋乳白色大楼在阳光的照射下显得格外夺目,绿草如茵,偶尔还能见到一些合抱大树,显然是从别处移植而来的。

"感觉怎么样?"看完校园,林建华试探着问。

海闻对林建华笑了笑,没有马上回答。其实,一路看,一路听介绍,他心中已经有一种印象:这真是个读书的好地方。他想起了20多年前在北大读书时的燕园,那时候周围没有那么多高楼,校园也没有那么多人,对北京城来说,北大就属于郊区,学生们周末到王府井、西单逛街,叫"进城"。正是这种偏远而宁静的环境,让他们这些学子更能静下来安心读书。现在他看到的大学城,就像当年的燕园。只是一个现代,一个古老。

"带你去看看商学院大楼。"林建华说。

"一栋大楼?"海闻有点儿吃惊。

"是的,整整一栋,有六七千平方米呢。"

林建华把海闻带到校园中心位置的一栋四层楼前,这栋L形的大楼,是标准的教学楼样式,统一编号是"C",因此大家都习惯叫C栋。他俩从一层走到四层,海闻发现,这么漂亮的大楼里,居然绝大多数房间空空如也,从未启用过,已经使用的几个办公室和教室里,也没有几个人影。

"这硬件太好了!"海闻内心啧啧叫好。当年他回国参与创办北大中国经济研究中心，总共六个人，可以说什么都没有，学校只给他们找了两间办公室。后来中心快速发展，新盖了古色古香的朗润园，成为燕园一景。"如果有这栋楼，那能办多大事啊。"心中充满创业激情的海闻，有点儿难挡这里的诱惑。

"如果你能来，这栋大楼够你用了吧。"在一旁的林建华见海闻两眼发光，脸上难掩兴奋，对他的想法早猜出了七八分，因此感到特别高兴。

看完校园，接下来就是听学院各部门汇报。汇报中，大家说了办学中碰到的很多困难，最主要的是师资和生源，还有与本部的关系、与深圳市的关系等问题。给海闻的感觉是"问题挺多的"。不过问题多，也说明改进的空间大，创业不就是解决问题吗。

接下来偶然碰到的一件事，极大地影响了海闻心中天平的倾斜方向。

就在第二天海闻要离开大学城回京时，在教室的走廊里，他突然看到一名熟悉的女生，这名女生在北大本部上过他的课。

"你怎么在这里？"

"分数不够呗！"看到海闻老师，女学生也很吃惊，一脸委屈。原来她报考的是本部新闻传播专业硕士，因为分数排名不够靠前，被安排到深圳研究生院学习，对此她很不情愿。因为当时在很多学生眼里，深研院跟北京本部相比差太远了，来这边上学就意味"被贬""被发配"。

海闻回忆起当时的情景，至今仍然记得这名女生无奈的眼神。这深深地刺痛了他，作为老师，学生的感受是最重要的。一种责任感油然而生，为了学生，为了北大，他应当挑起这份重担，来深圳把学院办好，办得让本部学生也向往、羡慕。

从深圳回到北京之后，海闻的想法开始变了。

2011年，北大深圳研究生院成立10周年，已经是重庆大学校长的林建华，专门发来一篇贺词，里面特别说道："我对深圳研究生院的最大贡献，就是成功地把海闻从北京'忽悠'过来了。"

林建华后来回忆说，当初请海闻到深圳，不仅希望他当商学院院长，最重要的是，还希望他接下整个深圳研究生院的担子。林建华当时在北大担任常务副校长，太忙了，深圳研究生院院长的兼职，迟早是要交给别人的，而海闻，是他眼中的最好人选。

按现在流行的说法，林建华原来是在"下一盘很大的棋"。

这里能办成一流高校吗？

对去深圳办学动了心的海闻，反复思考着一个问题：在深圳办高等教育的前景究竟如何？因为这直接关系到去深圳创办商学院的可行性，以及有没有价值！

一天，他突然灵感闪现，豁然开朗：深圳不就是美国当年的加州吗？

得出这样的认识，源于他早年留学美国的经历，这种经历让他有了更广阔的视野。

1982年1月，海闻离开北大赴美留学，从攻读硕士、博士，到去大学任教，都是在加州州立大学和加州大学。这让他对加州高等教育从"一张白纸"变成今天美国高等教育"高地"的过程了如指掌。

1848年的加州，可谓人烟荒芜，只有寥寥数万人。这年1月24日的清晨，詹姆斯·马歇尔（James Marshall）的一个偶然发现，改变了这里的历史。他在自家锯木厂的河畔发现了碎金块！消息传出后，世界各地的淘金者蜂拥而至，掀起了美国历史上著名的淘金热潮。1850年加州成为美国的第31个州之后，这里的别称就是"黄金之州"。

淘金热让加州经济很快发展起来，人口也迅速增长，但那时的加州只有黄金，只有经济发展。你要淘金就到加州，这里除了钱和赚钱的机会，没有别的，高校更是一所都没有。美国东部人瞧不起加州人，觉得加州到处是暴发户、牛仔、猪仔，他们酗酒斗殴，疯狂地争夺，没文化、没教养。这和深圳的历史有点类似。1979年以前，这里是边陲小镇，落后贫穷。改革开放之后，这里的经济迅速崛起，大街上车水马龙，很多人的口袋瞬间鼓了起来。但早些年在

不少人眼里,这里就是赚钱的地方,制造暴发户的地方。要赚钱去深圳;办教育和上学读书,去北京和上海。

经济发展起来的美国加州,为满足社会对高等教育的需求,逐渐从零起步,开始发展高校。1869年加州大学建成招生,首届学生只有38人,教职人员只有10名。此后,各类大学如雨后春笋般建成。如今了解美国高等教育的都知道,公立大学最强的要数加州大学。加州大学拥有10个校区,其中伯克利、圣迭戈、洛杉矶、戴维斯、旧金山等校区,办学水平非常高。至于私立大学,这里有斯坦福和加州理工等大学。这些高校已经跟美国东海岸的哈佛大学、耶鲁大学、麻省理工学院等齐名,平起平坐。150多年前美国人根本想不到,加州的高校后来会如此繁荣、强悍。

"一个地方经济崛起之后,必然会推进教育的崛起,虽然时间上会滞后一些。高校的发展又会进一步推动地方经济的增长和社会的进步。"海闻很清楚一个道理,高等教育与经济发展是互为需求、相互支撑的关系:后者为前者提供财力,前者又为后者输送人才。

作为经济学家的海闻,开始关注和研究深圳的经济和高等教育情况。他发现,深圳的高等教育规模、水平与经济和人口的规模极不匹配,整体上比较弱。

对这个"弱",不同人有不同看法,见仁见智。有的人认为深圳就不是搞教育的地方,但海闻却从中发现了巨大的机会和潜力。"如果一切都那么好了,我从北京跑到这里还能干什么?""弱"才有创业的空间,"短板"总是要被补齐,"弱但有前景"激发起他创业的无限冲动。

"尤其是商学院,地域性很强,与经济联系十分紧密。"海闻说,世界上实力最强的商学院,如哈佛商学院、沃顿商学院、伦敦商学院等,都在美欧等发达国家的发达地区。随着中国经济的发展繁荣,20世纪90年代中后期,商学院的办学模式被引入国内。他关注到,到2004年,北京、上海、广州的高校都设置了商学院或管理学院,还出现了长江商学院、中欧国际工商学院等一些独立的商学院。而深圳竟然一所也没有,可以说很不正常。

海闻当年就认识到深圳的地理位置有巨大优势,它北连珠三角,南接东方明珠香港，这个区域是中国经济最具活力、最繁荣的地区，聚集了大量优秀的大中小企业，仅在深圳就有华为、中兴通讯、招商银行、深圳发展银行、中国平安、万科、比亚迪、腾讯等，商业活动十分发达。这些，都有利于商学院的发展。

"从国内国际经济发展的大背景来看，当时中国加入世贸组织不久，中国经济在度过20世纪90年代一次增长高峰之后，又迎来了加入世贸组织后的一个新高峰，尤其是进入了一个资本市场、金融市场快速发展的新阶段。此外，加入世贸组织以后，中国企业家已经到了一个不能仅凭热情经营的时代，企业家素质亟待提升，他们要到国际市场上去比拼。"海闻分析说，中国经济持续快速地腾飞，为中国将来办成世界一流的商学院提供了必要条件。

"当时我还特别看重一点，深圳是中国最早的经济特区，是改革开放的窗口，是一个移民城市。"海闻说，深圳机制灵活，朝气蓬勃，到处迸发着创新的活力，新观念、新事物可谓层出不穷，在这样一个改革创新成为城市基因的地方，可以甩开膀子干事业。

"只要你对经济特区深圳有信心，对中国的未来有信心，你就对在深圳办学有信心，而且会对办出世界一流的商学院有信心。"认真分析之后，海闻坚定了看法：在深圳办高等教育，尤其是商学院，前景灿烂，前途无量。

此外，海闻始终有强烈的报国情怀。他认为，办好商学院无论是对北大、深圳，还是国家，都是一种责任和贡献。深圳作为经济特区，如果没有高等教育的支撑，经济就无法持续发展，高等教育攸关特区的繁荣与发展。

商学院开办费100万元

2004年10月8日，在汇丰商学院历史上，是一个崭新的起点。

秋风送爽，北京迎来了一年中最舒服的季节。北大校园，上午7点30分，史守旭和海闻如约来到学校办公楼林建华的办公室，他们要讨论深圳研究生院

和深圳商学院的建设和发展大计。

由于之前经过了充分沟通、酝酿，三人很快在几个重要问题上达成一致意见：深圳研究生院各学院必须建立起独立的学术和行政领导班子；先推动商学院的发展，以此带动其他学院和整个深圳研究生院的发展；由海闻担任北京大学深圳研究生院商学院院长。

最后，大家说到经费问题。

"你要多少启动经费？"林建华征求海闻的意见。

"100万元吧。"海闻干脆地回答。

"100万元能办起个学院，那太便宜了！"林建华是化学专家，理工科有时候建一个实验室就要几百万甚至几千万元，用100万元去创办一个商学院，他从心底觉得不够。另外，海闻放弃很多东西跑到深圳，已经让他很感动了，在经费上不能亏待。

"大楼已经有了，我再简单装修一下，买点儿电脑家具，我觉得够用了。"海闻明白，如果自己再多要一点儿，林建华马上就会答应，但他没有这样做，因为根据以往经验，他确实觉得100万元差不多，而且他用钱一向很省。

"这样吧，如果不够，你随时告诉我。"林建华诚恳地表示。

于是，一页A4纸的会议《备忘录》里，最后一条写上了启动资金100万元人民币。

实际上，这100万元还没有用完，深圳商学院就自己挣钱了，而且2007年之后，每年都给深圳研究生院交钱。有人开玩笑说，如果以投入产出算，深圳商学院是一只最能下蛋的母鸡，回报率太高了。

三人小组开完会，林建华和史守旭都大大松了一口气，这件事情终于尘埃落定，板上钉钉。他们相信，海闻答应担任商学院院长，一定会带来惊喜。

正式兼上院长头衔的海闻，加紧推进筹备工作的同时，在深入思考怎么来办深圳商学院。

"我当时就想，既然是北大来办，就要办出一流水平，起点和定位就要高。"海闻从以往经验和观察中得出一个结论，做一件事情，如果开始的起点比较低，以后要高端起来，很难，就像做了"夹生饭"。另外，作为北大在深圳新办的学院，一定要超过北大本部的平均水平，这才是对北大的贡献，这才是值得做的事情。

怎么做出高端和一流？海闻的战略就是"差异化"，要做得和北大不同，和国内已有的商学院不同。

在激烈的市场竞争中，为了与竞争对手有明显区别，从而获得竞争优势，差异化是最常用的一种战略，但在运用过程中，有的成功，有的失败。这是为何？原因在于怎么实行差异化。如果是简单的你有的我不做，你没有的我拼命搞，甚至你高端我就低端，这样效果肯定不会好。

海闻追求在更高端上的差异化。在充分认识和发挥自身优势的基础上，做得比别人更好、更强，打造出自身特色，并努力把这种特色做到极致。基于这样的战略思路，创院开始他就选准了几个奋斗方向。

一是国际化。国际化是办一流高校必须瞄准的方向，当时国内很多高校和商学院都在提国际化，但真正做好的少之又少。这并不是因为它们不努力，而是推进国际化需要条件，不是想搞就能搞起来。

新创立的商学院是一张白纸，从零起步，没有任何历史包袱，这给海闻推进国际化办学提供了得天独厚的优势，因为在一张白纸上可画最新最美的图画。还有，海闻在美国读书和任教十几年，回国后又在中国经济研究中心创办国际MBA，而且办得红红火火。掌舵人既有国际化视野，又有推进国际化的能力和经验，这是十分难得的。此外，深圳毗邻香港。香港是世界公认的国际化大都市，那里的香港大学、香港中文大学和香港科技大学等，国际化程度非常高，在世界大学排名中也十分靠前，这是深圳商学院推进国际化的极大优势。

二是学科的综合性，要宽口径、厚基础。海闻认为，深圳商学院要培养比博士更懂得应用、比一般学校的硕士更有理论水准，介于博士硕士之间的人才。要培养领导者，而不是工匠。要培养有理想、有远见、有能力的人，知识面必须宽，理论功底必须扎实，所以专业不能分那么细。

"你看，有的学校学生一进去就确定专业，而且专业分得很细，管理学分企业管理、财务管理、市场营销等，经济学也分国际贸易、国际金融、理论经济学等，这不利于学生理论功底和综合能力的培养。"海闻说，国外哪怕读博士，都是一种很宽口径的训练，只不过做论文时，你对哪方面感兴趣，你就选择哪个方向。比如读经济学博士，从来没有说你要选择国际经济学还是比较经济学的方向。进去以后，基本的宏观经济学、微观经济学和计量经济学，你都必须学，学完以后再自己选具体的研究方向。这是自己定的方向，不是考进去时定的方向。

"在美国，连博士都这样，更别说硕士了。"海闻说，当时他就想，商学院的硕士一定要宽口径、厚基础。比如学管理的，一进来都叫管理，然后再选择是学市场营销，还是人力资源管理、战略管理等；金融也是，有证券、银行、投资，最后你对哪个感兴趣，你就根据兴趣来选择你的具体方向。在知识结构上面，要跟别的学院不一样，比人家更宽广，也比别人更深厚。

三是重视学生综合素质的培养。作为老北大的海闻，一直认为社会不会怀疑北大学生的智商和知识，但意志品质等方面的素质必须加强，因此必须对学生进行严格的管理。这方面随着办学的推进，海闻逐渐形成了系统的思路，最后提出了"商界军校"的理念。

作为一名创业者，你不仅要判断一件事能不能做，而且要清楚如果能做，该怎么去做，从战略到战术层面，都不能有一丁点儿糊涂。这样才能带领一批人去奋斗、开拓，并取得成功。

找"邻居"港大谈合作

和林建华一起到深圳看过之后海闻就在琢磨：深圳与香港山水相连，办学上怎么利用毗邻香港的优势？

主意有了。海闻想起几位香港学界的朋友，有两位当时在香港大学（简称"港大"）担任教授。一位是肖耿。江西南昌人，1985年自中国科技大学毕业后，赴美国加州大学（洛杉矶）留学，先后获得经济学硕士、博士学位。1992

年受聘于香港大学，从事中国经济研究。肖耿曾兼任诺贝尔经济学奖提名小组成员，担任过清华－布鲁金斯中心主任及美国布鲁金斯学会资深研究员。

另一位是宋敏。华中科技大学应用数学系硕士毕业后，赴美国俄亥俄州立大学留学，获经济学博士学位，在美国执教6年，于1997年放弃克利夫兰州立大学终身教职加盟香港大学，担任港大经济及工商管理学院经济与金融学教授。

这两位都是海闻在美国结识的老朋友。回国之后，他们也一直与海闻在教学和科研上有不少合作。

大约在2004年秋季的一天，三人见面时，海闻把自己的想法说了出来。

"北大要在深圳创办商学院，希望我出任院长，我想和你们港大合作办一个项目，你们觉得如何？"海闻认为，如果能与港大合作，对办好深圳商学院肯定是一步妙棋，是一个绝佳的突破口。

1911年创立的香港大学，是香港第一所高等教育机构、世界一流大学，在国际上享有很高声誉，在香港高校中排名第一。港大经济及工商管理学院成立于2001年，由商学院及经济金融学院联合组成，是亚洲商业及经济教育界中的优秀学院之一，2003年在东亚最佳MBA学院排名中名列第二。

"很好啊！虽然北大实际上有三个商学院，但在南边的深圳再搞一个也很有必要。你有什么好的合作项目，我们一定支持你。"肖耿和宋敏一听就非常有兴趣。1998年，港大就已经开始和复旦大学合作，而且非常成功。另外，他们从中国留学美国，然后从美国回到中国香港工作，这些年，两人一直希望与内地高校有更多合作机会，能为国家发展多做点事情。

"我想和港大联合培养全日制硕士研究生，学生在港大读金融学专业，在北大读经济学专业，毕业拿两所大学的不同学位。我们的目标是培养一批高层次的金融和经济管理复合型人才，他们既有扎实的经济学理论基础，有独立研究和分析能力，又对现实经济问题有很好的把握，熟悉金融体系，掌握金融工具。"海闻想，如果与港大合作培养MBA，就会与港大和复旦的项目重复，另外，一所新商学院没有影响力，起步就搞MBA也不太现实。而这样的全日制"双硕士"项目当时在国内还从未有人搞过，属于"破天荒"之举，一定具有

很强的竞争优势。根据内地的招生和学位管理制度，硕士的专业方向，早在报考时就已经选定了，学生不可能同时读两个不同专业。

"这样的双硕士，市场上一定很抢手。"肖耿和宋敏两人很清楚这是个好项目，不过也意识到，3年时间，学生读两个专业，拿两个学位，学起来不容易，压力很大。另外，课程设置、教学安排，都更复杂。"我们和复旦联合培养的MBA，只是一个学位，你这双硕士更有挑战性啊。"

"香港和深圳靠在一起，教学和管理上即使有问题，沟通起来也很方便。至于学生学习，你们放心，北大学生选的都是金字塔塔尖上的那批人，学习能力强、潜力大，3年拿两个学位，相信没有问题。"海闻继续说，"不搞点儿新东西，怎么和那些已有的商学院竞争？"

说完自己的办学理念，海闻继续分析："我也考虑过，这个项目对北大当然有利，对港大肯定也有好处。内地经济高速增长，国际影响力越来越大。对企业来说，这里是一个巨大的消费市场；对高校来说，则是一个世界少有的优质生源地。全世界都看好中国的发展，都希望到这个大舞台上有所作为。作为国际化程度那么高的港大，近水楼台，与内地高校合作可以获得更大影响力和更多资源。如果与内地高校合作，相信选择北大一定会给港大增彩。你们估计港大那边有没有问题，特别是你们学院会有什么意见？"

"我们和你的想法一样。不过，学术上的事情，港大教授的话语权很大。像我们这样从内地去的，很清楚跟内地合作的重要性，当然会全力支持，但有些教授连深圳都没去过，就有点儿难说了。"

"看来除了要把合作方案做好，还要麻烦两位多费点儿嘴上功夫了。"海闻诚恳地表示。

"我们当然全力以赴，从现在开始，就去做'内应'工作。还有一个问题，这样的项目教育部能批吗？"两位虽然在香港工作，但对内地的高校管理十分熟悉。

"这样的探索，我想教育部应该支持。何况《内地与香港关于建立更紧密经贸关系的安排》刚签署不久，加强两地的交流合作是政府倡导的，是大势所趋。"海闻说。

这次见面之后，肖耿和宋敏在港大内部，开始利用一切机会做宣传和说服工作。当年的情况和十几年后大不一样，如今香港中文大学、香港科技大学等，都在深圳和广州等地建立了校区，其中港大在2021年9月与深圳市政府签署协议，建立香港大学（深圳）。然而，当年听说要与北大合作，港大内部不理解的人很多，有人甚至认为根本没有必要。两人就跟他们讲内地的变化，讲未来发展的前景。尤其是经济蓬勃发展的深圳，是港大和内地合作的最佳切入口。如果现在不重视，错失良机，未来哪儿都找不到后悔药。

有一次，许智宏校长和海闻一起到深圳研究生院，肖耿专门从香港跑来深圳见面，做实地调查，他当时的印象是：楼已盖好，教学设备已经安好，就是缺少人气。这让他更加坚定，要帮海闻促成这项合作。

之后，肖耿又亲自带领港大教授和领导到深圳考察。不仅看校园，还与学生代表座谈。"这次效果非常好，大家发现北大深圳研究生院的学生不仅知识面广，聪明过人，而且朴实刻苦。"肖耿说，"得天下英才而教之"是天下老师最高兴的事情，参加考察的人，后来都下决心支持合作。

海闻也多次从北京飞到香港，和肖耿、宋敏一起设计项目方案，和相关人员沟通。"记得有一次，我们在香港设计课程和合作方案，一直做到凌晨，包括开什么课，每门课多少学分，如何收费，双方收费分成等，考虑得很细。"宋敏回忆说，当时主要按照金融风险管理和金融工程来设计课程，方案反反复复修改了好几次。最后拿给港大经济及工商管理学院的张介院长，他又亲自做了一些修改。

学院层面基本搞定之后，海闻他们又去与香港大学副校长王于渐商谈。王于渐是著名经济学家，对内地又比较熟悉，而且海闻在1993年担任留美经济学会会长时就跟他有过合作。因此，他对这个项目非常支持。

双方办事效率极高，和港大合作双硕士项目，从2004年秋季开始商谈，至当年年底就已敲定。2004年12月7日，北大校长许智宏和港大校长徐立之分别代表两校在合作培养经济学和金融学双硕士项目书上签了字。

从深圳商学院后来的发展可以看到，这项合作对招生和学生就业，以及形成独特的培养模式，意义十分重大。两所世界著名的高校携起手来，强强联合，培养国内当时独一无二的双硕士，其影响力绝无仅有。这是深圳商学院在起步阶段，能够快速发展的关键一招。

正因为如此，后来海闻每次谈到这项合作时，总是称肖耿、宋敏和张俊喜等是功臣，话语中充满感激之情。

第一届招生全部靠调剂

成为深圳商学院创院院长之后，海闻觉得肩上的担子越来越重。与港大谈合作、招收学生、招聘老师，千头万绪，哪一项都特别重要。

按照正常程序，上报招生计划，公布招生简章，报名考试，最后面试录取，至少要提前一年时间开始准备。而海闻担任院长已是2004年10月，2005年要独立招收60多名新生，按照正常程序根本来不及，怎么办？

有人建议，招生干脆往后再推迟一年，这样包括聘请老师等准备工作也有更充分的时间。海闻是个急性子，决定干的事情总是雷厉风行，争分夺秒。他认为时间等不起，对这样的建议根本不予考虑。没有学生，商学院就不可能正常运转，更谈不上快速发展，已经请好的老师也会离开。

"有办法了！"反复思考之后，海闻想出突破常规的一招儿：全部从报考北大本部经管类三个学院的学生中招收调剂生！对此，林建华也给予了坚定的支持。这位"老北大"非常清楚，每年报考北大光华管理学院、中国经济研究中心和经济学院的考生特别多，而它们的招生名额有限，不少达到北大分数线的考生最后都无缘录取。而这些达线的落榜生，实际上也都非常优秀，有些人比录取分数只低了几分而已。从这些考生中招生，是一个现实和智慧的选择，只是由校长助理担任院长的学院，第一次独立招生就要去收别人"淘汰"的学生，面子上有点儿过不去，但为了学院发展，海闻哪里顾得上这些！

2005年3月15日，那些报考北大光华管理学院、中国经济研究中心、经济学院的落选考生正在垂头丧气时，北大官方网站登出的一份招生简章引起了他们注意：深圳商学院招收调剂生，专业是西方经济学，如被录取，可以同时选择就读香港大学金融学专业硕士。对全国各地的考生来说，深圳商学院的名字是第一次出现在他们视野，这到底是一所什么样的商学院？大家四处打听，几乎没有人知道。于是很多人通过北大官网和BBS论坛询问情况，海闻亲自予以回答。

"院长海闻是赫赫有名的经济学家，而且是和港大合作办学，应该不会太差吧，先报了名再说。"很多考生抱着这种想法报了名。报名截止时，共有127名符合条件的考生提出参加调剂。

二挑一，选择余地还挺大的。海闻立即在北大组织面试，并亲自参加面试，最后，有64名考生通过面试拿到录取通知书。

看到这样的结果，海闻感到一丝欣慰。但是，就在通知书发出去不久，一场小小的风波正在酝酿，如果处理不好，招生工作也许会前功尽弃。

"学院老师能保证吗？北京离深圳那么远，听说很多北大本部老师不愿意去。"

"和港大合作的金融学硕士虽然好，但教育部能不能批？"

"我们是第一届，会不会从'试验品'变成'牺牲品'，最后连工作都找不到？"

"深圳大学城刚建成不久，我的一位朋友说那里一点儿人气都没有，到现在还没有一座像样的图书馆，学习环境连北京一般高校都比不了，更不用说与北大本部比了。"

人的心理就是这样，当落身茫茫大海，孤立无援，你即使给他一根稻草，他也会紧紧抓住。而一旦安全上岸，他的心态就不一样了。面试之后，有人在网上建了一个交流群，一开始，还能从群里感受到那种被录取后的兴奋，以及对未来研究生生活的憧憬，但很快，各种对深圳商学院的质疑开始出现，很多人感到迷茫甚至失望，有些人甚至考虑是不是选择放弃，即使来年再考也要进北大本部。

来自南京师范大学的考生李畅天天盯着群里大家的发言，他敏锐地意识到这些问题必须得到解答，否则负面情绪蔓延开来，非常危险。他和几位"群

友"商议,要把大家的问题集中起来,给海闻老师写封信。信写好之后,李畅上中国经济研究中心网站查到海闻的邮箱,把信发过去,很快就收到了回信。

出乎李畅意料的是,海闻提出当面与大家交流。

2005年7月3日傍晚,盛夏的北京闷热无比,路边白杨树的枝叶纹丝不动,知了在上面发出刺耳的叫声,增添了空气中的烦躁氛围。北大朗润园内,一场特殊的座谈会正在举行。

"办好深圳商学院是北大重要的战略决策,我们要在一张白纸上画出最美的画卷。双硕士项目的目标,是培养具有经济学理论知识和掌握金融工具的高级人才。"座谈会之前,海闻已充分了解同学们的疑虑,从现场来的30多位同学眼中,他明显感受到大家情绪中的不安。座谈会一开始,他就主动开讲,从办学理念讲到学位、学费,从香港大学资源利用讲到拨出经费组织名人讲座。

"同学们对师资非常关注,这也是办好学院的前提。我们的师资在全国研究生教育中,实力将是位居最前列的。我保证每门课的教师在该专业领域都很杰出。为了确保师资到位,我们将采用模块式教学……今天我们专门请来了平新乔教授,他将到深圳给你们讲授微观经济学,让我们欢迎他给大家讲几句。"海闻说的平新乔,当时是中国经济研究中心的著名教授。他写的《微观经济学十八讲》,是许多学校考研的参考书。学经济的学生都很熟悉平老师,听说他来讲微观经济学,大家都很兴奋。

平新乔站起来,用带着绍兴口音的普通话表示,他对双硕士项目和学院前景都非常看好,将坚定地支持办好深圳商学院。海闻和平新乔的讲话,为同学们消除了很多疑虑,现场气氛开始活跃,很多人自觉地鼓起掌来。

平新乔说完,海闻让同学们提问,大家纷纷把自己还没有得到解答的问题说出来,海闻一一回答。让海闻特别高兴的是,在提问交流中,很多同学还对如何办好学院,提出了自己的看法和建议。

"同学们,作为首届学生,这是一种荣誉也是一种责任。我们要坚定信心,团结一致,奋发有为,把北大精神带到深圳。从现在起,你们就是一个新的班集体,今天算是第一次班会。"海闻最后动情地说,"我也向大家保证,今后会把主要时间和精力,放在深圳商学院。我们大家一起努力,一定能够在南国深圳的热土上，打造出北大新的品牌，请你们相信我！"

当时很多同学都是第一次见海闻，大家都被他的讲话深深感动了。会后，为了让更多人了解会上的情况，有人专门整理了一份纪要放到网上。这份纪要像一束温暖的阳光，交流群里顿时灿烂起来。

2005年8月23日，傍晚六点半，商学院迎新会在深研院法学院的模拟法庭举行，热烈的掌声中，首届独立招生的双硕士班集体亮相。这是商学院发展史上的关键节点。63名新生背景各异，心情和想法也不相同，但确定无疑的是，他们将见证历史，创造历史。

有一位新生因为不看好这所新学院，放弃了到深圳上学。如果他知道后来商学院的发展情况，一定会十分后悔。3年之后，首届毕业生找工作的情况甚至好过本部院系。如今，很多能进北大本部的考生，也不一定有机会进这里读书。

"当你有一个好的想法时，一定要抓紧时间让它落地。"海闻说，在建设商学院的道路上，如果在一些关键节点上有半拍的犹豫，很多事情的结果就会大不一样，因为环环相扣。比如，招生问题上如果不果断决策，不仅首届63名学生的人生轨迹会被重新勾画，后来汇丰捐赠这样的发展机遇，商学院也未必能把握得住。

一所学院首次招收的几十名研究生全部靠调剂，在中国高等教育史上，可能也是空前的。

"当时既是为了抢时间，也是迫于无奈。新学院无人知晓，招生是一大难事。"海闻说，实际上直到2008年，深圳商学院还在招收部分调剂生。

快速组建高水平师资队伍

办好一所学院，领头人和他的理念非常重要。在具体创办过程中，迅速聚集三项资源又最为关键：聘到一流教师，招到优秀学生，找到充足经费。三者缺一不可。

当年要在短时间内给深圳商学院聘请一批一流老师，难度可想而知。深圳不像北京，深圳的大学和研究机构本来就很少，很难找到合适的教师。向国内外招聘全职教师吧，你一所新学院，连一个学生都没有，特别优秀的人才能来吗？怎么办？海闻想来想去，还是要从北大想办法，这样才能确保师资水准和教学质量。

一个人要干成一番事业，人脉资源非常重要。如果没有一帮朋友，干起事来单打独斗，再有本事也成不了气候。读书、工作，前前后后十几年，海闻以其卓越的成绩和特有的人格魅力，在北大积累了丰富的人脉资源。这些人中，很多是年轻的留学博士，他们视野开阔，精力充沛，理论素养又好，在北大本部已经是骨干。海闻把目光瞄准他们，有多位被"拉"到了深圳商学院任教。

平新乔，时任北大中国经济研究中心教授，1983年考入北大经济学系，攻读硕士学位，硕士毕业后留校，之后赴美留学，获得了美国康奈尔大学经济学博士学位。2005年，在中国经济研究中心任教的他，受邀到深圳商学院讲授"博弈论""高级微观经济学"及"公共经济学"。

龚六堂，作为武汉大学数学系高才生，博士毕业后留校任教，1999年调入北大光华管理学院任教。2005年受邀到深圳商学院讲授"高级宏观经济学"。

汪浩，2002年从美国俄亥俄州立大学获得经济学博士学位之后，在北大中国经济研究中心任教。2005年，受邀到深圳商学院讲授"高级微观经济学"。

除了以上三位，还有北大中国经济研究中心的何茵、沈明高，光华管理学院的陈玉宇、周黎安、张炜，教育学院的岳昌君等，也同时受邀担任深圳商学院的老师。

开学之后，大家看到商学院教师的豪华阵容，都十分敬佩海闻的能力。有人问这些老师，为什么会辛辛苦苦跑到深圳上课，他们说，主要是认可海闻这个人，认可海闻的理念，认可海闻做的这件事。

"我在动员他们时，首先讲办学理念和学院愿景，另外在商学院课程安排上，尽量不影响他们在本部的工作。"海闻说，商学院采用"模块制"教学，6个星期完成一门课，授课老师一周来一次，一共来6次，每次在深圳待两三天。这样做的好处是，既符合学生学习规律，又能照顾教师的时间，不影响他们在本部授课。当然，老师连续6周从北京飞深圳，费时费力，费用也比较高，但这些老师很有奉献精神，商学院为了学生，也不计较多出点儿经费。

这些教师能来深圳上课，也与本部机构的支持有关。海闻是中国经济研究中心的元老，中心的老师当然支持他在深圳的工作。光华管理学院也有很多海闻的同学和朋友，对他也是能支持则支持。

北大本部的老师来了之后，教学非常认真，当年的学生至今仍然很惦念这些老师。2005级的彭子妲本科是北大经济学院的，她说，这些老师在北大都是一流的。平新乔老师学问做得很好，讲课井井有条，细致入微；龚六堂老师讲课幽默风趣，富有激情，课堂气氛特别活跃；汪浩老师不仅课讲得好，而且还利用学术休假，在深圳常驻了半年，做了很多班级管理工作。

在讲课的教师队伍中，当然少不了领头人海闻，他讲授的是"国际贸易"。他在这方面有深入研究。2003年由上海人民出版社出版的他的《国际贸易》教科书，于2018年被评为"北京大学优秀教材"，到2024年仍然被国内很多大学当作教材使用，20余年畅销不衰。

北大来的教师全部具有博士学位、海外留学背景，水平一流；港大的教师队伍也都是洋博士，十分出色。肖耿、宋敏和张俊喜，在2004年10月林建华、史守旭与海闻三人小组召开的会上，就被聘为深圳商学院特聘教授。在前期商谈合作时，他们就做了很多工作，开学后，自然成为教学的主力。肖耿讲授"新制度经济学"，宋敏讲授"投资学"。此外，港大教授张介、陈永豪、张近、刘俏等，都来深圳商学院授过课。

从2005年首届至今，港大先后有几十位教授来深圳商学院上课。只要有课，无论刮风下雨，他们都会从香港准时来到大学城出现在课堂上。他们把最新最实用的金融学知识带给学生，并与学生结下了深厚友谊。

肖耿说，当时除了上课，学生们自己搞的活动，给他发一封邮件，只要他有时间，都会从香港跑到深圳参加。几年的教学，令宋敏印象最深的，就是学生非常好，师生之间感情深厚，他与学生们现在还有很多来往。

2005年来曾在深圳商学院任教的老师，也在自己的职业生涯中，留下了难以忘怀的精彩印记。今天,无论他们在不在这里,只要谈起汇丰商学院,他们都可以自豪地说:"我也是最初的创业者之一!"

如果说 2005 年学院成立时聘任的最初一批老师还有些"救急"的味道,那么随着商学院的发展,聘请一流的全职教师,就成了迫在眉睫的任务。

魏炜从北京"跟"到深圳

2006 年 5 月,一位具有丰富教学经验的青年博士后,奔海闻而来,加入深圳商学院担任全职教师,并成为海闻工作中的得力助手。

这个人就是魏炜,如今的院务委员会副主任。他专注于商业模式研究,至今已经独立或与他人合作出版《商业模式学原理》《发现商业模式》《重构商业模式》《商业模式的经济解释》(中文版、英文版),以及《再造商学院课堂》《商业模式学原理》等十几部著作,成为国内商业模式研究领域的权威专家。其中由机械工业出版社出版的 6 部著作,累计发行超过 20 万册,他因此被该社授予"2023 年度作者"称号。另外,新疆大学等不少高校开始把"商业模式"作为单独的课来开设,选用的教材中就有魏炜的著作。

中等身材的魏炜教授,思维缜密,性格率直,说话时时常露出朴实的笑容,给人一种特别的亲和感。从他的生活轨迹可以看出,在骨子里面,他有一种天然的倔劲儿,不断地改变自己,奋发向上,属于创业型人才。

魏炜的父母在新疆生产建设兵团工作,他小的时候就生活在那儿。1979 年,他回到老家湖南,在长沙十五中上学。高考从湖南考入华中工学院(后合并为华中科技大学)学管理专业,1987 年毕业,又考入清华大学攻读管理学硕士。毕业后去了新疆工学院,3 年之后负责筹建管理工程系,先后当上副系主任和系主任。2000 年,在新疆大学与新疆工学院合并后担任经济管理学院副院长,主管教学和培训。

1999 年,不甘在新疆工学院过舒服日子的魏炜,又考入华中科技大学攻读管理科学与工程学博士。2004年毕业时，又和原单位提出要继续读博士后，领导不同意，他毅然交上一份辞职信，把档案关系转到人才交流中心。

随后，魏炜成功获得北大博士后研究资格，成为海闻的学生。他的学术和人生道路，由此转变，变得一路"开挂"，更加精彩。

在北大整天和一帮博士后接触，魏炜发现，绝大多数人来北大做博士后研究，是希望借此换个环境、换个工作。当时快40岁的魏炜，也是想换一个工作环境。

机会很快来了，海闻向他伸出橄榄枝。

2005年最后的一天，魏炜和同门硕士、博士们在北大附近一个小饭馆吃饭。元旦来临，刚刚升任北大副校长的海闻，从深圳返回北京，当晚虽然有多项公务，但他第一件事还是来见学生。

魏炜至今仍然记得当晚的情景：海闻走进包房，在十多个学生中，直奔他而来。他赶紧站起来让出座位，海闻还未坐定，就盯住他说："你去不去深圳？"

"你去哪儿，我就去哪儿。"面对海闻突然发问，魏炜不假思索，脱口而出，但这确实是他真实的想法。

之前，海闻从来没有跟魏炜说过到深圳工作的事，这次提出来是经过了慎重观察和考虑的。魏炜是管理学博士，有丰富的高校教学和管理经验，学术上有发展潜力，干事踏踏实实，而且可以待在深圳当全职教师，这种青年学者是商学院特别需要的人才。

但魏炜之前从来没有考虑过到深圳工作。1990年、1996年和2000年，他多次到过深圳，每次他都没有找到留在深圳的理由。这次，海闻一提去不去深圳，他就知道肯定是办商学院，这给了他一个充足的理由，特别是跟着老师一起创业，更坚定了他去的决心。

从头开始办一所商学院，很难，需要的投入非常大，而且光有钱也不一定能够搞起来。大学要办得好，需要沉淀。而且当时国内已经有一些商学院搞得不错了，要后来居上，更难。魏炜虽然答应了，但一开始并没有多大信心。

"我当时咨询了周围很多熟人，这些人的说法很不一样。"魏炜说，"有些

是大学里的老师和商学院领导，他们都说，没戏，办不好，你不要去了；但是问那些企业界的老板们，他们都说应该去。站在市场跟站在学校内看问题，结果大不一样。"

大学里只有一个人的回答很特别，就是曾任清华经管学院院长的赵纯均老师，他说：你们只要弄到3个亿（3亿元），就可以办好。魏炜说："如今看来，赵老师说得很准。"

魏炜做事极度认真，咨询熟人的同时，他利用自己的专业知识以及给企业做咨询的经验，静下心来分析研究国内外商学院的情况。

一开始，是介绍国内排名前十的商学院的基本情况，他做成标准的分析报告，用邮件发给海闻。

海闻回复："很好！继续写。"

受到鼓励，魏炜很兴奋，很快又把收集到的国外商学院的情况发过去。

结果是，没回应。

魏炜没有受影响，接着又写了一份国外商学院的世界标杆商学院的分析报告发过去。

这次，居然又没有回应。

魏炜心里有点儿"发毛"，到底怎么了？是不是到深圳去的事情发生了变化？当时是2006年春节，在长沙的魏炜利用放假时间，忐忑不安中，又写了最后一份北大商学院定位分析报告发过去。

很快，海闻给他打来电话，第一句话就问："你到底来不来？"

"我肯定来。"魏炜干脆地说道，心里一块石头落了地。

后来才知道，商学院初创时期，海闻虽然十分繁忙，但魏炜的每封邮件他都看了。那几份报告对他很有启发，对他形成完整系统的办学思路和理念很有帮助，只是事务太忙，没来得及回复。魏炜也了解到，海闻之所以要了解这些商学院，不是要照搬它们的做法，而是考虑如何跟它们办得不一样，办出自己的特色来。后来的事实也证明，北大汇丰，从一开始就是一个与众不同的商学院。

说起到深圳的经历，魏炜说，还有一个挺有意思的故事。

在博士后研究期间，魏炜在一家咨询公司兼职。2005年十一国庆节假期，他和同事去安徽一家公司做咨询。工作之余，对方的项目经理带他们到九华山游览。那天很早就进了寺庙，路过一个很著名的会算卦的师太的庙前时，项目经理说每人都算一卦吧。从来不算命求卦也不相信这类事情的魏炜，迫于面子，只得求了一签。这一抽居然抽了个上上签，上面写着："四方财吉但丰隆，唯有南方便赛通，春夏吉利秋冬美，恰如蛇出变成龙。"

当时魏炜还没有接到海闻的邀请，看到这个签，属蛇的魏炜心里一惊："难道我要到深圳去？"虽然他不迷信，但还是把那块黄色绢布条保存至今。

来深圳上班之后，魏炜给学生上课，同时被任命为院长助理，兼院办公室主任，成为海闻创院初期的"左右手"。

招聘"标杆式"人才

要做一流商学院，必须有一流的教师；要做国际化一流商学院，就必须走出国门到世界上招聘一流教师。

招聘经济、金融和管理方面的人才，世界上有三大著名平台，分别是美国经济学会年会、美国金融学会年会和美国管理协会年会。美国经济学会始建于1885年，被认为是世界经济学界最重要的组织之一，其发行的 *The American Economic Review*，是美国最重要、影响最大的经济理论刊物，在国际上久负盛名。美国金融学会成立于1995年，是致力于在全球范围内提供高水准金融职业资格证书教育的非营利性组织，颁发的资质证书以投资规划、资产管理、财富管理、风险管理为核心，已经成为美国最受欢迎的金融从业人员资质认证机构。美国管理协会于1923年成立，是全球最大的管理教育机构，在十几个国家设有分支机构。

三大专业机构都有内部刊物和网站，世界各地需要聘人的高校、公司和政府机构等会在上面刊登广告。各地应届高校毕业生，包括社会上想要换工作的人员，看这些广告，会与招聘单位联系，寄送材料。面试一般安排在年会举办期间。因此，这三个学会召开年会时，分别有上万人参加，场面蔚为壮观，很多是来应聘或招聘的。

海闻在美国读书时，早就熟悉这一切，而且多次参加这种年会，还利用这个平台找过工作。2007年年初，他再次单枪匹马飞到美国参加经济学年会。这次，他要在这个平台上为商学院纳才。

在求职材料中，有一个人的材料引起了海闻的注意，这个人就是拥有美国名校双博士学位的张化成，他有着辉煌的履历：台湾大学电机系本科毕业后到美国留学，在加州大学（伯克利）攻读电机工程与计算机科学博士。在硅谷工作5年后，又分别在耶鲁和哈佛大学读了管理学和经济学硕士。然后在美国大公司工作，后来又自己创业。与海闻见面时，他正在攻读麻省理工学院的经济学博士学位，同时在埃克森美孚石油公司工作，有很好的职位和薪水，并且已经在美国安家，加入了美国国籍。

张化成在世界5所著名高校拿了5个学位，其中两个是博士学位，还有管理学、经济学等多个专业的硕士学位，是难得的"标杆式"人才。在约定面试时间时，张化成主动提出希望安排为当天的最后一个，海闻欣然应允。在酒店正式见面时，瘦长、儒雅的张化成与海闻相谈甚欢，两人谈经历，谈抱负，谈理念，尤其是两人对商学院国际化办学有着许多共同的见解，比如要全英文教学，要到国际上招聘一流教师等。一般的面试20分钟，但这次两人一下子谈了一个多小时，最后还意犹未尽。

海闻办事果断，看准了的人就敢用。面试开始后不久，他就当场表态，让张化成来商学院担任副院长，给他平台，让他充分发挥才能。并表示，在后面两天的面试中，海闻希望张化成以考官的角色一起参与。

"我没有立即表态，有些事情我还在考虑。"张化成回忆当时的情景时说。

虽然从小在中国台湾长大，但张化成对大陆很有感情。小时候读书时接受了良好的中国传统文化熏陶；读大学时，他组织了一个学生社团研究中国问题，并且每月自编小册子《望神州》。

1997年香港回归前，他被美国麦肯锡公司派驻香港工作。"那时候香港很多人认为，回归后有很多的不确定因素，不少人往国外移民。"他也因此来到了美国，但他一直关注中国的发展。中国快速发展，不仅让他看到了巨大的机会，也让他觉得有一种责任："如果有一天中国要成为世界的领袖，不仅经济实力要上去，人的素质也要培养上去，要有国际视野和国际思维，这样才能让世界认可。士大夫所学为何？我自信在这方面可以做些事情。"

"但我不希望只是来教书。要教书，当年我在美国读一个博士学位就够了。"经过一段时间的思考，他决定加盟深圳商学院，张化成说："我不是把自己当作教授来的，而是当作创业者来的。建设一所新的商学院，也是一种创业。创业可以是开企业，也可以是办学校。"

2007年9月，张化成拎着一个皮箱独自来到大学城。之前，他从来没有到过这里。"在校园里面一看，当时心理落差还是很大的。不过也不要紧，创业肯定是在艰难中起步。"张化成说，既然来了，就安心干活儿。

作为海闻的副手，张化成马上全身心投入学院工作，尤其是在推进国际化方面，他是行家里手，极大地加速了商学院国际化的进程。

张化成是商学院从美国招聘的全职教师，也是当时招聘的一位标杆式人才，海闻对他的到来和之后的工作，很是赞赏。那时候商学院创办不久，张化成和魏炜成为海闻办学的重要助手：一个抓国际化；另一个抓国内事务。

随后，海闻又聘来了哈佛大学博士李桃、杜克大学博士郭明、沃顿商学院博士冯艳等。海闻一直认为，一个学校开始聘什么人，对将来能够聘到什么样的人是一个很重要的信号。如果一开始就聘国际上二流、三流学校的老师，那后面就很难再吸引一流学校的老师过来。一开始招的就是哈佛大学、麻省理工学院的人，其他名校的人才也会很自然地一起过来。

学习个个是"拼命三郎"

2005年10月的一天深夜，校园里少了白天的热闹，只有不知名的鸟儿，

躲在树上偶尔发出几声鸣叫，打破夜空的沉寂。

时间已经过了晚上12点，校园里只有C栋的教室里仍然透出白色的灯光。管理人员小李感到奇怪：新学期开学不久，商学院这栋楼内的灯光就经常很晚还亮着，是不是学生经常忘了关灯？"这帮新来的学生，不懂规矩，浪费电！"他今晚决定上去看看。

走到三层走廊，站在门外往教室里一看，他大吃一惊，里面竟然还坐着十几位学生。有的拿着书在翻看，有的在纸上写着什么，有的在和身边同学小声讨论着问题，好一幅学子夜读图！他心里泛起一丝感动，悄悄地走下了楼。

自从商学院的新生入学，E栋二楼图书室的管理员也发现，每次最后离开图书室的，都是商学院的学生。以至于有时候图书室成了讨论室，因为最后其他学院的学生都离开了，他们可以放开讨论一些问题。

"商学院的学生和别的学院的不一样，特别用功！"很快，深圳研究生院的师生发现，院里来了一批特殊的学生。由于很多人早晨9点钟就开始上课，晚上经常学到凌晨3点，商学院的学生被人戏称是"九三学社"的。直到现在，很多已经毕业的学生回忆起校园生活，还对这个戏称感到自豪。

成为"九三学社"成员，是被逼的。

海闻在中国经济研究中心办学时，对质量有近乎苛刻的要求，从课程设置、学术标准，到教学管理等，都制定了一套严格的制度，目的就是保证学生能学到真本事、练成真功夫。他把中心的那一套又带到了深圳。

对商学院学生来说，还有很多特别因素，促使他们在学习上"不待扬鞭自奋蹄"。

"别人3年学一个专业，拿一个学位，我们是学两个专业，拿两个硕士学位，课程量客观上就增加了差不多一倍。"李畅说，北大和港大的课程要求和难度本身就高，不说学得特别好，就是学到一般水平都要下一番苦功。令他印象特别深的是学"高级微观经济学"和"高级宏观经济学"课程，由于涉及数学模型，很难懂，有些同学上课担心听不懂，竟然带着录音笔听课，录完拿回宿舍再反复听，有时甚至深夜躲在被窝里还在听。

石锐是2005级校友，本科在北大学生物。她对当时港大课外作业之多感受很深，课程不完全是简单地学，还设计了很多讨论的项目，要自己去选题，自己组织小组讨论。当时同学们本科背景多种多样，有工科的，有理科的，也有文科的，有不少不是学经济和金融的。她回忆讨论时的情景说："不同的专业，不同的视角，讨论时思想碰撞挺激烈的。为了在小组讨论中有好的表现，要提前做大量准备工作。学生们一般会被分成十来个小组，如果讨论结束得到的成绩排在前面就很高兴。"

"新学院没有历史积累，大家对未来心中没有底，尤其是毕业能不能找到好工作，更没有底。"石锐说，这让大家只能下苦功先打下好基础。

逼着大家成为"九三学社"社员的，还有一个原因，就是首届学生都是考北大本部落选，成为调剂生到深圳读书的，总有一种说不出的心态，说自卑也好，不服气也好，这种心态一直在影响着他们。

2005级校友储雯玉说，有段时间大家在北大BBS（Bulletin Board System，网络论坛）上聊天时，有人说深圳商学院都是考不上北大的一帮学生，非常伤人。海闻看到帖子，很生气，一边直接回怼说，"10年后你再来看看这些学生吧！"一边对商学院学生说：你们当然是北大的，不用理会这些人！相信你们能用行动证明，你们不仅是北大人，而且是一批优秀的北大人。储文玉说，当时大家都暗下决心，要为自己争气，为商学院争光。

为了给这些学生提供更好的学习条件，海闻特地交代工作人员，在C栋安排三间教室给大家自习使用，钥匙由学生自己管。全班分成三个小组，每组一间，每人固定一个座位，这样那些大部头书也不用从宿舍带来带去。后来这三间教室一直成为整个大学城熄灯最晚的地方。李畅说，每次考试之前，甚至有同学在里面熬过通宵。

2014年1月4日深夜，海闻从商学院新大楼的办公室出来，习惯性地来到灯火通明的教学区转转。只见自习室里坐满了学生，连走廊边的小圆桌旁也坐了许多学生，有的在讨论问题，有的在电脑上查阅资料。海闻看看时间，已经12点了，这么晚还在学习，令人感动。他拿出手机，拍了张照片发到人人网的个人空间，照片说明是："周六晚12点的汇丰商学院。"

第二天上午，很快就有学生留言："自习室已经人满为患了，建议多开两

间吧。"看到留言,海闻当天下午就交代管理人员,再开放两间教室。此后,只要是临近考试,新大楼的自习室就会24小时开放。

这里的学生学习的紧张和努力程度,是一般人很难想象的。大楼管理人员说,学生在教室学到晚上12点以后,是一件很普遍的事情。

"我来这里上学之后突然有一种感觉,好像回到了小学。"说这句话的是2012级校友刘腾威,他对此解释说,西方国家的学校,小学到高中比较轻松,但中国似乎倒过来了,小学和中学特别忙,大学却特别轻松,尤其是研究生,更是"放羊"。到商学院之后,突然一周要上十几节课,开始很不习惯。原来想研究生阶段应当是上课很少,而且几乎没有作业。在这儿上课紧,作业多,不断有任务压着你,做PPT啊,准备小组讨论啊,感觉特别忙,好像又回到了小学阶段。

央视《世界著名大学》栏目制片人谢娟曾带摄制组到哈佛大学采访,回国后她回忆说,到哈佛时是半夜,让人惊讶的是,整个校园灯火通明。餐厅里、图书馆里、教室里还有很多学生在看书。当时商学院的学生看到这些报道后说,如果央视记者半夜到他们这里,也能见到这种不分白天黑夜学习的情景。

汇丰商学院学生还开玩笑地说,进了"汇丰",紧张得"会疯"。

不同寻常的实习规定

在商学院早期的《学生违纪处罚条例》中,有这样一条规定:"研一、研二上学期在学期间不准实习,违者每天扣4分,研二下学期未经批准不准离开学校所在城市实习,一经发现扣20分以上。"

读研期间,前一年半不准实习,如果违反规定还要被扣纪律分,这在当时的全国高校研究生管理中绝无仅有,是件十分稀罕的事。

商学院初创阶段,海闻经常给学生开班会,做了大量的学生工作。他跟学生讲办学理念、发展前景,包括沟通探讨纪律方面的问题。在与学生沟通中一旦发现管理上存在问题，海闻就会让学院建立相关的规章制度，从而不断完善管理。"前一年半不准实习"的规定，就是在管理首届学生时建立起来的。

"这样的机会为什么班干部不告诉大家，自己偷偷跑去实习了？这不公平！"

"以后再遇到这样的实习机会，应当公开信息，通过公平竞争的方式来决定谁有资格去，不能搞暗箱操作！"

新学期开学不久，招商证券到商学院来要两个实习生，班干部们知道后，没有跟班上同学说，几个人就把机会"私分"了。但是没有不透风的墙，很快班上就有同学知道了。大家都明白，实习经验对将来找工作太重要了，同学们去和班干部们理论，年轻气盛的小伙子间还差点儿动了手。海闻开班会时，好几位同学站起来，对此公开表示不满。

在海闻的印象中，这是班里公开发生的第一起矛盾。听完大家的发言，弄清事情原委，他根据是非曲直，对问题作出了妥善处理，但同时他敏锐地意识到，这不仅仅是一件"以权谋私"的小事。

由于总部在深圳，又是首届学生，不少同学缺少自信，担心将来找不到工作，有一个实习机会都去抢，甚至产生内部矛盾。这让海闻反过来思考，到底应当怎样对待实习。他觉得中国的高等教育，从原来不太接触实践，已经发展到有些过分强调实践，导致学生真正安心在校园读书的时间太少。一些高校的两年制硕士，很多人刚读半年书就开始实习，在实习过程中就找工作，找到工作之后，单位说来上班吧，造成学生真正安心读书的时间也就半年。外国全日制学生实习一般是利用假期，在正常的学期中很少一边念书，一边全职实习的。

"如果允许过早实习，对实习的人，会影响学知识；对班级来说，会影响风气。一旦有人实习，其他人心里就不淡定，大家就没心思读书了。为了更好地让学生安心在校认真学习，打好理论基础，我们就出台了一个规定：研二下半年之前不准实习。"

但是，不准实习的规定出台后，风波并没有平息，学生当中依然暗流涌动。

"别的高校没有这样的规定,将来一起求职时,我们会不会吃亏?"

"研二下学期才能实习,很快就面临找工作,我们在深圳既没有亲戚朋友,也没有师兄师姐,找工作前能不能找到实习单位,积累到工作经验,真的很难说!"

读硕士的,只要不想继续攻读博士,一跨入校门,想到的第一件大事大概就是将来跨出校门时,能够找个好工作。在中国,莘莘学子苦读十几年就是为了这个,这是普遍现象。学生们担心,"不准实习"的规定会影响将来找工作,但这是学院推出的规定,很多学生不好直接跟海闻说,只能私下议论或向其他老师诉苦,有的还在网上吐槽。

"当年很多学生私下里跟我谈心,表达对前途的担心,对不准实习的规定不理解。"魏炜说,在他的记忆里,实习问题纠缠了这批学生很长时间。

"和香港学生大不一样,这批学生心态非常不稳。"宋敏说,他经常拿美国和中国香港学生的情况来劝他们,虽然有些效果,但不能完全消除他们的顾虑。这种时候他就给大家分析:"你们同时是两所世界著名高校北大和港大的学生,拥有经济学和金融学两个硕士学位,这样的资历全中国有几个学生有?如果你们都担心找不到工作,将来谁能找到工作?"他告诉学生,只要大家现在学好本领,毕业时根本不用愁,肯定可以在香港和北上广深这样的大城市找到最好的工作。

时间一天天过去,实习的闸门很快就要打开。海闻和其他老师们都明白,这批"无依无靠"的学生们要找到适合的实习单位,并不是一件很容易的事情。于是,海闻亲自利用自己的关系网,给学生们牵线搭桥。

在各方面的努力下,不仅实习单位充裕,而且选择过程公开公正,学生们的心情一下子舒畅起来。找工作时,也是优势多多,甚至超过当时国内几所大牌商学院的学生,这是后话。

"前一年半不准实习"的规定,后来做了微调和完善,改为第一年不准实习,研二实习时不准离开深圳,不准影响正常的学习。

港大给学生带来了什么

教育部正式批准北大与港大的合作之后,深圳商学院学生欣喜地拿到了港大学生证——身份证大小,左上角是校徽,校徽上是"明德、格物"四字校训,下方印着港大欧式主楼的轮廓,右边是学生的正面照片。

这张学生证不仅和北大的设计不同,而且在社会上还有很多衍生功能,比如在香港购买某些商品时可以打折,在一些国家旅游能享受税收优惠等。

拿到学生证,证明获得了港大的"合法"身份,这让同学们兴奋不已。与港大合作,究竟给同学们带来了什么?

"港大的教学和内地不太一样。"石锐说,让大家能直接感受到的,是这些老师的英文都特别好,无论是华人还是老外,都有国际一流大学的读书背景,因此,教材、作业和考试全部用英文。

商学院首届还没有实行全英文教学,但是在港大一些老师的课堂上,实际上已经开始了全英文授课。如果不是从内地到香港或国外读完博士再到港大任教的老师,像肖耿、宋敏等,其他港大老师,即使是华人,普通话也很差,又不能用粤语上课,所以这些老师上课都是讲英文,老外教师就更不用说了。这样的全英文教学"试验",不仅让同学们的英文水平大幅提升,更为后来全部实行英文教学做了铺垫。

"港大老师的教学特别重视应用,重视实操,重视让你掌握金融工具的运用。"2005级的张振广至今仍然记得,港大张俊喜老师上课有个习惯,开始十几分钟会讲讲金融领域的新闻逸事,看似闲聊,时间长了,学生就会对国际金融中心香港的金融业有一个大致了解。另外一位老师张近,是加州理工学院的博士,对金融衍生产品、资产定价和实物期权领域有深入研究,他的一门课上完之后,布置的考题就是让大家设计一种理财产品。

这种与实际贴得很紧的教学,让大家在后来找工作时受益匪浅。"求职一进入面试阶段，优势马上就出来了，一是英语，二是对金融和经济学知识的了解，尤其是应用的东西，非常清楚。最后连光华管理学院的学生见了我们，都有点发怵了。在面试环节胜过他们，太常见了。"张振广说，这批同学毕业后多数到了金融机构，工作很快上手，很快脱颖而出。

完成港大课程的方式，主要是港大老师来深圳上课。到了研二，港大专门安排大家在香港学习一个月。"在和香港学生相处的过程中，观察他们的言行、知识架构、为人处世、上课的表现，有很多收获。"石锐说，因为同时也是港大学生，大家平时还可以到港大听选修课，并利用那里丰富的图书资料。

2007年暑假，石锐在港大不仅选修了一门风险管理课，还找了一个助教的兼职，白天做助教，晚上和港大学生一起上课。港大图书馆藏书特别多，尤其是金融和经济学方面的国外原版图书，很多连北大本部图书馆都没有。第一次进入港大图书馆，看到那么多好书，石锐兴奋不已。她曾多次进去借书，有一次还把五六本书背回深圳，读完了再送到香港还回去。

港大是国际化程度非常高的学府，很多师生既了解世界，又熟悉内地，不少人本身就是内地去的。国际大公司非常看重这点，尤其是那些在中国有业务的公司，特别喜欢从港大招聘学生。像高盛、摩根士丹利等公司，每年在港大校园招聘的宣讲课，比在内地的北京、上海等城市高校举办得都早。因为拥有港大身份，商学院的学生在求职时，也特别受益。

张振广就是直接受益者。当年美国著名的咨询公司华信惠悦到港大招人，港大老师说，在深圳有和北大合作培养的学生。于是公司派人到深圳组织面试，张振广顺利过关，成为班上最早拿到offer（录用信）的学生。

首届还有多位同学毕业时在香港找到了工作，香港宝来证券一下子要了5名毕业生；陈靖宇进入麦格理投资银行，年薪近100万港元，成为当年薪酬最高的毕业生。后来，每届都有毕业生到香港工作。

和香港大学合作，是商学院起步阶段的"关键一招"，开创了中国高校合作的崭新模式。后来，商学院把这种模式移植到和世界多所著名高校的合作之中，使得"双硕士"变成招牌，成为与其他商学院竞争的"独门利器"。

学生深度参与学院创建

2006年临近暑假的一天,海闻带着工作人员来到C栋(图1.1),实地研究商学院装修的事。

图1.1 商学院建院初期所在的C栋

原来大学城的所有建筑,都是深圳市政府统一建好后移交给大学的,统一设计,统一装修,没有充分考虑不同办学主体的个性化需求。C栋内的很多房间是按照实验室功能装修的,有的连天花板都没有,一楼大堂也没有特别装饰，只有一个两张 A4 纸大小的商学院牌子，挂在大门外的墙上。给人的整体感觉是没有一点儿商学院的"派头"。商学院不仅有全日制研究生，还要招 EDP、MBA、EMBA 学生，会有很多社会上的企业家和经营管理人员来这里上课，大楼里要有一点儿商学院的样子，也要有许多学员交流的空间。海闻希望利用暑期时间，给楼内一些地方，尤其是一层再修饰一下。

"石锐，你过来一下，对装修提提建议。"石锐本科就是北大的，性格开朗活泼，特别热心集体活动。她比同班同学稍大两岁，之前已经领了结婚证，而且在北京装修了婚房。海闻知道她有装修经验，看到她正在楼里，就喊了一声。

几个人楼上楼下跑了几遍，指指点点，看哪些地方需要怎么装修，商讨方案。整个过程中，石锐不时发表看法。

"商学院装修的事，我看就让石锐负责监工吧。牺牲一个暑假，你行不行啊？"现场讨论结束，海闻微笑着问石锐，让她一时不知怎么回答。

石锐心里明白，商学院刚刚起步，人手很少，海老师让她负责装修，既是应该的，也体现了对她的信任。可海闻老师哪里知道，她正打算利用暑期回家补办婚礼呢。

犹豫了一会儿，石锐还是答应了下来。她马上就发现，装修监工不仅花费时间，还是一个巨大挑战。对整栋大楼来说，这次装修只是简单修修补补，但相较于自己装修婚房，工程量要大得多，要在暑期按期完成，必须紧张有序，环环相扣。另外，办公场所装修和家庭装修也有很大不同。作为监工，有很多事情要她自己做主，许多困难要她去面对和解决。

上网查资料，咨询朋友圈，找装修公司，看装修材料市场，研究确定装修方案，石锐立即忙得不亦乐乎。"放假前和魏炜老师一起跑了四五个装修公司，最后才确定其中一家来施工。"石锐说，暑期装修公司进场后，她几乎天天泡在 C 栋里。吊顶、装灯、包装空调管、安装电子屏、拆墙刷墙等等，她都在嘈杂的现场盯着，不敢有丝毫懈怠。

有几次施工不到位，石锐硬是逼着工人们返工重来。"如果出了质量问题，我就没办法面对老师和同学们了。"她说，在装修过程中，还出现了一个小"意外",一天拆天花板时,突然发现有很多白蚁。她马上决定,必须增加白蚁防治项目。她四处寻找专业公司,最后居然利用商学院的品牌,让一家公司免费做了白蚁防治。

一个暑假下来,工程竣工,装修过的地方焕然一新。尤其是大堂,从大门进入之后,迎面做了一个照壁,上面鎏金的"深圳商学院"几个大字,闪闪发光。海闻看完,把石锐大大表扬了一番:"商学院的脸面现在很有光彩了!装修不仅质量不错,你还挺抠的,替我们省了不少钱,看来商学院没白读啊。"

石锐与现场工人也都混得很熟。他们虽然嫌这位女学生太过较真,但从内心还是挺佩服的。一天石锐待在办公室里,竟然有一个工头敲门进来,有些羞涩地拿出随身听,想请她帮忙修修。

婚礼推迟,又劳累了一个暑假,石锐觉得这一切都特别值得。"那时我还担任行政老师的助理,正负责学院的一个论坛,那个暑假是最忙碌的一个暑假,不过也从中学到了很多书本上学不到的东西,受益至今。"石锐说,毕业之前,她的付出就得到了回报:找工作时到摩根大通面试,有一位面试官问她,你最具有挑战和创意的经历是什么?石锐把装修的事说完之后,发现这位面试官眼睛一亮,还频频点头。不久之后,她就收到了这家公司的录取通知。

这种装修监工的经历,不仅给石锐求职面试增添了与众不同的亮点,更重要的是,让石锐觉得商学院的发展过程中,有她的一份贡献。毕业后,每次同学们和海闻老师见面,海闻都会提起她装修的事情,让石锐感到特别自豪,特别有成就感。

因为是新办的商学院,一切从无到有,这为学生提供了更多"与学院一起成长"的机会。武汉大学本科毕业的华欣,2007年考进商学院之后,深切地感受到,自己在学院不仅是接受教育,同时也是学院的建设者,在和老师们一起开拓一番事业。"我多次帮忙承办外面公司在学院的宣讲会、招聘会等,还到社会上给学院联系过实习基地。"华欣说,学院有意识地把一些事情拿出来给学生做,有些项目还让大家提交申请,通过竞争方式确定由谁来做。比如,有一次学院成立直销研究中心,就是在同学中公开招聘了一位兼职秘书。

和华欣一样,商学院的很多学生,尤其是前几届学生,大多有一种"创业者"的感觉,对商学院有一种特殊的责任感、使命感和亲切感。"如果说北大的声誉是前人积累的,那么商学院的声誉全靠我们自己创造。"同样是首届的学生张振广说,当时大家都觉得,商学院的事情就是自己的事情,与学院要同舟共济、荣辱与共,要通过自己的努力,来帮助打造商学院的良好形象。这种意识,直到毕业后还根深蒂固。张振广毕业后,曾经在几家知名的咨询公司工作,每家公司都在他的牵线下,到商学院搞过招聘活动,有的还成了学院的实习基地。他说:"大家觉得,能为母校做点儿事很骄傲。"

在海闻眼里,让每位学生都融入商学院,参与创业,参与管理,真正成为商学院的一员,既是汇聚合力办好学院的需要,也是学生成长的需要。在这里学到的创业经验,会助力他们的职业发展;在这里做到"学院发展,人人有责",毕业后到社会上,自然会增强对单位、对国家和社会的责任感。

海闻掏钱为学生设基金

商学院创办之初,留下的创业故事还有很多,有些非常感人,如今想起来仍然令人心生暖意。

2008年年底,正是高校毕业生找工作的关键期。为了一份好工作,汇丰商学院2006级学生四处奔忙,想尽一切办法联系用人单位,去参加各种各样的面试。

翰锋(化名)心里一直非常犹豫,是不是去北京看看。北京用人单位多,大大小小的招聘会一个接一个,连外地很多大公司都专门跑到北京招人。去,说不定就能撞上好运,可跑一趟至少得花两三千块钱,这对家境并不富裕的他,是一笔不小的开销。读本科加上硕士,花了家里不少钱,以至于每次向父母要钱,他心里都有一种说不出的滋味。不去吧,可能就会失去很多机会。

怎么办?班里和翰锋一样犯难的,还有好几位同学。这时候,他们不约而同地听到了一个好消息:学院设立了"海闻学生职业发展基金"。

当年在全国高校中，这是一个独一无二的基金。

商学院学生来自全国各地，家境各不相同。2005级首届学生毕业找工作时，海闻发现少数家庭条件不好的同学，没有钱"武装"自己，甚至连一套像样的西装都买不起。而商学院学生找工作，主要目标是"高大上"的金融单位。没有一套光亮的行头，面试多多少少会受到影响。海闻当即决定，自己捐出10万元钱作为启动资金设立"学生职业发展基金"，用来资助学生。这既不是奖学金，也不是贷款。每名学生可以申请3000元钱，无须提供家庭困难证明，无须复杂的手续，只需一个承诺，就是毕业后有经济能力的时候，把这笔钱再捐回来。这样基金拥有源头活水，才能够长期存续，继续帮助后来的学弟学妹们。捐回的时间，在两年之内或之后都可以。

这是商学院内正式成立的第一个基金。成立后，很快2005级就有一位同学提出了申请。

弄清楚基金情况后，翰锋和班上其他16位同学填了一个简单的申请表，交上去不久就拿到了钱。"对一名在校研究生来说，3000元挺多的，相当于半个学期的生活费。"翰锋回忆说，当时拿着厚厚的一沓钱，大家心里温暖无比，也踏实了许多，"有好几位同学用这笔钱做支持，在北京、上海找到了一份满意的工作。"

毕业后，翰锋进了一家基金公司。有了不错的收入之后，他一直想着早点儿把钱再捐回去。大约工作了一年，他捐回了5000元，比当初拿的多了2000元。他们班往回捐的，绝大多数金额都超过了原数，其中最多的张儒卓，捐了1万元。大家希望基金里的钱越来越多，这样就会有更多同学得到帮助。

从2008年开始，商学院要求开学典礼时就要穿正装。基金章程因此做了一些改动，学生一开学就可以申请，用途也从最初找工作的资助，变成了平时的发展资助，金额增加到4000元。学生拿到这笔钱，可以用来买西装，也可以用来买电脑、书籍等。基金名称因此改为"海闻学生发展基金"。

星星之火，已成燎原之势。除了在校拿过钱的学生毕业后捐钱，商学院EDP、EMBA班的其他校友，也不断向这个基金捐款。如今，基金规模已经从最初的10万元，滚雪球似地发展到好几百万元，每年都有好几十位学生申请。

基金的设立，在物质上帮助学生解困，在精神上培养学生的感恩之心。你困难时别人帮你；别人困难时，你再去帮助别人。这正是需要培养和弘扬的公益文化。有人认为，这不仅体现了海闻对学生的殷殷爱心，也彰显了他过人的教育智慧。

为了学生，海闻无私捐钱；为了学生，海闻把北京自己的报纸杂志用手提箱拉到深圳，给学生建起阅览室。

商学院初创时，大学城图书馆还没有开建，而深圳研究生院图书馆小得可怜，经济、金融方面的图书杂志屈指可数。仅靠这几本教科书难以培养优秀人才，学生需要更多的专业资料，拓宽视野，储备知识。

海闻是著名经济学家，每年都能收到一大批赠阅的经济、金融方面的报纸杂志，这些报纸杂志，能够装配成一个小型的专业阅览室。

商学院开办之后，海闻从北京带上铺盖，在深圳研究生院学生宿舍安了一个新家。他把大多数时间和精力放在了深圳。由于工作关系，他每周必须回北京一次。一方面每年要给本部学生讲授一学期的"经济学原理"；另一方面当年作为北大副校长，他要参加学校每周的校长办公例会。

经常往返深圳与北京的海闻，给自己增加了一个角色：搬运工。每次回北京，他都会把新到的杂志收集起来，装入手提箱，拉到机场，带到深圳，然后亲自交给工作人员。为了节省时间，除非行李实在太多，他一般不办理托运，带着装满杂志的手提箱上下飞机，辛苦自不必说。

"海校长，以后杂志到了，我们给您快递到深圳吧。"看到海闻往深圳搬沉甸甸的杂志，北大本部工作人员真诚地表示。

"谢谢好心！带一点儿杂志不算什么，当年在东北下乡，我可是当地出名的壮劳力。"海闻报以微笑。他觉得把这件事情交给工作人员，虽然自己轻松了，但至少有两点不划算：一是时间，什么样的快递也没有他这位快递员来得快；二是多花钱，虽然是公家花，但能省为啥不省？

这一搬，至少整整3年从未中断。直到大学城图书馆建成，里面的各类杂志几乎应有尽有，再搬已经没有意义。

海闻搬来的杂志，放在C栋二楼的一间专门阅览室。有些学生知道原委后，私下里称这个小阅览室为"海闻阅览室"。阅览室里摆着《经济研究》《经济学动态》《经济科学》《金融研究》《经济理论与经济管理》等近百种学术期刊。

"当年大家很喜欢到里面看书，而且特别爱惜那些杂志。"石锐对小阅览室记忆深刻。她说，如果没有对学生的大爱之心，没有对办好商学院的孜孜追求，很难想象能够坚持长达 3 年。后来，海闻还和宋敏一起在商学院建了金融实验室，购买了许多经济金融数据，从此，学生做研究、写论文、查阅资料就更加方便了。

"好雨知时节，当春乃发生。随风潜入夜，润物细无声。"相信商学院学生每次吟诵杜甫这首诗时，都会有更加深入的理解。

首届毕业生实现开门红

十年磨一剑，霜刃未曾试。从小学到硕士毕业，19 年寒窗，商学院首届学生即将跨入绚丽多彩的社会。站在学院门口，面对人生关键的一"跨"，大家兴奋、憧憬、惶恐……心情可谓"五味杂陈"，究竟会不会得到社会认可？

如果把这批学生比喻成"产品"，那么经过"现代化工厂"的严格管控，质量肯定没有问题。但这毕竟是商学院的第一批"产品"，"消费者"反应如何？没有先例。因此，大家心中没底。

为了增加"产品"的吸引力，海闻专门请港大老师来进行商务礼仪培训。男生西装穿得合不合适，领带搭配恰不恰当，女生的头发、妆容、衣服和鞋子协不协调，一对一地评点。提高装扮水平，让学生找工作时，有良好的衣着打扮、行为举止和精神风貌。此外，海闻还亲自给学生撰写推荐信，并对学生求职行为提出具体要求，比如要讲诚信，和一个机构签约了就不能毁约，即使后来找到了更好的机会，也不能。

充分准备之后，学生扑向社会，四处联系用人单位，但开始并不顺利。

"你们是什么样的商学院，怎么没听说过啊。"

"你们真是北大和港大联合培养吗？毕业证书和本部是不是一样的？"

"你们的老师真是北大和港大的吗？"

当学生亮出深圳商学院身份时，马上会遭到各种质疑，尤其是到深圳之外求职，更是如此。李畅回忆当年求职的情况说："提起北大，谁都知道有光华管理学院、中国经济研究中心和经济学院，但是说起深圳商学院，很多人根本不知道，又没有师兄师姐声誉的积累，所以求职时要进行大量解释，这样人家才会明白。我们统一的策略是，如实介绍和北大一脉相承的关系。"

求职一旦进入笔试和面试阶段，深圳商学院学生严格训练下的优势便尽显无遗。学生不但理论知识扎实，知识面广，还懂得金融实用工具，令人刮目相看。

当时有一个广为流传的真实故事。

2007年11月，时任申银万国研究所副总经理的黄燕铭到北京招募研究员，一下子吸引了全国各地3000多名毕业生前来参加笔试，经过严格的笔试淘汰，最后剩下大约100名进入面试环节。

"怎么竟然有10个来自深圳商学院，比例如此之高，这是一个什么样的学院？"看到面试名单，黄燕铭十分惊讶。

当时，黄燕铭要忙于面试，没有时间深究，但让他更惊讶的还在后头。

他面试的最后一个人是贾鹏，问了很多专业方面的问题，贾鹏有的回答得很不错，但也有一些地方他不太熟悉。

"黄老师，你一定要相信我们商学院，我们学院的学生都是很优秀的。我不是班上最优秀的学生，您如果对我不满意，可以不要我，但是您一定要多看看我们的同学，希望您能够多招聘我们商学院的学生。"当黄燕铭对回答表现得稍有不满的时候，贾鹏马上就诚恳地表示。

做证券研究主管这么多年，在北京招聘毕业生这么多年，黄燕铭第一次碰到有学生在应聘现场说这样的话。在面试的时候，临到最后一刻，他竟然会为自己的学院说话，为同学说话，而完全不顾自己能否被录用！

黄燕铭被深深感动。他对深圳商学院更加好奇了，面试结束，他专门问了很多关于商学院的问题。从贾鹏那里，他初步了解到深圳商学院是一个什么样的学院，以及海闻的办学理念和令人尊敬的人文情怀，但还有很多谜团留在黄燕铭心里。

怀着一片好奇和敬重之心，一个月之后，黄燕铭决定亲自前往深圳拜访海闻。

那是一个冬日的下午。北国千里冰封、万里雪飘，南国的深圳却是阳光灿烂、温暖如春。海闻办公室里，灿烂的阳光从西侧大玻璃窗照射进来，铺满了整个地板，桌上的绿萝青翠欲滴，空气里充满了温暖、朝气和活力。

海闻热情地接待了黄燕铭，深入分享了自己的办学理念和发展愿景，并带他仔细参观了深圳商学院。黄燕铭兴奋地与学生进行交流，介绍了证券研究行业的情况、证券分析师的职业发展道路，以及国内外关于证券分析师行为方面的研究文献。

这次实地拜访也让黄燕铭彻底明白了贾鹏面试时为什么会讲那番话。因为是第一届毕业生，学院社会知名度不高，同学们在找工作之前共同约定，在应聘时要多宣传商学院，哪怕自己应聘不成，也要尽量恳请招人单位，多招学院其他学生。这是具有高度集体主义精神的一批学生！

那次面试，包括贾鹏在内，深圳商学院共有5人被申银万国正式录取。几年之后，贾鹏就成为优秀的证券分析师，现在是银华基金养老金投资部投资副总监。

第一次招聘深圳商学院的学生，就给黄燕铭留下了极其深刻的印象。此后，他一直没有间断到商学院给学生举办讲座，而且无论到哪个证券公司工作，这里的学生都是他青睐的招聘对象。

时间到了2008年年初，首届毕业生被社会知名单位聘用的好消息陆续传来：

金继阳，拿到中信证券并购部offer，工作地点在北京。

王晓冰，拿到雷曼兄弟研究部offer，工作地点在上海。

赵东平，拿到国信证券投资银行部offer，工作地点在深圳。

最初入学的63名学生中，有10人选择只读西方经济学专业，其余53名是双硕士。他们毕业后，九成以上进入国内外知名金融机构，其中6人在香港工作。

毕业生入职薪水等就业情况,是国际上评价一所商学院办学水准的重要指标之一。2008年6月底,深圳各大媒体纷纷在显要版位刊出一则新闻:北大深圳商学院首届毕业生平均年薪18.5万元。2008年深圳商学院首届毕业生年薪即达到18.5万元,打破了当时国内商学院全日制硕士的平均起薪纪录,轰动深圳,全国关注。

"超出想象!"首届学生回忆商学院生活,用得最多的就是这四个字。商学院发展超出想象,个人找工作超出想象。读书期间的那种彷徨、担心,已经化为永久的记忆。

首届毕业生(图1.2)实现开门红,为深圳商学院赢得巨大声誉。随着商学院一届届学生走入社会,走上工作岗位,他们的出色表现得到用人单位,尤其是金融领域的用人单位的充分认可。随着商学院的知名度和美誉度越来越高,学生找工作的情况也越来越好。

图1.2　2008年6月,首届硕士生毕业

第二篇
争取"外援"

深圳商学院创办一年之后，教学和管理逐渐走上正轨，各项工作风生水起。这时候令海闻非常着急的一个问题是：商学院怎样才能快速腾飞起来？

作为经济学家的他非常明白，一家初创企业要实现快速发展，就必须对外融资，借助金融杠杆的撬动力量。商学院的创业之路，不可能与企业完全一样，但背后的逻辑相通，要善于借助外部资源。这就像荀子在《劝学》中所言，只有借助"舟楫""舆马"，才能"绝江河""致千里"。仅仅依靠自身力量，按部就班地发展，要实现商学院高远的发展目标难度很大。

商学院对外借力，目标只能是企业捐赠和政府财政。经过曲曲折折的历程和3年的不懈努力，海闻终于成功争取到来自两方面的巨大支持：汇丰银行1.5亿元冠名捐赠和深圳市1.5亿元财政拨款。

"好风凭借力，送我上青云。"获得了强大的外部资源，他们建起了国内商学院中最大的单体建筑，率先实现硬件上的"顶流"。随着名称上改为北大汇丰商学院，学院从此走上腾飞之路。

力争外部资源加快发展

在海闻的办学规划里,商学院必须在全球聘请一流教师,必须建设独立的新大楼。虽然C栋也不错,但仍有缺陷:不是按照商学院需求设计的,缺乏交流空间,规模也无法满足长远发展。而改变这一切,需要大量经费。商学院开办经费仅有100万元,虽然深圳市政府对招收全日制研究生有生均补贴,但杯水车薪。

考察国内外知名商学院的发展史,很多是在得到外部强有力的支持下发展起来的。

从国内来说,北大光华管理学院前身是成立于1985年的北大经济学院的国民经济管理系,1994年获得台湾光华基金会1000万美元捐款,并正式冠名"光华"。利用这笔捐款,学院建了一座漂亮的教学大楼。硬件条件迅速跨入一流,学院发展开始加速。1994年创办的中欧国际工商学院(简称"中欧"),"靠山"是欧盟和上海市政府,它们对中欧投入巨资,用于聘请名师,建设独立校园。2002年创办的长江商学院(简称"长江"),因为背后资金支持者是华人首富李嘉诚,被誉为"含着金钥匙"出生,一开始便不同凡响。

国外这方面的例子更是比比皆是。沃顿商学院是美国费城富商约瑟夫·沃顿(Joseph Wharton)于1881年捐出巨资在宾夕法尼亚大学创立的,如今已经被誉为"世界第一商学院"。麻省理工学院斯隆商学院1952年设立,捐助人是富商斯隆(Alfred Sloan),当时捐赠金额是500万美元。还有牛津大学赛德商学院、剑桥大学嘉治商学院等许多世界著名商学院的背后,都有个人或机构的巨额捐赠。

海闻认为,深圳商学院要插上一双翅膀,尽早翱翔蓝天,首要选择当然是向深圳市政府争取支持。作为先发地区,深圳市政府被称为最有钱的地方政府,对教育又非常重视,投入数十亿元建设大学城就是最好的证明。而且办高等教育向政府要钱，名正言顺，理所当然。另外，商学院刚刚创立，影响力还没有形成，找企业捐赠客观上难度很大，企业捐赠冠名可以先放一放。

确定了争取"外援"的方向，海闻开始站在深圳的立场来思考问题，最后得出结论：建立一所世界一流的商学院对深圳来说不仅必要，而且可能。

纵观世界各国，国际化大都市大多有不错的商学院。当时北京和上海已经分别拥有15所和11所商学院，其中长江、中欧已经有很高知名度。而经济总量已位居中国大城市排名前五的深圳，却没有一所知名的商学院，这与深圳这座城市极不匹配。工商管理学习和培训的地域性非常强，地方经济发展到一定阶段，就会对商学院产生强烈需求。尽快建立一所一流的商学院，不仅是培养高级经营管理人才、应对深圳产业调整发展的要求，也有利于吸引高端产业的投资创业，因为可以产生"企业家聚合效应"。

如何建设世界一流的商学院？海闻认为，深圳如果另起炉灶，从零开始，不仅起步艰难，短期也很难见效。而深圳商学院已初具规模，拥有自己的一流师资，已经招收两届硕士生，并与港大建立了良好的合作关系。将来要增办MBA、EMBA等项目，北大已具备相应的学位授予资格，无须另行申请。如果深圳和北大联手共建，在生均经费的基础上再增加政府投入，一定能把深圳商学院打造成世界一流。而这个品牌，既是北大的，也是深圳的。

对这个问题思考得越深入，海闻越觉得争取深圳市政府支持这件事情有戏，甚至十拿九稳。

2006年9月23日，海闻花了一个晚上给深圳市某主要领导写了一封信，在这封"关于深圳市尽快建立世界一流商学院的建议"的信里，他不仅分析了必要性和可能性，而且提出了共建设想：深圳市政府出资两三亿元，用于修建商学院大楼和全球招聘人才；成立董事会，下聘院长负责学院的管理和运行。

信件打印出来之后，看着散着油墨香味的三张A4纸，海闻甚至有点儿兴奋。他想象着这位领导看到时的反应，一定会大大肯定这个"双赢"的建议。

过了两天，海闻带上这封信参加深圳市的会议。会议结束，这位市领导看到海闻朝自己走来，主动停下来打了声招呼。海闻递上建议信，领导匆匆翻看起来。当看到最后一页时，脸上的笑容突然消失。

"你们还要钱啊!"

"你不要光看钱,你要看这钱用来做什么事情。"海闻解释。

这位领导对此事毫无兴趣,根本不想再听海闻解释,转身走出会议室。碰了钉子的海闻,同样是头也不回地离开了现场。

作为北大副校长、著名经济学家,离家别舍跑到深圳办学,向市领导提个建议希望得到资金支持,却被当面冷冰冰地否决,海闻自然很不好受。事后有人告诉海闻,事情很复杂,领导考虑的因素很多,不支持是有道理的。海闻听完,就再也没把这事放在心里。

争取政府出钱这条路,看来暂时走不通了,但做事智慧的人,从来不会一条道走到黑。海闻从此把努力的方向转到了企业。他明白这需要时间,但他可以做一名狙击手,静静地等待目标,寻找机遇。这方面他有耐心和信心,也有丰富经验,他当过北大教育基金会秘书长。

果然,不到一年,一个"大目标"出现了。

担任独董,机会来了

机会总是留给那些有准备的人。

2007年4月,全球著名的汇丰银行集团大规模拓展中国市场,实行本土化战略成立汇丰(中国)银行有限公司,业界简称汇丰中国。按照规定,需要从社会上聘请两名独立董事,这两名董事要既能为汇丰出谋划策,又不能与汇丰有关联业务。

"海老师,您是著名经济学家,对中国情况又十分了解,而且能说一口流利的英语,汇丰银行需要您这样的人出任汇丰中国独立董事,不知您是否愿意?"时任汇丰北京分行行长丁国良找到海闻,诚恳地发出邀请,他同时推荐的还有商务部原副部长、博鳌亚洲论坛秘书长龙永图。

丁国良出生于中国香港,祖籍浙江,和海闻既是老乡、朋友,还有一层师生关系。他1978年加入汇丰银行，1986年被派到内地工作，2000年进入北大读国际MBA，海闻是他的班主任。国际MBA毕业后，他牵线汇丰捐款1000万元给北大中国经济研究中心，长期支持中心邀请世界各地的诺贝尔奖获得者到北大举办讲座，和海闻经常保持联系。他对海闻的学问和为人非常敬佩，坚信海闻进入汇丰担任独立董事，一定能成为一名优秀的"谋士"。

"如果能为汇丰中国做点儿事，我当然很高兴。"海闻爽快答应了。一方面，他相信自己能给汇丰中国带去他们需要的东西；另一方面，他还有个"私心"：汇丰银行实力雄厚，说不定哪一天就可以支持一把北大。海闻和企业打交道始终抱着一个想法："我要帮助企业发展，但同时我要让企业为我们教育也做点事。"

成为汇丰中国独立董事之后，海闻除了参加董事会，平时与汇丰中国的联系也十分密切。

汇丰中国成立之后，业务迅速扩张，但同时也面临着人才短缺的问题。对此，咨询公司的建议是，自己办大学。

他们提出的理由是，自1955年全球第一所企业大学——通用电气公司克劳顿维尔（Crotonville）学院正式成立以来，目前绝大多数世界500强企业都创建了自己的企业大学，这是"普遍做法"。而且当时中国有很多企业为了满足急剧上升的人才需求，已经创办了大学，如华为大学、海尔大学、联想管理学院、中国移动学院等。

对于汇丰中国自己办大学的想法，海闻提出了不同的意见。他认为，现在社会可以说进入了超级专业化时代，每个行业都应当专注做好自己的事情。汇丰银行的特长是金融，做教育，汇丰中国没有优势。如果一定要搞个汇丰大学，充其量只能是一个内部培训机构，可能连自己的员工都不一定愿意上。

海闻进而建议，可以考虑和国内一流大学合作来解决汇丰中国人才的培养培训问题。不知是海闻的建议发挥了作用，还是汇丰银行高层自己就主动意识到了办大学不是个好主意——一流的汇丰中国如果办个二流、三流的大学，还不如不办。海闻不久即获得准确消息，汇丰银行高层最终没有采纳自己办大学的方案，已经考虑联系北京、上海等地高校，希望从中选择一家合作对象。

海闻获悉情况后自然非常高兴，一方面是汇丰银行作出了正确抉择，另一方面这也给深圳商学院留下了争取合作的机会。他当时分析，按照汇丰银行做事的风格，肯定要找国内最著名的高校，这样北大和清华应当是首选。北大和清华相比，北大胜算更大。而在北大内部的合作单位，光华管理学院已经被冠名，因此是不可能了，这样就只剩下中国经济研究中心、经济学院和深圳商学院了。

以海闻的性格，绝对不会坐等天上掉下馅饼。他马上联系汇丰银行里的朋友，弄清对方的真实想法之后，赶紧起草了一份合作方案。在这份方案里，他专门提出，深圳商学院会承担汇丰培养培训人才的任务，每年拿出一定数量的MBA、EMBA名额给汇丰，帮助汇丰培训新入职员工等，表达出真诚合作的强烈意愿。

海闻把这份精心准备的方案交给丁国良之后不久，丁国良告诉他，清华大学、复旦大学、武汉大学，以及北大中国经济研究中心都陆续提交了合作方案，高层正在考虑之中。

虽然深圳商学院有较大胜出机会，但海闻随后了解到，汇丰银行最高决策层中，有人跟清华、武大、复旦关系较深，而且汇丰中国总部在上海，复旦有天然的地缘优势。

看来竞争激烈，形势比想象中严峻许多。逐鹿中原，谁能得手？

此时的海闻，表现出高超的公关能力和智慧。他牢牢盯紧汇丰银行高层的关键人物，向他们宣传深圳商学院的愿景和办学理念，证明自己是最好的合作者。

在关键人物中，有一位是时任汇丰亚太区主席、汇丰中国董事长和汇丰基金会主席的郑海泉。

郑海泉是杰出的银行家，也是一位商界传奇人物。他1948年出生于中国香港的一个六口之家，父母是水果小贩。这个家中长子3岁时不幸患上小儿麻痹症，医治效果不佳，成为父母的一个心病，担心他将来生活无着。但郑海泉聪明懂事，勤奋好学，他在新西兰读书时，由于经济拮据，不得不靠去饭馆刷盘子挣钱。郑海泉毕业获得经济学硕士学位，回到香港加入汇丰银行。2005

年出任汇丰银行亚太区主席，成为汇丰银行创立139年以来首位担任此职务的华人。他同时也是汇丰银行6位董事之一，是汇丰银行职位最高的华人。

读书改变了命运，郑海泉因此对办学有天生的热情。对祖国内地，他的感情也很深。通过丁国良牵线，在与海闻面谈了几次之后，郑海泉非常赞同海闻的办学理念，也十分相信海闻的个人能力，看好深圳商学院的办学前景。因此，他后来不仅自己支持与北大深圳商学院合作，还在汇丰银行高层帮着做游说工作。

另一位关键人物，当然是汇丰集团最高掌门人斯蒂芬·葛霖（Steve Green）。海闻明白，这是一项相当重要的合作，葛霖的意见至关重要，必须找机会与他见面，直接沟通，以建立相互了解、相互信任的关系。

专飞重庆见汇丰"老大"

2007年10月下旬，为了在中国进一步扩大业务，汇丰银行董事会会议首次选择在中国重庆召开。海闻提前得到消息，葛霖将出席。作为汇丰中国的独立董事，海闻无须参加这次会议。但是，不管学校工作多么繁忙，他决定还是要专门飞一趟重庆。

海闻把自己的行程告诉出席会议的郑海泉，请他一定帮忙安排见一下葛霖。作为世界级的金融巨头，葛霖在重庆的公务十分繁忙，日程安排得满满当当，但郑海泉还是答应见缝插针地安排会面，不过时间肯定很短。

秋日重庆，凉爽宜人。下了飞机，海闻直奔葛霖下榻的酒店，在晚宴开始前不久，见到了身材瘦高的葛霖。

按照现在的说法，葛霖读书时就是"学霸"，本科读的是牛津大学，硕士读的是麻省理工学院，都是世界顶级名校。1982年进入汇丰银行后，一步步坐上第一把交椅，被誉为"创造神话的银行职员"。除了是叱咤风云的金融家，他周日上午会到附近的教堂做服务，因此又被称为"金融牧师"。他深信在商

业世界里，企业文化和道德操守最为重要。

虽然是第一次见面，但由于郑海泉早就充当桥梁，在其中互通了信息，两人见面时好似一见如故。海闻用一口流利的美式英语先简单介绍自己，然后直奔主题。

"葛霖先生，我们正在和汇丰谈合作事宜。北大和汇丰，分别是教育和金融领域的顶级品牌，如果我们两家能够合作，对双方的好处都难以估量。汇丰支持北大商学院，商学院可以得到更快发展；对于汇丰来说，冠名北大的商学院，也可以在未来高端商界人士中产生长远影响，将是汇丰在中国永久的高端广告。"在这样的谈话中，海闻喜欢站在对方角度考虑问题，这既是他的真实想法，也是一种谈话艺术。他认为，所有的合作谈判，首先要考虑对方的利益，只有让对方感觉到有利，合作才有成功的可能。葛霖是一位精明的金融家，同时具有高超的政治智慧，若干年后卸任汇丰银行主席职务之后，还曾出任英国商务大臣，所以跟他谈话，海闻只是点到为止。

"海闻教授，我已经知道了。这是一件非常有意义的事情，我很期待今后就此事与您继续交换意见。"谈话结束，葛霖很绅士地表示。

"我也很期待您方便的时候能够访问北大，访问深圳商学院。"海闻趁机发出邀请。

在来重庆之前，海闻就对葛霖的经历和性格等进行了充分了解。他认为无论从哪方面考虑，获得葛霖支持的概率都很大。果然，虽然没有明确表态说一定就行，但从葛霖的说话和表情都能看出，他对与北大深圳商学院合作的事挺有兴趣。

见面结束，海闻看了一下表，刚好3分钟。从深圳飞重庆来回要花4个小时，就为这3分钟，但海闻觉得非常值。

"葛霖确实很有战略眼光，他不只考虑企业的眼前利益，还考虑到企业的长远发展。我们一见面，就觉得大家心有灵犀。"海闻回忆第一次见面时说。

在海闻与汇丰银行高层加强沟通的同时，丁国良也在不断地向汇丰银行高层提出建议。他认为，北大和清华是中国大学最响亮的品牌，是最佳的合作对象，而且汇丰很有必要扩大在这两所大学的影响。至于选择其中哪一所，他分析两所大学的综合情况,认为北大影响力略胜一筹,应该选择北大。此外,他还向高层如实介绍了自己所认识的海闻,比如,具有超强的执行能力,在中国经济研究中心创业的过程中,发挥过十分重要的作用等。

重庆见面,海闻建立了与葛霖直接沟通对话的渠道,他认为,还必须争取邀请葛霖访问深圳,让他实地看看蒸蒸日上的商学院。

2008年3月18日,葛霖终于来到了深圳。陪同的有汇丰银行总经理王冬胜和丁国良。两人对深圳商学院都非常了解,2007年9月,海闻曾邀请王冬胜为商学院学生做过演讲。

3月的深圳,早已是春色满城。街边的木棉树,橘红色花朵在枝条上绽放,风儿一吹,会有一两朵划出一道弧线,啪的一声落在地上。这种南方特有的花,碗口大小,花瓣肉嘟嘟的,煲汤能够清热祛湿,经常有人在树下捡拾刚落下的花朵。

大学城依山傍水,草木郁郁葱葱,这里没有大都市的喧闹,很像英国那些风景宜人的小镇。葛霖在海闻的陪同下参观校园(图2.1),不时发出赞美声。在与师生交谈中,他发现这里的师生都能说一口流利的英语,而且有好几位是

图2.1　2008年3月18日,汇丰集团董事长葛霖(左一)考察学院

外国人。老师人数不多，但素质很高，基本上有外国著名高校学习的经历。学生聪明智慧，视野开阔，充满活力。他还特别了解了2005级学生找工作的情况，当他得知绝大多数已经找到理想单位时，连声说"好极了"。

起步中的深圳商学院虽然规模不大，但已经展现了国际化办学的良好势头，睿智的葛霖已经看到了它的勃勃生机和灿烂前景。海闻看到葛霖脸上始终挂着笑容，自然心情大悦。葛霖满意不满意，直接关系到合作成败。

一切似乎都非常顺利、圆满，但就在整个考察活动快结束时，意想不到的事情发生了。

大家从行政楼一楼准备离开时，情绪高昂的葛霖突然一个趔趄摔倒在地。轻松愉悦的氛围马上凝固，大家都很尴尬。有人赶紧扶起葛霖，幸亏没有受伤。

这是"回南天"惹的祸！南国的春天，如果气温突然升高，湿度加大，冰冷的地面、墙面就会凝结出水，严重时就像泼了水一样，非常湿滑。为了这次考察，学院虽然做了充分准备，地面擦了又擦，但由于"回南天"太严重，地面即使擦干净了，又会很快变湿。

葛霖会不会迷信？这一跤会摔出双方合作的意外吗？王冬胜和丁国良担心，海闻更是担心。

汇丰高层集体"面试"

葛霖一行考察完深圳商学院之后，海闻该说的说了，该请葛霖看的也看了。之后的几天，他在担心焦急中等待结果：葛霖最终的意见到底会是什么？

好消息不久传来，葛霖对深圳商学院先进的理念、一流的师资和有效的管理印象深刻，对海闻的评价很高。他赞成汇丰选择与深圳商学院合作，合作细节再继续深入商谈。

海闻还通过各种途径获悉，摔跤的事一点儿也没有影响葛霖决策，他根本没把它往心里放。一个意外，让大家虚惊一场。

终于，协商进入更加实质性的细节阶段，合作形式、捐赠金额等关键问题逐一明朗。

首先是捐赠金额的问题。汇丰基金会关心到底要捐多少钱。

"台湾光华基金冠名北大管理学院，捐了1000万美元，当时相当于人民币1个亿。美国安泰集团冠名上海交大管理学院，也是捐了人民币1个亿。我想，汇丰起码要捐人民币1.5个亿吧。"海闻建议。

"你们学生也就200多人，十多位全职教师，要那么多钱干什么？"汇丰银行方面提出疑问。如果是1.5亿元，将是汇丰基金会捐赠历史上最大的一笔。

"正因为我们是起步阶段，需要建新大楼，需要全球招聘老师，所以更需要钱。"

"不能少点儿吗？"

"捐少了可能对汇丰不太好看吧。"海闻半开玩笑地说。

汇丰银行方面笑笑，再也没有就金额问题提出不同看法。

其次是学院冠名问题。一般来说，学校对于大额捐赠，都将冠名权作为答谢的方式之一，尤其是商学院冠名，更是国际上的普遍做法。"还是汇丰冠名比较好，这样我们商学院的名字就从 local（地方的）变成 global（全球的）了，对我们的国际招聘和招生都有利。"海闻认为，冠名对汇丰银行有利，对深圳商学院同样也是利好。汇丰银行于1865年在香港创立以来，历经风风雨雨，已经成为世界超级金融集团，当时在全球80多个国家拥有30多万名员工，作为培养商界领袖的深圳商学院改名为汇丰商学院，就和顶级金融品牌联系在一起，这样更容易提升层次、扩大影响。

"汇丰珍惜品牌形象，之前从未把名字给社会上的机构用过，冠名是一件非常重要的事情，需要最高层研究才能最后决定。"汇丰银行负责谈判的人态度十分慎重。

除金额和冠名外，双方对汇丰商学院未来与汇丰银行的关系也进行了讨论。

"商学院要为汇丰承担多少人才培养和培训的任务？"海闻问。

"我们之前确实一直有这方面的要求，但在征求各方面意见之后，已经决定这项合作就是单纯捐赠，不需要受赠方额外承担人才培养和培训义务。"汇丰银行方面明确表示，"郑海泉主席还公开表态，汇丰捐赠之后，不会干涉商学院的具体办学，商学院拥有独立自主的办学权。"

汇丰银行的高姿态让海闻感动，这是一家有境界的公司！

到了2008年5月初，关键问题基本上已经谈妥，只是最后协议还没有签署。就在这时，汶川大地震发生了，全世界都把关爱投向了汶川，这项捐赠合作自然而然就停了下来。

时间很快到了8月初，举世瞩目的北京奥运会开幕在即，古老的北京城被打扮一新，盛装迎接来自世界各地的客人。

夜晚，北京灯火璀璨，流光溢彩，车水马龙。在市中心一家高档酒店的包房里，一场特殊的"面试"正在紧张进行。面试对象是海闻，"主考官"是汇丰银行董事会的五六名执行董事。

原来葛霖带董事会成员来北京观看奥运会开幕式，日理万机中，专门安排了一场晚宴让董事会成员与海闻直接交流，方便大家深入了解捐赠项目，希望在这件事上能达成一致意见。毕竟，这项捐赠在汇丰银行历史上将创造两个纪录：一是额度最大；二是第一次使用汇丰的名字。葛霖对此不得不异常慎重。

大家甫一坐定，简单介绍之后，没有让服务员上菜，汇丰银行的董事们就开始轮番发问。

"你们准备怎样使用这笔巨款，如何确保它的使用安全？有详细方案吗？"

"你们的学生是一流的，但怎么解决师资问题？"

"你们的校址在深圳，与北京相比有何优势和劣势？"

"你认为这件事情的最大风险是什么？"

除了葛霖很少发问，其余几位都轮番抢着提问。海闻在接到晚宴邀请时，就知道这是一场不好对付的"鸿门宴"，"面试"结果对汇丰银行高层最后拍板至关重要，千万不能出现意外。好在问的都是教育问题，都是办商学院的问题，所以他胸有成竹，自信满满，淡定自如。不管什么问题，他总是有条不紊地给出真诚的回答。

现场情景有点儿像《三国演义》中诸葛亮舌战群儒。

在所有董事中，一位印度籍的董事问得最多，也问得最为专业。

"目前世界上的商学院，主要有欧洲和美国两种模式，海闻先生，你想办一个什么样的商学院？"

"这是一个非常好的问题，很有专业水准。"海闻说道，"我在高校办了十几年教育，对现在商学院的办学理念和模式有很多思考。我们既不搞欧洲商学院模式，也不搞美国商学院模式。像中国的中欧国际工商学院、长江商学院就是欧洲模式，是单独的一个商学院；而我们的商学院是一个大学的组成部分，而且有全日制硕士和博士，我们将来还可能招收本科生。这有点儿像美国大学的商学院，但又不完全相同，我们在理念和管理上又具有中国特色，特别重视全日制研究生，不仅注重专业知识，更强调对学生的严格管理，强调综合素质的培养。此外，我们还非常重视对广大民营企业家的培训，致力于成为提升中国企业家素质的重要平台。"

针对这个问题，海闻竟然说了近10分钟时间。最后，这位印度籍董事非常满意，他对坐在对面的葛霖说："我们在印度也支持办这样一所商学院吧。"

"哈哈，这事以后再说，我们现在是在中国，只讨论与北大合作的问题。"葛霖在微笑中化解了这个问题，"现在我们开始享受中国美食，当然有问题可以继续向海闻先生提问。"

这时候大家才发现，不知不觉中一个多小时过去了。接下来的中国美食让来自世界各地的董事们情绪高涨，一直有点儿紧张的气氛马上变得轻松起来。海闻如释重负，甚至有点儿得意，通过大家的反应他知道，他的回答让大家非常满意。

面试大考顺利通过。过了两天，奥运会盛大开幕，鸟巢观众席的包厢里，海闻受邀坐在葛霖、郑海泉身边，共同观赏了张艺谋惊艳世界的创意。

对汇丰银行来说，捐赠万事俱备，只等签约！

金融风暴来临前签约

接下来,双方开始草拟最终协议。作为世界级金融集团,汇丰对协议内容把控极其严格。他们非常明白,捐赠资金最后能不能发挥最大效益,关键取决于执行人。经过无数次接触了解,他们深信海闻有无比强大的执行力,因此,郑海泉专门交代丁国良,协议里一定要"绑定"海闻。

于是,在最终协议文本里专门写了这样一段内容:"鉴于对海闻教授办学和组织能力的认可,双方同意由海闻教授任北京大学汇丰商学院院长。"至于1.5亿元资金的投向,由于汇丰内部有人认为北京毕竟是中国首都,从影响力来说深圳无法与之相比,如果把钱全部投向深圳,会减弱这笔捐赠的影响力,于是做了这样的分配:1.2亿元捐给北大汇丰商学院,其中1亿元用于基础设施建设,2000万元用于人才培养和师资队伍建设等;3000万元用于在北大本部成立汇丰金融研究院,金融研究院由汇丰商学院负责管理,主要从事金融领域的研究。

2008年8月30日,双方签字仪式在北大百周年纪念讲堂隆重举行,许智宏和郑海泉分别代表北大和汇丰签字,深圳商学院正式更名为"北京大学汇丰商学院",从此开启了一个新的发展阶段。

现在来看向高校捐1.5亿元金额不算特别大,但当时这项捐赠却创造了多个第一:国内单项教育捐款额度最大、汇丰基金单项捐款额度最高、汇丰第一次允许另外的机构使用自己的名字。正因为如此,《人民日报》(海外版)、《中国教育报》等多家媒体报道了此事。

协议签完之后,9月15日,早已在次债危机中摇摇欲坠的美国两大投资银行陷入崩溃:美国排名第四的雷曼兄弟公司申请破产,排名第三的美林公司被美国银行宣布收购。紧接着,为了挽救濒临倒闭的保险业巨头美国国际集团(AIG),17日美国政府向其提供850亿美元贷款。

席卷全球的金融海啸全面爆发，风声鹤唳，一片恐慌。在这场惊涛骇浪中，世界金融和经济发展受到严重打击。汇丰作为一家国际性大银行，当然无法幸免。其住房信贷业务损失巨大，共减记108亿美元相关资产。公司业绩大幅下降，股价在危机爆发后的3个月内暴跌超过三分之二。2009年3月，汇丰公布2008年度业绩当天，宣布向所有股东大供股计划，每12股供5股，净集资额125亿英镑以应对危机。

有人跟海闻说："你的运气真好！在暴风雨来临之前，把事情都办好了。"

其实是"性格决定命运"。海闻干事总是决策果断，行动有力，争分夺秒跑在时间的前面。如果2005年不是果断招生，2007年和汇丰开始商谈时，商学院就不可能有一个好的合作基础，很可能就根本进入不了汇丰的"法眼"。另外，如果推迟一年招生，首届学生2009年才毕业，正好赶上金融风暴，找工作会受到极大影响，"开门红"能否实现，也是一个大问号。

为了管理基金，当时双方根据协议成立了理事会，成员中北大4人，汇丰3人，校长许智宏担任理事长。每年开会，对学院及研究院的办学方向、研究重点、发展建设、专业设置及财务管理等，提供咨询和指导意见。理事会为双方互动建立了良好机制。

合作带来了共赢局面

冠名之后，爱惜羽毛的汇丰银行对商学院的一举一动都十分关注，哪怕出现一点儿负面消息，汇丰都会过问。海闻举例，一次商学院一位学员在山东成立一家金融公司，使用了"汇丰"的名字，汇丰马上通过商学院进行干涉。商学院把这视为一种良性监督，处处小心维护"汇丰"这个大家共同的品牌。当然，汇丰银行对商学院学生也非常关心，给他们提供实习机会，甚至在上海的校友，还可以到上海汇丰总部大楼里去聚会。

正如海闻当年所说，冠名之后，商学院已经成为"汇丰"品牌的高端广告。2013年，曾经有一名学生在人人网上发帖说："我今年要去汇丰了。"他的朋友跟帖问："总行，还是哪个分行？"这位学生说不是，"我去汇丰商学院读书"。商学院全日制硕士、EDP、MBA和EMBA等各类在读和已经毕业和结业的学生，他们在工作和学习中每天都在扩大"汇丰"的影响。而且随着汇丰商学院的发展，这种广告效应一直在不断放大。

同时，汇丰银行对商学院真金白银的支持和影响力的提升，作用可谓立竿见影。

在2007年年底的圣诞新年晚会上，海闻总结过去展望未来，面对300多名师生做了题为"2008：北大深圳商学院的腾飞之年"的新年致辞。

现在回头看，商学院开始腾飞的标志就是2008年汇丰的捐赠和冠名。这验证了许智宏在签字仪式上所说，"汇丰银行的加盟无疑为商学院的发展注入了更加强大的动力"。自此，商学院可以说是"晴空一鹤排云上"，在生源、师资、品牌影响和硬件建设等方面，迅速上了一个台阶。

"从生源上来讲，无论是人数还是质量，都突飞猛进。"魏炜回忆汇丰捐赠之后商学院最初几年的情况时说，2008年全日制硕士招生128人，报名人数只有154人，最后必须依靠调剂生补充。到2009年，报名人数跃增至399人，最后录取149人，其中北大、清华的毕业生分别为60人和3人，占总数的42%。自此，汇丰不再需要北大其他院系的调剂生就能较好地完成招生任务，甚至还向校内其他院系调剂生源。2010年报名更是猛增至746人，录取205人，北大、清华毕业生占36%。

教师队伍的规模和水准也在跃升。因为汇丰捐赠中，有2000万元是用于"学院人才培养、师资队伍建设"等，2009年，学院全球教师的招聘数量取得突破，一下子从海外集中招聘了10名具有一流大学博士学位的优秀教师。此外，著名经济学家樊纲2008年年底也加入商学院，给学生开课。

硬件建设更不必说，汇丰捐赠直接催生了一栋6万平方米的商学院新大楼，这栋大楼对商学院发展发挥的作用怎么评价也不过分。

今天，汇丰捐赠冠名16年过去了，双方都认为当年做出了正确抉择，成果超出预期。海闻评价说："我认为没有比'汇丰'更好的名字，汇丰是国际金融领域的顶级品牌，与我们商学院国际化的追求一致，名字叫起来也特别好听。"对当初促成这项合作的人，海闻心存感激。

随着汇丰捐赠项目建设完成，2015年双方将"北京大学汇丰基金理事会"更名为"北京大学汇丰咨询委员会"，主要就学院发展以及汇丰和北大品牌的管理等事宜提供咨询和指导意见。汇丰银行（中国）广东区域总经理李其乐是委员会成员，最近几年具体负责汇丰集团与商学院合作事宜。

李其乐跟商学院不仅是工作关系，他还是这里的EMBA校友，并担任北大汇丰EMBA金融协会首任会长，对学院非常了解，感情也特别深。这些年他深切地感受到学院办学质量不断提高，影响力不断提升。随着商学院进入国际一流，对汇丰品牌的正面影响越来越大。他说："现在商学院在全国各地的校友多达数万人，金融领域尤其多，自己工作和生活中就经常碰到，他们都是'汇丰'品牌的高级'宣传员'。"

社会上有不少捐赠都是一次性的合作，捐赠之后双方的合作甚至联系都很少了，而北大与汇丰的合作一直延续到今天，双方成了十分亲密的长期伙伴。"每年委员会都组织理事们到商学院开会，会上我们都会主动关心学院发展中汇丰能做些什么。比如，学院英国校区从购置、改造到运营，我们都力所能及地提供帮助。目前我们正在利用汇丰银行在英国的资源，协助学院成立英国校区国际咨询委员会。"李其乐说，汇丰集团在广州南沙创办了全球培训中心，商学院给中心提供了很多课程支持，通过线上给集团中高层上课，这种合作对双方都有利。

面对汇丰商学院如今的发展成就和双方合作的成果，当初发出微词，甚至是反对之声的人，也不得不承认这是一项多赢的合作。大家会向当初的决策者和操盘手竖起大拇指，至于那些嘈杂之声，更是烟消云散。时间，也许不用太长的时间，就会让人拨云见日，看到真相，并得出正确判断。

大学城拿地一波三折

汇丰捐赠敲定之后,海闻立即开始实施他的宏伟蓝图:盖一栋现代化的商学院大楼。

曾任清华大学校长的梅贻琦有一句名言:"所谓大学者,非谓有大楼之谓也,有大师之谓也。"但在现代社会,大学既要有大师,也要有大楼。尤其是办一流的商学院,必须有一流的硬件,全世界商学院莫不如此。汇丰商学院已有的C栋,已无法适应一流商学院建设的需要。当时由于自习室太少,学生不得不通过抽签来获得座位。盖一座新大楼,是必然选择。

盖楼需要地皮,可为了这块地皮,商学院可谓费尽周折。

大学城呈正方形,被大沙河分成南北两部分。北边被北大和清华基本占满,南边部分,西侧是哈尔滨工业大学校园,东侧是预留的公共用地。在预留用地里有一个很小的湖,海闻首先想到的是,就在湖边建商学院教学大楼。但这个建议刚一提出,就被深圳市大学城管理办公室一口否定。

大学城管理办公室提出,汇丰商学院大楼必须盖在北大深圳研究生院范围内,并建议选址学生宿舍旁边的一块空地。这块空地不仅面积很小,而且处在校园的犄角旮旯,根本不适合盖商学院大楼。因为商学院有很多社会上的学员,大楼必须处在交通便利、位置显眼的地方。海闻当然没有同意这个建议。

"你们是不是想在大学城圈地?"有人问海闻。

"我不想圈地,盖楼只是为了商学院的发展。"海闻告诉对方。为了证明自己不是要圈地,他建议盖在北大深圳研究生院校园中间的一块空地上。

这次,大学城管理办公室同意了,但深圳市规划局的工作人员过来一看,又给否决了,说那是一块规划绿地,用地性质不能更改。

既不是盖楼堂馆所,也不是建商品房赚钱,完全是为了在深圳办学,而且钱是从汇丰银行争取来的捐赠,可折腾了半天,深研院自己的地盘不能盖,大学城预留公共用地又不给盖，这事说起来让人窝火。但海闻和当时具体负责此事的北大深研院副院长张永宏根本顾不上发牢骚，而是利用一切机会四处游说，争取有关部门的理解支持。

终于，深圳市规划局的一位黄处长被感动了，他主动提出在大学城预留的公共用地上选一块给北大。这块地位于大学城中心，旁边就是一条交通主干道，长和宽各100米，面积1万平方米，方方正正。

这位黄处长不仅选好地块，而且根据商学院的要求，找人帮忙做了一个简单的大楼模型，海闻和张永宏既高兴，又感动。

但海闻也清楚，这块地不是一位处长就能决定给谁的。在黄处长打下的基础上，他还必须马上找深圳市更大的领导，只有大领导点头，这件事情才算最终解决。

天下没有不透风的墙，海闻还没来得及与市主要领导见面，汇丰商学院大楼要建在预留公共用地上的消息，就在大学城传开了。

于是，大学城里的相关单位一致公开表示强烈反对。这是预留公共用地，为什么要让你北大独占一块？

北大在大学城一下子成了孤家寡人、众矢之的。这让海闻更加意识到，必须尽快与市主要领导见面。

2009年4月的一天，海闻抱着大楼模型，如约来到深圳市市长的办公室。

"怎么，大校长要给我送一栋大楼？"看见海闻抱着个大楼模型进来，市长从办公椅站起来，开了一句玩笑。

"市长，今天我可是来向你要地的。"海闻说。

"我知道，就是要块地放你这栋大楼。"市长早就知道这件事情，海闻给他写过信，还通过北京的同学向他打过招呼，希望他支持北大在深圳办学。

海闻把情况简单介绍之后，市长很爽快地说了句："北大全力以赴在深圳办学，我们当然要大力支持。"

说完，市长马上拿起电话，交代市规划局领导："大学城里的那块地，就给北大吧。"

"谢谢市长支持！"跑了几个月的事情，现在终于搞定了，海闻的内心充满了兴奋与感激。

过了几天，市长答应给汇丰商学院用地的事很快引来新一轮反对。市长获悉后，在一次会议上公开表示：北大能把别人捐赠的1个多亿（元）放到深圳，不放北京，说明对在深圳办学的重视。如果别的学校能拿1个多亿（元）来，我也给它地。

市长拍板之后，海闻心里好像一块石头落了地。市长定下来的事情，即使遇到一点儿反对，相信也不会有什么改变。

正当汇丰商学院和有关部门沟通办理手续时，意想不到的事情发生了。2009年6月5日，这位市长突然被"留置"接受调查。当天的深圳报纸上，还刊有他前一天出席活动的新闻。

各种小道消息马上沸沸扬扬传开了，集中点是这位市长有巨额贪腐问题。那些反对给地的人趁机散布谣言说，现在市长被抓了，他说的话不能算数，这地不能给北大。

"这位市长如此贪婪，在大学城拿这么好的黄金地块，不送钱给他能这么爽快答应吗？北大方面肯定是送了钱。等着招供吧，有好戏看了。"有人甚至不怀好意地揣测。

这块地还能不能给汇丰商学院？海闻会有麻烦吗？行贿是不是也要被抓起来？很多人议论纷纷，甚至看热闹不嫌事大。

"为了办好商学院，我确实奉献和舍去了很多东西，但我也不会'高尚'到不顾一切、不计后果地通过行贿来为商学院办事。"当朋友告诉海闻社会上的各种议论时，他总是一笑了之。

清者自清，那些等着看热闹的人，一开始就注定要彻底失望。

为了防止到手的地被意外夺走，海闻想方设法找机会游说有关市领导，告诉他们深圳不仅要有华为、腾讯、中兴通讯、平安这些企业品牌，还要有高端的教育品牌。汇丰商学院总部在深圳，将来成为世界一流商学院，就是深圳金灿灿的教育品牌。因此，现在办好商学院不仅是北大的事，也是深圳的事。深圳应该提供支持，包括土地的支持。

"当时分管这方面工作的是唐杰副市长，他明白批地给汇丰商学院是为了支持深圳高等教育发展,他最后拍板,给汇丰商学院的地不能再变。"海闻回忆说。

关键时刻,唐杰等领导给予了有力支持,拿地风波终于风平浪静,雨过天晴。

有意思的是,北大拿到地之后,大学城的其他学校不但没有丝毫损失,而且不久之后,还分别在汇丰商学院附近各拿了一块地。有人开玩笑地跟它们说,当初它们根本就不应当反对,而是应当一起坚定地支持北大,等北大冲在前面拿了地,它们一定能跟在后面沾光。

大楼设计"守正出奇"

2009年夏秋之交,地拿到手之后,海闻因时、因地制宜,建楼的具体想法发生了很大变化。

汇丰捐赠协议中,1亿元用来建新大楼,原计划规模一直是建筑面积2万平方米。按照当时商学院的情况和房屋建设成本,2万平方米已经非常超前,1亿元的资金也十分充足。海闻当年在中国经济研究中心盖的万众楼,建筑面积2300多平方米,盖房子用了200万美元,当时中心有200多名学生,20多位老师。

但到了2009年,商学院各项事业突飞猛进,海闻敏锐地意识到,2万平方米的计划太小气了。更为关键的是,现在拿到了如此好的地块,面积就有1万平方米,如果只建2万平方米,太浪费了。魏炜建议说:"不如下定决心,一步到位。"海闻立即表示赞同。

在院长办公会上,海闻说出新想法,得到一致赞成,大家按照新的商学院未来规模,讨论出新的建设计划:按建筑面积6万平方米来建!但规模增加了2倍,汇丰捐赠的1亿元就不够了,建楼缺的钱从哪儿来?如果钱不落实,万一盖成烂尾楼对大家都不利。这时候大家普遍有些担心。

"钱总会有办法的,我们先按6万平方米来做设计招标。"虽然这么表态,

但海闻心里也知道这样做后面资金压力很大,面临的风险不小。

紧张准备之后,商学院新大楼设计招标开标会在深圳大梅沙海滩边一家酒店举行。这里海风吹拂,景色宜人,海闻的心情却异常郁闷。开标前几小时,组织方告诉海闻,应标公司一共9家。但经过审查,有6家因各种原因不合格,现在只能先从剩下的3家中挑选。

"这还叫选?如果3家都不符合我们的要求怎么办?"大楼设计这么重要,海闻又是一个高标准要求的人,现在出现这种情况,开标风险太大。他马上提出,能否停止开标,再重新组织一次。

"不行。除非你能指出这3家也不合规,挑出毛病来,否则按规定就不能不开。"组织方态度坚决,并告诉海闻,就他们的审查结果来看,剩下的3家完全合规。

就在双方各执己见相持不下的时候,一位参评专家告诉海闻:"开标之后还可以让他们好好修改。"考虑到时间紧迫,重新招标的可能性又不大,海闻不得不接受了。

于是,开标在万般无奈中开始了。按照海闻的说法,3个设计中,有一个像火车站,有一个像学生宿舍,只有香港华艺设计顾问(深圳)有限公司设计的方案比较现代,算是基本可用。

3个模型拿回深圳商学院,让师生们投票,结果同样没有悬念:香港华艺的方案最终高票获选。但获选并不代表满意,接下来,根据学院的要求,华艺便紧锣密鼓地对设计方案进行修改。

在修改过程中,海闻等人反复与华艺方面深入沟通,详细解释需要一个什么样的商学院,内部结构又是怎么样的。所有的设计,必须体现出世界一流商学院对硬件的高标准要求。为了确保设计达到世界一流水平,学院发展办的相关人员还和华艺设计人员一起,专程到美国多所商学院实地考察,吸收其先进的设计理念和做法。

因为在北大有负责建楼的经验,又是商学院办学理念和愿景的设计者、倡导者,海闻的建议对华艺修改方案起到了关键性的指导作用。"海闻院长视野比较宽,立意很准,其实这也是我们在设计中需要的切合点。因为海院长的大眼界和我们的大设计是相通的，从而成就了现在汇丰商学院大楼的高端设计。"大楼总设计师郭艺端回忆说，设计团队当初将大楼的设计理念落脚在"顶尖""开放""包容""高端"和"社会交融"这些核心词汇上，使之成为大学城又一处地标性的建筑，并使之在未来可以满足商学院国际化的需求，跟上时代发展。

在沟通中修改，在修改中完善，在完善中力求达至完美，最终形成设计施工方案。整个大楼地上7层，地下2层，以"守正出奇"四字理念统筹全局。大楼底座是标准的正方形，但是面向大沙河一面的玻璃墙体又不是垂直向上，而是按照一定角度向外斜出。从外面看，整个大楼就像中国古代的量器——一个巨大的"斗"。在这个"斗"的内部，各种空间和结构的变化，出奇出彩。

这既是因地制宜，更是与汇丰商学院的风格相合。海闻谈起"守正出奇"理念时说："总体来说，有一个基本的东西，但也有不规则的设计。这与我个人和这个学院的风格是符合的。我们有基本遵守的东西，但又不保守，能突破既有思维定式，出奇制胜。"

大楼在内部设计上，充分体现了商学院的特点。海闻和魏炜都提出："商学院价值是在讨论和互动中产生的，而这种互动不局限在教室。"因此，大楼内公共空间设计得特别大，方便人们讨论问题。

大楼的设计方案，终于从招标时的不满意，最后变成大家都很满意。

政府解决了资金缺口

设计方案确定后，预算很快就出来了：盖这样一座现代化的商学院大楼至少需要2.5亿元。汇丰捐赠中可以用来盖楼的钱只有1亿元，剩下的1.5亿元从何而来？这么大一笔钱在短期内靠自筹和捐赠是不可能的，而教育部也已不允许学校向银行贷款建楼了。怎么办？距离第一次向市领导要钱碰壁3年之后，海闻不得不再次想到向深圳市政府求援。

"你们是自筹资金建楼,怎么现在又要向我们要钱了?"政府工作人员发问。

遇到这种情况,海闻只得把建楼的前因后果和经历的事向对方说一遍,反复解释。解释完人家可能理解你,但给钱却没有那么简单。

海闻觉得,要想让政府来补足建楼资金的缺口,还是要走"上层路线"。

一天,海闻来到时任深圳市常务副市长的某领导办公室,这位市领导客气地接待了他。听完海闻介绍,市领导敏锐地问道:

"大楼的产权算谁的?"

"算政府的啊!大学城所有房子的产权都是深圳市政府的,这栋楼当然也一样。我们现在已经出了1个亿(元)了,不足部分希望政府能够支持。"海闻回答。他想,反正都是国家的,北大要的是永久的使用权,汇丰是纯粹捐赠,也不可能要产权。最重要的是,他这一说,使得原本向政府要钱资助的事,变成了汇丰银行资助了深圳市政府一部分,现在需要政府负担不足的部分了。

"你这样一说,好像我们深圳政府还赚了一把似的。"市领导笑了笑说,"办教育是对城市未来负责,你们干的是千秋功业,当然要大力支持。请你放心,我会盯紧这件事。"这位市领导对教育本来就非常支持,对海闻到深圳办学也颇为敬佩。

申请经费的事总算有了进展。为了不影响工期,工程施工招标也在紧张进行。然而,就在工程招标完成之后,正要准备奠基施工时,汇丰银行方面却要求暂停。

作为金融界一家世界级的百年老店,汇丰银行的管理近乎严苛,有一整套周密的制度安排。在捐款协议里,为了确保建楼资金的正确使用,双方联合成立了"项目统筹及咨询委员会",有关项目的工程经费及支出,必须由该委员会批准。

当汇丰商学院提出大楼规模从2万增至6万平方米时,汇丰方面就提出不同意见。增加的费用从哪儿来?这个问题如果不解决,就只能按照原计划来建。海闻一方面解释,另一方面加紧从政府要钱,继续按照6万平方米的新方案推进。

但是，就在开工准备即将就绪时，一天，丁国良给海闻打来电话，说郑海泉有急事找他面谈，地点在郑的家里，他会陪同海闻一起去。海闻一听，马上明白肯定是为了建大楼的事情。

两人来到郑海泉家里，海闻明显感到郑海泉虽然非常客气，但仍难掩他内心的不安。

"你们的新方案偏离了原来大家认可的方案，汇丰基金会的态度很明确，如果你们决定开工，就按照2万平方米的规模建设。否则，在资金没有完全落实前，就不能开工。"郑海泉表示，汇丰方面非常担心，如果按照新计划开工，不足资金一旦不能落实，就会变成烂尾工程，这对汇丰和北大的品牌都是极大损害，汇丰银行不能接受。

海闻很理解郑海泉的担心，也知道他为此承受的压力。他详细解释为何改变计划，以及向政府要钱的进展，并带来了相关文件资料。

"深圳市常务副市长已经当面答应财政会支持，目前政府方面正在走审批程序，这笔钱落实到位只是时间问题。"海闻希望郑海泉能帮忙做汇丰基金会其他董事的说服工作。只有得到汇丰方面的理解支持，这个项目才能顺利开工建设。

这次见面，海闻的解释消除了郑海泉的一些顾虑。

但海闻当时根本想不到，他一离开，郑海泉就交代下属，一定要设法查证，深圳市政府是不是正在办理给汇丰商学院拨款。过了几天，郑海泉得到准确消息和文件资料，证明了海闻说的都是事实，不会出现意外。有了这些确凿的证据，汇丰方面最终同意按照新计划开工建设。

2010年1月6日，天气晴好，暖阳如春。汇丰商学院举行了隆重的奠基仪式（图2.2）。北大深圳研究生院首任院长、时任广西壮族自治区人民政府副主席陈章良也亲自来到了现场。时任深圳市委常委许勤，发表了热情洋溢的讲话，体现了深圳市政府对汇丰商学院建设的重视与支持。

许勤说："这既是为学院发展奠定坚实的基础，也是为国家创新城市建设和金融支柱产业的大发展奠定了一块基石，深圳市委、市政府将一如既往地支持北京大学汇丰商学院的发展。预祝学院的成长如同这幢教学楼一样扎根深圳，拔地而起，放眼世界，独树一帜。让我们汇丰商学院世界一流'商界军校'的旗帜永远飘扬在特区上空！"

图2.2　2010年1月6日，汇丰商学院举行教学楼奠基仪式

海闻致辞中谈到大楼筹建的过程时，用了"历经坎坷"四个字，没有人比他更清楚这四个字的真正含义。对于大楼的建设，他认为意义是"为打造坐落在深圳的世界一流商学院奠定新的基石"。

政府拨款也出现了一些波折。当政府预算上报深圳市人大财经委审议时，有一位代表因为对汇丰商学院不了解，竟然提出："汇丰银行这么有钱，在深圳建商学院怎么还要政府财政出钱？"有人马上说明，商学院是北大的，汇丰只是捐赠冠名，不是投资。这样，政府补贴1.5亿元的最后一道关终于通过。

由于有财政投入，大楼建设自然变成了政府工程。按照规定，又补办了很多手续。庆幸的是，工程建设总承包方没有改变，但还是影响了工期。

2011年9月，新大楼成功封顶。

黑板应放在哪面墙上

大楼封顶之后,精装修立即展开。

海闻干事,既有战略家的宏大视野,又极其关注每一个微小细节,而且亲力亲为,不做"甩手掌柜"。大楼开工之后,他过几天就要到工地察看一下。到了装修阶段,更是经常泡在楼里。他像艺术大师对待自己的作品一样,希望把大楼"精雕细琢"得完美无瑕。

关于大楼装修,有很多看似平常,但细细咀嚼又意味深长的小故事。

教室的黑板应该放在哪面墙上?

四楼的一间教室里,工人们正在紧张装修,灰尘弥漫,噪声嘈杂。海闻和学院负责工程的工作人员不声不响地走进来,这儿看看,那儿摸摸。一会儿,海闻叫住一名工人:"你们是不是准备把黑板放在这面墙上?"海闻指着靠近走廊的一面墙说。

商学院大楼外墙都是玻璃幕墙,宽大的回形走廊设计在大楼内部中庭的一面。这间教室的两扇门直通走廊,走进教室,迎面就是透光性很强的幕墙(图2.3)。

图2.3 学院教学大楼外景

"海校长，您说对了，就是放在这儿。"这名工人回答。海闻经常来，他早认识了，但不知道这次他会挑出什么毛病。

"放错了，必须改到右边的墙上。"海闻说的右边，是指进入教室时的右手方向。

"图纸就是这样设计的，这两天我们正准备安装呢。"为什么要改，这名工人和随行人员都有点儿茫然。

海闻开始解释，黑板如果按图纸这样安装，对学生来说，背对着大玻璃窗坐，后面很亮，会对心理造成影响，不知道后面会发生什么，而且写字时采光也不好。对老师来说，面对强光，看不清下面学生的面孔。此外，如果正在上课，有人从教室前面进出，会影响师生情绪。

"我们之前考察美国大学时，发现他们的教室也是这样设计的。"一名设计人员说道。

"我知道，但有没有注意到，他们教室后面的窗子很小甚至没有窗，不像我们这里整面墙都是落地玻璃。"海闻进一步解释，"把黑板安在进门右边的墙上，学生坐在座位上，右手写字，阳光从左面进来，这样很科学，感觉也舒服，刚才说的很多缺点都可以避免。"

在场的人频频点头，原有设计很快改正过来。

教室的地面是铺地板还是地毯？

整座大楼有大大小小教室30多间，这些教室的地面铺什么好？很多人认为这很简单，统一铺地板呗。这时候海闻说，究竟铺什么，要仔细考虑，如果是大教室，来往的人很多，就铺地毯。小教室，来往的人少，就铺地板。地板好打理，但很多女孩子穿高跟鞋，走在上面"哒哒"响，影响别人，地毯则没有这个问题。

于是，我们现在看到，有的教室装的是地板，而有的是地毯。

地下车库进出口处的抬杠究竟该设在哪里？

海闻私人买了一台车，自己开车上下班。大楼刚建好时，他在地下车库停了一次车，马上就发现了问题。

"你们把车库进口的抬杆安在地下一层入口，出口的抬杆安在地面，有没有发现刚好安反了?"海闻把有关人员找过来问。

工作人员一头雾水,支支吾吾,没有回答。

"汽车下地库时,如果只有一辆车问题不大,如果同时有几辆车,就会有车被堵在地面通向地下的坡道上。如果出来的车同时有几辆,也会出现同样问题。这对司机来说,很不方便,甚至会出现滑车追尾。"海闻不厌其烦地解释,如果把抬杆放对地方,即使有几辆车同时进出,堵也是堵在平地上,不会堵在坡道上。

工作人员挠挠头,忽然想明白了。道理很简单,怎么当时就没有想到这些呢。于是,抬杆被拆除,换了地方再装。

海闻经常发现其他人没有发现的问题。还有一个例子,大楼一楼到二楼,和一楼到地下二楼的报告厅,设计的都是小楼梯,大家都没有看出有什么不妥。但海闻坚持改成大楼梯,因为学校和酒店不一样,上千学生上下课时,上下楼时间非常集中,楼梯窄了容易出安全问题。

有施工人员感慨,他们盖了那么多建筑,装修了那么多大楼,但很少碰到像汇丰商学院这样爱挑刺又挑得准的业主。特别不能理解的是,这位最能挑刺的大学校长好像比他们还在行。

据了解,大楼装修时,一共发生了400多次大大小小的设计改动,这些改动看起来增加了麻烦和成本,但是避免了装修好了再改,实际是节约了成本。

细节决定成败。教学大楼要成为国际一流教学场所,就不能败在这些小细节上。当年中国经济研究中心建楼,从设计、筹款到装修,海闻都是深度参与。装饰时从窗帘、吊灯到桌椅,很多都是他亲自从市场上挑选来的。现在,海闻把当年的经验和做法拿到了汇丰商学院。现任副院长李志义回忆海闻和大家一起选地毯时的情景:"地上铺着十几个样式,大家一个个踩,一个个摸,一个个看颜色,然后大家一起投票决定。"

挑选窗帘时,情况也是如此。商家拿来几十种样品,海闻把办公室工作人员都叫过来,一样样仔细看过,然后进行票决。海闻说,在这些事情上,他有自己的判断,但在反映大家不同偏好的选择上绝对不独断专行。办公楼是大家天天待的地方,多数人认为好,就是好。如果大家票决相持不下,他才拍板。

比如一楼大门前面的空地,是绿化成草地,还是搞成水景,几次票决双方票数都差不多,海闻最后决定,做成水景。水有灵气,他自己也很喜欢。

服务配套也要"国际化"

建筑是有灵魂的,建筑还是活的招牌。建筑的设计理念,建筑里面装什么,都在展示建筑主人的思想和文化追求。

新大楼距离北大深研院原有餐饮服务设施较远,自然要在一楼引进一两家餐饮商业机构,服务师生。院长办公会讨论时,大家意见高度一致:商学院办学瞄准国际化,就会有越来越多海外师生,在一个国际化校区,肯定要有咖啡店。引进什么样的咖啡店?肯定要引进国际一流品牌,目标就是星巴克。

总部位于美国西雅图市的星巴克创立于1971年,是世界上首屈一指的专业咖啡烘焙商和零售商,1999年星巴克进入中国市场。

李志义接到任务后,马上联系深圳星巴克公司,没想到对方态度冷淡,不感兴趣,原因是担心不赚钱。

星巴克在美国的校园很常见,但在中国大学校园中一家都没有。造成这种情况的原因,一方面是没有大学主动引进,另一方面也是星巴克认为当时高校消费群体不多。毕竟这种高端品牌的价格不低,何况在中国的售价还比在美国高。

过了一段时间,李志义不甘心,再次联系,极力鼓动:"国际化是我们商学院的追求,现在学院外籍人士已经很多,将来会更多。你们如果在我们这里实现了大学校园开店零的突破,一旦取得成功,示范作用很大。"他还反复强调,商学院大楼正在装修,这是进入的最佳时机。

听了李志义的一番话,星巴克有了一点儿兴趣,就当做试验吧。但他们提出不出装修费,商学院装修好了才进入,经营有利润后双方按比例分成。

请装修公司一算,在一楼装修一个星巴克店面至少要150万元,好精明的商人，真会算计！

汇丰商学院当然不愿意出这笔钱，更不愿意掺和他们的经营，从中分红。如果参与分红，做师生的生意，在他们身上赚钱，说出去也不好听。另外，一旦与星巴克成为利益共同体，今后还怎么对它实行管理？

谈判陷入僵局。李志义转而与其他有兴趣的咖啡店谈。英国知名品牌Costa咖啡和驰名香港的太平洋咖啡都很有兴趣，而且很快都有了签约的意向。

李志义把结果告诉星巴克，想借此"激"一下星巴克：你再不来，Costa可就要来了。没想到星巴克不为所动，仍然坚持原有的进驻条件。

在这种情况下是不是引进Costa算了？李志义在院长办公会上做了汇报。大家都不同意，认为在品牌影响力上还是有差别。为了验证两个品牌影响力之间的差距，李志义专门做了一个小小的调查。在一次给EMBA学员上课时，他找了25个同学，问：星巴克你们知道吗？25个人全部说知道。你爱喝咖啡吗？有百分之四五十的人说喝。你知道Costa咖啡吗？只有三个人说知道。结果让李志义大吃一惊。

李志义于是再攻星巴克。精诚所至，金石为开。在多次接触中，星巴克也逐渐认识到与北大"结合"的价值，终于答应派人到学院来做现场调查。数人，数车流，看周末有哪些课程。调研报告出来后，比他们预想的好得多：3到5年之后可能盈利！

看到了盈利的希望，星巴克的态度开始转变。最后星巴克抱着"5年不盈利"的决心，不但如期进入，而且自己出钱装修。出乎所有人的想象，正式营业4个月后，星巴克方面就欣喜地告诉李志义，已经开始赚钱了。

从开始接触到最后进入，协商谈判前后差不多持续了14个月的时间。引进一家咖啡店竟然成了如此艰辛的长跑，说明汇丰商学院追求一流的决心和韧劲。"汇丰"和"星巴克"代表国际化，代表世界一流水平，北大需要的就是国际一流。

在一楼星巴克东边，有一面没有装修的墙体，是专门留下来给大家捐赠用的，被称为"添砖加瓦捐赠墙"，在国内大学中独一无二。大楼落成前是5000元捐一块砖。砖上面刻字，可以是捐赠者个人名字，也可以是捐赠公司

名称。第一块砖是海闻捐的。

设立捐赠墙，最主要是为了培养和营造一种捐赠文化。商学院培养的商界精英，将来走向社会之后，必须肩负社会责任，富有公益之心。

"北京本部我的一位学生，2014年听说有这面墙，专门给我拿过来1万元要捐。"海闻说，校友可以捐，非校友也可以。不仅可以捐砖，还可以捐黑板、捐教室等。

现在，捐一块砖已经涨到2万元，截至2024年6月底，个人和集体共捐出1240多块普通砖和金色砖，成为大楼里的一道特殊风景。

一流的大楼自然要有一流的物管，硬件软件都达到一流，才能为师生提供一流的环境。汇丰商学院可能是全国高校中第一个按照五星级酒店的标准来管理教学大楼的。他们请的是排名全球前十的物业管理公司世邦魏理仕集团（CBRE Group）。在装修阶段，这家公司就提前介入，提了很多好的建议。比如，所有走廊上的灯光都实行电脑控制，墙面上看不到任何开关，不仅美观，而且可以在没人的时候自动关灯，节约用电。

这样的金牌物业管理费自然不菲，于是双方创造了一个新模式，世邦魏理仕只派一位物业顾问常驻商学院，其余人员皆由学院聘用。管理标准按照世邦魏理仕的执行，遇到问题由顾问提供解决方案。现在整个大楼的物业管理井井有条，为师生们提供了细致周到的服务，甚至学院办公用品也由物业代购。

国内商学院最大单体建筑

2013年11月23日，教学大楼正式投入使用。简单而热烈的仪式之后，北大原校长许智宏、汇丰中国总裁黄碧娟，以及北大常务副校长吴志攀等嘉宾，在海闻引领下参观大楼。参观时，嘉宾们的兴奋之情溢于言表，赞叹之声不绝于耳。

如果用网络语言介绍新大楼，这里就是"高大上"；如果用诗的语言，这里就是"智慧的城堡"；如果用新闻语言，这里就是"国内商学院中最大的单体建筑"。

这座大楼是为世界一流商学院量身定制的"作品"。一楼都是各个教学项目以及为学生服务的办公室。二楼到五楼是各种功能的教室：大到300多人的阶梯教室，小到几个人的研讨室。六楼和七楼是老师们的办公室，以及与学生没有直接关系的行政办公室如财务、人事、认证等。

前面说过，商学院和其他的教学机构不同，有自身特点，特别重视师生之间和学生之间的交流碰撞。这里的交流空间特别多，有开放的大空间，也有一些小的比较私密的空间。走廊特别宽敞，旁边放置了小圆桌和椅子，但也有只放椅子不放桌子的，还有只放桌子不放椅子的，以满足一部分站着看书的学生的需要。有的地方还专门设置了向外凸出去的玻璃"小屋"。

交流不仅是面对面的，还有在虚拟空间的交流。大楼启用时共设有网络端口2589个，Wi-Fi信息点292个。在大楼的任何地方，都可以利用Wi-Fi实现高速上网。

为了更准确地了解新大楼，让我们来看一组数字：总占地10392平方米，总建筑面积6万平方米，高度33米。

教学和办公空间：共有教室32间，其中大合班教室3间，最大面积453平方米，普通教室29间，最大面积200平方米；共有办公室134间，其中教师办公室111间；共有会议室、案例讨论室12间，其中最大圆桌会议室面积297平方米。

这样的硬件，容纳2000人同时上课一点问题都没有。

一直协助海闻负责大楼前期建设的张永宏，曾经撰文介绍大楼，文章里有一段精彩描述："背靠塘朗山，坚毅庄严千年守望，守护着一个民族世代的希望；面朝大沙河，源头活水清且涟兮，奔腾向前经深圳湾汇入浩瀚的太平洋。东有4万平方米的图书馆书香弥漫，西有3万平方米会议中心配套周全。青山为屏，绿水为带，杏坛是魂，金桂为饰，透视着浑然天成的智慧境界，百米见方，33米之高，7层学宫，方正刚毅，彰显着理想责任的历史追求！"

张永宏写的，是远眺大楼的景象。

如果冬天工作日的中午，你从北边大门走进大楼，宽敞的中庭一定令你叹为观止。虽然简洁明了，但气势不凡。阳光透过顶部半透明的玻璃，倾泻而下，铺满整个中庭，明亮、温暖、自然。正方形中庭被几个廊桥隔成南北两部分，在为师生增加交流空间的同时，使得整个空间变中出奇。抬头环顾四周，每层楼向外突出的玻璃小屋特别显眼，有人叫它"思维阁（thinking box）"，有人叫"智慧屋"。

西南角的星巴克，门口装着圆形绿色美人鱼标志，里面坐满顾客，不少是洋面孔，他们正在悠闲地品尝咖啡和美食。隔壁的尚书坊餐厅里，也有不少顾客在享用午餐。

乘电梯来到楼上，走廊宽大，宽度甚至在4米以上。用过午餐的师生，三三两两，或坐在教室，或坐在走廊圆桌旁；或看书，或上网，或聊天，或静思。

到了周末，这里更成为大学城人气最旺的地方。EMBA、MBA、EDP班学生来这里上课，全日制学生来这里自习，还有社会上很多人来这里听各种讲座。

难怪有人把这里称为"思想的空间""精神的空间"和"心灵的空间"。

实用、舒适、简洁和美感的设计，最终是以人为本，让学生喜欢在里面学习，让老师喜欢在里面教学和科研。

冯艳老师读博士是在美国宾夕法尼亚大学沃顿商学院，她认为，汇丰商学院的硬件已经和美国最好的商学院没有多大差别，由于新，甚至比他们更好。2011级学生韩冰这样评价这栋大楼："果然高端洋气，霸气外露，每次路过，都有一种淡淡的自豪感。"几年之后，从学生变为老师，韩冰又回到这里，与这座大楼朝夕相处。

在所有师生的评价中，有位同学的一句话最让海闻深感欣慰："一进入这栋大楼就想在里面读书！"

香港中文大学原校长刘遵义第一次来商学院参加论坛后给海闻写信，称赞这栋楼是他见过的商学院中"最好的建筑设施"。

对于这座他深度参与设计和装修的大楼，得到这么多好评，海闻也感到颇为满意和自豪。然而，他向别人介绍大楼的时候，却又常常提到一些遗憾和不足，对于海闻来说，追求完美，永远是他的目标。

2017年6月，教学大楼荣获美国绿色建筑委员会颁发的能源与环境设计先锋评级（Leadership in Energy and Environmental Design，LEED）铂金级认证，成为全球唯一获此认证的大学建筑。同年8月，又荣获美国建筑杂志 *American School & University*（AS&U）评选出的"杰出设计奖"（Outstanding Designs）。2021年3月，再次通过了国际WELL建筑研究院（International WELL Building Institute，IWBI）的第三方独立验证，并正式获得其颁发的物业设施管理《WELL健康－安全评价准则》（WELL Health-Safty Rating，WELL HSR）认证，成为中国教育领域第一个通过该认证的项目，说明大楼的物业管理达到了国际水准。

毫无疑问，汇丰商学院硬件上的超前谋划，为争办世界顶流商学院夯实了坚实的硬件基础。

第三篇
奋力国际化

21世纪初,托马斯·弗里德曼(Thomas Friedman)的著作《世界是平的:一部二十一世纪简史》(*The World is Flat: A Brief History of the Twenty-first Century*)火遍全球,书中一个核心观点是,不断涌现的新科技会把世界"铲"得越来越"平",让人们仿佛生活在一个"村落"之中。

对中国人来说,全球化的"推力"不仅来自技术革命,还有2001年年底正式加入世界贸易组织(World Trade Organization, WTO),让中国前所未有地融入世界经济的大循环中,综合地位迅速攀升。

海闻和他的团队在商学院创建之初就深刻地认识到,全球化改变了人们的生活和工作方式,对人的素质要求产生了很大变化,教育的方式、内容等要因时而变。北大汇丰必须全力推进办学国际化,以国际化办学培养国际化人才。

打造中国最国际化的商学院,成为北大汇丰坚定不移的定位和目标。为此,他们披荆斩棘、勇往直前,率先在全日制研究生中实行全英文教学、实行全英文的工作环境、教师管理实行tenure(终身教职)制、走出国门创办英国校区等,这些做法开创了国际化育人的新空间、新模式,在国内同行中成为勇敢的探索者。

如今,北大汇丰在中国和英国拥有两个校区,成为中国最国际化的商学院。

国际化的"顶层设计"

从北大来说,国际化是它与生俱来的基因。北大是西学的开路先锋,是中国现代化、国际化的推动者。开办之初,北大就引进世界一流大学做法,按照现代大学课程模式,开设了许多国际前沿的专业,如天文、地质、高等算学、化学、土木、矿冶,还有教授现代银行保险学的商科。教师中,聘请了不少来自国外的"洋教习"。

因此北大始终注意国际化办学,但直到21世纪初,与世界顶尖高校相比,国际化仍然是其软肋。因此,北大领导高度重视国际化的推进工作。海闻认为,汇丰商学院是北大创建世界一流大学战略的重要组成部分,有义务在国际化上给北大加分。

国际化是高水平大学的一种生存方式,不是做不做的问题,而是有没有能力去做、怎么去做、从哪些地方着手的问题。

对汇丰商学院来说,在一张白纸上绘制国际化战略蓝图,平地起高楼,没有任何历史包袱,而且天时、地利、人和一样不缺。大环境的"天时"不用多说;"地利"方面,汇丰商学院办学地点在深圳,国际化是这座城市确立的发展战略,深圳又与国际化大都市香港山水相依;"人和"方面,海闻自己在美国学习工作了十多年,有国际化视野,他还从国外聘请来不少教授,他们成为推进国际化的有力助手。

基于这些因素,对创办一所国际化商学院,海闻他们胸有成竹,志在必得。那么,绘就国际化蓝图究竟如何落笔?汇丰商学院在创办之初的几年,就有自己的"顶层设计",并且很快落地,重点包括以下几方面。

第一,工作语言的国际化。英语是国际主要语言之一,成为世界上非英语国家人员学习最广泛的第二语言。如果要在国际化商海中搏击风浪,学习这种世界语言非常重要。有多年国际化大公司工作经验的张化成对此体会很深:"我到日本出差，那里很多大公司开会就是用英语，法国、德国也是。全球性大公司开会记录也用英语，然后发给世界各地的分公司，大家都看得懂。你看世界各地机场酒店的指示牌，除了本国语言，肯定还有英文。如果不懂这种世界语言，你怎么在世界的舞台上和别人打交道？"

全英文教学还是吸引国际留学生的必要条件。"国内有些大学为何留学生少？你不是全英文教学，人家来留学就要考中文。中文非常难学，要达到用中文学习专业课的水平更难，这样人家自然望而却步了。"海闻说，"英语国家之外，只要是国际化大学也都有英语项目。比如你到法国的大学，你不懂法语也可以，当然懂了以后生活可以更方便。我们现在有不少学生在国外做交换生，主要在欧洲国家的学校。他们并不懂这些国家的语言，但是他们掌握英语，学习就没有问题。"

第二，师生构成的国际化。除理念的国际化外，校园里师生的构成也要多元化，国际化。要让世界上最好的老师愿意来这里工作，最优秀的学生愿意来这里学习。没有一所世界一流大学是只有本国人在里面工作和学习的。世界一流大学对世界是开放的、包容的，商学院更是如此。"哈佛商学院有多任院长是外国人，比如第 10 任院长是印度裔的尼廷·罗利亚（Nitin Nohria）。"张化成认为，只有面向世界吸引最好的老师和学生，商学院才会办成国际一流。

第三，创建标准的国际化。要按照世界最高的标准做事，这个标准既不单纯是中国的，也不是美国的，而是世界的。国际化就是要做到最好，最佳途径就是参与全球商学院认证，通过认证把世界公认的最高标准带进来。这是商学院国际化的一个必要条件，虽然不是充分条件，但是没有认证就不可能是国际一流的商学院。海闻认为，没有得到国际主流的肯定，自己关在屋子里倒腾，就永远成不了国际一流。

第四，管理制度的国际化。有了国际化标准，还要在办学中得到强有力的执行，这就是管理。国际化管理的一个突出特点是制度化，把一切理念、标准、规则和目标等，都化为制度，以制度管人、管事、管物。另外，引进国际一流大学好的管理方式，比如公开透明、民主参与、教授治学、实行 tenure 制、行政为教学科研服务等。

有人也许会问，国际化究竟是目的还是手段？汇丰商学院的回答是：两者皆是。如果因为国际化的有效推进，而成就了一所如沃顿、哈佛那样在世界上颇有影响力的国际化商学院，这既是深圳和北大的自豪，也是中国的荣耀。但国际化也是手段，最终要落脚在对人的培养上，通过国际化方式培养具有国际意识、国际视野、国际交往能力和国际竞争能力的领袖型人才。

去海外招聘优秀教师

要打造国际化的商学院，首先必须建立一支国际化的教师队伍。学院刚创立那几年，在国际上还没有什么知名度，院领导几乎每年都要主动出击，去国外招揽人才。

2008年1月，海闻和张化成同时飞往美国，这次的主要任务是到美国经济学会年会招聘教师。商学院创办的最初几年，一直把这个国际化高端会议视为招聘的重要渠道。

提前在学会网站刊登广告之后，他们先后收到几十份求职简历，初步筛选后再在美国一一面试，最后确定录取人员。费城宾夕法利亚大学沃顿商学院管理与应用经济学博士冯艳就是其中一位。过五关斩六将，这位优秀的女博士成功拿到了offer（录用信）。

"我是在新奥尔良面试的。当时（北大汇丰商学院）还叫北大深圳商学院，我对它还很不了解，只是听说是北大新办的商学院，追求国际化。我感觉可能比较适合自己。"冯艳说，当年和她一样从国外应聘来的还有好几位，"我们来的时候，学院规模还很小，但氛围不错，势头好。"现在，她已在商学院工作了16年，给MBA和全日制硕士教"管理经济学"。

那时候，中国经济实力没有现在强大，GDP总量落后于世界排名第二的日本，人们的收入和生活水平跟发达国家差距更大，国家在世界上的地位和影响力也不够。加上商学院刚创办不久，名不见经传，因此，去国外招聘一流人才困难挺大。当时，海闻他们与求职者接触后发现，很多中国留学生的第一选择是留在国外，如果选择回国，首选地点也是北京或上海，深圳对他们没有多少吸引力。那些外国人，对北大深圳商学院更是知之甚少，甚至根本就没听说过。

在这种情况下，要到世界上去招聘一流教师，你拿什么去吸引人家？

"一开始主要靠愿景。"海闻说，对每位应聘者他都会分析三方面前景：一是中国方面。中国经济快速发展，崛起已经是不争的趋势，对世界各地的人才来说，正是到中国发展的千载难逢的机会。二是深圳方面。深圳作为改革开放的窗口，不仅经济实力雄厚，生活环境舒适，而且朝气蓬勃，活力四射。三是商学院方面。虽然刚刚起步，但定位高端，学生优秀，体制与国际接轨。而且如果当时就来，就是联合创业者，是元老，参与创业的经历会让人终生难忘，机会十分难得。

海闻这套"说辞"有理有据，很多时候还真管用。2009年，韩国人朴永潏（Young Joon Park）在加州大学（圣迭戈）博士毕业，海闻去洛杉矶招聘，听完海闻面试时的一番话，他心潮澎湃，认定汇丰商学院是不二选择。他的太太在中国香港工作，他理应首选香港才对。可他觉得北大是世界著名高校，汇丰商学院虽然还寂寂无闻，但将来一定能成为世界一流。在它还不太知名时加入，跟着它一起成长更有意义。而且深圳与香港很近，也可以照顾家庭。在正式上班前，他专门来学院实地考察，看到大学城的环境不错，虽然老师和学生比较少，但大家对未来都信心十足，尤其是学院接待他的人特别热情，让他感到特别温暖。

"现在来看，海闻教授当初描绘的一切都变成了现实。"朴永潏深有感触地表示，他加盟汇丰商学院是非常正确的选择。伴随着商学院的发展，朴永潏在事业上不断进步，2014年开始担任院长助理，2021升任副院长，负责学院国际合作、国际认证等国际事务，其间还获得了首届广东省友谊奖。加入时是刚刚毕业的博士，十几年就成长为副院长，这也说明汇丰商学院有一个很好的国际化人才的发展环境。

海闻到国外揽才很有一套，不仅汇丰商学院老师佩服，在国内高校名气

也很大。2007年，美国常青藤高校康奈尔大学的校长杰弗里·雷蒙（Jeffery Lehman）届满卸任，海闻亲自飞到美国，在酒店一番促膝谈心之后，居然让这位大名鼎鼎的大学校长欣然接受邀请，全职到深圳担任北大国际法学院的创院院长。杰弗里·雷蒙是美国高教界和法学界巨擘，被"挖"到深圳工作，当时在中美高校中引起强烈反响。他来到北大国际法学院之后，工作十分投入，卓有成效，2011年被授予中国政府友谊奖，受到时任总理温家宝的亲切接见。2017年，海闻又成功把诺贝尔经济学奖获得者托马斯·萨金特聘到学院建立研究所并参与博士培养工作。

在吸引人才方面，事业前景固然重要——没有这点真正一流的人才不会垂青你的岗位，但物质待遇也同样重要，因为国际一流的人才也需要享受比较体面的物质生活，这是人之常情。

究竟确定什么样的起薪标准？当时让海闻纠结了好长时间。谁都知道，工资越高越有利于吸引人才，但那时候商学院刚刚创办，收入来源不多，手中无钱，心里发虚。但标准也不能太低，海闻斟酌再三才定了一个标准，这个标准在国内经济类学院中处于中上档次。薪酬政策调整时，一位从加拿大回国的博士合同已经签了，但商学院还是主动按照新标准给他提了工资，这让他非常感动，在工作中特别投入。

教师待遇提高，支出增加，商学院一开始财务压力很大。海闻也常常为此担心，害怕出现财务危机。但后来EDP等高端培训业务迅速发展，为学院源源不断地提供资金支撑。现在北大汇丰教师的待遇，在中国高校的商学院中处于第一梯队。

早在2007年，汇丰商学院就走出国门大规模招聘教师，在国内高校中是开路先锋。他们先是在美国经济学会年会招揽人才，后来逐渐扩展到美国金融学会年会、美国管理学会年会、美国会计学会年会等7个世界性专业学会的年会。最初几年，在这些年会上几乎看不到国内的高校，后来国内高校发现了这条揽才渠道，纷纷派人参加，最多时国内去的商学院达到三四十所之多。现在随着网络技术的发展，网络招聘成为主要渠道，到年会现场去招聘的院校大幅减少。

招聘这事制度说了算

在国际平台上面向全球招聘人才，可谓高大上，但如何确保招聘教师的质量？要回答这个问题，先看下面两个实例。

2012年，海闻的一位朋友打来电话，说女儿在美国某名牌大学读博士，当年毕业，听说汇丰商学院正在招人，希望他这位院长予以关照。每当遇到这种求助，海闻总会详细告诉对方学院招聘的程序、基本要求，并热情欢迎对方应聘，但最后他还会补充一句："能不能进来，我这院长说了不算。"

女儿的"硬件"条件这么硬，关系也这么铁，这位老朋友不太相信自己的女儿会落选。

但结果朋友女儿真的落选了。因为海闻发现，赴美国面试小组回来递交的推荐录取人员名单上，没有老朋友女儿的名字。面试小组临走时海闻没有打招呼，看到推荐名单后他也没吱声，只是给老朋友打电话反复解释，为何"院长说了不算"，请他多多原谅。老朋友虽然有点想不通，但听完解释，最后还是表示理解。

还有一次，海闻在北大本部教过的一位本科生，留学美国博士毕业想进汇丰商学院任教，希望他给予关照。这位学生当初到美国留学时，海闻还帮忙写了推荐信，但参加完面试，没有进入推荐录用名单。面对这样的结果，海闻表示"也没有办法"。

如果说2007年刚开始去美国招聘那两年，海闻还能一个人说了算的话，随着后来招聘制度的很快建立和严格执行，他确实是"说了不算"。而正是在严格程序下院长一个人说了不算的制度，才确保了招聘教师的高质量。

从2009年开始负责招聘事务的邢琰介绍说："我们商学院成立后的前十年在招聘教师方面，首先是目标明确，主要招聘国际一流大学的优秀博士生，尤其是欧美的一流大学；其次是选择专业化的高端招聘平台，具体就是美国经济学会等世界一流学术组织的年会；最后是制定了严格的招聘程序。"

这套招聘程序是这样的：在前述专业学会的年会召开前3个月左右，学院会在其网站刊登招聘广告。收到求职者应聘材料后，学院招聘委员会根据专业情况，组织各专业委员会审读材料，从中筛选出面试名单。随后，学院派招聘小组到各学会年会上去面试。随后招聘委员会根据各招聘小组给出的面试排名，讨论制定邀请来院访问交流的候选人名单。受邀的候选人来访时，既要在学院召开的学术评估会上介绍研究成果，展示教学能力，也要与学院师生进行一对一面谈交流。所有候选人来访结束后，招聘委员会根据同专业教师提交的评估表进行讨论，并拟定出一份推荐录用名单。这份名单经过学院党政联席会议讨论批准后在全院公示，充分征求教师意见，最终再决定给哪些人发聘书。

在这样的程序设计中，最终给谁发聘书要考虑多方面的意见。有一年，面试小组推荐录用一位应聘者，此人曾在美国高校任教，专业是商学院急需的会计学，按理说拿offer肯定没问题。没想到在征求意见阶段，有教师反映这位应聘者在美国学术圈名声不是太好，还曾惹过官司，虽然法院最终判了无罪，但毕竟留下了一些污点。党政联席会讨论时，采纳教师意见，没有录用这位应聘者。

海闻认为，招聘教师是专业问题、学术问题，汇丰商学院教师在招聘中发挥的作用很大，这也是"教授治学"的具体体现。

招聘程序科学、严谨、严格，在每个操作环节的落实上，大家都非常仔细、认真。"招人是件很严肃的事情，不能有丝毫马虎，每招聘一个人，双方都要对对方负责。既然招进来了，就不能随便让人走。"张化成曾多年带队到美国面试，每次要面试的应聘人员很多，虽然时间非常紧张，但他总是坚持一条原则：面谈。

"一次我在纽约招聘，纽约郊区一所高校有位教师应聘。我一看材料，此人沃顿商学院毕业，各方面条件很好。但他说当时太忙，问我能不能视频面试。我原计划当天离开纽约，但听他这么说，我就改签了机票，告诉他我在酒店等他，当天多晚都可以过来面试。面对面可以观察的信息很多，跟视频感觉不一样。如果因为技术问题，视频面试没谈好，对他而言可能失去了一次到中国工作的机会，对我们来说也许会失去一位好老师。"经过张化成一番充满诚意的劝说，这位应聘者当天赶到了酒店，面试成功，最后通过一系列程序，学院给他发了offer。

"面试主要考察应聘者的综合素质，包括英语水平、教学和科研能力，以及有无创业精神。"张化成说。

至于应聘者的学习和工作背景，在面试前就是学院特别看重的因素。首先是学校背景。不仅看博士读的是什么学校，还要看本科是什么学校。在商学院老师中，很多"海归"本科都是北大、清华、复旦、人大这些国内名校毕业的。

有人说，海闻本人毕业于北大和加州大学，有太过强烈的名校情结。对此，海闻有他自己的看法："学院创办最初的那10年，我们到国外主要招年轻博士，这些人在学术上还很难看出有多大成就、将来有没有发展潜力，只能看他们大学读了什么学校，由什么样的教授指导。另外，名校毕业的学生，与名校老师合作出成果的概率也会大一些。但如果你科研确实做得特别出色，已经证明了这方面的能力，我们也不会纠结你是什么大学毕业的。比如，2014年我们就曾聘过一位教师，本科的学校很一般，就读的美国学校也不是最好的，但是他发表的论文很多，质量很高，我们就聘他。"

其次是文化背景。汇丰商学院不仅招收优秀的中国留学生，还希望尽量多地招收世界不同地区、国家和民族的教师，这样就会自然而然地把世界各地的文化带进商学院，使同学们感受不同的文化信息，接受多元文化的熏陶。

外国教师曾经超四成

随着海外招聘力度的加大，学院教师队伍的国际化程度大幅提高。到2014年下半年建院10周年之际，53名全职教师中，外国教师有24名，分别来自美国、加拿大、韩国、土耳其、意大利等国家，占比高达45%，在中国的商学院中位居首位。

现如今，虽然受到新冠疫情等多种因素的影响，外国教师的数量有所下降，但学院仍然保持着较高的全职外国教师比例。2022年在新冠疫情管控尚未完全放开的时候，竟然有三位外国教师宁愿忍受21天的防疫隔离，拖家带口，选择加入汇丰商学院。

这些外国教师绝大多数拥有国际一流大学的博士学位，比如麻省理工学院、耶鲁大学、哥伦比亚大学、康奈尔大学、加州大学（伯克利）、加州大学（圣迭戈）、牛津大学等。他们拥有这样光鲜的背景，在世界上其他知名高校也能谋到教职。实际上，其中部分人就是放弃了在其他名校任教的机会来到了汇丰商学院。

那时候国内很多高校也非常注重聘请外国教师，但聘请的教师基本上是来教外语的，而且多是短暂停留，教上几年就回国了。汇丰商学院的外国教师都是教专业课的，而且是长期全职任教，至少签三年聘用合同，教得好可以成为终身教授。他们有的把家搬到了深圳，有的单身教师还在深圳建立了家庭。图3.1是汇丰商学院国际教师授课情景。

图 3.1　学院国际化的师资队伍

韩国人尹汝傅（Yeujun Yoon）是圣路易斯华盛顿大学的博士，高高的个子，面部棱角分明，是商学院有名的帅哥。他英语说得特别流利，说话做事富有激情，还带着天生的幽默感，2012年30多岁时，应聘到商学院教授市场营销学。他来了之后，发现这里很多教师也是在美国拿到博士学位的，大家有相同的背景，同样说英语，很快就成了朋友。

"这里的学生非常出色，给他们当老师非常幸运，带劲儿。一是聪明。他们本科都是各个高校最好的学生，数学方面尤其好，上课时涉及数学问题的时候，他们很活跃。二是英文很好。三是非常勤奋。他们三年要拿两个学位，大多数时间在学习。"2014年尹汝傅接受笔者采访时认为，这些学生和其他商学院的学生相比，有很强的竞争力。另外，他也很喜欢深圳这座城市，这里空气清新，生活方便。学院还有一个教师生活质量提高委员会，大家一起讨论如何提升外国教师在学校和社会中的生活质量。

"我博士毕业于美国艾奥瓦大学市场营销专业，2014年8月来汇丰商学院工作。当时学院刚搬进新教学大楼，我第一次走进去的时候非常震撼，太漂亮了。想想自己将在这里工作，就觉得非常幸运。"同样是韩国人的朴炷映（Jooyoung Park）谈起10年前来汇丰商学院上班时的情景，仍然有些兴奋，她一上班就拥有了一间单独的办公室，宽敞明亮，安静舒适。由于韩国临近中国，同属儒家文化圈，到这里工作没有感觉文化上有多大差别。

朴炷映已经成为汇丰商学院管理学长聘副教授，之所以要努力获得终身教职，是因为这里的学生和同事都非常好，希望能在这里长期工作。"有一年一位学经济学的学生跟我说，一定要上我的市场营销课，本来他是不用选这门课的。他每次听课都非常认真，结束时还给我写了一封热情洋溢的感谢信，说他收获特别大。他知道我是韩国人，还特地用翻译软件把信翻译成了韩语。"朴炷映说，有这样的学生，作为老师内心非常温暖，也激励她把课越上越好。另外，因为家人不在深圳，她在生活上经常得到同事们的帮助，让她感觉商学院就像中国人说的大家庭一样，精神上非常愉快。她在工作和生活上已经完全融入了学院，看到每年EMBA、MBA学生组队参加戈壁挑战赛（简称"戈赛"）的照片和视频，爱好跑步的她毅然决定报名参加戈赛。在沙漠三天跑完121公

里的经历，成为她生命中最难忘的记忆之一。

除来自美国的应聘人数持续增加外，一些在世界一流大学拿到博士学位、当初选择到中国其他大学任教的教师，也重新选择到汇丰商学院。2014年录用的12位教师中，就有三位这样的人才。他们在美国、英国拿到博士学位之后，分别到了中国人民大学、香港中文大学和北京大学本部工作，有的已经成为副教授。

如果说汇丰商学院创办之初主要靠愿景吸引人，那么经过20年高速发展，它的声誉、特色、内涵、待遇，已经成为吸引人的决定性因素了。

栽下梧桐树，引得凤凰来。汇丰商学院国际化程度越高，越能吸引国际一流人才在这里聚集，因为这些人才只有在国际化环境中才能更好发展。国际一流人才在这里聚集得越多，越能推进汇丰商学院国际化和迈向国际一流，这是一种良性互动。现在北大汇丰教师中，曾经在境外学习或工作过的（包括外国教师）占比高达99%。

考试现场的"文化冲突"

在全球招聘外国教师，他们带来了不同的文化，让汇丰商学院国际化味更浓郁。在这个过程中，外国教师让中国学生见识了很多新鲜的知识，但也曾发生观念和行为上的不理解，甚至小"冲突"。尤其是在商学院创办早期，那时候整个中国的国际化程度还不高，互联网远不如现在发达，中国学生对世界的了解没有现在这么多。让我们看下面两个发生在2013年之前的真实故事。

第一个故事发生在考试现场。

考试时间到了，教室里的法国教师没有按惯例给学生发试卷，而是当场宣布：从现在开始，同学们坐在座位上静思一小时，至于想什么，你们自己决定。

同学们疑惑了：奇怪！难道这是一种考试？外国教师就是和中国教师不

同，怪招多。不管他，静思吧，完了再看外教葫芦里装的是什么药。

一个小时到了，这位外教什么也没解释，给大家发下试卷，宣布考试现在开始。心怀疑惑的同学们原以为老师可能要问问刚才在想什么，可是一看试卷，竟然与那一小时的静思没有丝毫关系。考完交上试卷，一些同学忍不住了：老师，您让我们静思一小时究竟是为什么？

"静思就是静思，没有什么目的。"这位老师平静地回答道。

这就是答案？！这不是浪费我们的时间吗？这不是拿我们开玩笑吗？即使需要静思，什么时候不行，一定要选在考试前这种时间？同学们一向尊敬这位外教，但他这样的做法实在太令人生气了，必须与他论论理！

可是论了半天，这位外教还是刚才那几句话，而且一点儿也不觉得自己做得有什么不妥。

"不行，这事必须有个说法，咱们找海老师去。"

几个学生代表来到海闻的办公室，把前因后果说完后，海闻也发蒙了。虽然在海内外经历的人和事无数，可谓见多识广，但这样的事情海闻也是第一次听说。这位外教究竟是什么意思，海闻也弄不懂。

弄不懂就不能随意评说，更不能随便"断案"。于是海闻告诉学生："不要激动，大家都先回去。我也去好好了解一下，弄清楚之后，我们再一起来评价这件事情。"

海闻把这事装到了心里。过了一段时间，海闻见到一位从法国回来的朋友，于是专门问起这件事。朋友说，这是法国学校的一种教育方法，他的法国老师也这样做过，有点像冥想，能够达到培养专注力、进行反思和放松身心等多种目的。

哦，原来如此！海闻赶紧告诉学生们，这是法国的文化，大家不适应，认为是浪费时间，实际上是一种文化冲突。今后，大家要学会了解、尊重和适应这种多元文化，而不是遇到自己不理解的就去抵制，北大的文化就是"兼容并包"。

实际上，"静思"在法国不仅是一种教育方法，甚至成为从普通百姓到国家领导人常用的一种调节身心的生活方式。据媒体报道，2007年5月6日，法国总统大选尘埃落定，萨科齐（Nicolas Sarközy）突围胜出。他获悉这一令人无比激动的消息之后，一改高调的做派，选择找一处安静场所把自己与外界隔离开来，静思三天，以庆祝胜利、思考新政。

这件事让大家深刻意识到，国际化不仅体现在全英文教学，还在于不同国家的老师会带来不同的教育方法、思维模式和民族文化。上过某个外教的课，就了解了一种文化，如果还能思考其背后的逻辑和深层次原因，就会受益更多。书本知识都一样，但请不同的教师来讲授，学生的收获会大不一样。

第二个故事还是发生在考试现场。

来自美国的特瑞尔·弗朗茨（Terrill Frantz）老师拿着一叠试卷走进教室，和往常一样面带笑容。同学们安静地坐在课桌前，像蹲在跑道上随时准备起跑的运动员。

弗朗茨从第一排开始，依次向后排发放试卷。当他发完最后一排转身走向讲台时，突然声色俱厉地大喊起来："第一排动笔的同学住手！"

喊的同时，弗朗茨快步走到这位学生面前，拿起他的试卷，发现上面已经写了字，顿时脸色涨红，眼睛似乎要喷出火来。

"我还没有宣布开始，你已经偷跑。请你出去，取消考试资格！"弗朗茨一边大声地喊着，一边"哗"的一声把试卷撕了，重重地扔在桌上。

特瑞尔·弗朗茨是卡内基梅隆大学的组织与社会学博士，到汇丰商学院教书以来，同学们从未见他发过这么大的火。大家都愣愣地看着他，好大一会儿才反应过来。

当时在场的刘腾威回忆说："这位外教平时和学生相处非常随意，但是对待考试纪律特别严格。我们当时每两周要考一次，他规定，第一排同学先拿到试卷后，在没宣布动笔前大家都不能动笔。他认为考试应当很公平，如果先拿到试卷的先开始，对后拿到的同学明显不公平。"

刘腾威善于思考，这件事情让他得到启发：做事要讲规则，要有公平意识。"中国金融市场乱象频出，比如内幕交易、'老鼠仓'等。如果在这个市场里的每个人，从读书时就注重培养这种守规则、讲公平的意识，我想这种现象肯定就会少许多。"

上面是两个有些极端的例子。很多同学发现，外教们还有一些突出的特点，比如课堂气氛特别活跃，爱讲案例、故事，在学术上非常严谨，要求极严等。有同学说，一些小组作业和报告在本科时老师是不会看的，但在汇丰商学院，外国老师会一字一句地修改。

在一个国际化的环境中，学生见多识广，"见怪不怪"，最后就会形成广阔的视野和包容的心态，这将有助于他们毕业后在全球化环境中更好地工作和生活。

外国学生构成"小联合国"

汇丰商学院推进国际化的过程中，在外国教师人数增加的同时，外国学生的人数也在不断增长。

2014年3月25日，深圳春色烂漫、暖风拂面，莫斯科大学副校长谢尔盖·沙赫赖（Sergey Shakhray）到深圳大学城参观，第一站就来到了汇丰商学院。

"你们是从俄罗斯来的？"沙赫赖一眼就发现有几位学生很像自己的老乡。

"是的，这里一共有6位俄罗斯同学。"一位金发碧眼的男生回答。

沙赫赖立即兴奋起来，热情地与几位老乡聊天，问他们在这里的学习生活情况。这位曾经担任过俄罗斯副总理的校长，没想到在深圳的一所商学院里居然能碰到6名俄罗斯留学生。

和自己的小老乡聊完，沙赫赖转身用赞赏的口吻对陪同的深圳市领导说："你们这所商学院了不起！"

如果从2009年开始招收留学生算起（图3.2为学院的首批两名留学生），截至2024年7月，汇丰商学院的留学生校友总数近400名，他们来自世界50多个国家和地区；另外，还有来自世界各地总数达520名的交换生校友，他们分别在汇丰商学院完成了为期一个学期或一年的学习。有人说，大量外国学生的到来，让汇丰商学院变成了一个小"联合国"。

图 3.2 2009 年 8 月，学院迎来首批两名留学生
来自摩洛哥的留学生（右一）和来自美国的留学生（右二）

来这里学习的外国学生主要有两类：一类是全日制硕士留学生，学制两年；另一类是交换生，学习时间通常是一个学期，也有一年的。和国内其他高校外国学生相比，汇丰商学院的外国学生特点鲜明：一是来自欧美发达国家的学生比例很高；二是他们全部是来学习专业知识的，没有人是专门来学习中文的。

美国小伙亚当·黑格在纽约长大，从约翰斯·霍普金斯大学毕业后，先是在越南工作。他的一位朋友在汇丰商学院上学，跟他说在这里读书如何如何好，极力劝他来。于是他像申请美国大学一样向汇丰商学院递交了申请材料，并于 2013 年成功入读。

"在这里上学有很多外国教授，所以非常适应。我过去的学校也非常国际化，有 35% 的学生是外国人，其中有不少来自中国。这里也非常国际化，有一点不同的是，在这里我是外国人，因此学习和生活上需要更多帮助。"亚当·黑格谈起当年在汇丰商学院读书生活时说，在这里很容易见到院长和行政人员，大家都很熟悉，很容易得到帮助。

亚当·黑格课余时间到深圳博物馆参观，看到的一切给他留下了深刻印象。他说："深圳这座城市在那么短的时间内，从一个小镇发展成一个现代化大都市，这在世界其他地方是没有的，真是个奇迹。"对美国纽约的小伙子来说，留学深圳也能大开眼界。

威廉（William Rich Bowen）是一位英国小伙，金黄色头发，体格健壮，性格活泼，2021年进入汇丰商学院就读企业管理硕士。他是一位出色的皮划艇划桨手，特别喜欢大学城的环境，这里有穿"城"而过的大沙河，河道经过改造，常年可以划皮划艇。他学习之余经常到河里参加皮划艇活动，非常方便。他说，读书期间，除在深圳本地多次参加比赛外，还去过南京等外地比赛。多姿多彩的读书生活，让他在英国的同学都很羡慕。

罗伯塔（Roberta Lazzeri）来自意大利，2021年进入汇丰商学院读企业管理硕士。作为女生，她既重视读书学习，也重视生活品质。回顾两年的读书生活，她说："我们的校园太棒了，里面真的应有尽有。这里有各种餐厅、咖啡馆、珍珠奶茶店，每天我都可以坐在不同的地方学习，尝试新的菜肴。我喜欢这里生活的便利性，宿舍可以直通健身房，校园里很多共享电单车，扫码就可以租用，骑车到哪儿都快捷。另外，这里的同学来自世界各地，大家在一起学习、生活、活动，相互之间建立了深厚的友谊。"罗伯塔认为，在汇丰商学院的留学经历，将是她一辈子最为宝贵的财富。

因为留学生总数和占比都较多，汇丰商学院专门成立了留学生学生会。马来西亚籍的女生谭涌宝（Tham Yong Bao），本科在北大就读，2023年8月进入汇丰商学院，她不仅英文流利，中文说得也好，入学后被推选为留学生学生会主席。她和十几位学生会干部一起，为全院一百多名留学生提供服务。

谭涌宝介绍说："学生会的服务贯穿整个外国学生在这里的读书生涯。来深圳之前，我们就会提前给他们介绍学院情况，提醒应当携带哪些生活用品；来之后，会告诉他们在这里生活要下载哪些App，开学时怎样选课，学习期间怎么合理安排时间；毕业时还会组织毕业生派对，甚至举办二手跳蚤市场，方便他们处理不再需要的书籍、日用品等。"接受笔者访谈时，谭涌宝正在和学生会干部一起编辑留学生指南，把要注意的事项汇聚起来放进指南，让大家

看起来一目了然。她说，2024级留学生入学前，就会收到这份指南。

留学生学生会经常组织活动，增进相互之间的了解，丰富留学生活。谭涌宝说，外国留学生和中国学生不同，他们中有差不多一半人是本科毕业工作了几年再来读研的，社会阅历比较丰富，大家在一起分享社会上的见闻，让她这位始终没有走出过校园的人，听到了很多有趣的故事，开阔了眼界。她认为，来自不同国家的留学生之间相互交往、交流，能学到很多课堂上学不到的东西，很有价值。

当然，外国学生来自不同国家，文化不同，风俗各异，外国学生和中国学生不一样，不同国家之间也不一样，因此管理起来难度很大。汇丰商学院专门成立了外国学生管理团队，其中既有中国教师，也有外国教师。院领导会定期给外国学生开会，通过交流沟通，关心帮助，解决实际问题，让每位外国学生即使在异国他乡，也能感受到亲人般的温暖。

"从国家层面来说，我们招收外国学生有更深层次的意义，这是培养在世界各国有影响力的人，实际上是在提升国家的文化软实力。"海闻认为，这些外国学生都是世界各国的优秀青年，因为有在中国的学习生活经历，客观上会更了解中国，主观上对中国更有感情，他们回国成为有影响力的人士之后，必然有利于两个国家的交流与合作。

多元文化，成长沃土

当来自世界各国的学生与来自中国各地的学生在汇丰商学院相聚，学习、吃住和活动都在一起时，彼此之间首先感受到的是新鲜、新奇。

来自冰岛的拉格纳·本尼迪克松（Ragnar Benediktsson）剃着光头、活泼开朗。他2012年来北大汇丰读金融专业时，已经30多岁，比一般同学要年长，因此他给自己起了一个中文名字叫"本大叔"。他大学毕业后捕鱼，冰岛丰富的渔业资源让他的年收入比在中国做顶级投行员工还要高。有很好的经济基础之后，他在冰岛某市市区买了大房子。捕鱼之余，他还到世界各地去旅游。这种富裕的生活按理说挺舒适惬意，但本大叔不安分，希望过上"读书+旅游"的生活。他此前没有来过亚洲旅游，发现汇丰商学院有与港大的合作项目，学生通过此项目能拿两个学位，于是他毅然辞掉工作来到深圳，学习之余游历了越南、泰国、马来西亚等好几个亚洲国家。

"那么高待遇的工作说辞就辞！说读书吧，本大叔好像又把学校当成了旅游的根据地。旅游在他生活中占据了太重要的地位，我们很多中国学生很不理解。"刘腾威来自广东韶关，他认为按广东人的务实，是不会辞去如此好的工作选择这种活法的。

本大叔在校时和刘腾威住在同一层楼，两人经常串门，交往多了，让刘腾威感到奇怪的事情越来越多。

一次本大叔从香港实习回来，喜形于色，兴奋地对刘腾威说："我太骄傲了，我把产品成功卖到超市里去了，这是我实习的最大收获。"

看到本大叔如此兴高采烈，刘腾威觉得推销出去的产品肯定不一般，但弄清楚之后，他大失所望。原来本大叔在香港一个卖手机配件的小公司实习，实习了三个月，把手机套推销到附近一家小超市里去了。

"我们觉得这没有什么，不就是一般的小销售吗，值得这么高兴吗？"刘腾威说，中国学生不以为意的事情，本大叔却能从中发掘出自豪、快乐，反而中国学生认为非常值得自豪的东西，在本大叔眼里却不过如此。比如，读金融进投行，那是多么"高大上"的职业，但本大叔一点儿也没有这种感觉，读书期间他就跟同学说，毕业后也没打算要到投行工作。

中国学生虽然对本大叔的很多做法、想法不理解，但一点儿不受他影响也不可能。这种影响是潜移默化的，比如，读书期间从未出过国的刘腾威，在本大叔的鼓动下，到泰国旅游了一次。出国旅游的乐趣，让他认识到生活应当丰富多彩，而不仅仅是学习。

影响都是双向的，当世界各地的学生聚在一起，你影响我，我也在影响你。

在美国时，亚当·黑格也读了不少关于中国的书，提前做了留学准备，但真正到中国来看了之后，感受很不一样。他说，这就像吃菜，中国菜是那么丰富多彩，味道各异。在深圳，他就吃到了川菜、湘菜、徽菜和粤菜等。"在美国我也到唐人街吃过中国菜，但和现在吃的味道不一样。"

印度小伙桑尼·默瓦蒂对中国的餐桌文化印象深刻。一次他到中餐馆吃面，面端来之后，他很自然地用手抓着吃。结果周围人都以异样的眼光看着他，这时候服务员过来跟他说，不能用手，这会影响其他顾客。"在我们印度习以为常的事，在这儿却成了令人惊讶的事。"桑尼·默瓦蒂说。从此之后，他到中餐馆吃面，也学着使用筷子了。

2023级数量金融硕士龙垣桥认为，多元文化环境对每一位学生的成长都非常有益。"很多高校也有不少外国学生，但他们对中国学生来说似乎是生活在平行宇宙的人。不像汇丰商学院这里，国际生和国内生同上一节课、同在一起活动，深度融为一体，这种相互影响是深刻的。"她说，"通过一起学习和活动，我和几位外国学生成了好朋友，从他们身上看到了不同国家、不同民族在文化上的不同。比如，大家一起去饭店吃饭，有的国际生不仅不吃猪肉，连猪油都不吃；有的出于环保考虑，只吃素食，不吃肉类。"

"接触这些多元文化，并不是一定要认同甚至接受它们，关键是要认识到世界的丰富多彩，不同文化之间要相互尊重、包容，这也是一个国际化人才必须具备的素养。"龙垣桥谈起多元文化，有自己的见解。

来自澳大利亚的教师大卫·兰德（David Lander）认为，汇丰商学院多元的文化环境丰富了学生的学习体验，通过提供不同的解决问题的视角，增强沟通技巧和拓宽文化理解，使学生们受益匪浅。他说："从我个人的经历来看，我深知这种多元性的价值。当我还是博士生时，我的中国同学向我介绍了中国丰富的文化和历史。他们邀请我访问中国，最终使我走上了通往北大汇丰的道路。"

多元文化的环境，是年轻人成长的沃土。为了让来自不同国家的学生有平台来展示各自的文化，开阔视野，增进相互了解，在2013年开始举办的北大南燕国际文化节的基础上，汇丰商学院在2023年4月和2024年3月，分别举办了第一届（图3.3）和第二届学院国际文化节。在第二届国际文化节上，25

个特色展台布置在镜湖之畔,异彩纷呈,20个国家和中国各个地区的师生尽情展示家乡的美食、服饰、游戏、音乐等特色文化。

图3.3 2023年4月,学院举办首届国际文化节

在这里,师生和嘉宾们享受着精彩的"环球之旅",可以品尝马来西亚椰浆饭、韩国炸鸡、英国三明治、法国可丽饼、南非香肠,可以品尝北京的冰糖葫芦、川渝的钵钵鸡、温州的瘦肉丸等美味;在品尝美食的同时,还可以观赏轻盈的乌兹别克斯坦舞蹈、飒爽的中国舞剑、明快的巴拿马Soca舞蹈等表演;喜欢动手的还可以现场参与俄罗斯的复活节游戏、中国传统技艺投壶等互动活动。

文化节上展示的美食、舞蹈,都是学生自己的作品。有的学生为了做一道"家乡菜",亲自去菜市场挑选原材料;有的为了表演一段舞蹈,私底下练习了好几个星期。活动的照片和视频发到网上之后,很多深圳市民看完向学院建议,下次举办时希望对社会开放,让更多市民能够分享这道文化盛宴。

国际文化节是一场集中展示不同文化的交流活动。在平时,汇丰商学院大楼内也经常可以看到留学生们自主组织的各种文化活动。

汇丰商学院有很多学生社团,为了鼓励学生社团吸纳留学生,让国内国际学生有更多机会在一起活动,学院专门设立了多元文化基金,吸纳留学生的社团可以获得基金经费资助。

世界是多彩的,文化是多元的,人们只有通过相互接触交流,才能理解适应,并进而取长补短、合作共赢。汇丰商学院通过各种措施,创造国际、多元、包容的文化环境,让炙热的青春汇聚,让耀眼的文明交融,为中外师生打开四海一家的"世界之窗"。

全英文的教学和工作环境

建设国际化商学院,大量招收外国学生和招聘外国教师,就必须打造一个国际化的教学和工作环境。2008年9月开学时,汇丰商学院正式宣布,从2008级开始在全日制硕士教育中实行全英文教学。

全英文教学不仅指上课,还指从入校前的申请和面试,到入校后的作业、考试、论文、答辩,全部用英文。这不仅在北大各学院中是首创的,在全国高校中也没有先例。

这注定是一项影响深远的大胆尝试,结果究竟会怎么样?有人信心满怀,有人观望怀疑,也有人表示反对。

"我们顿时感到巨大的压力。有些专业课即使用中文讲,同学们理解起来都很难,更不要说用英文了。有些英文不好的同学专门买了录音机,把上课内容录下来下课回到宿舍再听,或者拷贝老师的PPT过来看。"2008级一位同学回忆说。

面对困难,绝大多数学生都是努力让自己适应,因为他们清楚,坚持就是胜利,最终会使自己受益,但也有极少数学生相反,他们试图去改变这项规定。一次,在海闻主持召开的班会上,有几位学生公开站起来反对。

"我们本科不是学经济学的,现在用中文学专业知识就已经很累了,用英文就更加不懂了。"

"我们要学两个硕士专业的相关课程,本来学业就很繁重,现在所有课都用英文教学，我们没有办法学好！"

"我是来学经济方面知识的，不是来学英文的。而且我毕业根本不想出国，也没有想过去外企工作，把英文练得再好也没用！"

"招生时没有告诉我们实行全英文教学，现在突然宣布，让我们一下子怎么适应？"

站起来说话的有一位学生本科是学医的，经济和金融底子很薄，因此他的反对最激烈。面对学生的反对，海闻耐心听完，他清楚这些学生不是故意对抗学院规定，理解他们是因为压力太大的缘故。他想到了自己在美国留学时，也面临着与这几位同学一样的情况，英语底子太薄，听力和阅读都很差，一下子要进入全英文学习环境，难免焦虑不安，无法适应。那是他人生最困难的时期之一。

"同学们，我很理解你们，现在你们经历的，我20多年前在美国也同样经历过。"海闻以自己的亲身经历来说明为什么要实行全英文教学，又该怎样去适应全英文教学。他语重心长，娓娓道来。最后，那位反对最激烈的学生低下头，显然是很不好意思。后来，这位学生经过努力，不但专业课学得很好，英文水平也飞速提高，参加学校的英文大赛还得了奖。

在推进国际化过程中实行全英文教学，不仅学生一开始不适应，极少数英文不太好的老师也不适应。他们甚至说："我们有必要在中国办一所外国学校吗？别弄得大家最后连中国话也说不好了。"

但学院领导没有受到影响，他们坚信这条路没有错。那两年，有两位老师因为不适应全英文教学而选择了主动离开。

为了照顾一些英语差的学生，在一开始的时候，助教给学生答疑并没有使用全英文：给中国学生用中文答疑，外国学生用英文答疑。结果外国学生提意见，说中国学生能听懂英文，但他们听不懂中文。中国学生考试成绩都很好，是不是答疑里面含有不一样的信息？

其实，中国学生招的都是国内最优秀的学子，成绩好一点儿也不奇怪。但既然外国学生质疑，甚至产生了一种不公平感，学院决定，助教答疑也必须一律用英文，不准用中文，这样也能逼着国内学生尽快适应新的教学环境。

和全英文教学同时推进的，还有学院行政工作语言的全英文。学院规定，凡是学术材料必须是英文的，文件必须用中英两种文字，就连贴通知也不能只用中文一种文字。学校开会时，只要有外国老师、外国学生在场，会议必须使用英文，因为他们根本就不懂中文。当时外国老师还比较少，一位韩国教授甚至感到有点儿过意不去，因为每当他出现时，大家马上就改换语言频道，中变英了。

这些规定对行政人员提出了更高要求，后来学院招聘了多位海归，甚至聘请外国人来做行政。英文是世界通用语言，是国际化最基本的工具，既然要推进国际化，建立全英文教学和工作的环境是必须过的一道关。这道关闯过之后，"柳暗花明又一村"，展现在大家面前的是无限好风光。

"读书时，我们考国外的各类证书，通过率特别高，大家的英语好在其中发挥了很大作用。毕业后，有些同学到国外投行工作，从面试到后来工作，英语都是优势。"目前在一家基金公司工作的毕业生说，平时他需要做大量的行业研究，很多资料是英文的。

"现在大家已经对全英文教学习以为常了。"冯艳说。对学生来说，他们既然想读汇丰商学院，不仅心理有准备，而且在英语能力上也有准备。比如，有些人在本科时就考了美国研究生入学考试（GRE）和托福（TOEFL），一方面提高英语水平，另一方面也是在申请时证明自己。冯艳同时提到："对我们老师来说，像我在美国读书时就是全英文环境，现在如果要改成中文教学，反而不适应了。"

"全英文教学对我来说，一个星期就完全适应了。"2023级数量金融硕士龙垣桥说，在一个大家都说英文的环境中，如果你英文基础不错，适应起来是很快的。现在年轻学生整体英文水平都比之前大幅提高，据他所知，能够进入汇丰商学院的，本科都过了英语六级考试，有很多人还参加了托福或雅思（IELTS）考试，成绩都很高。"英语不仅是一种语言，背后还代表一种思维方式。我们的教材很多是英文的，用英语思维去学习，就很容易理解。"龙垣桥说，他现在说英语和用英语去思考，都和中文一样自然。

英文环境的营造，不仅是国际化的标志，实际上已经成为能否吸引国际一流教师和留学生的重要条件，有点像鱼与水之间的关系。

韩国人朴炷映加入汇丰商学院至今已经10年，她只会说英语和韩语，能够在这儿工作生活这么长时间，一个很重要原因，是因为老师、学生和工作人员都使用英文。这里有全英文的学习和工作环境，可以自由无障碍地沟通。她说："在这种语言环境中，我们这些外国教师和学生没有感到一点儿不方便，跟在英语国家的高校里一样。如果没有这种环境，估计很多人不会来，来了也待不久。"

全英文的学习和工作环境，对汇丰商学院国际化来说既是"基石"，又是"磁石"，它让国际上更多的优秀教师和学生，汇聚到这里。

做交换生的收获真大

国际化办学不仅要招收外国学生来北大汇丰学习，还要创造条件让国内学生有机会去国外高校学习。北大汇丰很早就创造了这样的优越条件：攻读硕士研究生期间，可以从众多有合作关系的世界知名院校中选择一所，去那儿学习半年到一年，学分可以转换，学费不用另交。

交换生计划是指高校之间通过合作协议，让学生在短期内到合作高校进行学习和研究的一种国际化交流方式。这种做法对学生好处多多，比如学生可以了解不同的教育体系，接触新的教学方法和学术资源；学习如何适应和理解不同的文化；结识来自世界各地的朋友，建立国际联系；积累国际高校学习经验，在职场更有竞争力。

"在全球化环境中，优秀人才意味着必须在全球范围内有竞争力，不管在世界哪个地方工作，与什么人在一起工作，都有能力脱颖而出。国际交流是培养这种能力很好的手段。"海闻对此有深刻的认识。

目前与学院签订交换生协议的外国院校有近70所，主要分布在欧美国家。全日制研究生在汇丰商学院就读期间，只要没有严重违纪行为，都有资格申请交换生项目。按照协议，汇丰商学院与每个签约院校一年可以互派两个学生，这样每年可申请的交换生名额就有100多个。此外汇丰商学院的学生还可以申请北大本部的交换项目。

蔡璨是2012级数量金融学硕士,在二年级上学期,她申请了美国杜兰大学的交换项目。她说出国半年的最大收获,就是亲身了解了美国文化,并感受到美国高校教学内容特别注重解决实际问题,与当下社会联系紧密。"交换生项目挺受大家欢迎的,当时我们班50多位中国学生,有十几位同学通过这种方式到国外学习。"蔡璨说出国学习不仅能丰富阅历,而且对她毕业时求职的帮助也很大。

同样是2012级数量金融学硕士林樾强,申请的交换学校是德国柏林洪堡大学。"我发现作为世界名校的洪堡大学国际化程度非常高,同学来源多元化,有世界各地的学生。其教学使用多种语言,比如德语、英语、法语等。"林樾强谈起当年在德国学习的情况说。他选择的是英语项目,除专业课外,还选修了德语。因为外国留学生多,学校专门设立了服务留学生的机构,周末组织留学生们去德国各地参观考察。只要有时间,他就会参加。"这种活动让我真的开了眼界,更深入地了解当地。古人说,'读万卷书,行万里路',出国学习,我收获的不仅仅是书本知识。"

2022级企业管理学硕士周心宇接受笔者访谈时,刚从德国慕尼黑工业大学归来不久,谈起半年做交换生的生活,她毫不犹豫地表示,"这是最好的一次人生经历"!她说:"在那里除了学习,我学会了与更多不同文化信仰的朋友相处,开阔了眼界,结交了多个异国朋友;走过13个城市,看遍了地中海沿岸的美景,享受了不一样的生活。"

周心宇2023年11月刚去慕尼黑时,面对陌生的国度和文化环境,她内心曾有些忐忑,但她的各种顾虑很快就被打消了。在课堂上,在各种活动中,她认识了新的朋友,他们帮助她融入当地环境,让她没有了孤独感。她还与来自匈牙利的范妮(Fanni)、罗马尼亚的科斯明娜(Cosmina)和葡萄牙的丹妮拉(Danniela)三位成为非常好的朋友。"每周和她们一起玩,从德国的巴伐利亚州艾布(Eibsee)湖开始,我们一起四人出游,然后去了苏黎世。我们一起自习,一起聊天,一起去大学校园参加派对。"周心宇说,丹妮拉喜欢用相机记录生活，用英语和葡萄牙语写诗；科斯米娜喜欢绘画，创造性美妆；法妮喜欢生物、养花；而心宇自己喜欢唱歌跳舞、学习历史和地理知识。四个人来自不同国家，文化背景不同，爱好也不相同，但并没有影响四个人成为好朋友，她们都青春焕发、活力十足，对未来充满憧憬，而且都在奋力拼搏，探索人生更多的可能性，在一起有很多共同语言。从慕尼黑回到深圳之后，她们仍然在线上经常交流。

上述三位学生参加的是半年期交换项目，除此之外，商学院还与一些国外院校合作，推出了不少短期交流项目，或者叫"游学"。

已经毕业工作的刘烊彤校友回忆起在汇丰商学院的学习生活，对曾经和十几位同学去纽约大学交流的经历印象深刻。"我们在教室里听了摩根士丹利的大牛讲课，还搭着小火车一路摇摇晃晃来到传说中的普林斯顿大学，仿佛置身霍格沃茨魔法学校的宿舍里，跟周围同学一块儿快乐地吃着 buffet（自助餐）。"她说，在两周的时间里既去了几所知名高校，还到华尔街实地感受了全球最繁荣的金融市场，收获颇丰。

"我们能在世界上与那么多高校签约，并有实质性的交换活动，很大程度上是因为这里全英文教学的国际化教育环境。交换生是相互的，有些高校签约交换项目很多，但最后都不了了之，因为学生只有'出'没有'进'。原因很简单，你没有全英文项目，人家不懂中文，来了学不了。"海闻说，"国际化促进交换生项目，而交换生来的多了，又促进了国际化，汇丰商学院已经形成良性互动。"

年轻教师，与国际"同步"

作为一所新创办的商学院，北大汇丰在相当长的时间内年轻教师的比例很高。这些年轻教师在商学院推进国际化过程中，发挥了特殊的作用。

能进入北大读书的学生，都是同龄人中的佼佼者。有一学年开学时，几位心高气傲的同学发现这里的教师这么年轻，担心凭他们的经验和水平教不了自己，专门向海闻反映此事。海闻告诉这些学生："你们作为研究生，恰恰要让世界一流大学刚毕业的博士来教你们，至于为什么，你们上一段时间课就明白了。"

上完一段时间课之后，这几位学生发现，自己的担心是多余的。这里的教师不仅教育背景好，而且学术水平一流。年轻博士当教师做教学，有很多独特优势。

在美国大学上过课的2013级学生周冰洁说："汇丰商学院的课堂和美国课堂没有什么差别，即使是中国教师，上课也生动活泼，互动性强。"冯艳老师认为："这很正常，我们在美国读书时对国际高校先进的教学方法非常熟悉，回国后自然而然就用上了。"

周冰洁说的，更多是指教学形式上对国际一流大学的借鉴，但更为关键的是教学内容的"同步"。

汇丰商学院的年轻教师都是国际一流大学的博士毕业生，有的刚刚毕业，有的毕业只有五六年。他们给学生上课的教材，很多是国外商学院使用的原版教材。国内有些商学院虽然也用其中一些经典教材，但都是翻译后的中文版本。这里的教材是原汁原味的。另外，他们备课时，参阅的资料也是最新的学术研究成果，有的老师甚至参阅了在美国读书时导师的教案。

冯艳说："从美国读完大学回来，我开始教的是经济学，这门学科世界最前沿的研究应当就在美国，因此，我课堂上讲的都是最前沿的成果。在沃顿商学院读书时，我一方面学习最前沿的知识，另一方面学习怎么做科研，学习在离开学校之后，怎么获得最前沿的资讯。现在我的课程设计、科研要求、要教给学生的知识，除了最经典的就是最前沿的。学生出去就业时，当然要了解这个行业的前沿，这样才有竞争优势。我们备课时，都是按这样一个原则准备的。"

除教学内容与世界一流大学同步外，还有科研上的同步。

"我们为什么要招世界一流学校的博士？一流学校毕业不仅表明他们的研究潜力很大、研究能力很强，其实很大程度上是我们看重他们母校的资源。我们特别鼓励他们和导师合作。比如哈佛、牛津、耶鲁等，如果学生能与这里的导师合作，不仅能获得学术上的支持，对提升我们的科研水平帮助也极大。"海闻说。

赵泠箫于 2020 年从美国圣路易斯华盛顿大学博士毕业之后，来到汇丰商学院任教。她说，她经常会去参加自己研究领域的国际学术会议，与国际一流的专家学者交流，包括与自己的导师见面，了解最新的学术动向。毕业之后，她还与导师一起合作写学术论文。

像赵泠箫这样的情况，在汇丰商学院年轻教师中比比皆是。这些年轻教师读博士时，大多已经进入了某个学术领域的国际圈子，有的还成为某些学会的会员。到汇丰商学院任教之后，年轻教师们不仅与导师联系频繁，而且与国际学术圈子联系密切。所以，虽然因为各种原因，他们有些人在中国学术圈中并不活跃，知名度也不高，但在各自研究领域的国际圈子里，很多已小有名气。

最近这些年，随着综合实力的不断增强、影响力的不断增大，汇丰商学院与国际学术界同行的沟通交流越来越频繁。一方面教师们利用不上课的时间出去参加国际学术会议；另一方面学院邀请国外学者来学院举办学术活动。随着"引进来"开展学术活动的增多，汇丰商学院在很多领域已经成为国际专家学者开展学术交流活动的重要平台。在这些高端的学术交流活动中，汇丰商学院的年轻教师们发挥了重要作用，他们不仅从中获得了最前沿的学术信息，同时也向同行们贡献着最前沿的科研成果。

率先实行 tenure 制

国际化的商学院在教师管理上必须国际化，与世界一流管理接轨。在学院创办之初，海闻就有这样坚定的信念。

世界上发达国家的高校，大多在教师管理上实行 tenure 制，国内一般翻译成终身教职制度。这套制度的核心是"非升即走"，一般规定教师在 6 年的试用期之内，如果教学、科研等方面达到学校要求，即授予终身教职，达不到标准即"走人"。

"这个制度有它的科学性,就是前6年逼着你,你行就行,不行就不行。6年以后它不逼你了,成为终身教授的人,自然就有一种能力和习惯去做科研。但是你熬不过这6年,也就只能'放弃'了。顺利过了这6年,你就算上道了。"海闻当年在美国大学任教时,正是通过这套制度获得了终身教授职位。他对此有切身体会,所以深刻理解其中的先进之处。

商学院作为教授别人管理知识的机构,内部如何管理不仅关系自身发展,而且对学生、对外界还是一种示范。因此,2004年创院之时,海闻就决定要在教师管理中实行国际上先进的tenure制。如今这种做法在国内高校已经很常见,但当时非常"前卫"。

其实,国内很多大学的管理者也知道实行tenure制的好处,但这套制度与当时国内既有的一套管理制度有很大差别,去旧用新的难度很大。所以,当时只有极少数高校采用tenure制,而且只在新进人员中实行:老人老办法,新人新办法,但管理上两种制度并存,导致矛盾很多。

汇丰商学院是一张白纸,北大又给了海闻高度的用人自主权,这为实行tenure制提供了天然优势。至于教师,这些在国外一流高校毕业的年轻博士们本来就熟悉这一套制度,反而很多人不了解国内"编内"与"编外"、"正式"与"非正式"这一套用人管人制度。他们关心是否有一套完善合理的考核制度,是否有一个规范的聘用合同。因此,与很多老的大学不一样,实行tenure制在汇丰商学院推进顺利,没有什么阻力。

当时汇丰商学院规定,新教师进入汇丰商学院,全部实行聘任制,签聘用合同。第一个聘期为3年,如果3年里教学科研表现良好,再续签第二个聘期的3年合同。第二个聘期考核如果达到要求,聘为副教授,并授予终身教职,不用再签其他合同了,达不到要求的就解聘。

在教师考核管理方面,汇丰商学院制定了三大方面的详细要求,分别是教学、科研和服务。教学上制定了一系列指标,比如要求一年教四门课程,授课情况接受学生评分考核。得分较低者,学院予以警告,要求改进。如果长期分数低,最后"算总账"时达不到规定的要求,就要走人。

"科研上我们拿国内最高标准作为考核教师的晋升条件，既要符合北大本部要求，也要符合我们商学院的要求。比如论文，不仅要求篇数达标，还要看刊发在哪一类期刊上，必须有论文在国际一流期刊上发表，保证了质量达标。"海闻说，"这并不是说教师6年完成了科研指标就能晋升，因为还要考察教学和服务。"

在服务学生方面，汇丰商学院借鉴国际一流大学的通行做法，规定教师都必须设立"office hour"，翻译成中文就是"师生交流时间"。一般来讲，每位教师一个星期最少要抽出4个小时与学生交流。交流时间必须公布在教师办公室门口，在这个时间里老师必须在，学生可以随时来找。固定时间之外，学生还可以预约。

为何要设立这样的时间？海闻解释道："因为学生在课堂上会产生很多问题，上课时有时间不完，要有课后跟老师交流的机会。'学问'不仅包括学，还包括问。交流的过程也是一个教学相长的过程，学生会从自己独特的角度观察问题，提出一些新的见解与观点，这对教师的教学和科研也是有帮助的。美国很多研究所都设在高校中，学者从教学互动中可以获得更多的灵感。"

2014年北大本部实施教师分系列管理，开始实行tenure制。汇丰商学院根据北大的相关规定以及实施过程中遇到的实际情况，在具体做法上做过一些调整。一是在科研的数量与质量之间，更加重视质量，鼓励教师在国际顶级期刊发表科研成果。二是论文考核周期从过去的3年调整为6年。因为高质量的研究需要一定的时间，3年不一定能出成果，只要在6年内达到要求即可。但是教学和服务如果不合格，那第一个聘期期满后就不再续聘。三是遵循国际通行的长聘规则，增加外部同行专家评审环节。教师申请长聘，学院成立一个特别评估小组，根据该教师的研究领域制定外部评审专家名单以及比较对象名单。外部评审专家来自学院目标院校。学院于2017年5月通过参考"世界大学学术排名"和"泰晤士高等教育世界大学排名"等权威排名，选定了杜克大学、加州大学、牛津大学、明尼苏达大学、新加坡国立大学、墨尔本大学、香港大学等35所高校作为目标院校。

建立了一套与国际接轨的管理制度，能否发挥效用，关键还看执行。Tenure制实施后的第一个考核期，学院就有教师因为考核不过关而被迫离开。

曾经有位教师,是美国某知名大学的博士。他平时除了上课,在学校时间较少。通知他面试学生或学院有其他工作要做,他经常借口很忙不参加,而且发表论文不达标,教学评估也一般。第一个3年聘期结束时,学院领导找他谈话,他也知道自己考核过不了关,最后主动选择了走人。

还有一位外国教师,也因为研究、教学和服务几方面未达到要求,第一个聘期结束后,经学院教授委员会投票表决,不再续聘。

有不少优秀的教师通过这一制度,拥有了汇丰商学院的终身教职。作为学院首位获得终身教职的外国女教师,朴炡映认为,实行终身教职制度,对教师科研产出、教学和服务上提出要求,在研究型大学中是很正常的做法。这实际上是一种双向选择,学校选择教师,教师也选择学校。每所大学在具体要求上会有不同,汇丰商学院尽力使要求和整个过程更加合理清晰,非常有利于教师对自己的职业生涯进行规划。

汇丰商学院把教师管理制度印成了英文小册子,教师们人手一册。从入职之前要做什么准备,怎么提职称,发表论文、教学和服务学生的具体考核要求,到财务管理规定等等,小册子上的规定一应俱全。

实行 tenure 制之后,所有教师都非常清楚,要长期待在学校必须满足三个条件:一是必须教书教得好;二是服务上必须尽职尽责;三是学术研究上必须做好,要有出色的成果。

为什么这里不设"系"

在国内大学的组织架构中,学院下面一般还有"系"这个层级,但汇丰商学院创院之始就不设系,这是出于怎样的考虑?

这与海闻强调学科综合性的办学理念有关,学生的知识面不应当过窄,要"宽口径,厚基础"。国内一些经济管理类学院下面分成很多系,系下面又细分专业。海闻认为:"专业划分过细,是传统高校的做法,对学生的全面发展不利。

我们强调首先是大学科，提倡学科内各专业学科与学科之间的交叉。我们并不希望学生来了之后只学一个很窄的专业，也不希望事先把学生固定在一个具体专业中。应该先打好基础，然后让学生根据自己的兴趣来决定写什么方向的论文。院里分系不仅不利于人才培养，还会人为制造行政壁垒，阻碍学院发展。"

有两件事曾经引起海闻深刻反思。一次，他参加北大本部某学院活动，由院里的一个系主办，请了该领域诺贝尔奖获得者来演讲。这是非常好的活动，按理说会有很多人去参加，至少这个学院的很多师生会去。但他去了现场发现人并不多，只有主办活动的那个系的师生。这让海闻意识到，院下面分系之后，系与系之间就有行政壁垒，甚至竞争关系。你系的活动我不参加，我系的活动你也不参加。这样不利于学生和老师间的交流，不利于资源的充分利用。

另外一件事是评职称。有一年，北大给某学院 3 个教授名额。结果院里争得不可开交，很长时间无法确定人选。因为按照道理讲，应当把院里的教师按学术成果和水平排队，择优挑选，但这样做很可能 3 个名额都在某一个系，另外的系就有意见了："为何我们一个都没有？这不公平！"但如果搞平均主义，3 个名额分到了三个系，学术成果最多的那个系又有意见了："我们的第三名比别系的第一名都强，为什么优秀的人上不去反而让不怎么样的人评了教授？学院还有学术标准没有？"海闻说："如果不分系，就可以避免这个问题，完全以学术标准评职称，没有人不服，没有人会有意见。"

但不分系，又如何聚合学院内外不同的学术资源，形成对某些学术领域的聚焦，促进科研和教学的提升？

像所有的学院一样，汇丰商学院也设立了各类研究中心（院、所），20 年来，先后成立了汇丰金融研究院、萨金特数量经济与金融研究中心、宏观经济研究中心、海上丝路研究中心、商业模式研究中心、企业发展研究所、直销行业发展研究中心等。

这些中心（院、所）有三大特点：第一，贴近经济社会发展需要；第二，不仅整合了学院内部的科研力量，而且成为聚集院外科研力量的平台；第三，完全是学术平台，不是行政机构，有利于学院科研的发展。

在商学院里设立研究中心，是很多国际商学院的惯例。比如哥伦比亚大学商学院设立了决策科学、会计与安全分析、动机科学、日本经济与商业等研究中心，总数多达几十个。沃顿商学院设立了创业管理、领导力和应变管理等近20个研究中心。美国的商学院研究实力很强，成果丰硕，其研究中心功不可没。

另外，汇丰商学院按学位项目分别在经济、金融、管理、传播四大学科领域设立了四个委员会，每个委员会确立一位召集人。召集人负责与同专业的老师联系，主要负责学科建设、课程设置、师资招聘等工作，比如学院需要拿出金融学培养方案，金融领域召集人就召集该专业的老师一起讨论。

行政为教学科研服务

在探索高校管理改革的过程中，"去行政化"曾被全社会广泛关注。2010年中共中央、国务院颁发的《国家中长期教育改革和发展规划纲要（2010—2020年）》曾提出，学校要"克服行政化倾向，取消实际存在的行政级别和行政化管理模式"，希望通过深化改革建立现代学校制度。汇丰商学院早在创院之始，就坚定地推进改革，在学院内部实现"去行政化"。

新学院是白纸一张，行政工作人员全部实行聘任制，只有不同岗位，没有行政级别，自然也就没有行政级别工资。这里不是当领导工资就一定高，例如作为院长的海闻，工资在全院曾经只排第六，始终没有拿过学院的最高工资。很多教授甚至副教授的工资也超过副院长的。

当然，对"去行政化"来说，内部的行政级别只是表象，有与无，并非最为关键。关键的是管理理念，即学校以什么为中心。

汇丰商学院在海闻的主导下，行政与教学科研两者关系定位明确：教学科研是中心，培养学生是中心，行政则是为这两个中心服务的。

汇丰商学院新教学大楼建成后，要分配办公场所。为了方便师生办事，与学生工作相关的行政人员办公室都被安排在一楼，并且往往是多个人在一个大房间办公。一些资深的行政主管也在大办公室一起工作。所有老师被安排在最高层的六楼和七楼，一人一间。而为了便于为教师服务，与他们有更多关联的人事和财务被安排在7楼。从办公室安排这个细节上，就能侧面看出这里以什么为中心。

北大老校长蒋梦麟1930年曾提出过管理大学的著名16字方针，即"教授治学、学生求学、职员治事、校长治校"。海闻对此颇为赞同，特别重视发挥教授在治学和行政职员在治事方面的作用。

在放假上，学生和老师有寒暑假，但行政人员按国家规定休年假。因为师生放假时，除了EDP、EMBA、MBA教学活动还在正常进行，行政人员还有许多工作要做，还要为新学期开学做好准备。

为了确保行政服务好教学，海闻亲自监督，哪怕是一个很小的细节，只要他发现了都会过问。师生们也了解海闻这个特点，开始时经常通过邮件给他提建议，比如电脑网速比较慢、日程安排应该提前、厕所里没有卫生纸等，一旦接到反映，海闻都会立即打电话落实解决。师生们笑称，海闻是一位出色的"后勤部部长"。久而久之，行政部门的效率也不断提高，师生们都称赞北大汇丰的行政团队是国内高校中最棒的。

这样的工作环境让那些在国际高校学习或工作过的教师感觉非常适应，工作起来开心、舒心。来自波兰的卡罗尔·马祖尔（Karol Mazur）2022年8月新冠疫情期间加盟学院，谈起学院行政人员，他说："他们英文流利，做事热情，经常协助我们组织教学或研究方面的活动，给我们减轻了很多负担。"

以国际认证推进国际化

毫无疑问，国际化商学院不是自封的，必须按照国际标准来办，并得到国际认可。国际认证是推动商学院在管理上达标，从而迈向国际一流和获得国际认可的重要手段。因此，汇丰商学院从创办之初就对此高度重视。

汇丰商学院启动的第一个认证项目是经济学硕士。成立于1972年的欧洲管理发展基金会（英文简称EFMD）是一个国际性的、非营利的会员组

织,旨在推动全球管理学科发展,在世界拥有900多个成员组织,其中美国沃顿商学院、英国伦敦商学院、IBM、微软、欧盟委员会都是其成员。2009年12月,汇丰商学院成为EFMD会员,参加认证的EPAS(EFMD Programme Accreditation System,欧洲管理发展项目认证体系)项目,是EFMD所开展的两个国际性教育质量认证体系之一,以其权威性享誉世界。

第二年4月,汇丰商学院向EFMD提交经济学硕士项目EPAS认证资格申请。不久EFMD给了一个很不利的反馈意见,认为汇丰商学院的项目是传统经济学硕士,核心教学课程中极少有管理学相关的内容,而EFMD的认证范畴主要是管理学科,或管理学相关内容占教学至少50%的其他学科,因此初评认为汇丰商学院申请项目不在其认证范畴内。不过,EFMD也透露对于是否可以把经济学也纳入认证范畴,他们内部仍在讨论之中,此前并无先例。

"接到反馈后,我们马上针对性地做了回复,从经济学的课程设置、学生职业发展办公室的成立、国际化全英文教学三方面,强调我们的硕士培养其实是参照了MBA的方式,注重对学生商业方面的训练,重点在于把他们培养成为出色的企业经济管理人才。"学院党政办副主任巫汶航介绍说,她当时负责信件回复,回复信对转变对方的看法起了很大作用。2011年9月,EFMD在比利时布鲁塞尔总部召开认证委员会,一致通过决议,授予汇丰商学院经济学硕士项目EPAS认证。这是中国第一家获此认证的商学院,在同行中引来无数赞赏的目光。欧洲管理发展基金会总干事克里斯·格林斯坦(Chris Greensted)教授在贺信中说:"北大汇丰商学院在整个认证过程当中表现出了雄厚的实力,不愧是中国最好的商学院之一。"

把EPAS收入囊中,只是认证道路上迈出的第一步。EPAS是具体项目的认证,国际上对商学院进行整体认证的还有三大权威认证,分别是AACSB、EQUIS、AMBA的认证。其中AACSB历史最悠久、含金量最高,是管理教育认证皇冠上的明珠。

当时汇丰商学院全力投入的正是含金量最高的AACSB认证。AACSB由哥伦比亚大学、康奈尔大学、哈佛大学等17所知名大学的商学院于1916年联合发起,总部设在美国佛罗里达州,旨在对商学院本硕博等各个项目进行认证。其认证要求极其严格,而且过程漫长,全世界现在只有不到6%的商学院获得了AACSB认证。一旦获得认证,可被视为进入了世界上教学质量一流的商学院行列。

这是一块难攻的"高地",汇丰商学院从2008年就决定向AACSB发起冲锋。当时学院刚刚成立3周年,一些人觉得学院自不量力,但海闻态度坚决,要尽早启动,并努力争取拿下。

冯艳教授在商学院负责认证工作十多年,她介绍,AACSB认证先要申请成为它的会员,然后系统地进行自我测评,并形成一份《标准校准计划》提交给AACSB审核。随后还必须逐年提交进度报告,每年的报告AACSB都会组织审核并投票,只有通过了才会派专家考察团实地考察,看实际情况是不是与材料相符。

汇丰商学院2009年8月被接纳为AACSB会员,同年11月进入正式认证程序,到2018年8月才正式通过认证。中间经过了漫长的9年时间,造成这种情况的一个主要原因是恰逢认证标准做了两次调整。汇丰商学院申请的过程中,原有标准有的废弃、有的合并、有的新增,变动较大,而且内容增多。每次变动,学院都要熟悉新标准,然后根据新标准重新准备材料,并在办学管理上做相应完善。

拿到AACSB认证不久,当年12月汇丰商学院立即开始准备AMBA认证,这主要针对MBA、EMBA教育。第二年3月中旬,AMBA同行专家评审组来深圳实地考察,察看学院的教学设施、设备,与学院管理团队展开深度访谈,并与学院教师、学生和行政等各方面代表分别召开多个座谈会,全面系统地了解了学院的目标使命、办学体制、治理结构、项目运营和教学管理等情况。鉴于在办学、管理等方面已经做得非常规范,国际化卓有成效,AMBA给予了汇丰商学院"绿色通道"的特殊待遇。2019年5月,仅仅花了半年时间,汇丰商学院即通过了AMBA认证,当时全球仅有2%的顶尖商学院获得AMBA认证。

2021年10月,汇丰商学院启动三大权威认证中的最后一项EQUIS认证,11月正式进入自我考评程序。2023年5月递交自我评估报告,仅仅过了一个月,认证机构的同行评审组就在线对学院进行了全面深入考察。虽然EQUIS认证同样严格严谨,但此时汇丰商学院整体实力和水平跟十多年前刚启动国际认证时已经不可同日而语,认证过程基本没遇到什么波折。2023年10月10日,学院收到正式通知,顺利通过EQUIS 5年期认证。5年期是EQUIS认证的最高年限,是对商学院的最高评价。

至此,汇丰商学院正式完成AACSB、AMBA、EQUIS三项国际权威认证。据统计,目前全球1.6万余所商学院中,同时获得这三项权威认证的仅有不到1%。

十几年来,汇丰商学院与国际认证一路相伴,这对商学院国际化高水平发展,发挥了极大的促进作用。

"当初看AACSB认证的要求,发现都是我们正要做的。那些要求实际上是别人长期积累总结的经验,我们要通过认证把标准和经验拿来提升自己,把一些好东西沉淀下来,固化成制度,促进学院持续稳定发展。"一位院领导曾经说,认证中的很多要求是常识,参加认证是逼迫学校按常识办事。

"因为我们的定位就是国际化,办学标准和做法很多都与国际接轨,因此认证时相对来说比较顺利,需要做重大改变的东西不多,但教学和管理上需要加强和完善的也不少。"冯艳介绍,比如过去评价一门课程究竟怎么样,主要从教师方面考虑。上完课让学生给老师打分,如果打分高,说明教师教得好。课程设计得好又教得好,就认为这门课好,今后继续开。但AACSB评价标准还提出了另外一个角度,就是要看学生学得怎么样,如果学生学得也好,获得了相应的知识能力,这门课才能算是好课。

"还有AACSB考查学生学习质量时,分数只是一个方面。他们强调教学与学院发展使命和理念的相关性,关注是不是围绕教学目标进行,是否实现了目标。在商学院培养学生的目标上,他们特别重视学生在利用所学知识赚钱之外,还要发挥社会价值,也就是商学院不能培养赚钱机器。"冯艳说,这些认证很重视考察教育中深层次的东西,像国际化,不仅看国外师生的人数、比例,更重视有没有用国际视野来办学,有没有形成一种多元文化的交流融合。

认证标准很细致,比如要求老师和学生要达到一定比例,老师中要有一定比例是全职的,有博士学位的教师要多少,要发表多少论文等。根据这些要求,汇丰商学院及时弥补了一些不足,比如EMBA师资在加大向外招聘全职教师的同时,一直在增强自主培养的力度。

国际认证极大地提升了汇丰商学院的国际声誉。冯艳每次接待完来考察的专家，都能感受到他们对汇丰商学院的赞赏之情，一位专家曾深有感触地对她说："实地考察之后，我惊喜地发现，原来在中国做商科教育也可以做得跟欧美老牌商学院一样出色！"通过了三大权威国际认证，在国际上自然会被人高看一眼。

认证带给学院的好处很多，比如汇丰商学院每年有很多国际交换生来短期学习，因为通过了上述几项认证，他们在汇丰商学院的学分就能获得对方学校的认可，这也大大促进了国际交流。

"拿到认证并不是'万事大吉'。过了几年对方还要来考察，再认证，看你是不是拿到了就吃老本了。"冯艳说，这是一个动态的，不断促进你提高的系统。

对一所商学院来说，在认证之外，还要参加 QS 等国际排名。排名和认证虽然相关，但是侧重点不一样。在汇丰商学院看来，认证是基础，排名是结出来的果实。2022 年 9 月，2022 年 QS 全球商科硕士排名发布，北大汇丰金融硕士、管理学硕士分别位居全球第 20 位、第 17 位，均位居亚洲第 1 位。2023 年 7 月，2023 年 QS 全球 EMBA 排名发布，北大汇丰位居全球第 29 位、亚太第 8 位、中国（不包括港澳台地区）第 1 位。经过努力，北大汇丰几个项目首次参与排名，就取得了令人十分振奋的结果。

千辛万苦也不停步

作为国内推进国际化办学的先锋，汇丰商学院碰到的麻烦和坎坷自然更多，尤其在早期。这些麻烦和坎坷不仅来自外部，也来自内部，不仅涉及观念上的不同，而且更多体现在具体事情的处理上。

首先是观念上存在差异。商学院确定国际化办学的定位之后，大家在大方向上目标一致，但在如何推进的观念上常有小冲突。比如，国际化存不存在

"中国特色"问题?有人认为,这是在中国搞国际化,自然要有中国本土特色,不能照搬国外做法;也有人认为,国际化就是国际化,"中国特色"不用强调,一旦强调本土特色,就是变味的国际化。

汇丰商学院有那么多人,观念上有些不同也很正常。最让办学者苦恼的是,操作层面上经常碰到各种麻烦、冲突,无法回避,必须去面对和解决。比如在聘请外国教师方面。每年学院领导不远万里跑到国外去招聘,奔波劳累自不用说,聘来外国教师,还意味着有一大堆问题等着你去解决。先要跟公安局打交道。工作人员去找深圳公安部门,他们第一次碰到这种情况,于是就说:你们北大是北京公安管,我们管不了。于是又去北京市公安部门,办公人员又说:你们人不在北京,我们怎么管?只好再折回深圳,说了一堆好话,结果还不错,同意接收。

外教都是博士毕业,多数已经成家。他们很安心来这里教书育人,于是把家也迁到了深圳。孩子要读书吧,上国际学校?一年没有10万元学费免谈。一位韩国老师有两个孩子,学费一年就要20多万元,直喊太贵。若去附近中国孩子上的学校,他们又不懂中文。这种实际困难,该怎么帮他们解决?

中国农民工进城,那时候社保都是麻烦事,外国人交社保就更不用说了。如果离开汇丰商学院回国,交了的社保怎么办?按照当时的政策,退吧,不准;转回自己的国家,不能;干脆就不买,那更不行,堂堂北大汇丰,怎么能不给员工交社保?外教经常满世界跑,交了中国社保又不能让他们在世界各地享受福利保障,因此,他们对我们的做法很不理解。

和聘中国人相比,这样多出来的麻烦事很多。另外,由于观念、习俗和文化上的不同,日常工作中外教管理成本非常高,磨合需要时间,所以难免会产生一些冲突。

老外比较"认死理",还经常拿国际高校的做法来比较。这虽然能够不断促进管理水平提升,但很多东西是汇丰商学院无法自主改变的,整个社会大环境不变,让商学院这个"国际化孤岛"支撑起来很艰难。

就拿开会来说吧,中国临时通知的会太多,大家习以为常。但外教对这一套根本不理解,更不接受。一些外教反映:他们在国外某某高校工作时,开会至少提前几周告知，你们这儿临时通知的会太多，我们是否有权拒绝参加？商学院于是尽量改正，自己的会议尽量提前通知。但遇到上级临时通知开会怎么办，他们左右不了。

一所新创立的商学院，有些管理措施还不稳定，需要做动态调整，中国人认为很自然。外教认为这是不按规矩办事，为何原来定好的东西要改变？怎么改变时也没有提前告知？

很多外教性格直率，说话直接，而且眼里没有什么权威。遇到问题，他们经常直接向海闻反映，而且口气毫不客气。一次，一位老外发现厕所没有厕纸，马上给海闻发邮件说：这是第二次提这种意见了，怎么还不改？商学院管理水平太差了！遇到这种提意见的方式，一点儿不生气是不可能的。以海闻的资历和地位，中国老师没有人会用这种方式跟他说话。对这些外教，海闻只好通过邮件反复沟通，邮件说服不了，就见面谈。

有朋友曾经劝海闻，不要请那么多外教："你看香港的大学里，外国老师都没有你们多，就是因为管理成本高，还是多请留学海外的华人吧。"朋友体谅海闻，但海闻当时却没有采纳朋友的意见。虽然都是国外大学博士毕业，但华人和外教毕竟生活背景不一样，当教师的效果肯定也不一样。

很多人因此跟海闻说：你们这样大刀阔斧推进国际化，是不是有点儿"自讨烦恼"？海闻点点头，一开始他就清楚这条路不会一帆风顺。

2014年，汇丰商学院成立10周年时，国际化已经卓有成效。如果用国际上常用的几个指标来"测评"一下，在国内商学院中，他们国际化的总体水平位列前茅，其中全日制硕士项目当属第一。

在已经取得的巨大成绩面前，还需要再迎难而上吗，推进国际化的脚步是不是适可而止？2014年笔者访谈海闻时，他异常坚定地表示："既不能害怕困难，也不能有点成绩就自满，国际化是一场没有终点的征程。"

英国飞来一个好消息

创院10周年是一个重要的时间节点,当时海闻他们没有选择躺在已有的成绩上,而是一直寻求在既有国际化基础上有大的突破,升级商学院的国际化水平,2016年,机会终于来了。

作为中国留美经济学会的创始人之一,海闻曾经担任三届理事和一届会长。2016年4月,他参加在加州大学举办的中国留美经济学会年会时,见到了许多在欧美高校任教的朋友,包括在英国布鲁内尔大学担任经济与金融系主任的刘芍佳。这位经济学教授曾在CCER做过访问学者,两人是老朋友了。海闻习惯性地拿出北大汇丰招收留学生的介绍材料,请他帮忙在英国高校做些推广,刘芍佳欣然应允。

回到英国以后,刘芍佳与海闻保持着联系。此时的刘芍佳对英国的房地产市场较为关注,于是他建议汇丰商学院可以考虑在英国牛津买个房子,设立一个办公室。海闻对此很感兴趣。英国作为高度发达的经济和政治强国,同时也是高教大国和强国,这里有世界最古老和最知名的高校,优质大学密度世界第一。"如果我们能在这样的国家设立一个办公室,对推进国际化意义非同一般!"海闻开始构思他的走出去战略。

"像哈佛大学、斯坦福大学、芝加哥大学等国际知名大学,在中国都设有中心,这种中心不只是充当'招生办'角色,还可以做各方面的联络工作。我们最初的构想也是在海外设中心,方便进行国际招生和交流。"海闻回忆说,当时他就对刘芍佳说:"好啊,有什么合适的房产就发给我看看。"

刘芍佳办事很认真,不时地给海闻发房产信息,有办公楼、庄园、私宅,海闻看完觉得都不是特别理想。终于在2016年9月上旬的一天,刘芍佳告诉他:"英国开放大学牛津校区的校园要卖,占地面积6万多平方米,位置就在牛津市附近,你有兴趣吗?"

听说是一个校园，一下子激发了海闻外出办学的念头，但他深知异国办学的不易，他立即询问了刘芍佳两个关键问题：购买校园需要多少钱？英国政府对外国学校在英办学的政策是什么？

"购置这个校园估计要 1000 万英镑左右。"刘芍佳对英国房产价格很了解。

"对外国高校来英国办学，英国是开放的，但需要有 50% 以上的课程在本国完成。"刘芍佳经过了解后回答。

听到两个关键问题的答案，海闻心里更高兴了，他想，这么大的面积，按照当时汇率价格不到人民币 9000 万元，对比国内一线城市房价算是很便宜了。至于当地办学政策也算是比较宽松的，如果招留学生硕士，学制就两年，第一年放在英国，第二年放在国内，安排起来也不难。

走出国门办学，在国内高校是一件破天荒的大事，海闻很清楚办事规则，这事必须首先得到学校主要领导同意。幸运的是，时任北大校长正是当年动员他到深圳工作的林建华。

2016 年 9 月下旬，林建华要去美国芝加哥参加第七届北大北美校友代表大会，海闻陪同出访，他希望借此机会向林建华详细报告通过购买校区走出去发展的战略，当然，也顺便在他熟悉的北美校友会为学院招收留学生做些推广。

就这样，与林建华一起赴美参加活动的过程中，无论是在飞机上还是在活动间隙，海闻都抓住一切机会阐述自己的计划。他把英国开放大学校园的照片拿给林建华看，表示购买房产的钱汇丰商学院自己出，买下来作为北大和汇丰商学院在英国的校区。林建华对海闻的事业心和能力非常清楚，也十分信任他，了解他的宏大设想之后，果断表态："好，你去干吧！"

得到了校长的支持，海闻做事更有底气了，他加紧了购买校区的准备工作。学院马上成立购买校区工作小组，海闻任组长，组员包括刘芍佳和负责行政和财务的副院长李志义。刘芍佳牛津大学博士毕业，在牛津地区工作生活了 30 多年，对当地情况比较熟悉。他接受委托后，很快找到当地物业评估公司、普华永道会计师事务所等机构，聘请他们尽调正在拍卖的校舍情况，处理相关法律和财务问题。同时，工作小组与所聘机构一起精心准备了标书。

"之所以聘请当地的人和机构来做这件事,是因为他们熟悉情况、熟悉规则,这也是国际跨国公司做事的惯例。"海闻说,效果很快显现出来,10月28日第一轮竞标结果公布,几十个买家中有4家胜出进入第二轮竞标,北大汇丰是其中之一。

第一轮是初步筛选,第二轮才是决赛,胜出者就可以获得购买资格,当然,如果胜出后放弃购买也必须承担相应的罚款。因此,在第二轮竞标之前,海闻决定与李志义一道,亲自飞一趟英国实地考察。

11月8日,两人飞抵伦敦,马上驱车去牛津市西南的英国开放大学校园。校园北部有三座英伦风格的建筑,总建筑面积达3700平方米,仍在使用状态。工作人员介绍,这些建筑里共有40多个办公室、5个教室、1个图书阅览室、2个集会大厅、2个能够各容纳10多个行政人员的办公大厅,还有收发室、机房、锅炉房和地下储存室等配套设施。

海闻边看边想,除了建筑面积小了点、没有宿舍,房屋结构良好,功能上基本可以满足小规模办学的需要。看完室内,他们又来到屋外,这里绿草如茵,树木葱茏,南面居然还有一个水波激滟的小湖,鸟儿在湖面嬉戏。另外,校区里有塔楼,爬上去可以远眺牛津市城区。这些景物和建筑让人马上想到北大的未名湖和博雅塔,这里虽然面积比燕园小许多,但也有"一湖一塔",两者是何等的相似。

"这么优美、宁静的一块地方,真是难得的办学胜地!"海闻越看心里越喜欢,脑海里仿佛出现一幅美丽图景:教室里、草坪上、小湖边,到处是北大学子的身影。

"这座校园始建于1880年,20世纪初被伯克利八世伯爵收购并改造,1976年被英国开放大学收购改造成牛津校区,很有历史价值。"刘芍佳告诉海闻,英国这类建筑都有详细的档案记录,学院聘请的物业评估公司已调查得清清楚楚。"校园交通非常方便,距牛津市中心五六公里,15分钟就到了,距离伦敦90多公里。"

牛津大学就在牛津市,是世界上现存第二古老的高等教育机构,有档案记载的最早授课时间是公元1096年。漫长的历史里,学校培养了无数杰出人才，使它成为世界公认的最顶尖高校之一。在牛津期间，海闻利用考察开放大学校园间隙，拜访了牛津大学副校长。牛津大学之于英国，恰如北京大学之于中国，两者都是各自国家高等教育的先驱，都是所在民族的精神家园。他想，如果这次收购成功，能与这所千年大学同处于一地，毗邻而居，那是多么有意义的事情。

在牛津期间，刘芍佳还带着海闻去看了另外几处房产，虽然也很漂亮幽静，但与开放大学校园对比之后，这些地方已不在海闻考虑的范围之内了。

北大给出强有力的支持

牛津考察结束，海闻坚定了要拿下这座校园的决心，他深知，这样的机会千载难逢，一旦失去，不知何年何月才能再次碰到。因此，15日上午一回到北京，他就把详细情况跟林建华校长报告了。林建华校长听完同样兴奋，马上安排在下午召开的校长办公会上，让海闻做汇报。

虽然林建华校长之前已口头上原则同意，但那毕竟不是正式的组织意见。海闻深知这次汇报讨论的重要性，事情能否去做将在会上拍板。他不顾旅途劳累，立即亲自准备PPT，内容翔实，图文并茂，包括项目意义、可行性分析、筹备过程、办学设想和需要学校批准的事项等。

在15日下午校长办公会的汇报中，海闻首先阐述了此事的意义：如果成功走出国门到英国办学，北大将引领中国高校走向世界，尤其可以在发达国家主流社会培养北大校友，促进中国与英国和欧洲在教育、经济、金融等领域交流合作，扩大北大和中国在这些国家的影响。

在分析可行性、介绍筹备过程后，海闻提出："有四点需要学校给出明确意见：一，是否同意汇丰商学院到英国去招生办学？二，是否同意在英国牛津注册一个公司（PHBS Oxford 或 PKU Oxford）用于购买校园和今后办学的法人单位？三，是否同意设立该机构的理事会来管理牛津校区，并确认理事会的组

成原则？四，是否同意汇丰商学院用自有资金在英国牛津购买土地校舍？"这几点实际上是一揽子计划，要把这事做成，任何一项都不能缺少。

"从我们现在所做的准备和所具有的优势来看，校园购买成功的可能性很大，我们也志在必得，但最后究竟花落谁家，也存在很多变数。"在汇报发言的最后，海闻实事求是地说。

海闻汇报完，大家开始讨论。过程中绝大多数人都非常支持，也有个别人看法不同。

管财务的相关领导觉得此事不可行："我们作为教育机构是不可能在境外购买土地房产的，最近国家对用于对外投资的外汇的管理也更加严格了。"的确，当时尚无高校在境外购置过校舍，海闻对相关政策也不了解。

此时，林建华校长发话了："我们今天主要讨论同不同意他们去做，至于钱最终能不能出去不用我们管，按照国家政策办就行。"

"你们现在商学院大楼面积多大？"一位领导问道。

"6万平方米。"海闻回答，知道对方话中有话。

"你们要买的校区房屋建筑面积只有区区3000多平方米，这么小能干什么？"对方果然追问。

"校区空地很多，以后还可以再盖。另外，那里不可能是所有设施都非常完备的大校园，也不会招收那么多学生。"海闻说，他在牛津曾找当地建造学生宿舍的专业顾问讨论了今后校区改造的设想。

接着，另一位领导问："美国有一个华人愿意把他们的一个学院捐给北大，你们为什么不考虑去那里办学？"对于这件事，海闻也有所了解，他解释了不去的主要原因，包括学院所在地比较偏僻，离主要城市比较远，不如在牛津影响大；该学院要求保留原有教职工，在财务负担和行政管理上都有很大挑战等。

几番讨论下来，虽然还有一些疑问，但在海闻的详细说明下，大家逐渐达成了共识：此举意义重大，操作上可行，应予支持。会议同意海闻提出的四点要求，并批准汇丰商学院正式参与投标。

会上，大家也提出了一些建议，针对住宿、医疗、交通、财务等具体问题，要求海闻进行补充后，在学校的党委常委会上再汇报一次。

11月22日，北京大学召开第909次校长办公会和第十二届党委第194次常委会，就汇丰商学院英国牛津购置校区、创办北大汇丰牛津校区的具体事宜进行深入讨论和决策。

由于前面已经开过一次会，海外办学的意义得到一致认可，一些有关办学的具体问题很快就通过了。但是，究竟由谁出资购置校园的问题，会议反复进行了讨论。

"能不能找企业家来购买这个校园捐给学校？"有领导问。

"可能性当然存在，但这么短的时间里要找到这样巨额的捐款者并不容易。"当过北大教育基金会秘书长的海闻深知募捐工作的不易，尤其在已经决定参与最终投标后再去找捐赠者基本上是不可能的。

事实上，在一开始考虑在牛津购置校园时，海闻就想到了找企业家捐赠。谈了几位企业家，大家都表示支持，但一下子捐这么多钱也是需要慎重考虑的。不过，有企业家愿意并同意买下来跟学校合作办学。因此，海闻心里有底：如果学校实在不同意汇丰商学院出资购买，或汇丰商学院的资金实在出不去，那么至少可以请企业家将校园买下来，学院租用或者合作。

"在说到钱的问题上，我们从来就没有考虑让学校出，一是学校经费有限，二是批准程序复杂。汇丰商学院通过十几年办学，加上近年来企业家和校友的捐赠，购置牛津校区的资金还是足够的。所以，我们当时主要讨论的是由汇丰商学院出资，还是请企业家出资。"海闻回忆当时的情况时说。

会上，海闻的意见非常明确：只要学院的钱出得去，最好是学校买，因为办学需要有自己稳定的校园，租用别人的地方办学不是长久之计。

这时候校党委书记朱善璐问："如果我们出钱买下来，是否拥有永久产权？"海闻回答："当然是，包括土地所有权等在内的完全产权，英国没有70年的期限。"听完海闻的回答，大家表示还是自己出钱好。

会议结束后，北大党政联席会议正式出台了《关于创办北京大学牛津中心和北京大学汇丰商学院牛津校区的决定》，从此，这不仅让北大汇丰去英国购买校区有了书面依据，而且在后来遭遇一场大风波时海闻也能淡定自若。

海闻这边争取学校层面的正式批准，那边同时与英国的刘芍佳紧张而周密地谋划第二次竞标，一环扣一环。

英国这类房产出售方式与国内普遍做法很不相同，不是公开拍卖，也不是明标，而是采用暗标形式。"如果以拍卖方式出售，操作起来比较简单，价高者得。现在是暗标，购买方各自递交标书之后，出售方考虑的第一位因素当然还是价格，但此外还会综合考虑其他因素，价高者不一定能得。"海闻分析说，"最主要的，因为是暗标，我们根本不知竞争对手的出价。这种情况下要想胜出，应对策略就非常重要。"

其一，当然是出价。出什么价格适合，要征求物业中介的意见。英国人非常重视历史，物业交易情况会记录在案。中介在给出价格建议之前，会认真查阅该物业档案，并参考附近物业市场走势进行综合评估。

"像这类竞标，第一轮大家不会报太高价，因为你报高之后，可能暴露底牌，还会抬高第二轮出价。第一轮中介给出的评估价是700万至760万英镑，我们就是按这个区间报价的。到了第二轮最终对决就不一样了，大家都会加价，尤其是志在必得的买家。"刘芍佳说。

考虑到北大是一家外国机构，又是从事教育事业的，而竞争对手中可能不乏富豪或当地企业，在出价上可能具有优势，为了确保竞标成功，经与中介讨论分析后，汇丰商学院第二轮的最终报价为881万英镑。

其二，购买之后究竟用来做什么很重要。"我们明确表示不改变原建筑用途，继续用来办学，这对卖方来说，会产生好感。"海闻说，"卖方是一所高校，办学上也是行家里手，所以标书中关于办学方面的内容我们写得非常用心：介绍了北大的优势，展示了清晰的办学思路，还说到了对当地经济和社会文化发展会起到怎样的贡献等。"

此外，还必须打消卖方的一些顾虑。在这一点上海闻和刘芍佳考虑得极其周到，有两件事后来看起来可谓精彩至极。

第一件事是，这次是以商学院名义出面购买，而不是北京大学。海闻敏锐地意识到，卖方会不会怀疑一所学院的经济实力和学校对此事的支持力度？经济实力很好证实，提供学院银行资金证明就解决了，上面的数字一清二楚。"请校长写一封信，突出学校的支持态度。"海闻灵机一动，马上把这个想法告诉林建华，林校长当即答应。

林建华在信中表示北大始终不渝推进国际化，作为北大校长，他坚定支持汇丰商学院参与牛津校区的投标，如果竞标成功，将成为北大国际化进程中的一个里程碑。"这封信高屋建瓴，言简意赅，放在标书里面作用很大。"海闻很感谢林建华在此事上的鼎力支持。

第二件事是提前对物业做了尽调。刘芍佳介绍，购买这么大的物业，英国人都会请专业机构对物业情况做尽职调查，时间一般是在中标之后。尽调如果发现有问题，可以跟卖方在竞标出价的基础上讨价还价。"我们在竞标前就把这事做妥了，相当于明确告诉卖方，标书出价在中标之后不会再出现降低的情况。"刘芍佳说，这件事让卖方消除了对最终价格不确定性的担忧。

击败三大劲敌成功中标

英国当地时间2016年11月18日中午12点，是递交标书的截止时间。在这之前，汇丰商学院标书经过多次修改完善，早已定稿，就等18日上午递交。拖到最后一刻，主要是担心价格底牌被泄密，虽然这种情况几乎不可能出现，但是要以防万一。

"上午十一点半我修改好标书，又过了15分钟用邮件传给了中介，让中介递交卖方。"刘芍佳说，时间点卡得非常好。

随后几天，没有任何这次招标的信息传出。究竟会花落谁家？海闻和刘芍佳都在焦急地等待。北大汇丰的招标材料虽然已经考虑了所有因素，尽量做到完美，但你又怎能保证其他对手不会有什么奇招，让卖方怦然心动呢。北大汇丰毕竟是第一次去国际市场参加这样的投标，能成功吗？如果竞标失败，无论是对个人还是北大，都是一个永远的痛。

11月22日晚上，一个好消息终于传到海闻这里：北大汇丰商学院中标了！大家欣喜若狂，中国高教史上具有里程碑意义的一件事终于办成功了！

这件事在开标前有关方面严守秘密，不会透露有哪几家参与。中标之后，刘芍佳跟卖方人员接触时打听到，其他三家中有两家是牛津大学下面的资深学院，报价800万英镑。还有一家是中东富豪，报价1000万英镑。

"牛津的两个学院认为自己牌子够大，又是近水楼台，优势明显，买这样一个校园如囊中取物，所以就按照常规做法报价，输在了价格上。中东富豪报的价格很高，财大气粗，但他附加了很多条件，而且要改变物业的用途，因此被卖方否了。"刘芍佳分析说，"了解到这些情况，我们都非常庆幸之前工作做得细致周到，否则就会败给牛津的学院。"

后来一位专门从事海外并购的专业人士，知道北大汇丰收购牛津校区后非常惊讶：很多中国企业海外并购都失败了，想不到这些大学校园里的教授们从没干过这种事，居然第一次海外并购就成功了，不可思议！

当听海闻讲完收购的故事，这位专业人士分析说，这是一个经典的国际并购案例，其成功的关键因素有两点：第一，标书做得好。中国很多人认为，海外并购只要我出钱多就行，不太了解老外们在钱之外，也很关心你来干什么，对当地社会能做出什么样贡献。北大汇丰这件事，海闻亲自把控标书，把老外关心的事都写清楚了，同时展示了实力和诚意。

第二，聘当地的机构和人来做事。很多国人对国外情况不了解，走出国门后又不敢用当地的机构和人，或者被迫用了也不信任对方，这样很难做好事情。海闻有十几年美国留学和工作的经历，回国后在国际化办学中经常进行国际交往，熟悉在海外办事的方式方法。他从一开始就在当地聘请了知名机构，以及谙熟情况的华人教授。

这件事"破了天荒"

中标之后，马上又面临一个大问题：必须按规定时间付款，否则构成违约，后果严重。于是，工作重心立即转向付款环节。

要成功付款，必须立即解决两个问题：一是要在英国银行开设账号；二是要获得中国政府有关部门批准将钱汇出去。

因为严格的反洗钱规定，外国机构在英国开设一个账号手续繁多，起码要3个月的审核过程，耗时很长。在找中国银行开办无果之后，海闻自然想到了老朋友汇丰银行。他找到汇丰高层，对方很支持，安排走"绿色通道"，以最快的速度走审批流程，在不少程序上时间压缩至少一半。

"但最后一个环节卡住了我们，牛津校区设立了理事会，按照规定理事会成员必须到现场，在汇丰银行员工见证下签字确认有关文件。"李志义说，理事会一共7人，只有1人在牛津，其余都在北京和深圳。如果全部到牛津去签字，不仅成本高，耽误时间，操作起来也很困难，这些理事都是大忙人。

但这项程序又是法律规定的，必须遵守。李志义说，双方经过反复磋商，最后找到了妥善的解决办法。理事们来到汇丰深圳银行，由汇丰深圳银行的员工见证签字，全程录像，然后和签字文件一起通过内部渠道呈送到英国那边。这样既节省了时间，又符合了规定，账号开设成功。

汇丰商学院要把购房款汇到英国账号，国内的程序也非常严格和复杂。好在学院财务管理在北大深研院，北大深研院是深圳市财政拨款的事业单位，对外汇款只需要深圳市批准即可，不需要到北京，也不需要上报中央有关部门。

然而，时间紧迫。即使在深圳，如果一级级往上申请，正常程序要拖得很长，最终还不一定能办下来。为了加快审批进度，海闻直接与时任市长许勤联系汇报情况，许勤听完介绍说是大好事，深圳市政府应当支持，当即安排第二天开早餐会协调解决。

早餐会上，许勤出席，分管副市长参加，市发展改革委、市经信委、市国资委、市财政局的主要负责人全部到场。海闻介绍完情况，大家的第一反应是这事很有意义，但汇钱有点难。企业出国经营往外汇款的很多，很正常，可政府部门和事业单位出国购置物业从未遇到过。于是大家开始讨论各种解决方案。

"北大汇丰走出去办学，既然意义重大，我们就要大力支持，以改革的思维特事特办。万一其他路走不通，是不是可以考虑让深圳的国企先买下来，给

北大来用。另外，高校是高级人才汇聚之地，深圳市正在世界各地建创新中心，是不是考虑让北大牛津校区加挂'深圳市英国创新中心'牌子，这样可以发挥更大作用。"许勤表态说，好事一定要办好。其他几位领导听完，都表示一定想办法把事办成。大家都这么支持，海闻听完非常感动。

按照正常程序，先要由市发展改革委立项，然后经信委颁发境外投资证书，最后外管局才能批出外汇额度。早餐会结束后，海闻趁热打铁，让李志义尽快约好时间去市发展改革委。

"约好了时间，本来我准备带财务处负责人去办，让海老师不要再辛苦跑了，但他坚持要一起去。"李志义说，到了市发展改革委会议室，办事的处长很热情，但听完介绍面露难色，说从未碰到过这种事情。不过，这位处长还是挺灵活，说就按国有企业境外投资来办吧，这是唯一可参考的做法。他拿出几张表格说，按照程序第一步要董事会批准。海闻一看那张表，果然上面有"董事会意见"一栏。

"我们是大学，没有董事会怎么办？"海闻问。

"那不行。"处长回答。

"我们最高的决策层是党政联席会，某种角度来说相当于企业的董事会，可不可以用它来代替董事会？"海闻问。

"这个我说了不算，还需要研究。"处长回答。

"那这事谁能说了算？我们现在就去找他。"海闻说话很急，因为英国那边交款日期一天天逼近，他非常担心时间在研究中被耽误了。

"那好吧，你们就先填党政联席会意见。"听海闻说完，处长不再说别的。

谈起当时的情景，李志义很佩服海闻，只有他能够有那种办事的气势。"海院长亲自去有先见之明，他知道具体办事的处长很关键，稍微懈怠一点，结果可能就不一样了。"李志义说。

学院后来在准备材料时，得到了市发展改革委的大力支持，很多表格学院不知道怎么填，他们就手把手教。学院把准备的所有材料一递到深圳市统一的办文窗口，市发展改革委就直接从窗口提走去办理审批。审批完成马上下发了《项目备案通知书》，批准用于购买校区和后期运营的外汇额度共计 2000 万美元，这是在深圳市权限内可批准的最高限额。

到 2017 年 1 月初，付款的所有手续终于办妥。1 月 19 日，英国当地银行账号开通，紧接着第二天，第一笔购房款就汇向英国。至此，购买牛津校区的两大关键事项，中标和付款终于顺利完成。

"之所以能够成功完成付款，除了海老师有力推进，还应该感谢深圳市。"李志义说，国家对外汇和国有资产管理都很严格，如果放在有些地方，因为怕冒风险，碰到之前没做过的事很可能就放下不做了。但深圳市是改革开放前沿，敢为天下先，勇于尝试新事物，支持干事创业。

还有一点，因为深圳市是计划单列市，外汇审批的权限比较大，如果是一般省会城市，最多只能批 500 万美元，超过这个数要到中央批，那样就要增加更多流程，肯定无法在规定时间内付款。"现在，我们在前面做了，就为后面类似的事蹚出一条路子，很多人认为这个案例是成功的示范。"李志义说。

刘芍佳接受访谈时曾透露一个秘密，国内某知名商学院的院长与北大汇丰几乎同时知道牛津校区出售的信息，那位院长也非常敏锐，认为是极其难得的机会，很希望买下来办学。但他没办法说服校长，最后只能眼睁睁地放弃。"海闻不但想法领先，而且人脉广泛，执行力极强，一般学者无法与之相比。"刘芍佳感慨地说，从动议到收购成功，中间需要闯的"关卡"太多了。

在准备竞标的过程中，很多热心的企业家，尤其是 EMBA 校友就表示，要为北大汇丰跨出的"历史性一步"捐款助力。中标之后，海闻专门把他们邀请到学院大楼介绍情况，并提出组建北大汇丰牛津校区校董会的设想，得到积极响应。在较短时间内，31 位校友共捐赠 3900 万元支持牛津校区建设。其中薛景霞捐款 500 万元，梁兵、周南、张译丹、唐征宇、吴启权和张权各捐款 200 万元。他们不仅是成功的企业家，而且是富有社会责任感的慈善家。

2018 年 1 月 13 日，北大汇丰牛津校区首届校董会正式成立。此后，每年举办一次会议，校董们听取和审议院长对牛津校区的工作报告，对校区建设建言献策。北大汇丰党委办公室院长办公室主任彭雨露介绍，牛津校区把所有校董的大幅照片，挂在最常用的一间会议室墙上，以示褒扬。校董们都感到能为校区建设做点贡献，是莫大的荣耀。2023 年年底，第一届校董会任期结束，接着成立了第二届校董会，有18名校友参加，共捐款2000多万元。

2017年5月15日，校区交接仪式举行，海闻从英国开放大学资产财务管理副校长多里安·霍洛韦（Dorian Holloway）手里接过钥匙，北大汇丰商学院牛津校区正式启动（图3.4）。50多位中英嘉宾以及北大全英校友会代表参加仪式，见证了北京大学走向世界的历史性时刻。

图3.4　2017年5月15日，海闻教授从英国开放大学副校长多里安·霍洛韦手里接过校区钥匙

意想不到的风雨

北大汇丰成功购买牛津校区，各方面反响都非常正面，但想不到仍然有人写举报信。有的说海闻用公款在海外购买庄园，要建立自己的独立王国，有的说购买过程里面有国有资产流失。举报信不仅寄到了北大本部，还寄到了教

育部等国家机关。

2017年8月，海闻收到上级纪检部门来函，要求对举报的问题如实说明。海闻立即回信，在陈述了购置校园的整个过程和校区的治理结构后，他毫不客气地写道："北京大学汇丰商学院在英国牛津购置校舍，在发达国家创办校区招生办学，本是北京大学引领高等教育发展和中国高校走向世界的历史创举，是体现习近平主席'四个自信'，尤其是理论自信和文化自信的具体实践。这样的大事，怎么可能不经过组织程序审批？如没有获批在国家严格管理下又怎能将公款汇出境外？……北京大学汇丰商学院以及北大汇丰商学院英国校区都是国家的教育机构，都有完善的组织治理架构，说成'海闻的独立王国'纯属无知之说，无稽之谈。"与此同时，有关部门认为北大在英国购置校园"违规"，需要整改。

一时"汇丰商学院和海闻要出事了"的流言，在深研院和北大本部盛传开来。风声鹤唳下，气氛十分紧张。当初支持购买校区的人，有的态度马上180度大转弯，想办法与这事划清界限。

为了查出真相，学校向北大深研院派出调查组。也许是害怕"打草惊蛇"，调查组一直没跟海闻接触，却把深研院领导和海闻周围的人叫去问了个遍。海闻身正不怕影子斜，获悉此事后，他主动问调查组领导："购买牛津校区是我一手操办，请你们明确告诉我究竟有哪些问题，在什么方面违规？"

海闻主动这么一问，调查组负责人就提出了三个问题：第一，为什么没有报财政部批准？第二，为什么没有报教育部批准？第三，为什么北大汇丰牛津校区在英国注册的是一个私人机构？三个问题中的任何一个都是大问题，如果属实都要面临严肃的处理。

听完三大问题，海闻一下子想笑出声来，这完全是一场误会。他马上就给出答案："第一，我们是深圳市财政拨款单位，跟北大本部不一样，深圳市批准就行，不需要报财政部。第二，此事我们按程序上报学校，并通过了北大党政联席会的批准。北大也咨询过教育部，教育部对海外办学原则上是支持的。而且我们目前只是购买校园，教育部管的是办学，我们还没办学，还没有到需要教育部批准的时候。第三，在英国只有政府和上市公司叫public（公共的），其余的都是 private（私人的），我们既不属政府也不属上市公司，所以只能注册成 private。"

海闻对调查组说，我们来写个书面报告给有关部门进行解释，如果上面还不认同，我们再来讨论整改，如何？调查组负责人表示同意。

"我在报告中重点突出了三层意思：第一，程序上没有任何问题，没有任何违规行为；第二，国有资产没有流失，产权证上写得很清楚，属于北京大学的财产，不是私人产权；第三，设置好了风险防控，牛津校区的财务由深圳校区监管，较大额度的支出都要有深圳这边批准同意才行。"海闻说，报告和相关证明材料呈交上去之后，来北大检查的有关部门从整改清单中取消了这一条，从此再也不提此事。事情平息后，流言也就不攻自破了。

作为曾经的北大副校长，海闻有很强的组织观念和丰富的行政经验。购买牛津校区虽然时间紧张，但所有组织程序一个没少，即使在深研院和北大汇丰内部也是如此。比如早在 2016 年夏天就开始"走程序"：8 月 18 日学院召开的战略会议上，海闻提出要创办国际校区；当月 31 日召开院长办公会，决定启动建设国际化校区工作，由海闻院长具体推进此事；10 月 18 日学院咨询委员会开会，充分肯定去英国购买校区的计划；11 月 16 日深研院党政联席会议同意汇丰商学院购买牛津校区。

购买校区不仅引来了流言蜚语和上面来人调查，还引起了英国媒体和牛津大学一些人的关注。英国主流媒体都进行了报道，英国广播公司（BBC）首先报道"北京大学在牛津建立了一个校区"，随后其他媒体也纷纷报道。英国《泰晤士报》（The Times）报道的标题是"中国人出价超过牛津大学，创建竞争对手的商学院"。同时，也有人在网上留言，质疑北大在牛津办学是否想"蹭牛津的名头"等。

不久，北京大学收到了牛津大学的律师函，声称"牛津"（Oxford）是牛津大学的专属名称，北京大学使用"牛津"一词侵犯了牛津大学的权利。

牛津大学的律师函提出了三点要求：第一，校区名不能有"牛津"；第二，撤销所有带有中英文"牛津"字样的有关校区的新闻报道；第三，北大出具一份由校长签署的函保证今后不再使用"牛津"。

北大校办和国际合作部的同事们收到邮件后都非常气愤，觉得牛津大学的律师太过分。牛津本身只是一个地名，在牛津市的很多公司、商店机构，甚至学校也都带有"牛津"这个词，如牛津市布鲁克斯大学（Oxford Brooks University）、英孚学校牛津校区（EF Academy Oxford）。

北大汇丰牛津校区在当地注册时也明确说明是教育科研机构，所以在法律上应该是没有问题的。校长林建华收到牛津大学的律师函后就把海闻叫到办公室说："你去处理吧。"海闻阅后也很生气，召集了有关部门商量对策，有人说我们不改，不行就打官司。也有人说，在牛津跟牛津大学打官司，先不说费用多少，胜算又有多少？此时，海闻已经冷静，认真考虑了一下后决定不打官司，不激化矛盾，主动退一步海阔天空，把"牛津校区"名称改成"英国校区（PHBS UK）"，毕竟两校已成邻居，今后抬头不见低头见，还希望与牛津大学有更多的交流合作呢。

随后，海闻布置工作，安排人员分别修改了校区的注册名称和银行账号，将所有宣传材料中的"牛津（Oxford）"改为"英国（UK）"，同时写信给牛津大学律师说明了情况。对于他们的第三点要求，海闻在信中表示不同意。"我们又没做错什么事，不需要给出任何承诺。"海闻说。牛津方面看到了北大的诚意，也就不再说什么了。

做事不易，做有突破性的大事更加不易，风生水起的同时，也要忍受一些风风雨雨。

中国高校历史性的一步

2018年3月25日，北大汇丰英国校区高朋满座，嘉宾云集，北京大学120周年校庆海外庆典暨北大汇丰商学院英国校区启动仪式在这里举行。林建华校长、汇丰集团常务总监奎因（Noel Quinn）、谢菲尔德大学校长基思·伯内特（Keith Burnent）等中英两国教育界、政界、工商界人士共400多人出席，海闻非常自豪地主持了整个仪式。

就在之前的3月23日,一个有众多中英学术大咖出席的高规格研讨会为这场庆典拉开了序幕。学术研讨会包括牛津大学约翰·格登爵士(Sir John Gurdon)和北大汇丰萨金特数量经济与金融研究所所长托马斯·萨金特两位诺奖获得者的学术演讲,以及中英两国杰出学者的四场专题学术论坛,主题涵盖国际关系、经济金融、人文历史、科学技术等多个领域,充分体现了北大的学科建设成就和国际学术影响力。

庆典活动中,还举行了"北京大学校徽"揭幕仪式,以及体现北大"思想自由、兼容并包"传统、悠久深厚学术底蕴的"鲁班锁"雕塑和由海闻教授题写"聚力奋进"字样的英国校区创始校董纪念碑的落成揭幕仪式。在一个完完全全英国风格的校园里,这些装饰物瞬间增添了鲜明的北大和中国的元素。

120周年,中国人眼中的两个甲子,前后跨越三个世纪,在这样特殊的历史节点,北大在中国高校中第一个走出国门,创办了中国大学在发达国家自有校园、自主管理、自授学位的海外校区,具有历史性的开拓意义和战略性的持久意义。

时任中国驻英国大使在致辞中说,英国校区正式启用,是送给北大120周年庆典的一份厚重贺礼。他认为有三个重要意义:这是传播中国精神的有益尝试;这是讲好中国故事的崭新舞台;这是深化中英教育合作的重要机遇。他希望中英两国教育界人士登高望远,开拓创新,为两国人文交流添砖加瓦,为中英关系"黄金时代"增光添彩,为建设更加美好的世界贡献力量。

林建华校长在致辞中指出,与民族共命运的北京大学,和国家一同进入了改革发展的新时代,站在了新的历史起点上。在过去的120年,北大以开放包容的姿态,既推动西学东渐,又致力于东学西渐,搭建起中外文明交流互鉴的桥梁。北大在英国办学,这是北大与英国深厚情谊发展的"一小步",也是北大乃至中国高等教育史上的"一大步"。北大希望和更多的兄弟高校一道,担负起高等教育引领时代发展的责任,融通东西方文明,为人类文明的和谐与共同繁荣贡献新智慧,成为国际社会改革发展的参与者和推动者。

1877年5月，严复和其他11名中国青年作为中国第一批海军留学生，经过海上漫长的颠簸，来到英国朴次茅斯港开始留学生涯。两年后，他从伦敦格林威治的皇家海军学院毕业，成为中国近代第一批海军人才。1912年京师大学堂更名为北京大学，严复出任首任校长。这位北大老校长不会想到，在他负笈留英140多年后，北大居然自信地在英国拥有了一座校区，把中国大学办到了世界教育强国，与牛津大学比邻而居。

北大120周年海外庆典放在英国校区，是海闻精心策划的精彩一招。当初为了说服学校党政联席会同意购买房产，他就谈到了在英国校区举办校庆的设想。成功收购后，他马上请北大校长林建华以及党委书记郝平先后赴英国校区考察，最终把庆典事宜确定下来。庆典活动吸引了国内外高教界、媒体界的目光，在英国甚至在全世界范围，都给北大和汇丰商学院做了一个大大的广告，同时也宣传了中国高校的形象。

北大走出历史性的一步，被众多权威媒体广泛报道。既有新华社、《人民日报》《光明日报》、中央电视台、人民网、《财新周刊》《深圳特区报》、凤凰卫视、台湾中天电视等中国媒体，还有BBC、《卫报》(*The Guardian*)、《泰晤士报》、《纽约时报》(*The New York Times*)等国际主流媒体。《卫报》称北京大学是中国顶尖大学之一，北大这一举动显示了中国正在加强和提升顶尖大学在全球的地位。媒体的关注度和报道数量，以及在国内外产生的巨大反响，超出了很多人的想象。

19世纪后半叶开始，外国机构开始来中国创办一批高校，比如燕京大学、圣约翰大学、金陵大学、齐鲁大学、之江大学等，极大地促进了中国现代大学的创建和发展。改革开放后，教育"从西到东输出"的格局仍在继续，英国的诺丁汉大学、利物浦大学和美国纽约大学等，在中国高校实施"引进来"战略背景下，纷纷来中国联合办学。而同时，中国大学走出去步履维艰。北大英国校区的开办，对于改变传统上"从西到东"输出的国际教育格局具有深远的意义，开启教育输出"从东到西"的新起点。因此，国内舆论普遍认为这是"中国高等教育历史上的一个里程碑"，用"史无前例"来形容，在中国高教史上值得大书一笔（3.5为英国校区掠影）。

(a)

(b)

图 3.5　北大汇丰英国校区掠影

让中国高等教育走向世界，是海闻坚定不渝的追求，对此他有十分清晰的想法和路径。他说，"教育国际化的1.0版本"是"派人到国外学"；随着国内体制环境和教育市场走向成熟，办学形式也开始"升级"到"教育国际化的2.0版本，即引进外国学校，到中国合作办学"；"而3.0版本，则是我们到发达国家去办学。"

汇丰商学院为什么能成功跨出历史性的一步到海外办学？海闻接受采访时认为："因为我们国际化办学已经很多年了，自2009年开始，我们就实行全英文教学，我们有相当比重的外籍老师和留学生，从教学到管理，都是国际化标准。现在只是把它拓展到英国去而已，其过程就很自然。"

英国校区大有可为

购买英国校区反响强烈，这给北大汇丰带来动力也带来压力，必须充分用好这块"宝地"。校区启用之后，他们以强烈的使命感立即行动，全力推进各种办学项目落地，开展学术文化交流。即使后来受到新冠疫情、国际关系变化等不利影响，也从未停止前行，校区发展取得可喜成果。

2018年春季，汇丰商学院英国校区迎来了首批48名硕士研究生，开启了他们为期一个模块的学习。此后，MBA、EMBA和EDP各项目都安排了学生去学习，一般10天左右，时间虽短，收获却很丰厚。

新冠疫情防控期间，游学不可避免地受到影响，但全日制硕士国际学生项目一直在运行。防控政策一放开，校区立即恢复了正常。2023年4月下旬，EMBA22班60多位学生来到英国校区。在这里，来自牛津、剑桥的知名教授，给他们精心准备了多个专题课，主题包括"从实验室发现到商业需求""俄乌战争如何影响全球秩序"等。因为文化背景不同，教授们讲课的风格也很不同，内容和观点给人耳目一新的感觉。同学们听完，对科技创新和世界局势等问题有了更深入的认识。

除了在英国校区上课，他们还去周边参观了历史悠久的牛津、剑桥大学，并在剑桥大学的嘉治商学院、国王学院的教室聆听了讲座。很多同学感慨地说，因为有英国校区作为根据地，这样的游学感受和收获都大不一样，虽在异国他乡，"大家就像回到了家一样"。

EMBA22班在英国校区上课期间，做了一件令人感动的事情。在短短几天的时间里，他们发现校区古色古香，自然与人文风景令人着迷，但生活和学习设施上还不够完善，会影响师生们的生活工作。班委当即开会讨论要发动同学们捐款，经过与院领导商议，他们决定捐建一个网球场。结果仅用一个晚上的时间，全班同学就在微信群里众筹了125万元。"为什么是这个数字，因为当时正赶上了北大125周年校庆。"现场见证这场特殊捐款的EMBA项目办公室主任胡笑天说，同学们把学院的事真的当成了自己的事。

"英国校区除了为北大汇丰学生服务，还专门为北大本部学生开设了'暑期学校'，去年首期班共有20多位学生参加。"学院国际办公室主任毛娜介绍说，学院计划将这个项目一直办下去，让更多北大学子从中受益。

北大汇丰还充分利用英国校区，举办各种继续教育培训。英国是现代金融体系发祥地之一，在金融创新方面也走在世界前列，有很多先进的做法和经验。中国建设银行2019年专门委托北大汇丰在英国校区举办高管国际化人才研修班，为期9个月的学习中，有多位英国金融界专家给他们上课，学员们普遍反映，这比单纯在国内的培训收获大了很多。

除了国内学生短期游学，2024年秋季英国校区在全日制硕士教育上取得了突破，迎来了首届37名金融硕士（国际金融管理方向）。该项目整合学院国际化、跨学科的优势和资源，旨在通过"中国+英国""主修+辅修"的培养模式，培养金融领域国际化、复合型、创新型人才。招生标准和方式与学院其他全日制硕士完全一样，学制3年，学生第一学年在英国校区学习，后两年在深圳校区。这个项目对英国校区发展意义重大，让校区有了稳定生源。

除了让国内学生有更多机会去英国学习，国际学生的招生从2018学年就已开始。招收金融和管理学全日制硕士，学制两年，第一年在英国，第二年在深圳。虽然招生人数有限，但每年都在正常进行，而且招生情况逐渐向好。

师资和课程建设是校区发展的关键因素。在师资建设上，北大汇丰从实际出发，一方面从学院外派部分教授去英国校区授课；另一方面充分利用了本地知名高校教授资源丰富的优势，从周围的牛津、剑桥和伦敦大学等高校外聘了一批兼职教授，从而确保校区拥有了一支比较稳定的高水平师资团队。在学院工作了6年的助理教授大卫·兰德，2024年8月去英国校区担任主任助理，他说："我拥有澳大利亚和英国双重国籍，对北大汇丰的工作文化有深入的了解，相信这些独特的条件，让我能够为英国校区的发展做出贡献。"课程建设上，从2018年2月开始至今，已经形成了十分丰富的课程体系，共开设了包括经济、金融、管理、传播类的课程40多门。

2023年1月，英国校区在英国政府高等教育机构正式注册，这标志英国政府正式承认其作为英国高教机构的地位。英国是高教强国，对高教机构有一套严格的评价机制，尤其是对一位"外来者"审查更为严格。这几年北大汇丰为申请注册准备了大量资料，做了大量工作。注册成功说明校区在教学质量、学生保护、学生支持、财务可持续性以及健全的治理和管理方面，达到了英国高等教育署所要求的标准。此后英国学生在这里就读，就有可能享受英国政府发放的助学金或奖学金，这将极大地增加在当地招生的吸引力。

除了办学，英国校区的学术文化交流也丰富多彩。除了校庆这种高规格大型活动，还举办了多届"黉门对话"，以及"比较视角下的国际汉语教学理论与实践""茶文化交流活动"等沙龙活动，为英国学界和民众近距离了解和理解中国经济、金融、文化、制度等提供了特殊平台。校区师生与周边高校联系十分活跃，2018年11月28日晚，3位学生走进著名的牛津辩论社大礼堂，与牛津大学学生以"中国发展模式对其他发展中国家是否最适用？"为题展开了辩论，被牛津辩论社主席斯蒂芬·霍瓦特（Stephen Horvath）评价为："这是牛津辩论社成立200多年来的第一次！"

北大汇丰在英国创办校区，在中国高教界无先例可循，在办学过程中遇到的困难超乎想象。比如，为了提升办学条件，需要对校区进行适当的改造扩建，购买校园手续一办完，他们就找当地企业帮助设计学生宿舍、餐厅等基础设施，向政府申请施工许可。可是花了几年时间，仍然没有获得政府的最后批准，一个更美好的校园只能停留在图纸上。面积不算大的那点改造工程如果放在国内，一年之内就能完全建好。另外，他们一直希望按照国际知名高校的招生标准和方式，在国际上招收中国籍留学生攻读英国校区全日制硕士，颁发北大学位，这方面需求很大，但得不到国内有关部门的同意。

面对困难，海闻他们不折不挠，执着地推进各项工作。这既是为了汇丰商学院和北大，同时也是想为中国高等院校的境外办学探索出一种可以借鉴的模式。笔者采访时，他们正在筹建北京大学汇丰商学院英国校区国际顾问委员会，希望汇聚更多社会资源促进校区发展。

加强与英国高校的合作

购买校区进入英国的同时，海闻就开始谋划与牛津、剑桥这样的世界顶尖高校深度合作。

剑桥大学坐落于英国剑桥郡，这所采用传统学院制的公立研究型大学，是英语世界中第二古老的大学，前身是一个1209年成立的学者协会。800多年的校史长河，群星璀璨，走出了牛顿（Isaac Newton）、狄拉克（Paul Dirac）、霍金（Stephen Hawking）、达尔文（Charles Darwin）、凯恩斯（John Keynes）、图灵（Alan Turing）、拜伦（George Byron）、培根（Francis Bacon）、罗素（Bertrand Russell）、尼赫鲁（Jawaharlal Nehru）、李光耀（Lee Kuan Yew）等一大批科学巨匠、文哲大师和政治家。在中国，著名诗人徐志摩那首脍炙人口的《再别康桥》，让更多人知悉并爱上剑桥这个地方。

2017年11月28日，海闻利用来英国校区工作之际，赴剑桥大学考察并拜访嘉治商学院时任院长克里斯托弗·洛赫（Christoph Loch）教授。"这次见面的开场还有点尴尬。"海闻回忆说，"进入他们办公室时，采访我的记者也扛着摄像机跟了进去。洛赫一看这么兴师动众，很警惕地问是怎么回事。我马上做解释，并让记者朋友们退出去。"不过这点小插曲没有影响两人后来谈合作，并成为好朋友,从此开启了北大与剑桥合作的历程。

海闻先做自我介绍,洛赫一开始听得并不上心,没什么反应。当他听到北大汇丰刚刚成立萨金特数量经济与金融研究所,以及建设智能化中国企业信息库时,两眼开始发光,表现出较大兴趣。

"你们不少做法很新颖,很希望有机会一起合作。"洛赫表示。随后他简要介绍了嘉治商学院的情况,剑桥工商管理教育始于1954年,1990年成立嘉治商学院,在剑桥属于非常年轻的学院。

"我们也非常希望与你们建立多方面的合作关系,我真诚地邀请你去深圳访问我们学院,并期待早日成行。"看到洛赫的态度从谨慎犹豫到对合作表现出兴趣,海闻不失时机地说。洛赫爽快地答应,并初步确定了来深时间。

2018年3月1日,洛赫如约来到北大汇丰。虽然在英国首次见面效果不错,但那仅是一个意向而已,究竟能不能牵手合作,关键要看他深圳之行的感受。所以,海闻精心安排了洛赫的行程。

"那天上午先是参观学院大楼,然后主要听我们讲。我拿出准备好的材料,一个个介绍合作项目。洛赫边听边表态,哪一项可以,哪一项不行。下午主要是洛赫他们讲。"海闻说,从大方向来看,合作无非就是学位教育、培训和科研三个方面,最后双方大致确定了合作的领域。

当天晚上,海闻安排了一个环境非常幽雅的场所吃西餐,还特地邀请萨金特教授夫妇参加,像一个家庭聚会。虽然加盟汇丰商学院时间不长,萨金特却完全是一副主人翁的姿态,他在轻松愉快的交谈中把对北大汇丰的良好感受淋漓尽致地表达出来。洛赫对萨金特早就了解,充满敬意,这次看到他这么赞赏北大汇丰,自然受到感染,瞬间增加了对北大汇丰的好感。

"当晚我又连夜在原有介绍材料基础上赶出一份新材料,把那些不可以合作的东西拿掉,集中一些可行的项目进行详细说明,并站在剑桥的角度阐述了合作的价值。"海闻非常了解国外大学的管理运作方式,它们的老师在学校事务中的发言权很大,洛赫回去还要说服学院老师,只有老师支持了,合作才能真正开展。站在剑桥角度来阐述合作的意义,这是为了帮助洛赫说服老师。

第二天一早,海闻就把这份新材料交给洛赫,洛赫看完后连声说"Very

good（非常好）！"然后两人直奔深圳前海管理局。到了前海片区，看到窗外热火朝天的建设场景，洛赫心花怒放，这在英国很难见到。

建设前海深港现代服务业合作区，是 2010 年 8 月 26 日深圳特区 30 岁生日当天，国家送给深圳的一份大礼。这片 120 多平方公里的土地，因享受国家更加特殊的优惠政策和承担更加特殊的历史使命，而备受国内外关注，被誉为"特区中的特区"。海闻思考再三，认为两所世界名校的合作，落子在这样的地方是最佳选择。他们来到管理局，时任局长杜鹏已经在等候。海闻介绍完合作的内容和意义，杜鹏当即表示全力支持。

北大在英国校区办完 120 周年校庆的第二天，海闻趁热打铁，带着几位副院长又来到了嘉治商学院。这次洛赫的态度比第一次热情多了，两个学院还签署了一份正式的合作备忘录。提出在 EMBA 教育、硕士研究生双学位和创新创业方面展开合作。

"从在深圳见面，到签署合作备忘录，只有短短 20 余天时间，效率很高。"海闻说，深圳之行对洛赫的影响很大，给人的感觉好像是合作对象非北大汇丰不可了。

给此事"牵线搭桥"的刘芍佳说，背后的故事挺有意思。其实在海闻去剑桥时，洛赫他们跟清华大学深圳国际研究生院早有接触，只是谈了几年合作，始终没有结果。洛赫第一次来北大汇丰，还没有忘记提前去清华大学深圳国际研究生院那边看看。访问北大汇丰之后，剑桥嘉治商学院就决定改为与北大合作了。

"我们相当于半路杀出来的程咬金，能够成功，与海闻办事的风格有关。海闻让洛赫不仅感受到学院的办学实力、学术品位，还感受了合作的诚心与执行力，让他看到了广阔的合作前景。"刘芍佳说两家对比，北大汇丰的优势如果不是特别显著，洛赫就不可能那么断然掉转船头，放弃谈了几年的潜在合作伙伴。

合作首先要双方谈得投机，合得来才能往前走。其实在与剑桥接触时，北大汇丰也在跟沃顿商学院谈。沃顿商学院院长盖瑞特（Geoffrey Garrett）认识林建华，希望跟北大合作，林建华说去深圳找海闻吧。盖瑞特于是来到深圳，海闻也带他去前海看了，但最后沃顿商学院决定去上海发展而合作作罢。海闻说："上海市政府给的条件很优厚，仅办公楼就给了2万平方米，而且还有企业家说愿意捐款，吸引力当然很大。不过，综合考虑下来，我们认为跟剑桥合作更好。"

从"院级"上升为"校级"

双方合作要做出成效，开花结果，首先要确定具体项目，此外必须有物理空间予以落地，而这并不是学院层面就能轻松搞定的。因此，在与嘉治商学院签署合作备忘录之后，为了升级合作层次、争取合作用地、落地合作项目，海闻又多管齐下，开始了紧张的"公关"工作。

一是"扎牢"两所学院之间的关系，夯实合作基础。笔者初步统计，海闻与嘉治商学院洛赫院长在首次见面后的两年时间里，双方在英国牛津或深圳共见面14次，相隔万里，这样的会面密度有点不可思议、超乎想象。

双方有多次见面与"龙门创将"（Pitch@Palace）活动有关，这也是海闻的一着妙棋。"龙门创将"是英国王室于2014年创立的全球创新孵化平台，旨在携手全球政府、产业和资本的力量，构建一个良好的创新生态系统。剑桥大学和洛赫是"龙门创将"的积极参与者。了解"龙门创将"的情况后，海闻马上意识到北大汇丰应该参与其中，这样不仅会促进深圳的创新创业活动，开阔商学院学生眼界，还可以借此纽带推动与剑桥的合作。于是，海闻与洛赫开始多次在"龙门创将"活动中见面，其中包括在白金汉宫和北大汇丰举办的"龙门创将"创新创业决赛和半决赛，通过这些活动，北大汇丰和剑桥嘉治进一步加强了对双方的了解与合作。

二是赢得北大领导的全力支持，使合作项目上升为学校级别。海闻想，北大与剑桥作为在各自国家的最高学府，双方的合作不能局限在两所学院之间。刚好英雄所见略同，洛赫也有同样的想法，有一次他跟海闻建议说，在与商学院合作之外，还要把与剑桥工程学院的合作带进来。海闻把想法报告给北大主要领导，校领导欣然表示支持。2018年9月4日，海闻在北大中关新园与时任校党委书记郝平、副校长王博等开会讨论剑桥合作事宜，会上决定在两个商学院合作的基础上进一步推动校际合作项目，由学校直接领导，汇丰商学院具体负责操作。

此后第二年2月，北大党委常委会又研究决定，同意在前海设立"北大－剑桥学院"；同年3月24日，剑桥大学校长斯蒂芬·图普（Stephan Toope）到访北大，两校签署全面战略合作备忘录，内容包括双方商学院在深圳的合作。

三是争取政府部门支持，尽快在前海落地合作项目。合作需要办学场所，学院大楼已无空间，只能找政府解决。最理想的结果是先在前海找个落脚点，然后划块地建独立校区。为了这个最难啃下的目标，海闻一有机会就去找前海管理局领导和深圳市领导，可谓"跑断腿、磨破嘴"。

在前海找地时，最初有领导认为大学没经济收益，把这么值钱的土地给他们有点划不来。海闻就跟他们说："政府不是商家，要把前海建成世界一流的现代服务业合作区，成为深圳的曼哈顿，就不能在每个项目上都斤斤计较经济效益。把世界顶级大学剑桥引进来，其价值就像曼哈顿有了哥伦比亚大学。"这番话在一定程度上打动了领导，但领导马上又表示规划中的30亩（约0.02平方千米）高校用地不能全给北大－剑桥学院，因为清华大学、长江商学院也都来要了。于是，海闻又把"伤其十指不如断其一指"的方法论拿出来，说不能撒胡椒面。最后领导说了句"我服了你了"，终于同意把地给北大。

说服了有关领导，这让海闻兴奋了好一阵子。他自己去前海那块地的现场看了几次，还带北大校长和剑桥的人去看过。他想象着一旦那块地最终确定下来，就可以像当年建学院大楼那样在前海再盖至少一栋大楼，这对学院发展和与剑桥的合作，都会发挥巨大作用。

设立机构，落实用房

2019年5月，深圳市领导访问英国，行程包括剑桥大学，海闻获悉后，意识到这是一次推动合作的绝佳机会。两校合作获得了北大校方的认可、支持，嘉治商学院那边也大力推动，但在剑桥校领导层面的意见并不一致，这也是进程滞缓的原因之一。

海闻知道消息时访问团成员已经全部确定，怎么办？一定要想办法挤进去！海闻找到负责人说明缘由，对方同意他以"观察员"的身份随行。"观察员就观察员吧，啥身份不重要，只要能一起去就行。"海闻想。

访问团5月11日跟剑桥大学领导会面前，海闻专门给市长写了一张纸条，请他发言时表达三层意思：第一，不仅欢迎两所商学院进行合作，也欢迎剑桥大学工程等其他学科来深圳合作办学；第二，双方要建立一个合作的实体机构；第三，剑桥来深圳发展一定要跟北大合作，这是最好的选择。"为何要专门提出建实体机构呢？因为商谈时剑桥方面总是说合作的'initiative'，而不说'institute'，前者的意思是倡议，后者是机构，差别很大。"海闻解释说。

"市长讲话没有按我写的去重复，但把三点意思都说到了，还当场邀请剑桥大学常务副校长马克·韦兰爵士（Sir Mark Welland）来深圳访问。"海闻说。

果然，三个多月后的9月4日，马克·韦兰爵士和洛赫一行就回访了深圳。市领导会见时表示，深圳将全力支持剑桥与北大在深联合办学，北大–剑桥学院可落地前海。马克·韦兰爵士说，剑桥大学非常重视对外合作，与北大的合作已明确列入了剑桥的战略发展规划。在深期间，双方还初步商定了首个试点项目，以及从两所商学院合作扩展到其他学科的具体路径。

这年的12月20日，洛赫来深参加汇丰商学院EDP大年会，就在这次会上，两个学院宣布联合培训项目正式启动，面向国内创新创业型企业高层管理人员，开设"企业创新能力提升课程"和"全球化中的企业战略创新与转型课

程"。同时宣布启动的还有北大汇丰与剑桥嘉治商学院的双学位硕士项目。北大汇丰商学院全日制硕士研究生入学后可以申请剑桥大学的"管理学"或"科技政策"硕士学位项目，录取者赴剑桥就读1年，3年内可同时获得两所大学的硕士学位。

接下来新冠疫情汹涌而至，国际环境发生显著变化。在十分不利的情况下，他们仍然在奋力推进合作事宜，着力突破了两件事：成立机构和落实用房。

2020年3月26日，作为北大执行代表的汇丰商学院、作为剑桥大学执行代表的嘉治商学院，以及前海管理局三方，通过实时连线的方式签署《商学与管理学合作意向备忘录》，其中一条核心内容是前海承诺为合作提供免费用房。

而提供免费用房，就必须在前海成立机构。汇丰商学院经过咨询请示，确认要成立一个事业单位分支机构。成立这样的机构程序复杂，要求高，因此费时也长。比如仅单位名称就改了好几次，北大最初提出用"北大－剑桥学院"，但剑桥不认可，后来想用"深圳中英学院"，但有关部门说国家政策调整了，"学院"不能随便用，最终确定用"深圳前海中英研究院"。

2021年7月20日，深圳前海中英研究院正式获市编委批准成立，机构性质是事业单位，属于北大深研院的分支机构，拥有事业单位法人分支机构证书、银行账户和公章。该机构的定位是北大与剑桥在经济、金融、管理、科学、工程、技术、人文和社科等方面的教育和科研合作的机构载体和主要场所，具体将从商科教育、科研项目、创业企业扶持方面的合作展开，逐步探索引入更多学科、更深层次的合作。

由于批准程序涉及前海管理局、市教育局、市事业单位登记管理局等众多部门，过程一波三折。

落实用房的过程也十分曲折，其间前海管理局换了几次领导，不仅最初答应的那块地彻底黄了，就是后来说好的两层前海卓越T1塔楼也因故无法给了。直到2021年新领导上任，海闻又抓紧沟通，总算在前海民生互联网电商大厦B座给了两层楼，面积为5000平方米。第二年3月，前海管理局与北大深研院、北大汇丰商学院、深圳前海中英研究院签订共建深圳前海中英研究院合作协议，用房以协议的形式得到了确保。这年11月，前海中英研究院用房装修完毕，开始挂牌运营。机构和用房两个问题得到解决，海闻悬着的心终于可以暂时放下来。

艰难中也有惊喜

国际名校之间的合作，最难的项目是学位教育，因为一旦出现质量问题，就会损害学校最为宝贵的声誉。2021年8月，双方在这方面终于有了突破，27日这天，北大汇丰与剑桥嘉治签署协议，准备启动剑桥大学全球高级管理人员工商管理硕士（GEMBA）项目和北京大学中国学硕士（MCS）/北京大学中国学证书（CCS）项目的合作。

根据合作协议，该项目将通过双方联合招生、联合培养等形式进行。北大中国学硕士项目由北大汇丰在深圳授课，旨在为项目的全球高级管理人员提供有关中国政治、经济、法律等方面的课程，让他们更加了解中国；剑桥大学GEMBA课程将由剑桥嘉治商学院教师在深圳和剑桥授课。GEMBA的录取和教学与剑桥自2009年以来开设的EMBA在标准和要求上完全一致，同步进行。

这是剑桥大学第一次允许把学位课程的授课放在剑桥以外，获得批准实属不易，也是嘉治商学院尤其是洛赫院长努力的结果。"我们从开始就谈这方面的合作，他们一直特别小心，所以谈了三年多才正式签署协议。"签完协议，海闻自然特别高兴，如果成功实施，这是中国顶级大学与英国顶级大学首次进行学位教育的合作。接着，双方就具体的课程、师资、时间等做了详细的讨论和安排，计划从2021年年底开始招生，2022年9月开学，一切准备就绪，只等新冠疫情结束，立即启动。

然而，天有不测风云，由于新冠疫情的持续发展及中英关系的变化，加上嘉治商学院院长换届的人事变动，这个具有里程碑意义的项目没能如期启动，在本书截稿时合作协议还没能最终落地。"我们仍在努力，期待柳暗花明

的那一天。"海闻无奈中仍然对该项目充满希望。

尽管如此,有些方面的合作仍在进行,并取得了很好的成果。全球创新创业大赛是北大汇丰与剑桥嘉治于 2020 年联合发起的,每年都在举办,影响也越来越大。大赛通过整合一线投资机构、产业领军企业资源,为创业企业打造资本对接、行业赋能、选育结合的赛事体系,帮助它们快速成长。每届都有不少创业企业和投资机构参与,比如 2023 赛季,面向全球征集的优质创业项目超过 200 个,涉及医疗健康、芯片半导体、前沿科技、能源环保、文创教育等多个领域。经过 13 场路演和层层选拔,最终 10 个创业团队进入总决赛,现场吸引了东方富海、大米创投、OPPO 投资等数十家创投机构。

在大赛的基础上,前海中英研究院创立前海中英国际创业社区,设立分阶段、分目标的创业孵化体系,对大赛获奖项目、港澳青年在深创业者、英国海归人才创业项目等进行深度培养。利用研究院平台和空间,目前已遴选多家创业企业进入重点培养体系,中英国际创业社区已有数十位创业者入驻。

除创新创业大赛外,双方合作的双硕士项目也在继续招生。

合作还有一些意想不到的收获,比如,2023 年秋季卸任剑桥大学嘉治商学院院长职务的洛赫应邀到汇丰商学院担任管理学教授,指导学院管理学等领域的学科建设与学术研究。洛赫于 2024 年起开始担任经管领域顶尖学术刊物 Management Science 主编,是有全球影响力的学者。他用一年的时间全职在汇丰商学院工作,为 EMBA、MBA 和全日制硕士研究生教授创新管理等课程,学生受益匪浅,对北大汇丰提升学术地位、加强国际交流合作发挥了重要作用。在 2024 年汇丰商学院的毕业典礼上,洛赫教授作为特邀嘉宾,全程用中文演讲,与毕业生分享了对人生、未来职业、影响他人等三个话题的思考。他的中文学了不到一年,发音等并不完美,但他这种敢于尝试、不怕失败的精神让师生们深受教育,颇为感动。

另外一件值得高兴的事情是,跟牛津大学的合作在新冠疫情防控放开之后有了进展。2023 年春天作为英国校区建立 5 周年庆祝活动的一部分,学院举办了有关新形势下商学教育的专题研讨会。庆祝活动专门邀请了牛津大学赛德商学院的新任院长杜塔(Soumitra Dutta)教授,他不仅愉快地接受了邀请,还在活动中做了主旨演讲。庆典一结束，海闻和王鹏飞院长一行马上专程去牛津拜访新院长，探讨各种合作的可能性，新院长对合作表现出很积极的态度。后来杜塔与海闻在北京参加中国发展高层论坛 2024 年年会，继续做了深入的沟通交流。在交流过程中，海闻发现赛德商学院最强的项目是在职企业家培训方面，于是双方就战略领导力高端培训课程达成合作协议。课程共 10 天时间，5 天在英国，5 天在中国，准备于 2024 年秋季正式启动。

  走出国门与世界顶级高校合作，这条路充满坎坷。但不论如何艰辛，这条路都必须坚定地走下去，世界上没有哪所一流院校，是在封闭中成为一流的。在推进国际化方面，北大汇丰有坚定的信念、清晰的思路和有力的措施，相信今后一定会给大家带来更大的惊喜。

第四篇
"军校"风格

国际化之外，在人才培养上还必须强化哪些素质，采取哪些措施，打造怎样的特色品牌？海闻曾为此苦思冥想。

古今中外成功人士身上，不难发现都具有这样一些品质：高瞻远瞩的眼界、宽厚精湛的知识、坚韧不拔的意志、甘于奉献的精神，以及运筹帷幄、指挥若定的领导力等，其中很多素质都是北大汇丰学生必须加强的。

美国西点军校出了很多杰出的管理者，而任正非、王石等中国企业家，也都在部队接受过锤炼，军队磨炼了他们的身体和意志。这些事实给人启发，于是，"改革开放前沿的商界军校"，成为北大汇丰的定位和特色。

除了塑造学生的身体和精神，北大汇丰把军校的严格作风带进办学管理。全日制硕士从新生录取、在校培养，到最后毕业考核，全过程以最高标准要求，以最严格措施管理。他们清楚，企业制造产品，品质过硬是根本。这是商业道理，也适合商学院培养学生。因此，他们办出了中国最严格的全日制研究生项目。

严师出高徒，严教出英才。经过严格的培养和训练，高素质的毕业生被用人单位争抢，就业率和就业质量令人惊喜。这些毕业生走上工作岗位，凭借过硬本领，在行业里发挥越来越大的作用和影响力。

目标要对得起"北大"

社会对人才的需求多样化，因此不同高校的办学定位也不相同。高校是分层次的，不同层次的高校在人才培养上有不同的任务和目标。

在中国3000余所高校中，北大始终处在金字塔的顶尖，这种特殊地位决定了它在中国人才培养中发挥着特殊作用。在每年本科招生万分之几的录取率情况下，只有各省市高考成绩拔尖的极少数考生才有机会进入北大。"得天下英才而教育之"，北大有条件、有能力、更有责任把他们培养成为精英人才，否则对不起"北大"这个名字，更对不起那些出类拔萃的学子们。

虽然北大汇丰商学院在深圳，但作为南国燕园，在人才培养上和北大一脉相承，他们始终坚持同样的高标准。海闻从商学院一成立就经常强调："我们只做一流，不做二流，而且要争做世界一流。"

"国家需要精英，社会需要楷模。北大是培养社会精英、人类楷模的地方。我们全日制教育拥有最好的学生，最好的教育资源，在北大的旗帜下，没有理由不为社会培养出最好的人才。"海闻说。对汇丰商学院来讲，有能力更有责任为中国和世界培养有领导力、有自制力、有远大视野的商业和各界领袖，这一点在学院内部有高度共识。他们认为，商学院的核心竞争力首先体现在对学生的培养上，要有意识地培养学生的"leadership"，"leadership"不同于一般人所说的"领导力"，它更体现为一种对社会的影响力和引领作用，是社会责任感的体现。

北大汇丰商学院定位高远，是对国家、对社会、对人类负有使命感的表现。通过培养杰出人才推动社会进步，是世界上优秀高校的共同特征。沃顿商学院提出"通过总结传播商业知识和培养领导人才来促进世界发展"，斯坦福大学商学院的口号则是：改造人生。改造组织。改造世界。"（Change Lives. Change organizations. Change the world.）它们都有一种舍我其谁的自信与担当。

第四篇 "军校"风格

海闻每学年开始时都会给入校新生讲一堂课,叫"北大历史与北大精神",旨在让学生了解北大历史,增强自豪感、使命感,努力成为精英人才,对国家和民族做出贡献。他认为北大精神集中体现在两点:心系家国,肩负社会责任;追求卓越,不断改革创新。具体来说,爱国和进步体现的是忧国忧民,为民族复兴、社会发展、人民幸福而奋斗;民主和科学体现的是追求卓越,强调自由开放、兼容并包、坚持真理。

商界领袖应该具有怎样的素养,海闻对此有系统而精辟的见解。他认为,从大的方面来讲,商界领袖必须具备专业知识、综合素质、国际视野和社会责任四方面素养。具体在培养方面,又可以用"能""智""体""德"四个字来概括。

所谓"能",指要懂得如何管理和投资,属于"术"的层面;所谓"智",指不但要知道如何管理和投资,还必须明白为何要这样做,属于"道"的层面;所谓"体",指要有强健的身体和精神状态;所谓"德",指要有商业道德和社会责任,这是商学院对培养人才素质要求的最高层次。商学院从创办之初,这些理念就始终贯穿于教育过程的方方面面。

全日制研究生在汇丰商学院各个培养项目中,人数最多,地位举足轻重。商学院严把"入口关",面试既严格又特别。根据国家规定,具有保送资格的应届本科毕业生,只要通过各个高校自主组织的面试就可被录取。因此,面试是招生最重要的"关口"。汇丰商学院在面试管理上,有一套严格的程序。按照院领导的话说,就是"管得很死",尽量避免任何"戏剧性"事件发生。但这里的面试却没有题库,也没有标准答案,像"拉家常"似的,根据学生特点和现场情况提问。

刘腾威说,2012年为了参加学院面试,他曾经在网上查阅了很多资料,包括各种"面试秘籍"等,结果发现都派不上用场。四位老师用英语跟他聊了20分钟,面试就结束了。

张化成谈到面试过程中遇到的两个有趣故事:"一次在北京面试,一位学生穿着很不整齐。我问他从哪儿来,他说家离北京很远,坐了十几个小时汽车,又坐了十几个小时火车,火车上连座位都没有。我听了很感动,但感动不是录取条件。于是我又问了两个问题,结果发现他的回答跟别人很不一样。我马上决定,这个学生要定了。"

还有一次,张化成在面试中问了一位学生几个颇具挑战性的问题,这位学生觉得自己没有回答好,很担心因此录取不了。结果他还是被录取了,张化成说,因为他对挑战性问题很有自己的看法。

"在聊天中考查学生的言谈举止、思维方式,尤其要看学生有没有自己的想法。因为独立思考能力是领袖素质中特别重要的素质,而我们现在一些学校的教育又恰恰没有很好地重视这一点。"海闻说,面试之所以高度重视考查学生有没有商界领袖的潜质,是因为这关系到学院的培养目标。

"商界军校"横空出世

北大汇丰商学院如今特色鲜明,是有广泛知名度的"商界军校",然而这个别名是怎么来的,却鲜有人知道。

创办汇丰商学院之后,海闻一直在认真思考如何深化和完善办学理念。究竟要办成一个什么样的商学院?这个商学院区别于其他商学院的特色是什么?他对此考虑了很久。

作为北大的一个学院,毫无疑问,汇丰商学院首先要秉承"爱国、进步、民主、科学"的传统,要教育学生关心国家、关心人民,要鼓励学生追求真理、追求卓越。汇丰商学院提倡"勤奋、严谨、求实、创新"的学风,教育学生努力学习,刻苦钻研,旨在把学生培养成有眼界、有知识、有能力的国际化精英人才。

但除此之外,还需要什么?换句话说,商学院的教育中还缺什么?学生还需要经过什么样的培养和形成什么样的素质,才能适应社会发展的需要,才能真正成为中国乃至世界的领袖型人才?

就在海闻苦思冥想的时候,与美国西点军校的接触激发了他的灵感。

第四篇 "军校"风格

大家都知道，创办于1802年的西点军校曾培养出许多驰骋沙场的著名将领。然而很少人知道，西点军校更是培养商界领袖的摇篮。有人统计，第二次世界大战后的世界500强企业里，西点军校培养出来的董事长有1000多名，副董事长有2000多名，总经理、董事级别的高级管理人才超过5000名。如此看来，西点不仅是世界上著名的军校，也堪称最优秀的"商学院"。

事实上，北大与西点军校亦有交流合作关系。作为学校领导，海闻曾在北大两次参与接待西点军校的两任校长，以及随行的教官、学员。同时，海闻曾亲自带领北大国际MBA学员访问过西点军校。因与西点军校有多次实际交往的经历，海闻对它有更深刻的认识。

"我们商学院要向西点学习，学习他们培养人才的长处。"海闻思路豁然开朗，一下子找到了明确的方向。

纵观历史，放眼全球，不难发现成功人士除了具有知识能力，还都具有一种不屈不挠的拼搏精神，一种顾全大局的牺牲精神，一种团结协作的集体精神。海闻由此得出结论，要使学生成为商界领袖，成为社会真正需要的人才，不但要教授知识和培养能力，还要塑造他们的精神和素养。而军事院校恰恰是培养这种精神和素养的最好地方。北大汇丰商学院要办成中国商界领袖的摇篮，就要结合军校的方式来办学。

用什么精练的语言来概括这个理念？海闻一时还没有想出来，他把自己的想法告诉同事，大家纷纷出主意，有的说叫"商界西点"，有的说叫"商界黄埔"，海闻总觉得都不太令人满意。后来在一次讲座上，一位学生提问时随口说出了"商界军校"四字。海闻豁然开朗，觉得这四个字特别好，正是他苦苦思索想要的，没想到得来全不费工夫。

"商界军校"的提出是对商学院办学理念的突破，但海闻清楚地知道，要让全体师生都接受，并不容易。实际上，他把想法刚说出来不久，已经听到了一些不同说法，甚至有些反对声还比较激烈。

他决定找一个合适时机把"商界军校"的理念正式向全体师生亮出来。这个时机便是一年一度的新年晚会。自从2007年举办以来，年会已经成为商学院全体师生每年最隆重、最盛大的一次聚会。每次年会上，除了师生的文艺表演，海闻都会做主题发言，简单总结过去，重在部署未来一年的工作，每年突出一个重点。只要细读海闻这些讲话，他的治院思路便一目了然。

为了这次宣示，海闻精心准备了讲话"2009：踏上打造中国商界军校的历史征程"，详细回答了为什么要提出这样的理念、树立这样的目标。

2008年12月20日，新年晚会在华侨城洲际酒店举行。海闻特地邀请了许智宏校长、李宁以及深圳市委老书记李灏等参加，会场气氛喜庆而热烈。

海闻在简要说明为何要向西点学习，为何要提出这个口号之后，说道："我们需要培养学生什么样的精神和素质呢？第一，我们要有拼搏精神。军校培养军人，军人就要在战争中赢得胜利。要想获得胜利，就必须有不屈不挠、前赴后继的拼搏精神。战争的输赢往往就取决于谁更能拼、更能打，谁更能吃苦、更能坚持。胜利往往在于再坚持一下的努力之中。战争输赢是这样，学业和事业的成败也是如此。我们的学生必须有这样的拼搏精神，敢于吃苦，勇于坚持，才能在学术上或事业上取得成功。

"第二，我们要有牺牲精神。军人可以为了国家而不惜牺牲自己。战斗中只有不怕牺牲，才能取得胜利。西点军校的校训是'责任、荣誉、国家'。同样，学习中和工作中，为了责任，为了荣誉，为了国家，有时我们必须敢于牺牲个人利益，敢于放弃个人私欲。尤其作为北大的学生，我们肩负为国为民的历史使命，更要有勇于牺牲的精神。具有牺牲精神，也意味着工作中的敬业和负责态度。一个自私自利、斤斤计较、唯利是图、行为放纵的人不是我们要培养的人，不是社会需要的人，也不会是一个成功的人。

"第三，我们要有集体精神。任何战争的最后胜利，都不是靠个人匹夫之勇，而是靠正确的战略布局和全军的协作配合。在战斗中，大家要齐心协力，众志成城。每一个西点军校的学生都是千挑万选的结果，但到了军校任何人都只是平凡的一员，无论是军队还是军校，都始终强调集体的荣誉，并通过严明的纪律来保证集体的战斗力。只有平时珍惜集体，善于跟别人合作，战时才能密切配合，保证战斗的胜利。打仗是这样，工作与科研也是如此。"

海闻接着讲道，除了上面三种精神，还需要一种能力，这就是"领导能力"。他说："拼搏精神、牺牲精神、集体精神足以让你成为一个优秀的人才。

但我们培养的不是普通的人才,北大需要培养能够引领社会进步和发展的精英。西点军校是培养军官的地方,要培养能够领导士兵的领袖人才。然而,西点军校22条军规的第一条恰恰是'无条件执行'。要想懂得领导,首先要学会服从。这实际上是在强调一个领导者的自身品质和自制能力。自知而自制。先控制好自己,才有能力控制别人。同时,我们也必须像22条军规里说的一样,始终保持火一样的激情,不断提升自己,立即行动,永不放弃。只有注重了这些品质的培养,我们才能真正为中国和世界培养领袖人才。"

在讲话最后,海闻还特别提到为何邀请李宁参加晚会:"李宁是大家都熟悉的偶像,也是北大校友。他获得过很多次世界冠军,也打造了中国的第一运动品牌。在2008年的北京奥运会上,他代表中国体育健儿点燃了奥运圣火。邀请他来参加晚会,就是希望大家能以他为榜样,培养顽强拼搏、追求第一的精神,而具备这种精神的人,在各行各业都能取得成就,做到第一,做到最好。"

海闻响亮地提出打造"商界军校",赋予汇丰商学院"军校"品质,实际上还有一个原因,就是针对北大学生的弱点。海闻说:"商界领袖必须遵守纪律,不能自由散漫,这恰恰就是北大人缺的东西。没有人怀疑北大学生的智商和学习能力,但是人家对我们的行为可能不放心,缺什么就要补什么。"

"商界军校"独特的办学理念横空出世,但能否化为师生们统一的思想和行动?打造"商界军校"的抓手有哪些?很多人都在观望。

研究生军训开创先河

2009年8月31日,载着汇丰商学院2008级124名同学的大巴,在晨曦中悄悄驶出大学城,直奔惠州罗浮山某军营参加军训。

军训?高中新生有军训,大学本科新生有军训,全日制研究生还搞军训,有这个必要吗? 2009年6月底,当海闻在全院师生大会上宣布下学期开始军训时,会场一片哗然。

去军训的路上,有的同学很兴奋,回忆着多年前经历过的军营生活;有的同学,尤其是女同学,则担心能不能吃得了苦;还有的同学在心里嘀咕,花几天时间军训值不值?伴随一些人的疑问和不解,为期7天的军训生活正式开始了,这次军训开了中国高校研究生军训的先河。

就在前一天晚上,海闻亲自召开军训动员大会。他充满激情地表示,这次军训要达到四大目的:一是培养参训学生的责任心;二是培养学生的吃苦精神;三是培养学生的纪律性与自控力;四是培养学生的集体荣誉感与团队合作精神。

"行李放床上,马上下来集合!"两个多小时之后,大家一到营地,教官一声令下,让还在嘻嘻哈哈的同学们立即严肃起来。

第一天训练项目比较简单,都是立正、稍息和跑步等常规内容。但接下来的几天,烈日下,队列训练、会操、打靶、野战训练等,对同学们充满挑战。有人差点儿热晕,有人受伤,有人犯了小错误,有人射击没有打出好成绩,有人挨了教官批评。

事后,学生李昕在院报上发表了《军中日记》,详细记录了她经历的这次特殊军训。

第一天下午,军姿标准的她被教官安排出列示范,小姑娘高兴极了。当晚,她拿起电话打给老妈:"这次军训,标兵志在必得!"

没想到,信心满满的李昕第二天上午却突遇灾祸。在一条"波浪起伏"的道路上跑往返接力时,她飞奔下坡却没有留心,和上坡同学发生碰撞,啪的一声,重重地摔在了水泥道上,手肘部分顿时血肉模糊,膝盖和右胯也擦伤了。在医院里,军医用双氧水(过氧化氢)给她消毒,伤口嘶嘶作响,疼痛异常,她咬紧牙关。包扎好之后,军医让她休息,但她坚持又回到了训练现场,同学们热烈鼓掌,欢迎她归队。

带伤训练了一天,晚上军医过来复查,才发现李昕手臂上的纱布由于被血和汗水浸透已经粘住了伤口。为防止发炎化脓,军医警告,她不能再正常参加训练。熄灯号吹响后,寝室里变得异常安静,李昕躺在床上感觉疼痛突然加剧,难以入眠。更让她难受的是,"战斗"刚刚打响,她却受伤要下"战场"了。

然而，受伤后让她感到特别温暖的是，同学们军训紧张之余，还帮助她换了床铺，叠了被子，梳了头发。

第三天，她独自待在宿舍，心却已飞向训练现场。她担心因为自己缺席，而影响所在排的会操效果。当晚上同学们训练归来，告诉她取得了第二名的成绩时，她内心释然，笑得开心灿烂。

接下来的一天是打靶训练，李昕坚持参加。避开右胯伤口艰难卧倒，左手托枪，右眼瞄准，正要用右手扣动扳机时，她却感到手指一阵刺痛。"小心！"教官一边喊一边用手拍打趴在李昕手上的蚂蚁，但还是迟了，她的手指很快红肿起来。

原来，就在李昕卧倒的地方，有一个大大的蚂蚁窝。她不仅手指被毒蚂蚁咬伤，手肘上刚刚结的痂也在卧倒时裂开血口。她被要求紧急送到观看区处理，不能再射击。看到同学们不断打出10环，想到因为自己没有完成射击而影响整个排的成绩，还有这几天遭遇的"不幸"，李昕流下了泪水。

一个女孩子，受伤不下训练场，表现出了坚强的意志和团队精神。最后教官们研究决定，她的成绩按照全年级平均成绩计算。这样，在最后的表彰会上，她们排拿到了年级第一名，受到表彰。此时，李昕开心无比。

"通过这次军训我发现，我有一个可以信赖和依靠的集体，成功绝对不是靠一个人的战斗！"李昕在日记中写道。她同时也"意外"地发现，自己也能如此坚强。她说："没有军训，我就不可能有这样的人生经历和感悟！"

军训是打造"商界军校"的重要抓手，从2008年年底提出到正式实施，商学院为此做了大量准备工作。军训地点精心选择在野战军管理的训练基地。第一批参训学生归来时，海闻专门安排北大深研院领导、部分行政人员，以及汇丰商学院的老师和学生站在校门口夹道迎接。曾任北大深研院办公室主任、如今已是南科大党委副书记的张凌回忆当时的情景说："这些学生把行李放在车上，在离学校很远的地方就下车列队。他们穿着迷彩服，精神饱满，整整齐齐，浩浩荡荡走回来，让人非常震撼，这是一支战无不胜的队伍。"

回到学校之后，海闻又专门安排了一次汇报演出，展示成果，让更多人看到军训给学生精神状态带来的变化。

不仅收获了健康肤色

第一次去军营军训获得成功,赢得了师生们的好评。此后,汇丰商学院的新生入学时去军营军训一周成为雷打不动的制度,同时军训内容增加了不少素质拓展项目。

2012年8月28日下午,惠州罗浮山某军营,汇丰商学院参加军训的新生一起玩"尖峰时刻"游戏。游戏规则是每队三组同学在规定条件下完成同一任务,用时最短的队伍获胜,用时最长的一队的队长将受惩罚。教官宣布完规则,只见各组同学立即围拢在一起,紧张热烈地分析讨论,寻找解决方案。大家力求每个人都能发挥最大优势,从而使团队的优势最大化。最终的比赛结果自然是有输有赢。当输队的队长接受惩罚去完成一项任务时,所在队的队员为之加油,有的甚至因队长受罚流下了伤心的泪水。

"现代社会早已不是靠个人英雄主义就能干成事的社会。这个社会中没有完美的个人,只有完美的团队,团队中的每一个成员都应学会有责任感、有担当。"游戏结束,教官的总结触动了同学们的心灵。

这次军训,给很多同学都留下了深刻的印象。

"前三天军训每天都累得虚脱,在场上生龙活虎,一回宿舍就上床躺着,坐在板凳上都能睡着……这两天逐渐适应了军训的强度,想到明天就结束了,有些不舍。时间飞逝,珍惜眼下。"陈进当时希望军训时间再长一点儿。

"今天是最后一天军训了,每天凌晨4点多起床训练,天天暴晒。晚上没水洗澡,只能到食堂打冷水。军训整整6天,我已经和古天乐差不多黑了。虽然很辛苦,但还是很开心,真心喜欢北大汇丰这个大集体。"何嘉颖说。

"感谢全体教官、'表情帝''板凳哥'等一周默默辛勤付出!感谢自己又重新振作起来!结识了很多新朋友,很开心!"张辰西认为,军训不仅让他收获了黑皮肤,还顽强了意志,激发了斗志。

每年军训虽然内容略有不同,但同学们都收获颇丰。

梁余音同学走进军营,学到的第一课就是服从与责任。她过去以为"服从"不过是"令行禁止"这简单的四个字,但几天下来,才体会到其中的丰富内涵。"为什么每一次集合哨响,我们都要飞快地冲出宿舍?为什么每一个口令,我们都要快速完成?这并不是机械地执行,而是因为我们已经开始慢慢认清自己身上背负的责任:一个人的拖拉,带来的是集体的延误;一个人的错误,造成的是集体的失败。我们像组成水桶的木板,谁都不可或缺。"她发现,军训期间,宿舍虽然没有分配谁值日,但垃圾总是有人清理,电器总有人关闭,集合时间与岗哨安排总有人提醒。

她还学到了坚持与自信:"我不知道在站军姿之前、在翻越障碍墙之前、在实弹射击之前,有多少人想过自己肯定不行。没错,我们曾经在骄阳下汗湿衣衫,双腿站得发麻;我们曾经担心自己会在障碍前恐惧;我们曾经担心瞄不准靶,担心后坐力太大,枪声太响。但结果呢?我们都挺过来了,坚持住了。让我们为自己鼓掌,让我们从今天起把'我不行'这三个字从字典中删除,代之以'再坚持一下'和'我能行'。"

从 2019 年开始,学院的军训从陆军转换到了海军基地,白色的军服、漂亮的海魂衫,使学生变得更加精神。同时,训练的科目也增加了。龙垣桥 2023 年 8 月底入学后的军训生活,除了锻炼了身体、磨炼了意志,还有一个特殊的收获,就是在一周之内跟新同学都熟悉了。"军训是全封闭的,会把手机等电子产品都收起来。过去手机不离手,突然没了手机第一天会很不适应。但很快就认识到了这项规定的好处,我们这些来自全国各地的同学,之前互不相识,在接下来的一周,可以静下来好好交流,相互熟悉。"

汇丰商学院每年学生军训结束时,都会举办一场隆重的汇报演出,我们从中可以感受到军训究竟给他们带来了什么变化。

2021 年 9 月 5 日上午,天气晴朗,北大深研院操场绿草茵茵,汇丰商学院全日制硕博项目 2020 级、2021 级的 600 余名学子,向学院领导、老师和特邀嘉宾们展示研究生素质教育成果。学院官网对这场成果展示做了如下报道:

伴随着嘹亮的号角和如雷的战鼓，汇报表演拉开序幕。四位护旗手各持国旗一角缓缓入场，他们动作一致，训练有素。雪白的军装，洁白的手套，映衬着熠熠光辉的五星红旗，形成一道亮丽风景。紧随其后的是由60名女生组成的护旗手方阵，她们手握钢枪，身姿矫健。随后的几个方阵中，女生方阵步伐整齐，英姿飒爽，将刚与柔结合得恰到好处，尽展"铿锵玫瑰"风采；男生方阵虎虎生风，铿锵有力的口号展现出"堂堂男儿身，一勇敌万难"的气势（图4.1）。

图 4.1　2021 年 9 月，学院举行综合素质教育理论与实践课程成果展示

学生方阵全部入场后，开始了"再一次出发"的主题汇演。在教官指挥下，女生表演匕首操，大家动作整齐划一，简洁有力。男生表演了徒手格斗，个个勇猛顽强，好似武林高手。

"军训之后就是不一样，女生身上没了柔弱感，男生身上多了阳刚气！"参加观摩的师生和院外嘉宾，不时发出由衷赞叹，并报以热烈的掌声。

军训升级为必修课

任何一个好的措施，一项好的制度，都是在实施过程中通过不断改进得到完善的。北大汇丰的军训同样是这样，过去十几年，经过了多次大大小小的改进。

军训使学生脱胎换骨，但一年仅有一次，短短几天，其效果很难持久。海闻思考"商界军校"如何落地时，就开始考虑军训内容能否通过丰富完善，实现常态化。

常态化。当海闻提出这个想法时，有很多人支持，但也引来许多质疑。研究生军训已经是破天荒，还要变成常态，这会不会影响学生的学习？实行半军事化管理，本科阶段都很难实行，这些研究生愿意吗？甚至有人质疑，这究竟是在办商学院还是军校？这样做会不会影响招生？

看准了的事，阻力再大也要积极推进。在认真研究的基础上，海闻力排众议，克服经费、人手不足等问题，创办了"素质拓展中心"，并拟订了商学院军训常态化方案。军训成为全日制研究生常规课程，计算学分。在校前一年半时间，学生每周三上午必须到学校操场进行一小时军训。对此，学校管理严格，迟到、缺勤者扣个人纪律分，严重者班级全员扣分。学期结束时还有考核。当时聘请的军训教官是驻港部队退役军官，非常专业。

此方案从 2009 年下半年正式实施。2008 级学生从惠州军训回来不久，便开始了每周的常规军训。

已毕业的孙丹回忆第一次常规军训时说："研一、研二的同学分成了四个连队，由各自军训长官带领。首先进行的是慢跑，整齐嘹亮的口号划破了校园的宁静，却平添了一份活泼与朝气。随后进行军姿训练，同学们一个个站得笔直、肃穆。这让我们感觉又回到了静谧严肃的军营。最后各小班对暑期军训中学习到的稍息立正、停止间转法等内容进行了回顾性训练，前后持续一

个小时。"

当时,无论是教师还是学生,不理解甚至反对常规军训的人都不少。

2010年12月18日,海闻在新年晚会的主题发言中特别指出:"真正的成功,并不是说到,而是做到,创建世界一流的商界军校也是如此。过去的一年里,我深有体会。在讨论使命和目标时,大家都很赞成,但在落实一项项的具体措施时,在与个人利益发生冲突时,并不是所有的人都愿意为之奋斗,为之付出。"

海闻鼓励大家要坚定地按照既定目标走下去,他说:"征程上并不都是鲜花美景,更多是高山峻岭、荆棘满途。尤其是我们正在走一条与众不同的路,一条很多人不可想象、无法理解的路。走上这条路,走完这条路,不仅是对学院领导的考验,也是对全体老师和同学的考验。征程上,我们需要勇气,我们需要毅力,我们需要奋斗牺牲,我们更需要团结在一起。我深知,这是一条胜利之路,一条能够取得与众不同的成功之路,一条为中国和世界培养一流人才的必由之路。"

此后又经过几次完善,现在汇丰商学院的军训已经升级为"综合素质教育理论与实践"必修课程,在研一阶段开设,1个学分。内容和形式更加丰富,不仅与本科阶段的军训不同,而且与2009年开展的常态化军训相比也有很大变化。

负责该项工作的李明明介绍,入学阶段集中一周时间进行的军训,除军事技能训练和国防知识教育外,还增加了一些最新的综合素质拓展内容。比如"穿越封锁线",在不借助任何辅助工具的情况下,通过团队协作,从障碍的一端翻越到另外一端;"蛟龙出海",活动中小组成员用捆脚带连成一条"龙",然后从起点快速移动到终点。这些拓展活动不是把学生当作普通士兵,而是当成军官来对待,重点培养学生的团队意识和领导力。另外,训练地点除了军营,有时候也放到野外,比如到海边在海滩上、海水里开展"海训"。

综合素质教育理论与实践课日常上课时间还是每周三上午8点30分至11点30分,持续一年。第一学期主要是加强体能,第二学期强调团队建设。在此期间由教官负责组织包括队列训练、素质拓展、棒球、赛艇等在内的多元化活动，以改善学生的身体素质，加强纪律性，增强责任意识，提高沟通能力，培养逆境求生意识等。

北大汇丰为此组织了专兼职相结合的高素质教员队伍。兼职教员中有棒球健将级运动员、原国家队投手教练王永平，国家健将级赛艇运动员胡继杰，原驻港部队士官、高级拓展培训师仲竹军等人。学院经常组织他们集体学习，统一思想，提高教育教学效果。

经过十几年坚持不懈的实践，尤其是升级为长达一年的必修课之后，越来越多的同学感受到了它的好处。龙垣桥接受访谈时，还有两个月就修完这门课了，他说："每周三上午训练，一年下来让大家形成了运动的习惯，这是一周时间的军训做不到的。据我了解，北大汇丰的学生没有不喜欢运动的，毕业后也是如此。他们日常运动的项目，很多都是在这门课上学过的。"他深有感触地说，有些项目如果不是学校提供条件，很多人可能一辈子也接触不到，比如攀岩、棒球、皮划艇等。

汇丰商学院"商界军校"的名声越来越响，带给学生的变化也越来越大，身体更好了、凝聚力更大了、意志力更强了。虽然学院没有要求外国留学生必须修综合素质教育理论与实践课，但他们中的不少人主动申请上课，因此，现在每周三的训练课堂上，经常可以看到外国学生的面孔。

"为了做好'军训'，学院最初阶段每年要投入近100万元，最近两年增加到了近200万元，即使这样，我们也认为非常值得。"学院一位领导表示。

开了20年的特殊班会

2013年12月18日下午两点，是汇丰商学院2013—2014学年秋季全院班会开始时间，海闻拿着笔记本提前几分钟来到大楼B2报告厅。看见学生们已经全部到齐，正整整齐齐地坐在里面等待开会，他露出了满意的笑容。

这种全院班会每学期至少召开两次，开学时一次，放假前一次。有特殊情

况的话，还会临时召开班会。海闻院长每次必到，而且都是主讲人。

汇丰商学院既有全院学生都参加的大班会，也有一个年级参加的小班会。不论是什么样的班会，纪律要求都十分严格，签到点名，不准迟到早退，不准大声喧哗。

"班会"，在汇丰商学院有特殊含义。不仅因为它已经成为师生沟通的重要手段，更因为海闻从当年担任北大副校长起直到现在，一直亲自给学生开会，至今已经坚持了近 20 年，这在全国商学院可谓独一无二。

这种独特做法，从创院之初就已经形成。2005 年 7 月，商学院首届学生还未进校，海闻就在北京召集他们开了首次班会。从此，这个传统就一直延续到现在。2005 级学生少，但遭遇的问题多，开班会频率也最高，一个月至少开一次。海闻一方面回应学生反映的学习、生活方面的问题，另一方面也谈自己看到的问题。

每次班会海闻都精心准备，确定主讲内容，并在工作笔记中做下记录。笔者采访时，他拿出一本本已经翻旧了的厚厚笔记本，边翻班会记录边介绍情况。

"这是 2014 年 1 月 13 日开的小班会，我对二年级讲实习的问题。强调可以实习，但不能离开深圳，不准旷课，在哪儿实习要通报学校，不准影响学习。另外，还讲了选课问题，论文选题问题，怎么选导师，怎么写论文。"最后，海闻还专门提醒学生注意寒假安全。

"这是 2024 年 6 月 19 日晚上开的班会，通报了 2024 届毕业生的论文答辩情况，就论文写作、实习规定、纪律要求、平时表现等四个问题分享了观点。"海闻说。

遇到涉及学生群体的普遍问题，随时召开临时班会解决。2021 年 1 月 13 日，因为深圳两天前出现几例新冠病例，学生们担心疫情发展带来防控升级会影响回家过年，要求学院立即提前放假。下午 5 点，海闻亲自给学生开会，经过交流沟通后达成大家认可的解决办法，利用那个周末把课上完放假，期末考试延迟到节后开学进行。

海闻阅历丰富，视野开阔，开班会有取之不尽的宝贵素材。他亲身经历的故事生动可信，感染力强，学生爱听，很多学生亲切地称海闻为"故事大王"。

海闻给全日制研究生讲素质问题时，曾讲了这样的例子：有一次在国外排队上飞机，突然看到前面的人几乎不动了，结果发现有一位年长者，腿脚不便，走得很慢，这时大家都不超越他。讲完美国的所见，海闻又与国内情况进行对比。他说："我在国内坐飞机时经常看到有人加塞。还有坐头等舱的人，飞机要起飞了仍然不听空姐劝告，还在打电话。这些做法，体现出来的是素质方面的问题。"

针对一些学生遇事喜欢抱怨，甚至在网上乱骂一通，海闻在班会上说："美国人的生活条件好，民主意识也强，但我没看到美国人动不动就骂空姐、骂学校。有一次我们的飞机晚点7个小时，原因是'机组人员因故没有调配过来'。我原想上去理论一番，但看到所有的美国人听到广播后都没有抱怨而是赶紧到服务台去改签别的航班时，我自觉惭愧。重要的不是抱怨，而是努力想弥补的办法或者忍耐。"

海闻还说到1996年带一批美国学生在中国游学的经历。当时正值洪水过后，火车很挤，再加上美国学生那节车厢的空调坏了，十几个小时的硬座闷热难熬。海闻很担心美国学生会受不了，没想到他们不但不埋怨，还幽默地说："我爸爸一定会感谢你，因为你让我们有了不同的经历。"

"同样一件坏事，不同的态度反映了不同的人生观。社会是复杂的，人生是艰苦的，要想成才，必须学会忍耐。"海闻说，在一定的条件下，忍耐意味着宽容，忍耐需要意志，忍耐是一种素质。

海闻直接深入学生中间，全力以赴抓学生工作，这已经成为汇丰商学院管理文化的一大特色。

史守旭当年曾跟海闻开玩笑说："你从大学校长、院长一直当到班主任，身兼三职，全国高校都绝无仅有。"但海闻乐此不疲，有人经过长期观察发现，如果看到他拿着笔记本，一脸兴奋或严肃地走向大教室，那多半是给学生开班会去了。

汇丰商学院首届学生毕业已经十几年，他们至今仍能说出当年海闻班会上的很多谈话内容。张振广说："作为第一批'吃螃蟹'的人，大家心态经常

不稳。每次海老师开完班会,都特别振奋人心。班会伴随我们度过了3年难忘时光,班会上的点点滴滴已经成为美好记忆,至今仍在影响着我们。"

学生毕业后,仍然想参加海老师的班会。从首届毕业生开始,在入学10周年的时间节点,同学们都会相约再回学院,举办各种活动。不论哪一届校友,回校都会安排一项共同的活动,那就是请海老师给大家再开一次班会。

"海老大"的一次平等对话

汇丰商学院研究生教育要求之高、管理之严,在国内高校可能无出其右,这也是"军校"风格的体现,但这并不意味着这里等级森严,学生只能循规蹈矩、绝对服从、缺少朝气。相反,这里秉承北大基因,师生间平等民主,校园气氛活跃,文化兼容并包。

在首届研究生的班级微信群里,很多校友说到海闻,至今都会用一个称呼:"海老大"!

据2006级校友王登峰回忆,"海老大"的称呼从商学院创办不久就叫开了。"当时我们想,叫他海校长、海院长、海教授,都不如叫他'海老大'合适和亲切,因为他自己也经常半开玩笑地说,'我是你们的大师兄'。他既是师长,又是老大哥,我们之间能够敞开心扉聊聊天、交交心。"

海闻与学生交往,很少师道尊严,更不会高高在上,更多像朋友一般。一声"海老大",反映出海闻与学生之间的关系是何等亲密与平等!

2011年5月,为了迎接第26届世界大学生运动会在深圳举行,有关方面要求深研院提供200名志愿者。到5月下旬,临近招募截止日期,正在外地出差的海闻接到学校学工部门电话,告诉他还缺24名志愿者。工作人员问,别的学院出了不少人了,商学院能不能再出几个人?海闻立即打电话给商学院办公室,要求再动员一下。但到了晚上,却只增加了3个人。在有需要的时候没有足够的人挺身而出,海闻有些失望。

于是，他连夜给商学院同学写了一封公开邮件："大运会既是国家今年的一项重要任务，也是展示深圳北大人的一次机会。我们商学院报名当志愿者的人数却是最少的！！！说课程重，国际法学院的课程不比我们轻，他们9月份还有司法考试，学生人数也没我们多，志愿者却比我们多。况且这是暑假期间，我们的学生数约占1/4，报名当大运会志愿者的却不到1/10！连只有100多人的生物化学学院报名的学生数都比商学院多！联想到运动会，还有上次EDP学员的追悼会……需要我们付出的时候，很多人却躲在后面……老实说，我觉得很失望！难道我们商学院真的只是在培养'有利才图'的商人吗？难道我们学经济真的在为自己的利益最大化吗？再次感谢已经报名参加大运会志愿者的同学！至少在你们身上我得到一些安慰！"

邮件虽短，但言语间反映了海闻当时的复杂心情。

这封邮件触动了很多人的神经，反响十分强烈。不少同学给"海老大"回信，有的表示自己早就报了名；有的表示看到邮件马上去报了名；有的表示邮件戳到了商学院一些同学的"软肋"，需要反思。

在回复邮件中，有一封邮件不仅洋洋3000余字，而且很多内容是对"海老大"的批判，甚至可以闻到一股火药味。

写信的是2010级学生王尧，本科就是北大人，当时任深研院学生会主席。他首先说自己刚刚报名，但"与您的那封用词强硬的邮件没有丝毫关系"。奥运时他在北大，也没有参加志愿者，"这与有没有公益意识丝毫没有关系"。他自信自己的公益意识比大部分人都要强，因为他从小学一年级开始就参加了很多公益活动。他说自己"从来没准备做什么正确的事情"，他做的是"对我来说好的"。

王尧说，自己是否选择参与某活动，考虑因素很简单：一是对象主动需求帮助；二是这个需求是确实存在的；三是我所能提供的帮助可以提供价值；四是我提供的帮助不会发出可能错误的信号。

他认为，在中国大型活动从来不缺少志愿者，而且很多时候志愿者变成了一项任务，以及一种展示。这不符合他的价值判断，所以不会去做。但后来情况发生了变化，他发现没有足够的人参与，所以他补报了。

从用词和表达的观点来看，王尧当时肯定是越写越激动。

王尧称海闻的"激励邮件实际上对我有些反效果"，并说院系平衡和院系对抗，是一件毫无意义的事情。他认为海闻没有注意到，这次商学院报名人少有多种原因。比如商学院宣传很差，很多人不知道，别的学院负责人很认真，工作到位；还有商学院研二学生面临实习问题，实际上只有研一学生可以参加志愿活动。

接下来，王尧引用罗素的话"我不会为了自己的信仰去死，因为我不知道自己的信仰是否正确"来表达一个观点："因为我不知道我所相信的是否真的正确，所以我绝对不会强迫任何人认同我的观点。"

信的最后，王尧甚至写了这样两段话：

"顺便说一句也许不合时宜的话，您是从'文革'过来的人，按理说，您应该比我更加清楚，如果只是坚持自己认为正确的事情，并且强迫别人接受自己的正义，这个世界会是什么样子。

'殚精竭虑，鞠躬尽瘁'是一种毒品，有时候会蒙蔽一个人的双眼。"

写完之后，王尧在发送海闻的同时，还抄送了全院同学，他希望引起更多人的关注，让大家都来讨论这件事。

收到这么一封满篇都是"不敬之词"的邮件，海闻心中当然有一丝不快，他会如何反应？是回信激烈地教训王尧一通，还是把他喊到办公室狠评一顿，或者干脆置之不理？都不是。

细读邮件之后，海闻转而一想，这小子虽然很多观点自己不能苟同，甚至是错误的，但挺有个性，挺有勇气，也挺有才气，实际上很多方面挺可爱的。也许只有北大这种土壤才能出现这种学生。看到邮件的当晚，夜深人静之时，海闻给王尧回了一封信，现把这封信抄录如下：

王尧同学：

你好！

谢谢你对我昨天所发邮件的公开评论。对于很多你个人的处世原则和人生哲学，我觉得不适合在此多加讨论，我也只对自己的想法做以下阐述。

第四篇 "军校"风格

第一，大道理仍然要讲，这也是我相信的东西，我就是靠着这些大道理在工作，在奋斗，在坚持——为自己相信的事"殚精竭虑，鞠躬尽瘁"。即使是毒品，我也毒入骨髓了，无可救药了。正是这些被某些人嗤之以鼻的大道理给了我动力去克服一个又一个困难。大运会当然重要，北大深研院也需要展示。北大精神不仅是民主，还有社会责任和献身精神；不仅是为民主献身，还为国家和社会的发展奉献。做"对自己来说好的"，无可非议，但只做"对自己来说好的"绝对不是北大精神。北大之所以尊崇民主，是为了通过民主来推动社会发展和进步。不错，我是从"文革"过来的人（不知为什么，我对这句话很反感），但我至少知道我的信仰是正确的。我不会强迫别人接受自己的正义，但我会强迫我所影响范围内的人接受通过合法程序制定的规则。

第二，感谢你在大运会还需要志愿者的时候挺身而出，也理解你关于你的行动跟我邮件无关以示"不唯上、不唯官"的声明。我很同意你关于"需要"而提供帮助的说法。的确，帮助只是在别人需要时才有意义。我写那封邮件的背景，是因为大家报名不积极，志愿者人数不够，"需要"有人站出来报名。

第三，我之所以失望，是因为我的期望值太高。最主要的，是因为我太把商学院的同学当作自己的"嫡系"甚至自己的孩子！我对自己特别亲的人从来都是要求最严格，我对我的学生和孩子的要求是：吃苦在别人先，享受在别人后。我给全院同学写的那封信，不是以校长的身份，也不是以研究院院长的身份，甚至不是作为商学院院长的身份，而是作为你们的 mentor（良师益友），或者某种意义上的家长。当有人批评商学院学生时，我常有"怒其不争"的感觉。我总以为：我全心全意地为商学院的同学打天下，争口碑，必要时对同学们批评一下、教育一下，即使有时语气过重，大家也会理解我的用意，引起重视。写这封信的做法，跟我对你们的其他要求，包括军训，以及在校前一年半专心读书不准实习的目的是一致的。看了你这封公开信，我开始反省：我也许错了？

第四，直到今天正式开始集训，我院仍然没有招满应有的 200 名志愿者，这的确是我们的工作没有做好,这一点我完全同意你的说法。我批评了学工部门,要求他们总结经验教训。当然,作为深研院的最高领导,我应该负最终的责任,是我对这件事太大意了。

第五,最后,对于没有及时回你上一封信和没有及时安排与你的会谈,我深表歉意。我每天要收到大量邮件,有时难免顾及不到。我下周三上午10点到12点有时间,欢迎你来和我交流。

祝愉快健康!

海闻

针对王尧邮件的内容,海闻既有坚定的表态,也有对一些问题实事求是的解释,还有对王尧报名参加志愿者的感谢,甚至还做了自我批评,在信件最后还主动邀请与王尧面谈,充分体现了师生交往中的"海氏风格"。

这场"论战"除吸引众多学生旁观外,还有多位学生直接参与,王荋就是其中一位。在看到王尧的邮件之后,他同时给海闻和王尧都写了信。

王荋在给海闻的信中说:"昨晚看到师弟的邮件,觉得他说的不少话确实不太合适。跟几个好朋友也讨论过这件事,大家也都比较同意我的看法。"对王尧很多"出格"的话,王荋还不忘替师弟解释:"师弟发邮件的时间也是深夜,很有可能越写越激动,小情绪就倾泻而出了。希望您不要太放在心上。"

王荋跟王尧表示,自己不同意他的一些观点,并认为海闻老师"从来没有以行政命令强迫大家去做志愿者,只是邮件号召"。

处于风暴中心的王尧,马上又给全院同学和海闻写了一封邮件。对海闻邮件中提到的5点,王尧逐条回应。这次态度有些变化,但有些观点仍然坚持不变。

针对海闻信中的第一条,王尧说:"对于您能够如此坚定自己的信念我表示由衷的钦佩,因为任何一个能够坚持自己信念的人都是某种程度上强大的人。"

对第三条,王尧的回应较长,他说:"其实您对我们来说一直都是恩师如父,这一点从任何方面我们都可以深深感觉到。对于您为我们做出的一切,我们都有切身的体会,在同学之间的交流中,我们都毫不掩饰地表现出对这里的认同感。我们之所以更加努力和拼搏,很大程度上也是为了这所学校,这点是和您一样的,我们所有人都有共同的目标与愿景。而正如您对我们有很高的期望一样,我们也对您、对这所学校有很高的期望,所以我才会选择以这种形式与您交流。"

但王尧又指出,自己和自己的父亲也在很多方面观点不一样,结果是"他坚持他的,我坚持我的,这从来没有什么不好"。

这封邮件发出去几天后,海闻专门约王尧在办公室见面交流。据王尧回忆,当时"杂七杂八聊了很多","部分问题观点统一,部分不统一"。不过,在志愿者报名上,"商学院后来报名人数剧增,超过正常比例"。

这件当时在校园引起广泛关注的事件,最关键的不在于结果是否意见完全统一——实际上这也是不可能的——而关键在于沟通的过程。整个过程折射出来的东西很多,其中最有意义的是,我们看到了北大汇丰商学院一种可贵的文化:平等、民主与包容。这种文化培养的学生,懂得相互尊重,思维活跃,工作中创新精神和能力也会更强。

20年来,这种民主和平等的文化一直保持着,2022年秋天,对于一次周日的野外拉练,个别同学对超过预期的艰苦在群里表达了不满,甚至扬言要到上级部门举报。在召开班会之后,海闻欢迎还有不同意见的同学到他办公室继续交谈,结果来了四名同学。在认真听取了她们的意见之后,海闻耐心地与她们沟通,让她们了解学院严格要求学生的良苦用心,教导她们学会如何有效沟通,如何面对出其不意的挑战。一个多小时后,学生们解开心结,欢愉而去。

这件事引发深刻思考

这是一个十分不幸的消息。2010年3月4日,汇丰商学院2009届毕业生阮舰(化名),到某基金公司工作还不到一年,竟然跳楼自杀。原因是该公司实行末位淘汰制,阮舰不幸被解聘,在巨大压力下,一时想不开而走上绝路。

阮舰上进心强,从小学习成绩就十分优秀,中学曾获全国奥林匹克化学竞赛一等奖,被保送进复旦大学化学系。为了圆北大梦,阮舰2003年本科毕业时放弃了本校保研机会,后考入汇丰商学院,读的是经济学和金融学双硕士。他的突然离去,震惊了商学院师生。

海闻对学生的感情一向深厚,知悉阮舰自杀的噩耗之后,他心情万分悲痛。海闻仔细了解了相关情况,写了一封名为"沉痛哀悼2009届毕业生阮舰"的邮件,发给全院同学。

在信中,海闻向同学们介绍完情况,提醒说:"逝者已矣,我们现在能做的就是给予阮舰同学最大的尊重和哀悼,给予他的家人最大的安慰和支持。你们是阮舰同学至亲的同窗、师弟师妹,我希望同学们不要妄信可能出现的传言,也不要在死者身后不够尊重地妄加非议,让他亲友的悲痛雪上加霜。"

最后,海闻谆谆告诫学生:"坎坎坷坷是人生的常态,要勇敢地走过去。在以后的人生中,积极乐观地面对任何困难和挫折,永远都要爱惜自己、爱惜生命、爱惜家人!无论多么出色和成功,要永远放低姿态,学会忍受。无论多大的痛苦,都会随着时间的消逝而减轻;无论多厚的阴霾,总有拨云见日的一天。生命对每个人只有一次,要永远记得不放弃、不抛弃!"

虽然社会上自杀事件时有发生,虽然阮舰已经毕业离校,虽然直接诱因是该基金公司实施的末位淘汰制,但27岁年轻校友生命的消逝,还是在汇丰商学院师生中震动极大。他们开始反思,学院教育究竟有哪些需要改进、哪些需要加强；同时，汇丰银行方面也向商学院询问此事，冠名之后，商学院发生的很多事情，他们都非常关注。

这件事带来的一个最直接结果，就是从此停止公布毕业生起薪。在国际上，毕业生起薪水平是衡量一个商学院好坏的指标之一，但汇丰商学院从此之后只统计，不公布。

商学院首届毕业生进入单位的平均年薪是18.5万元，公布出来之后，正面影响非常大，但也带来一些负面效果，容易给学生形成一种无形压力，甚至一种错误导向，好像毕业之后拿钱越多就越成功。这种导向让学生在此后几年选择就业单位时，出现一种现象：第一选择是外国金融公司，第二是国内基金公司，第三才是华为这种好的实体企业，其他的单位都不愿去了。同学们认为找到好单位、拿到高工资才有面子，才是成功，否则就感觉人生很失败，很灰暗。

"在这种情况下，我们就开始调整，不把赚多少钱，或者到知名公司工作作为我们培养人才的唯一评定标准，不以年薪多少论英雄。学生到非政府组织去，甚至做志愿者，他们也是我们心目中的优秀毕业生。"海闻说。

这件事让汇丰商学院更加重视对学生价值观的教育，进一步坚定打造"商界军校"的信念。"不管智商多高，学识多渊博，没有坚强意志，经不起挫折，受不了'摔打'，就不可能成为优秀人才，就不可能对社会做出贡献。"海闻认为，军人的意志百折不挠，"商界军校"的理念可以强化高校教育中某些薄弱的东西。所以这些年来，虽然偶尔还有人对打造"商界军校"存在异议，但海闻仍毫不动摇。

海闻在班会、年会等各种场合与学生交流时，有意识地突出了挫折教育。他喜欢与同学们讲讲自己在北大荒当知青的经历：物质的匮乏、劳动的艰辛、前途的渺茫、求学入党路上一次次的失望，都没有击垮他，靠的就是坚定的理想和良好的心态。他特别喜欢引用孟子那段话："故天将降大任于是人也，必先苦其心志，劳其筋骨，饿其体肤，空乏其身，行拂乱其所为，所以动心忍性，曾益其所不能。"他告诉学生，挫折是人生的财富，要学会忍受。遭遇挫折过后，也许就是柳暗花明，阳光灿烂。

在商学院2011届毕业典礼上，海闻以"开启苦难辉煌的人生"致辞。他特别提到"人的一生是不会一帆风顺的"，所以需要忍耐和坚持。他说："孙中山先生说得好，'夫天下之事，其不如人意者固十常八九，总在能坚忍耐烦，劳怨不避，乃能期于有成。'我在校内网上也分享了一个小故事，说的是每一个人都在背负十字架前行，有人嫌其沉重，不断地在途中把十字架锯短，放弃的确让他更轻松了；然而后来遇到巨大沟壑时，只有完好的十字架才可以搭建成通过的桥梁，锯短了的十字架却永远也无法让他越过沟壑到达彼岸。所以，不论道路多么曲折，不论负担多么沉重，人生的道路上一定要学会坚持，学会忍耐，只有这样，才能实现我们理想的目标。"

北大深研院2013届毕业典礼上，海闻在"高远的心，乐观的心"致辞中特别指出："我认为只有乐观的人才能坚持得住。乐观来自自信，自信来自知识。当然，乐观也是一种心态，这种心态则取决于对人生的态度。世上最难掌握的是人生哲学。有理想的人不容易满足，容易满足的人往往不会有很高的目标。能做到既有远大目标，又容易得到满足是不容易的。我的经验是，取得成就时要多想想未来的高远目标，多看看不足；遇到困难挫折时则要多欣赏欣赏自己已取得的成就，给自己鼓鼓劲。只有这样，才能始终保持乐观。容易悲观丧气的人、经常牢骚满腹的人是不会有大出息的。要相信'面包会有的，牛奶也会有的'，'山是可以移掉的'。有了这种乐观心态，就能在挫折面前不气馁，困难面前不动摇。"

这种挫折教育的话不仅海闻经常讲，其他院领导也经常讲。在2012届商学院毕业晚会上，欢欢喜喜的氛围中，张化成甚至做了"我不祝你一帆风顺"的演讲。他说："我不祝你一帆风顺，因为现实世界中，没有人能一帆风顺。失败和错误是我们生活中最好的老师。英国作家J. K. 罗琳破产过，看不到前途。然后她坚持做生命中最重要的事情，就是写作，终于写出风靡全球的哈利·波特系列。如果没有之前的失败，她也许就不可能写出这么好的书了。纽约前市长布隆伯格在华尔街工作时曾被开除，开除后出来开公司，成就了一番宏伟事业。乔布斯也曾被苹果公司开除过。失败可以让你甩掉不相干的东西，留下真正想要的东西和真正的朋友。因此，不要怕失败，从失败中可以学到更多东西。"

汇丰商学院每年都举办新年晚会,最近十几年来,每年都确立一个晚会主题。2022年12月底举办新年晚会时,正是3年疫情防控放开,针对当时出现的恐慌,年会的主题定为"力搏激流,向阳而生"。海闻面对师生们说:"'力搏激流,向阳而生'其本意是向着太阳、向着光明、不怕艰险、勇敢前进。此阳非彼'阳'。12月初全国放开后,给了'向阳而生'另一重含义!不过,这也好。面对可能出现的大面积阳性,面对阳性考验的难关,面对黎明前的黑暗,我们只能以力搏激流的勇气,用心中的太阳去战胜疫情的'阳',以向阳而生的英雄气概去迎接所有艰难困苦的挑战,最终取得全面胜利!"

海闻告诉学生,真正考验一个人或帮助一个人提升和蜕变的,都不是在一帆风顺的环境中。只有面对湍流,在别人找各种理由逃避时,还能做到"不管风吹浪打,胜似闲庭信步",这样的人才是未来能够成功的人。

素质养成做到内外兼修

"正装是穿给别人看的,最重要的作用是通过个人的精致着装体现出对他人的尊重。你看这位男同学,西装质地、颜色都不错,就是领带太长,夹的位置太偏下,这就影响了穿着效果。"

这是礼仪老师容莉2013年一次上课时的情景。她理论联系实际,讲得生动形象,学生们听得津津有味。如果不看下面坐着的一张张年轻面孔,不看这是在汇丰商学院的大教室,你一定会以为这是哪家大公司在搞员工培训。

像这样的礼仪培训,汇丰商学院从第一届就开始了,当时还是专门从香港请的培训师。自此之后,每届学生都会接受多次礼仪培训。

按照专家的定义,礼仪是以约定俗成的方式来表现律己敬人的过程,涉及穿着、交往、沟通、情商等内容。汇丰商学院为什么这么重视礼仪培训?

海闻认为,中国是礼仪之邦,懂得礼仪是高素质人才必备的素质,尤其对商学院学生来说，将来进入商界工作的较多，他们要有彬彬有礼的外在形象，和修睦向善的内心世界，这样才能成为商界精英。礼仪培训让很多学生认识到了过去很少注意的一些问题，他们没想到会有这么多的条条框框。在教学生学会穿衣打扮、待人接物的同时，礼仪培训像军训一样，有利于提升学生内在的气质和素养。

礼仪文明是商学院学生必备的综合素质之一，它的教育培养渗透在商学院工作的每个细节之中。从院领导到老师都非常注意自己的形象，这是很好的礼仪示范。他们对学生的礼仪要求也很严格。

有一次，张化成到食堂吃午饭，看见一男一女两位学生从里面出来，他把门推开，让两位学生先走。两位学生都出来后，却被张化成叫住了：

"我推着门不是让你先出来，而是让这位女生先出，你应当知道女士优先。"张化成对其中的男生说道，这位男生听完，才意识到自己刚才无意识的抢先动作非常失礼，涨红了脸。

张化成认为，商学院的男生要有绅士风度，女生要有淑女气质。加强学生管理，进行礼仪教育，就是要去掉学生身上粗俗的东西，使他们儒雅起来。

汇丰商学院全日制研究生每年年底都要举办新年晚会，全体师生都会参加，很多人把它称为"年会"。年会既是总结过去和展望未来的大会，还是一个高品位的社交聚会。

在地点的选择上，全日制硕士生年会从第一次开始，就放在校外的酒店。后来更是选在华侨城洲际大酒店，这是深圳知名的五星级酒店，每次要花好几十万元。开始有人说是不是有些浪费，建议随意找个不要钱或者便宜的地方。海闻不同意，他认为，只有在这种酒店才能营造出真实的商务活动氛围，让学生身临其境，耳濡目染，增长见识。"这不是一场普通的晚会，而是一堂必修课！"因此，全日制硕士的年会至今仍放在外面的大酒店。

参加年会时，所有学生都要求正装出席，都以最佳形象出场亮相（图4.2）。学院网站曾报道一次年会中学生的着装："女同学们都换上了平时没有机会穿的礼服，有的是宛如雅典女神一般的曳地长裙，有的是俏皮可爱的及膝短裙，有的披上了雍容华贵的披肩，有的则穿上斜肩款式露出半边香肩。她们穿上闪亮的高跟鞋,化上精致的宴会妆容,看上去比平时多了几分艳丽和成熟。男生们则清一色地穿上了提升气质的白衬衫和挺括的西装,系上或商务或休闲风格的领带,看上去都大气庄重,神采飞扬。"

年会不仅场地高档,出席人员也不限于学院师生,海闻每次都会邀请社会名流、商界人士、公司人力资源高管出席。台上讲完话,精彩的表演一个接着一个,全是学生自编自导自演的节目。大家边看边吃边聊天,不同年级同学相互认识,加深了解。饭桌上还特地准备酒水,完全是一场商务宴会的标准,大家欢聚一堂,其乐融融。

图4.2　每年学院新年晚会,所有学生都盛装出席

"年会的第二天,另外班级一位同学在校园里碰到我,主动跟我打招呼,我一时认不出来他是谁了,结果他自我介绍说,昨晚我们还在一桌吃过饭呢。我这才恍然大悟。年会中的座位不是按班级排,而是故意打乱,目的就是让大家能够认识更多新同学。当时我们一桌有10个同学,很多人化了妆,形象改变太大,弄得第二天一下子我都不认识了。"2023级学生商周回忆学院年会时说,每次年会都给他留下深刻的印象。

礼仪培训、日常要求、年会实战演练,加上每周的综合素质教育理论与实践课,使商学院学生的形象气质在整个大学城都出类拔萃。有人说,在大学城举行集体活动时,商学院学生给人的感觉就是不一样。

"进入单位工作之后,在校修炼出的风度和气质以及掌握的礼仪知识,都挺有用的。"毕业多年的校友华欣说,工作中不经意间释放出来的气质和内涵,会影响别人对你的看法。

除仪表气质外,海闻对学生的穿着也很关注。首届毕业生找工作时,他发现有些学生没有西装,他就出资建立了一个"海闻学生发展基金",资助学生购置职业装。

2020年11月的一个周末,EDP高管071班的学员严小华邀请海闻到他公司看看。严小华是卡尔丹顿公司的副董事长,经过30多年的发展,卡尔丹顿已发展成为一家专注于高端服饰品牌连锁经营的时尚集团。闲谈之中,海闻了解到,卡尔丹顿正在考虑如何在年轻人中拓展市场。时刻想着学生的海闻马上想到了一个主意:卡尔丹顿需要年轻人,北大汇丰年轻学生需要卡尔丹顿,两者合作,岂不双赢?

海闻随即提议请卡尔丹顿为北大汇丰全日制学生在研二结束时每人定制一套西服,学院出钱支付成本,卡尔丹顿捐出利润作为品牌推广。严小华听罢当即表示同意,双方说干就干,不久就签署了合作协议。

2021年春,当2019级同学准备进入职场实习和找工作时,每人收到了一套量身定制、颜色样式自选的品牌职业装,穿起来合身得体,挺拔端庄,成为求职场上的一道风景线。

项目启动后,海闻考虑的是如何做到可持续。最初两届的服装费用是从"海闻学生发展基金"中出的,从2021年开始,海闻提议学生的职业装费用从每年全日制硕士捐赠的基金中支付,即2011级在入学10周年时捐助2021级同学,2012级在入学10周年时捐助2022级,当2021级同学入学10周年时,他们又会捐资为2031级同学置装。如此循环下去,不仅解决了可持续的问题,也增强了相隔10年两届同学之间的感情。此事又成为全国乃至全球商学院的创举!

奖惩规定，明明白白

有人感叹军校风格的商学院就是不一样，这里特别注重对学生的教育和管理，管理中还特别重视量化。他们把学生表现与"分数"挂钩，使得管理更精细科学，同时也更加严格。

在最新的奖励条例中，日常活动、学科课程和各类获奖都可能获得加分，比如，担任学院、学校、社会活动的志愿者，按时间和强度，每次记1—3分；担任各学生社团第一负责人，每学期记0—6分；获得北大校级以上荣誉表彰的，每次加5分。

在最新的处罚条例中，扣分条款细致入微，如未按规定着装或不遵守规定者，每次扣1分；作业抄袭，一经发现，除此作业记0分外，扣10—20分；研一在学期间不准实习，违者每天扣4分。

几十条加分扣分条例，处处体现了商学院的办学理念和严格要求。比如，商学院特别重视学生的学术表现，论文被SSCI/SCI收录，且期刊的影响因子在相应学科中的排名排在前20%，唯一作者加分高达60分/篇，学术获奖加分也非常高。当然，发现学术造假的扣分也非常重，论文抄袭剽窃，除按学校规定处分外，扣100分并开除院籍。又比如，对诚信要求不仅体现在学术上，还体现在求职就业中，对伪造虚假简历、文件，已签约单方毁约者，都要扣50分。

每位学生除学习成绩档案外，还有一份加分和扣分档案。加分和扣分的结果，又和奖惩结合在一起。

商学院成立了荣誉委员会和纪律委员会，负责执行对学生的奖惩。每个委员会均由院领导、行政办公室代表、教师代表和学生代表组成，其中学生代表由学生会、党组织、团组织各出一人。新生入学荣誉分为0分，累计加分20分或以上者，可获得三等功；40分或以上者，可获得二等功；70分和100分或以上者，可分别获得一等功和特等功。最终的奖励以记功方式呈现，很有"军校"的做派，可以极大地激发学生的荣誉感。

新生入学纪律满分为100分，累计年内扣分超过5分的，取消当年的评优、评奖资格；年内扣纪律分超过20分者，取消次学年奖学金；年内最后纪律分变为0分的，移交纪律委员会处理，最高可开除院籍，并交由学校最终裁定。凡是涉及扣分和处罚学生的，汇丰商学院都很慎重。一些涉及争议的处罚，纪律委员会还会专门组织听证会，广泛听取意见。

奖惩条例的最早版本是2009年5月出台的，至当年10月底，共有4名学生因作业抄袭被分别扣10分，4名学生因违反课堂测试纪律被分别扣4分，25名学生因上课缺席被分别扣4分。此外，有96名学生获得加分奖励。条例一推出，处罚动了真格，警示作用立竿见影。

出台两大条例，加强学生管理，提升综合素质，是打造"商界军校"的举措。这些措施让人"爱恨交加"，很多学生表示，奖励条例给人奋发的动力，但处罚条例像"达摩克利斯之剑"，悬在头上让人不得不时时小心。条例刚出台时，学生们议论纷纷，甚至有人提出抗议，认为动不动就加分扣分，这是一套对待小学生的管理办法，连本科生都没有这样管理的，何况研究生。

面对反对声，学院在做好解释工作之外，坚定不移地落实规定。后来根据实行情况，对条例的具体内容做了修改完善。如今，绝大多数同学已经适应了这套清楚明白、细致入微的奖惩制度，这套制度确保学院有一个良好的校风、学风。

十几年来，有极少数学生因严重违反校纪而受到严厉处分。2019年，有学生偷偷在外面公司实习，临时找人替自己听课，结果课堂上有随堂考试，这样问题就不仅仅是冒名听课了。学院发现后按照奖惩制度，给予涉事的3位学生劝退处理。

团队意识，这里最强

查看汇丰商学院官网以及学生办的电子杂志《汇志》，上面记录了很多学生集体活动的情况，下面反映的是春游和秋游活动。

场景一：2014年5月7日，到达龙岗区园山风景区后，同学们首先进行了有趣的"驿站传书"游戏。游戏规则是每一列最后一位学员看到成语后，通过肢体语言依次传递信息至第一位学员，由第一位学员猜出成语。游戏结束，大家开始自由活动，可自行选择登山或者园区内其他活动。大家尽情玩耍，不亦乐乎。下午两点半，登山活动结束，随后举行了汇丰商学院首届"院庆杯"卡丁车大赛，海闻也坐上卡丁车参战。与此同时，在园山公园另一角，神枪手比赛也在激烈地进行。

场景二：2018年10月10日下午，深圳知名的东涌海滩阳光明媚，海风吹拂，全日制硕士在这里秋游。"海滩穿越""口口相传"两个游戏结束之后，男生们开始力量的比拼，他们脱了鞋，赤脚在沙滩上拔河，女生们则在一旁做起了啦啦队。当暮色降临，大家精心准备的节目开始表演，独唱、舞蹈、小品轮番登场。现场欢声笑语，不时爆发出阵阵掌声。演出最后，外国学生带来了土耳其特色的舞蹈，全体同学起身，手拉着手围成圈跳起舞来。

汇丰商学院学生学业较重，管理严格，但千万不要以为这里生活枯燥无味。他们极力营造"团结、紧张、严肃、活泼"的校园氛围，每年都要举行春游、秋游等各种集体活动，让学生们亲近大自然，放松身心，增强团队意识和同学友谊。学院组织活动时匠心独运，把活动变成不同年级学生之间沟通相识的平台，效果非凡。

学生入校时有秋游，一年级学生必须参加，二、三年级自由参加。入校的第二学期有春游，一年级和三年级必须参加。这样一年级和三年级学生就有机会认识了。读二年级时，春游、秋游就无所谓了。因为等到三年级春游时，他们又必须和一年级学生一起参加，这样又和一年级学生认识了。除了春游、秋游，年会的安排也颇有讲究。海闻介绍："每位学生在读期间，都必须参加两次年会。一年级是跟二年级一起参加，到二年级时，又是跟一年级一起参加。这样，如果算上春游，每位同学在读期间，都有机会上面认识两届学生，下面又认识两届学生。这些集体活动像纽带一样，把大家连接在一起。有些同学之间不一定很熟，但至少打过照面，知道谁是谁，有一个大概了解。"

春游、秋游一开始实施时，也有一些师生不理解，认为研究生不是中小学生，没必要搞这种集体活动，费时费力，搞起来可能很多人也不喜欢。但海闻一直坚持把它作为一堂课来精心策划组织，春游、秋游地点不一样，参加人员不一样，活动也趣味横生，而且只要他在深圳都会尽量随队参加。活动中，大家收获快乐，赢得友谊，渐渐地不但接受了，而且喜爱上春游、秋游，使之成为商学院经典的常规活动。

除了商学院组织的集体活动，学生自主组织的活动也十分丰富。全院研究生有几十个学生社团，每位学生至少都参加了一个社团，每个社团每学期都要开展很多次活动。

2014年5月18日上午，北京大学金融校友联合会成立大会在汇丰商学院新大楼里举行，嘉宾共3000多人。为了办好这项重大活动，汇丰商学院通讯社（简称"汇通社"）近20人全部上阵。在现场，他们有的拿着纸笔采访，有的带着照相机、录像机拍照录像。最后他们写出了20多篇新闻稿，除了在学院官方网站刊发，还出了一期电子杂志《汇志》。

汇通社成立于2007年，是学院老牌社团，由一批爱好新闻的各年级同学组成。他们的工作原则是"有求必应"。商学院组织重大活动，或者是学生社团组织活动，只要通知他们，通讯社都会派学生记者前去采访。除了保障学院官网所需的大多数新闻稿，每学期还至少出版一期电子杂志《汇志》。这是一份充满青春活力的杂志，图文并茂，校园气息浓厚。

"我们社团挺有趣味的，可以接触到很多老师、同学，甚至是学院邀请的大腕。"2014年曾担任汇通社社长的王言言接受笔者访谈时说，她当时的"部下"战斗力很强,有时候活动开始前十几分钟临时接到采访通知,时间紧迫,但只要她"一声令下",马上就会有人赶到现场采访。

在大学城,汇丰商学院学生特别抱团儿,以至于有"不怕商学院的球队,就怕商学院的啦啦队"的说法。毕业之后,大家虽然进入社会不同机构,但相互之间感情依然深厚,联系依然紧密,抱团儿的风气没变。

校友介勇虎回忆校园生活时说:"南国燕园相对北大本部学生人数较少,校园也不大,大家反而更加容易熟识。另外,由于校园远离繁华的市中心,大家少了逛街机会,这样有更多空余时间来参与院内的集体活动,展示才华,培养友谊。"

"我们这个圈子说大也大,说小也小。到外面开会,到企业调研,经常会和北大汇丰校友见面。"在基金公司工作的校友梁莹认为,汇丰商学院给同学们留下了太多集体记忆,毕业至今已经十几年,大家见面谈起来还如在昨日,同学之间的情谊还是又深又浓。

这里无论是全日制硕士,还是 EMBA、MBA、EDP,同学之间都很重视在校期间结下的深厚情谊,作为连接毕业校友之间纽带的校友会非常健全,在全国各地都有,而且经常组织活动。2023 年 10 月 28 日,在院领导参与下,校友会第二届理事会通过了《北京大学校友会汇丰商学院分会管理办法》修订版,旨在促进校友会健康发展。

汇丰商学院用理念、活动和情感,使学生们凝成坚强的集体,养成团队精神,结下深厚情谊。在学校时,这里的同学"最抱团儿",毕业之后进入社会,大家也互帮互助,共同成长。

创新全日制硕士培养模式

打造"商界军校"的目的,是培养出社会需要的高素质人才。这就要求在培养学生专业素养上下功夫,使学生在"能""智""德"上表现更优秀。

汇丰商学院从初创时就打破常规，在全国研究生教育中开双硕士教育先河。从2005级到2012级，共8届学生参加了"北大经济学－港大金融学"和"北大管理学－港大金融学"的双硕士项目。

与港大合作成功之后，汇丰商学院把眼光瞄准其他高校。出于地缘考虑，香港中文大学（简称"港中大"）成为首选。这次合作，选择的专业组合是北大金融学与港中大经济学。港中大经济系拥有雄厚的教学和科研实力，声誉卓著。两强合作，旨在培养的人才能够掌握现代金融理论方法和技术，通晓国际金融运作方式和管理方法，同时具有扎实的经济学基础，了解中国和世界经济规律和经济形势，有独立研究和分析能力，对现实经济问题有较清晰的把握。该项目从2011年开始启动，每届招收一个班，60人左右。这个项目共培养了三届学生。

与港中大的合作和与港大的合作一样，对方会从香港派教师到深圳上课。此外，港中大还会专门安排一段时间，让汇丰商学院学子到香港校园做深入体验。

杜雨为2013级学生，16岁时就进入武汉大学攻读金融工程，成绩优异的他，2013年在看到北大与港中大的合作项目时就立刻做出申请，并成功保送至汇丰商学院。2016年从学院毕业后，他曾先后就职于腾讯、红杉资本，目前就读于中国社会科学院博士项目，还是畅销书作家。港中大的双学位项目帮助他加强了跨学科的知识储备，为现在的博士项目打下了良好的基础，同时他也提到让他在香港投行中获得了更强的竞争力。

2014年7月初，杜雨和90多位同学一起，到港中大参加了为期一周的暑期工作坊（Summer Workshop）。在那里，他们受到热情周到的接待。他们到港中大校园、香港特别行政区立法会和香港金融管理局参观，并和港中大学生一起研讨。最令同学们受益的是学校专门安排的几场讲座，嘉宾赫赫有名，包括刘明康、诺贝尔经济学奖得主詹姆斯·莫里斯（James Mirrlees）等教授。詹姆斯·莫里斯是激励理论的奠基者，常年任教港中大。他为大家带来了新的研究成果："International Capital Flows and Inequality"（国际基本流动与全球不平等）。"他的讲座，让大家领略到了诺贝尔奖得主深厚的经济学研究底蕴。"杜雨说。

对大家来说，双硕士不仅多学了差不多一倍的课程，还同时接受了两所大学不同风格的教育方式。

凡是就读双硕士项目的学生，同时拥有两所高校的两个学籍，可以享受双方的教育资源。比如，有一些同学就利用课余时间到港大、港中大去借阅图书、听讲座等。而专门安排的暑期工作坊，相当于到对方学校"蹲点"学习。这种特殊安排，港大有3周时间，新加坡国立大学（简称"新国大"）则长达3个月。

2013年，参与双硕士项目合作的高校进一步拓展。当年3月北大与新加坡国立大学签署协议，联合培养"北大经济学－新国大金融工程"和"北大管理学－新国大金融工程"双硕士。

新加坡国立大学经常在QS世界大学排名中位列亚洲大学第一，学校国际化程度非常高，学生来自世界各地。在和这所世界名校相关负责人谈合作时，汇丰商学院负责人的一番话打动了他们："我们的学生在中国是最优秀的，如果我们合作，他们既是北大学生，也是你们的学生。将来他们在中国的影响力，就是你们新国大的影响力，他们代表北大也代表新国大。"而且新国大这所综合型大学的一个教育特色，就是与全球最优秀的高校合办具有全球视野的课程。因此，两家合作谈得非常顺利。新加坡国立大学以要求严格著称，需要平均分达到80分才能拿到该校金融工程硕士学位。

2014年，社会对既懂新闻又懂财经的复合型人才需求旺盛，海闻邀请北大本部新闻与传播学院原常务副院长徐泓教授来深筹建新闻与传播硕士（财经传媒方向）专业。筹建期间，两人一起制定培养方案，精心选择每门必修课和选修课，亲自选定该专业的常用教室。为了吸引更多优秀本科生报读，他们一起在北大本部开招生宣讲会。第一届学生入学，他们又亲自给学生开班会。这个专业开始设在北大深研院人文社会科学学院，2016年调整到北大汇丰，使北大汇丰成为全国首个开设新闻与传播专业硕士的商学院，在招生中一直广受欢迎。

2024年3月，北大汇丰新闻传播学科举办第一届国际学术会议，来自宾夕法尼亚州立大学传播学院的夏姆·苏达尔（Shyam Sundar）教授和密歇根大学信息学院的妮可·埃里森（Nicole Ellison）教授在了解北大汇丰的做法后评价说："在商学院内部办传播学专业，汇丰商学院是我们见过的唯一一个。汇丰商学院既面对市场发展，尤其是创新技术的前沿变化，同时又坚守人文精神和社会公共价值，是非常可贵的学科创新，从这里的学生身上可以看到学科交融焕发出来的强大生命力。"

到目前为止，汇丰商学院共设有经济学、管理学、金融学和财经传媒四大专业，其中金融学专业包括金融管理、数量金融、金融科技、国际金融管理四个方向。这些学习项目的设置，体现了学院重视"交叉学科"和学生综合素质的培养，比如经济学看似单一，但组合后的"北大经济学+新国大金融工程"等，就变成了"复合型"，毕业还能拿两所名校的学位。

为了促进学生跨学科学习，进一步拓宽知识视野，成为复合型人才，汇丰商学院在"双硕士"之外，要求单学位硕士必须辅修几门其他专业的课程。比如经济学硕士，可以从金融学、管理学或财经传媒专业中选课，完成规定数量的辅修课，颁发辅修证，拿到辅修证是毕业条件之一。这项辅修制改革从2017级开始试行，2018级正式实行。

在硕士培养上，汇丰商学院还有一项改革是，这里所有专业硕士都强调深厚的理论功底，学制一律为3年。目的是培养"宽口径、厚基础"，既有理论知识、又有实际操作技能的高质量人才，与其他高校形成差异化。

硕士培养项目之外，汇丰商学院还与北大本部的学院开展了本科阶段学生的跨学科联合培养。2022年，学院与北大国际关系学院联合设立"国际政治与国际金融"跨学科本科联合培养项目（图4.3为参加该项目同学上课的情景）；2024年，学院与北大新闻与传播学院联合开展"国际传播与国际金融"跨学科本科联合培养项目。这两个学院参加联合培养项目的学生会到汇丰商学院学习一年，其中一个模块会在英国校区完成。这种跨地区、跨领域的培养模式深受学生欢迎，参加这一项目的学生毕业后多数选择在汇丰商学院继续读研。

图 4.3 2022 年,"国际政治与国际金融"跨学科本科联合培养项目设立,图为欧阳良宜在给本科生上课

论文抄袭,学位没了

在学术纪律和学术道德方面,世界上很多国家要求都极严。像论文抄袭、学术造假之类的"高压线",很少有人敢去碰,一旦碰了,就会身败名裂。

抄袭看似是个人道德问题,实际上关系着一个国家和民族的创造力。如果对抄袭睁一只眼闭一只眼,抄袭成风,知识产权得不到有效保护,大家就不想去搞创造、创新,不想去做从 0 到 1 的发明,这样的国家和民族是很难有前途的。

要办国际一流商学院,在学术纪律上必须严格执行国际标准。汇丰商学院在创办之初就从自身做起,让学生在校期间养成良好的学术品德,也为整个社会学术风气的净化出一分力。要做到这一点，光说不行，必须有具体的措施。

2011年，学院启用专业软件检查学生论文，结果发现一位女生的毕业论文存在严重抄袭。按照学院《学生违纪处分条例》规定，要取消她的硕士学位。

问题是，这位女生已经毕业，且已进入一个很好的单位工作。另外，根据北大与港大的协议，双学位项目"同进同出"，一旦北大学位被取消，学院还必须报告港大，港大也会取消她的金融学硕士学位。这样一来，不仅这个学生会失去工作，3年苦读的结果也付诸东流。同时，学生论文抄袭事件会传到北大本部、传到港大，最终还会传到社会上，这个年轻商学院的名声是否也会受到影响？

这位女生平时各方面表现还不错，而且与学院领导和老师很熟悉。在师生感情与原则之间，在短期面子与长期学术声誉之间，院领导如何抉择？

"痛心！当老师的谁都不希望处理自己的学生，特别当这种处理会影响她的前途时。"一位院领导回忆说，当时确实很纠结，但碰上这种原则性问题，学院必须"挥泪斩马谡"。最后，这名女生的北大硕士学位被追回，随后港大学位也被取消。

在2011年左右，国内高校大多制定了论文抄袭的处罚规定，而且处罚方式也大同小异，都很严厉。但很多情况是有人举报才去查证，不得已的情况下才处分，像这种学校主动复查学生论文，发现抄袭并追回学位的，在国内高校极其少见。

学术纪律和学术道德这把悬着的"剑"真的掉下来了，在汇丰商学院，在北大深研院和大学城，师生都为之震动。大家看到，这把剑不是悬着给人看的！从此之后，汇丰商学院谁也不敢不正视这个问题，此后每年都用专业软件检测学生论文，再也没有发现学生抄袭事件。

后来有少数学生私下抱怨："别的学校不那么认真，为什么我们要那么严？"张化成知道后，给他们讲了一个故事："美国公司都有公司信用卡，用于员工出差等公务活动，但是属于私人消费的绝对不能用。如果出差忘了带自己的卡，你想用公司卡吃一次饭，或买东西，回来马上拿钱还上也不行。违反规定最高处罚可能被开除。我在美国公司工作时，有一次和同事出差，在机场时同事用公司信用卡买了一件纪念品。我问他用的什么卡,他说公司的,打算回去就拿钱还公司。我立即告诉他相关规定,结果他马上跑回去退货。因为飞机就要起飞了,他说如果飞了,你就先走吧。你看,人家公司规定多么严格,他们又是如何遵守制度的。"

在汇丰商学院《学生违纪处罚条例》中,涉及学术纪律的扣分共有 5 条。除按照学校规定处分外,还规定"考试作弊,扣 50—100 分","论文抄袭剽窃,扣 100 分并开除院籍"。按照这样的扣分规定,考试作弊如果情况严重,也有可能被开除。规定体现了对抄袭的"零容忍"。

"有时候学生抄袭,他们不认为是抄袭,因为他们不知道标准。我跟他们说,一篇文章一字不漏抄人家的,算抄袭吗?这学生很容易判断。如果有一段完全一样,算抄袭吗?这时候学生开始犹豫。如果有 10% 一样算抄袭吗?如果你把老师的讲义拿过来,写在自己的文章里算抄袭吗?你听到别人讲话,把人家的观点写在自己的文章里算抄袭吗?你看到英文的东西,翻译在自己的中文文章里算抄袭吗?对这些很多学生不太清楚。我跟他们讲,如果不注明来源,按照香港大学的规定,这些都算抄袭。"张化成谈起当年对学生进行学术道德教育时说,"港大,非常严谨。我们要搞国际化,就要照这样的标准要求自己。"

所以那些年新生一入学,每位同学不仅会拿到有关违纪处罚等管理规定的小册子,还能获得一本黄色封面的英文小册子。这本香港大学印制的 19 页小册子,详细解释了一个问题:什么是抄袭?

制定制度,明确规范,并严格执行,同时加强平时的思想教育,这些措施使汇丰商学院杜绝学生论文抄袭的同时,也提升了学生的诚信品质。

2012 年,一位同学毕业前申请去美国攻读博士,很快获批,而且获得了奖学金,这时候美国大学要求他提供两份学位证书。他当时只拿到了北大学位,港大有一科成绩不合格,还无法获得学位。他碰到张化成,问自己该怎么办。

"如果你现在如实说,对方可能会取消录取你。如果你撒谎说拿到了,去了之后却不能交出证书,可能也会让你回来。"张化成分析之后,按照自己习惯的做法说,"我不告诉你怎么做,你去做对的事吧。"

"张老师,我已经告诉了对方,港大的学位暂时没有拿到。"

"哈哈,试探我啊。恭喜你,你做得对!"张化成说。

这个故事的结果是,美国高校没有撤销录取,而且奖学金也给予了该生。这位同学后来在港大补了课,相应的学位最后也拿到了。

实行最严格的毕业标准

按照国家规定,研究生正常毕业时会获得两份证书:一个是毕业证,另一个是学位证。要获得毕业证,必须学完规定课程并拿到足够学分;而要获得学位证,除了要完成规定课程的学习并通过考试,毕业论文还必须过关。

过去,中国高校给人的普遍感觉一直是"严进宽出",只要通过严格的高考进了,很容易毕业,该有的毕业证、学位证都能拿到。但汇丰商学院从创院之始,就实行"严进严出"的要求。尤其是全日制研究生,进来很难,毕业同样不易,被誉为"最严格的研究生项目"。

"我们研究生毕业论文全部是英文写作,英文答辩,每届都有几位学生的论文通过不了。"负责全日制研究生项目的副院长张凡姗介绍,最多的一次是2010级硕士,他们2013年毕业时,共有18位学生论文答辩没过关,没有按时拿到学位证书。即使在就业压力非常大的2023年和2024年,学院仍然坚持标准,分别有8位和12位同学的论文没能按时通过。

汇丰商学院要求学位论文不仅要满足形式上的一般要求,更重要的是要有深度、广度,有学术价值、应用价值,有创新性、开拓性。判断一篇论文能不能达到毕业要求,裁判是答辩委员会。学院答辩委员会评委主要是院内教授,很少从外面邀请,原因是本院教授更熟悉对论文的要求。从2011年开始,学院还实行了一项严格的回避制度,导师不仅不能担任自己学生论文答辩委员会评委,连答辩现场都不能去。导师回避从提交论文开始,论文不能出现导师的名字,硕博办公室会严格检查。

"如果导师在场，大家是同事，而且都带研究生，评审时很难不受情感和利益因素影响。有些强势导师在现场甚至会公开'护犊子'，这种情况下答辩会就变成了导师答辩。导师不在，而且不知是谁的学生，评委评价起来考虑的因素非常单纯，就是论文质量。"一位资深教授深有体会地说，"我担任答辩评委已经连续十多年了，有两次公布投票结果时才发现，论文没过学生的导师是学院领导。如果让导师参加，大家投起票来就会纠结。"

不论是谁的学生，只要答辩委员会没通过，就不能按时拿学位证，体现了公平公正。在学院初创那几年，按北大统一规定，这些学生可以在一年后提交新写的论文，再次参加答辩。后来北大根据实际情况，把一年的间隔期缩短为半年。

论文通不过对学生打击肯定很大，为了防止出现意外，评委投票结果现场先密封，不会马上公布。公布时对那些没过的同学，会有老师专门通知并解释，做好相应的思想工作。

现在，导师回避制度在很多高校都已实行，但当年还很少有院校这样去做，包括北大本部的很多院系当时也没有实行，汇丰商学院做在了前面。

学位证书不好拿，那毕业证书呢？答案是同样的，在校三年必须下一番苦功夫，成绩必须达到较高标准才能毕业。

不容置疑，这里的学生进校时无论是智商还是成绩，都出类拔萃，进校后绝大多数人学习也非常努力。但不可否认的是，也有极少数人进校后对自己没有什么高要求，抱着"六十分万岁"的心态，读书只是为了混个文凭，如果不把这部分人管住，不仅影响北大毕业生质量，还会把坏风气传染给其他学生。

原来北大对研究生成绩一直实行百分制，一门课结束，学生考试及格，就能拿到该门课对应的学分。到毕业时修满规定学分，就能拿到毕业证书。汇丰商学院基本上也是按照这套办法来管，但规定所有学科70分才算及格。从2017年开始，学院趁着北大对研究生成绩实行等级制评定的机会，对研究生成绩评定和毕业标准都做了大胆改革。

这项改革的核心内容包括三方面：一是成绩评定由百分制变为等级制。共分A、B、C、D、F五个大的等级，每个等级再细分三个小等级，比如A+、A、A-。不同等级对应不同绩点（GPA），最低为0分，最高为4分。二是对教师如何评定成绩，做出统一规定，有规可循。比如A-及以上等级不能超过总数的10%，B-及以上只能占总数的90%。三是规定硕士研究生毕业成绩的总绩点必须达到3.0。总绩点是所有单科成绩通过加权折算出来的平均值，3.0相当于等级B，对应百分制的80—84分，这显然远远高于之前的及格线70分。

改革措施中为何要给教师评定成绩立规矩？张凡姗解释说，这是因为商学院考试很多是主观题，成绩评定本来灵活性就大，加上不同教师偏好又不同，给的成绩很容易出现偏颇，影响客观公正性。还有毕业绩点提高后，如果不给教师打分进行规范，在各种压力下他们可能会手下留情。另外，曾经有位外教在一次学生测试时，给几乎所有人都打了满分，酿成了教学事故，这也让学院有立规矩的紧迫感。

虽然改革方案经过反复讨论和修订才正式公布，但公布后仍然引起院内外哗然，反对声不少，一些学生和家长最不能接受的是3.0绩点的要求，认为太高无法达到。为此，有人给北大校领导写信提意见，在网上发帖表达不满，还有人直接找海闻当面反映。

那段时间，海闻总是通过各种方式与他们沟通、解释："我们为什么要提高毕业要求？因为我们是北大，现在社会上不缺研究生，缺的是精英人才，北大定位是培养'精品'的地方。这样的绩点是不是高不可攀？显然不是，美国知名高校硕士毕业GPA要求就是3.0，博士还要高，一般要3.25，我当年在美国大学留学时就是这样的标准。我们提出这样的标准，实际上是与国际一流看齐。"

在沟通过程中，有人拿北大标准来压学院，说北大本部学生成绩达到通常的及格线就行，作为北大的一个学院，为何要擅自提高北大标准？海闻回应说，汇丰商学院不能低于北大标准，但并没有谁说不能高于北大标准！

当然，对这项力度如此之大的改革，学院也充分考虑了学生的感受，专门设置了两年过渡期作为缓冲。在过渡期，提醒学生要认认真真修好每门课，如果发现学生在学年最后绩点低于3.0，老师就会专门通知提醒，并要求多修一点相关课程，用多修的成绩来弥补绩点的不足，这样不影响毕业。

作为改革政策正式落地实施的第一届，2019级学生毕业时，就业率高达100%。而且与之前相比，因成绩和论文不过关而延迟毕业的学生比例，并没有增加，说明大家已经适应了高标准和严要求。

严控论文质量关、大幅提高毕业绩点要求，汇丰商学院一系列严格教育培养的措施，让它成为国内名副其实管理最严、"出口"最难的学院。张凡姗说，这对绝大多数学生并没有带来实质性影响，因为他们本来就努力、优秀，但对极少数论文不过关，或者成绩稍差的学生来说，影响还是比较大。比如，毕业前已经找到工作单位的，如果在学校拿不到毕业证或学位证，单位是否执行已签协议就成问题，如果找的是事业单位，工作肯定就没了。

为了让学生进校时就做好心理准备，所有新生入学时都必须签一份承诺书，上面印有学院学生管理的各项规定，签字认可并保证遵守才准予办理入读。但即使如此，还是会出现一些极端情况，比如有位学生论文没过，不但自己不断找老师和学院领导求情，家长也情绪激动地从外地专门赶来学校，跪在院领导办公室门外不走；还有一位学生被处分后，宣称他已告诉本科就读学校的师弟师妹不要报考汇丰商学院，甚至还在网上抹黑学院。

面对来自院内外的各种压力，学院毫不退让，绝不降低标准和要求，这是办学的原则问题。海闻对不同学科在人才培养上的差异，有深刻独到的认识。他认为，现代服务业中最重要的商学、法学、医学三个学科，在传授知识的同时还要特别重视培养人，因为学生毕业后工作中面对的主要是人，而人是最复杂的，跟自然科学面对的是物不一样。"培养人就必须严格要求，高标准塑造。"海闻说。

至于少数学生和家长不认可学院的严格管理，从深层次分析，这实际上是社会浮躁风气与学院严格要求的冲突。有些人认为只要进了校门，凭着北大这块金字招牌，今后就会前程似锦，究竟学得怎么样无所谓。因此，海闻总是抓住一切机会有针对性地做思想工作，每年在新生入学仪式上他都会告诫学生，不能抱着来北大镀金的心态读书，要利用3年时间静下心来学习，认真

研究学问,学到真的本领——在阳澄湖水里过一下,不能成为真正的阳澄湖大闸蟹。

如今,汇丰商学院在专业培养上"军校"般严格的模式,被越来越多的学生和家长接受。大家看到了"严"之后带来的巨大回报,毕业生就业连续多年好于国内几家同水平商学院。社会对毕业生的高度认可,让他们的招生也越来越火爆。

新冠疫情下的靓丽就业

培养人才的质量究竟如何?一个重要的衡量标准是毕业时的就业情况。汇丰商学院首届毕业生在就业市场一炮打响,此后就业率几乎年年保持100%,而且就业地点八成在北京、深圳、上海,就业单位多数是"高大上"的一流金融机构、互联网企业等,每年都有很多单位主动到学院"抢人"。

2019年年底,新冠疫情突如其来地暴发,此后长达3年的疫情防控期间,经济活动受到重创,企业收缩、倒闭比比皆是,就业形势迅速恶化,连腾讯、阿里巴巴等这类大企业,也不时爆出裁员新闻。2023年,16岁至24岁青少年的失业率一度达到了21.3%。

对汇丰商学院来说,在就业市场大幅减招的同时,全日制毕业生人数却比初创时大大增加了,总数已从60多人增加到近300人。这一减一增之间,使得就业压力大了许多。那么,在如此严峻的环境考验下,北大汇丰的就业情况究竟如何?

笔者拿到2021至2024届全日制硕士就业情况分析报告,先看2021届截至当年9月份的数字:毕业生总数287人,其中9人继续读博深造,277人就业,就业率99.6%,平均每人获得三份录用通知。

反映毕业生就业质量的,不仅看就业率,还要看就业城市和所去机构情况。2021届全日制硕士,从就业地区看,43%去了北京,20%留在深圳,

18%去了上海,4%去了广州,去四大一线城市的占比高达85%。从就业行业看,证券公司和投资银行占26%,政策性银行和商业银行占16%,公募基金占13%,VC、PE等占7%,资产管理机构占5%,其他金融服务机构占3%,去金融机构的总共占比为70%,体现了就业行业跟毕业生所学专业高度相关;另外去互联网行业的占13%,政府机构、事业单位等的占11%。从就业机构看,很多毕业生进了中信证券、广发证券、中金公司、国家开发银行、中国工商银行、高盛、摩根士丹利等这些顶级金融机构。从就业岗位看,最多的是研究岗,总人数达62人。

2022届学院共有289名中国籍硕士毕业生,12人选择到国内外一流高校攻读博士学位,277人选择就业并找到工作,就业率为100%。大部分(40%)毕业生到北京工作,26%在深圳,21%去上海,3%到广州。最多的还是去了金融行业,其中中金公司聘用了26人,中信证券聘了22人,华泰证券聘了12人。

2023届共有287名中国籍硕士毕业生,18人选择继续深造并获得了哈佛大学、普林斯顿大学等世界一流大学的录取,269人选择工作,就业率再次达到100%。与上年相比,到北京工作的略为减少(35%),但仍占第一,深圳不变(26%),上海略降(20%),回家乡或到其他城市参与建设的比例从2022年的9%增加到15%。证券、投行、基金、商业银行等金融行业的就业仍是最主要的,达到75%。

2024届学生毕业时,更是遇到了严峻的挑战。根据智联招聘2024年4月份的调研报告,普通高校硕博毕业生获得offer率只有33.2%,但北大汇丰6月初的就业率就已达到98.6%。294名毕业生中9人读博,281人已确定就业,只有4人尚未确定去向。录取人数最多的公司包括易方达基金、华泰证券、招商银行、南方基金、中信证券等,就业城市仍然主要集中在北京、深圳、上海、广州。

至于非常重要的入职薪酬,前面已经提到学院从2010年起已经停止对外公布。但笔者还是了解到,这几年毕业生中,最高的年薪仍然都超过了100万元。

从上述就业率以及就业地区、行业、机构和岗位分析可见，即使在如此严峻的就业形势下，汇丰商学院毕业生的就业情况依然如此坚挺，展现了一所国内顶尖商学院在就业市场的强大竞争力，而这背后是他们长期坚持严格培养、高质量培养的结果。

王家宝是2021届数量金融专业硕士，谈起自己当初找工作的经历，她用了"很顺利"来概括。她说："我2019年年底向美国银行（Bank of America）提出申请，2月面试，4月拿到实习offer。2020年年初投了中信证券，5月面试，之后也顺利斩获实习offer。2020年暑假，受制于新冠疫情，我窝在老家，这两家机构的实习都是以远程线上的形式参加的，但在11月底，两家都给我发了正式录用的offer。后来我选了中信证券，目前在公司资产管理业务部门工作。"王家宝介绍，因为早早拿到了心仪的offer，她没参加秋季招聘。

促成王家宝找工作"很顺利"的背后因素很多，包括她自身出色的素质，以及商学院声誉的强大背书。现任国泰君安金融学院院长的黄燕铭对汇丰商学院的毕业生非常认可，2008年以来他多次到这里招收毕业生。他认为，一位优秀的证券研究员必须在知识结构、性格、价值观、沟通能力和身体素质五个方面表现良好。汇丰商学院培养出来的学生，在这些方面都具备良好素质。

"复合知识结构是一个好的证券分析师所应具备的重要素质之一。"黄燕铭分析说，"汇丰商学院实行经济学、金融学和管理学的相互组合，开设了多个双硕士项目。不仅如此，很多学生还参加了注册会计师和特许金融分析师的考试，把会计知识也补了起来。这使得学生的知识结构更具优势。"

"除了好的学科架构，汇丰商学院在语言、社交和纪律等方面对学生都有很好的培养和训练。"黄燕铭说，汇丰商学院实行全英文教学，学生进入单位工作时，阅读英文文献和用英文交流沟通的能力都很强。此外学院有很多非常活跃的社团，他招聘的学生不少曾是学院证券投资协会成员。社团活动培养了学生的社交能力，塑造了良好性格。"汇丰商学院在纪律方面严格要求，独树一帜。通过军训和素质拓展，以及严格的教学管理，培养学生的纪律意识和坚强的意志，这些素质在工作中非常重要。"黄燕铭认为，汇丰商学院办学理念独特、领先，长期坚持下去，人才培养的成果会更加卓著。

张凡姗介绍，有不少用人单位连续十多年来学院招人，有的甚至提前一两年请学院帮忙在学生中做宣传，因为他们发现招去的毕业生德才兼备，很快就能成为单位骨干。有的公司的部门里甚至会出现一半的员工是北大汇丰毕业生的情况。某一次在北京，相关机构召集几大头部基金开一个政策说明会，结果几个头部基金的代表到了会场，才发现对方都是北大汇丰校友。

汇丰商学院全日制硕士在质量上过硬，在数量上也优势明显。海闻认为，高校的行业影响力要靠毕业生，因此，汇丰商学院建院之后坚持不断扩大全日制硕士招生，现在每年近300人的规模，远远领先国内同类商学院。如今扩招战略成效已显，截至2024年7月底，汇丰商学院仅全日制硕士毕业生已多达4245人，遍布国内所有大型金融机构和重要的政府部门。毕业生质量和数量上的优势，在行业内形成了持续增长的强大影响力。

随着越来越多校友进入工作单位的中高层岗位，他们对学院学生的实习和就业的帮助就更大了。2006级校友王登峰说，疫情前他几乎每年都要代表工作单位回母校做招聘宣讲，而且都会招一两位毕业生。

全方位助力学生求职

汇丰商学院毕业生年年实现高质量就业，除了培养质量高，还与学院精心设计就业指导和进行就业推广有关。

实习影响毕业求职，学生们极度关心。北大汇丰在对最初的实习规定做微调的同时，从2018年开始，还在全日制硕士中推出一门"实习实践课"。该课采用"授课+实习"的形式，共计3学分，在一年半时间内完成。学院就业指导中心成翔介绍："早在2008年5月，学院就成立了就业指导中心，这是国内商学院中最早为学生职业发展设立的专门指导机构，海闻院长一直兼任中心主任。实习实践课就由中心负责。"

这门课授课部分由11至12个讲座构成，第一讲"课程概述"和第二讲"就业指导"要求全体学生必须参加。其他讲座针对不同行业，允许学生根据自身情况选择是否参加，但总共必须参加8场。海闻亲自讲第一场，其余绝大多数讲座由在各行各业工作的校友来讲，这样更亲切也更有针对性。讲座旨在让学生熟悉和了解行业情况，掌握求职要领，便于实现理想就业。实习部分也有考核，要求结束时提供实习单位鉴定，并且撰写实习总结，这样才能拿到相应学分。

国泰君安原招聘总监姚黎旻从2012年起至2023年年底，每年都到学院来招聘和讲实习实践课。他在证券行业从业十几年，对这个行业有深入的了解和研究。他在"证券行业的职场透视和职业规划"的主题讲座里，不仅详细介绍了证券公司的业务架构、用人标准、职级薪酬，以及各大证券公司业内排名情况，还会给学生分析如何在证券行业设定自己的职业规划，让听课者深受启迪。

2021届金融管理硕士田丰认为实习实践课对自己职业规划帮助很大。"在上这门课之前，我对未来就业只有一个大概方向，但究竟要做什么不是特别明晰。因为大方向下还有细分领域，比如拿投资来说，就有一级市场和二级市场之分。"他说，"我对上课中的互动环节印象特别深，这个环节针对的都是同学们关心的问题，互动下来，心中的疑问基本有了答案。"上完课，田丰对要做什么更明确坚定了。有少数本科不是学金融的学生，上这门课获益就更大。

在给汇丰商学院学生做招聘宣讲时，姚黎旻发现这里多数学生的职业目标不但清晰，而且执着。他说："职业目标明确，对学习、实习和找工作有极大好处，心无旁骛，不会在目标之外浪费时间精力。我认为他们的这个特点，是学院一贯重视职业指导和社团活动的结果。"

姚黎旻说的社团活动，是学院教育的一大特色。汇丰商学院目前有学生社团20多家，其中超过一半是职业类社团，如博雅金融学社、港澳经济金融协会、商业模式协会、量化交易协会、基金研究协会等。很多社团成立于创院之初，一届届传承至今，从未间断。它们把全院有类似兴趣和特长的同学团结在一起，探讨学术问题，了解行业动态，对接社会资源，开展各类活动。

2019年12月21日，北大汇丰第八届模拟面试大赛隆重举行，百余位参赛的学生中，不仅有北大汇丰的学子，还有来自兄弟院校的学生。他们个个正装出席，通过简历筛选，才能进入面试环节。15分钟真刀真枪的面试结束，走出"考场"，有的春风得意，有的面露失意。但无论结果如何，每个人都收获颇丰。

这项大赛的组织者是北京大学深港经济金融协会，该协会成立于2006年，是汇丰商学院历史最悠久、规模最大的学生社团，致力于"提升成员素质、广泛联系业界"。现在协会共有核心会员300多人，既有在读学生，也有已经毕业工作的校友。模拟面试大赛是该协会的经典活动，一年举办一次，从面试环节的设计就可以看出，大赛目的是提升同学们的面试应对能力，为将来求职做准备。除了自我介绍与面试问答和嘉宾点评面试者表现两个环节，还专门增加了一个面试者向嘉宾提问环节，面试者可以提最多三个自己最关心的面试或职业相关问题。

这次大赛邀请了达晨创投、广发证券、平安银行、腾讯、摩根士丹利、中国人保等机构的24位资深业界人士担任面试官，他们绝大多数是北大汇丰的校友。面试结束后，这些特殊的面试官们还给同学们提出了许多宝贵建议。比如，来自麦格理的校友陈菲认为："大家不要有路径依赖，要通过多尝试去找到适合自己的方向。想做销售的师弟师妹，可以先做一两份实习，看看是不是真的喜欢做销售。实际的工作内容可能和自己想的有一些差距，要提前做好心理准备。"来自某外资银行的校友何犁则建议："要为自己简历上的所有经历准备好故事，找到能打动面试官的点，并很流利地说出来。"

"这些学生社团跟社会上的相应行业机构，联系非常紧密，经常邀请业界人士来跟同学们讲座交流。"成翔介绍，邀请最多的是已经毕业的师兄师姐，作为过来人，他们更了解师弟师妹们的困惑与需求。田圣杰2015年硕士毕业后就多次回校参加社团活动，给师弟师妹们介绍投资行业情况，以及如何确定个人职业路径。他还把自己在校时参加军训、实习等方面的心得，写成文章分享给师弟师妹。他说："对我们来说，做这些是应尽的义务，是回报母校。"

在帮助学生职业发展上，汇丰商学院还有许多独特的举措。

2021年4月，学院召开了第一届合作企业论坛，中国平安、华为、招商银行等70多家合作企业与会。论坛两年一届，旨在加强与相关企业的联系。这些企业有的是学生的实习基地，有的是学生就业较多的地方。

"好酒也怕巷子深"。从首届开始，学院给每届毕业生都印制统一的简历册，以学院名义推介给相关用人单位。笔者看到一份设计精美的2022届毕业生简历册，封面是8位男女学生的照片，他们穿着整齐靓丽的正装从学院大楼迈出，青春焕发，预示着学成毕业，即将走向社会。翻开简历册，首先映入眼帘的是海闻院长推荐信。然后是学院教师、培养项目和277位毕业生个人的介绍，学生简介每人占用一页篇幅。

在推荐信里，海闻满怀激情地强调汇丰商学院毕业生的三大优点：一是拥有适应经济社会发展和面对全球化挑战的知识和能力；二是具有不畏艰辛、坚忍不拔的品质和连续作业的精神；三是具备诚信可靠、勤奋踏实的做人态度和社会使命感。最后海闻写道："作为北大教授和商学院院长，我为这批学生感到自豪和骄傲。我也相信，这批学生在工作岗位上会有出色的表现，聘用他们，不会让你失望！"

成就斐然的毕业生们

培养的人才进入社会工作之后的表现如何？这也是衡量"商界军校"办学质量的重要指标。

2014年4月，天弘基金备受关注的余额宝已拥有用户8100万个，规模达到5413亿元。由此，天弘基金也从一年前行业排名46位，一跃成为"基金业一哥"。

当时执掌余额宝的王登峰，是汇丰商学院2009届毕业生。他2006年考入商学院，攻读"北大经济学－港大金融学"双硕士学位。毕业后，先到了中信建投证券股份有限公司工作，并担任固定收益部高级经理，后加盟天弘基金管理有限公司。他执掌余额宝长达10年时间，2023年9月才出任贝莱德建信理财副总经理及首席固收投资官，这是国内第二家获批开业的中外合资理财公司。

谈起在汇丰商学院的学习经历，他说让他受益无穷："第一是创业的理念。2012年天弘基金规模还是比较小的，我当初为什么从中信建投证券跳到这家基金，就是考虑到规模小反而是机会，可以通过努力把它做大做强。这种创业的精神来源于商学院，2006年商学院刚创办不久，我们不仅在那儿读书，还和海老师他们一起创业，用自己的行动给商学院创品牌。"

王登峰说，第二是让自己拥有了"超强的抗压能力"。"双硕士学起来非常辛苦，整天上课、看书、自习、做作业，隔两周还要考一次试。我当时还当班长，学院当时人手很少，很多事情要我们自己来做，忙得很。所以第一个学年我只休过半天假。找工作时，有些单位问我，这儿特别忙，你能不能适应？我毫不犹豫地回答，汇丰商学院的学生绝对不怕压力。现在我管理着几千亿元的基金，一起工作的实际上只有几个人，工作量和承受的压力可想而知。"

"第三是纪律。一般到了大学，管理都比较松散，但在汇丰商学院读研究生，比本科阶段管得还严，是名副其实的'军校风格'。"王登峰说，当时很多人不理解，工作后才彻底明白，管得严是好事。尤其是搞金融的，纪律是命根子。商学院从上课迟到早退这些小事抓起，让大家养成严守纪律的习惯，到了工作单位，就会很快适应，不会有落差。

"第四是专业素养。双硕士的优势不言而喻，知识面更广。港大金融学注重实用，工作之后大家动手能力很强。"

"第五是团队协作精神。在深研院，当年商学院学生团结是有名的。比如遇到球类比赛，只要有商学院队参加，大家学习再紧张，都会去加油助威。"

在商学院3年期间，王登峰印象最深的就是海闻开的班会。他说："海老师跟我们讲为什么到深圳创办商学院、商学院的办学理念，增强我们对学院的认同感；讲怎么搞好学习，要打好基本功；讲怎么处理好人与人之间的关系，要大度宽容；讲做事要看得长远。其中讲纪律最多。"

除了开班会，海闻喜欢私下和学生聊天。王登峰说："平时我们经常自习到凌晨一两点，海老师也是一个夜猫子，经常一个人就溜达过来了，和我们聊聊，问我们有什么想法、困难。他爱分享自己经历的故事，我们从他的故事中懂得了很多道理。他就是一本活生生的教材。跟他聊天，跟他相处，会潜移默化受到影响。"现在王登峰在工作生活中碰到什么问题，就会想如果是海老师，他会怎么处理。海闻的言传身教，对他的人生启迪是最深最大的。

在汇丰商学院毕业生中，还有很多像王登峰这样的校友，他们在一个个很不错的大平台上，凭借过硬的专业能力，事业干得红红火火，在业界和社会上都拥有了较高的知名度。这些人中也有少数人在事业很火的时候离开平台，选择自主创业。

2008届金继阳从汇丰商学院毕业后，先后在中信证券和一创摩根工作。2012年，在投资银行业务领域有了足够的历练以后，他决定从北京转战长三角地区，通过实业投资接触更多的新兴行业并开始尝试自主创业。金继阳表示，相较于其他学院，北大汇丰的学生因为朝夕相处，在教室和社团中共同面对学业和就业的挑战，情感上更为紧密。也因此，金继阳认为北大汇丰的学生在创业时是有优势的，不仅因为在校的学习为同学们的经营管理能力打下坚实基础，还因为北大汇丰校友之间的团结互助为多方资源整合带来便利。

2008届毕业生何潇是北大汇丰全日制硕博项目培养出的第一位明星基金经理，2008年毕业入职新华基金公司。2012年他管理的某基金凭借出色的业绩获得当年股票型基金全国第三名，被《投资与理财》杂志评选为年度十大明星基金经理。此外，他管理的另外一只基金获得了有基金行业奥斯卡之称的3年期金牛奖。在成为业内明星之后，他又开始了自主创业，做私募行业。

作为北大深厚传统与深圳创新精神的结晶，汇丰商学院在办学中特别注重培养学生的奋斗精神、责任担当与家国情怀。毕业生中不仅有大量留在大城市驰骋商界的行业精英，还有不少扎根基层、埋头耕耘的时代榜样。

2012年，熊康生从北大汇丰毕业后，选择了到基层工作，在江苏省南京市江宁区章村担任村支书助理。3年后，他调任江宁区东山街道佘村党总支书记，在这里，他把自己从北大汇丰学到的经管知识运用于乡村经济发展的实践，带领佘村村民把这个偏远的小山村打造成南京市的网红村，村民人均收入从当年的1.2万元/年提升至现在的4万元/年。"现在到佘村去，好多老百姓都会喊我去他们家里吃饭。"这种被认可的感觉让熊康生更加坚定地去做"看得见、摸得着"的事情。2023年3月，江宁区委选派熊康生作为援疆前方指挥组组长到伊犁哈萨克自治州特克斯县援疆3年，主要围绕民生援疆、产业援疆、团结稳疆、就业援疆等几个方面来开展工作。来特克斯县后的一年里，他们共实施援疆项目21个，总投资8221万元，累计帮助特克斯县销售牛羊肉等各类农牧产品到南京约5673万元。

回想北大汇丰，熊康生用四个词来总结：优秀、开放、严格和团结。他说，当年班里51个同学，有一半是从北大、清华本科保送过来的，好多都是省市高考状元，同学们虽然背景不同，但都非常优秀且非常努力，现在事业上都发展得很好。

20年中，学院培养了超过4240多名全日制校友，他们工作在全国各地，各行各业，可谓群星灿烂。他们中有些人在清华、北大、人大、厦大、浙大、中欧等多所国内院校任教，有些人在海外寻得了教职，比如在加州大学（圣迭戈）、意大利博洛尼亚大学、香港大学任教；也有扎根基层、服务一方的公务员们，比如青海省果洛州达日县副县长郭永庆、湖南省岳阳市委副秘书长周玉萍、新疆伊犁州特克斯县委副书记熊康生、河南省信阳市罗山县宣传部部长张庆楠，以及遍布大江南北的选调生们；有在金融行业兢兢业业耕耘多年，树立了学院品牌声誉的中高层管理者们，比如广发证券首席风险官崔舟航、高毅资产合伙人韩海峰、兴业资本总经理王正浩、中金投行部董事总经理李鑫、天图投资合伙人魏国兴；有优秀的行研分析师倪军、刘晓宁、王德伦、刘越男等；还有自主创业在多个领域上下求索的史江辉、曾道远、王栋、康文胜等。如今，毕业生中有人事业有成，有人仍在平凡的岗位上坚守，但都秉承了北大汇丰培养的精神——勇敢执着，聚力奋进。

实现自己的创业梦想

汇丰商学院绝大多数全日制学生毕业时，会选择在一个不错的单位发展，但也有少数人一毕业就勇敢地去创业，打造属于自己的平台，实现自己的梦想。虽然这意味着更多风险，但他们义无反顾。

朱立平毕业 4 年时，迎来创业路上的一件大喜事，他创立的某教育公司以 10 亿元估值，获得了深圳某国企数千万元的战略投资，在全国教育界"双减"大环境下，成为教育赛道难得的一抹亮色。

2014 年朱立平进入汇丰商学院攻读金融学硕士，第二年 11 月，注册了自己的公司，在校期间一直过着"读书+创业"的紧张生活。

谈起创业历程，这位戴着眼镜、清瘦睿智的年轻人说，当年在中央财经大学读本科，参加注册会计师考试时，发现身边有很多人也在考。进入汇丰商学院后，深圳创新创业的火爆环境再次激发了他创业的梦想，他开办了微信公众号，通过微信社群分享考试经验，汇聚考生学员。首个培训班的成功举办，让朱立平获得了创业的第一桶金，信心大增。他的公司在此基础上快速发展，逐渐形成了"在线直播+学习社群"的培训模式，在培训线下向线上转型中，以创新实现差异化竞争，在业界占得了先机。现在，朱立平公司主营业务已发展为财经考试、家庭教育、财商教育三大板块，有员工 200 多人，曾被宝安区授予"服务业百强企业"称号。

"我特别感激母校，当时老师在课堂上讲的很多知识，对我来说就是及时雨，比如怎样设计商业模式、怎样创新和管理公司等，创业时都能马上用上。"朱立平说，自己创业碰到困难挫折时，他就会想起导师海闻教授当年创办汇丰商学院的故事，从中汲取战胜困难的勇气和智慧。

公司经营中的现金流充裕，而且还有利润，怎样让账上闲置的钱能够增值？朱立平经过多方比较，终于找到一家很好的理财公司，它的创始人是校友田圣杰。

田圣杰于 2015 年数量金融专业毕业，他一直有个梦想，要做一名投资人。可刚出生时的一场病，造成他腿脚不便，这让他找工作时屡屡碰壁。他说："每次笔试都很顺利，但到最后一关面试时，对方领导总是说，投资看项目要到处跑，看你这样子，还是来公司做风控、财务这些内勤吧。"

没有一家投资机构能够满足田圣杰做投资人的愿望，他内心特别焦虑，对未来感到迷茫。"我找海闻导师谈心，他鼓励我如果喜欢就要坚持，将来一定会有收获。还举了汇丰银行郑海泉的例子，他从小患小儿麻痹症，但凭借不懈努力，最后成为汇丰历史上担任职位最高的华人。"田圣杰说，海老师还建议等将来年纪大些，行动不方便时，跟郑海泉一样拄个拐杖，这会成为彰显个人身残志坚的独特名片，也许还能有助于事业发展。一席话说得田圣杰满心温暖、豁然开朗。

毕业时，他虽然没有找到理想中的投资公司，但一年后他就和同班同学严特创建了自己的私募公司，聚焦二级市场投资，自己做起了老板。"二级市场我们校友特别多，证券投资考验的又是智慧，我们学习能力强，有很大优势。"田圣杰说，他创业的最大后盾是汇丰商学院。

创业公司刚成立，规模小，实力弱，研究力量不足，正常情况下请大券商提供服务是不可能的。田圣杰靠刷北大汇丰校友这张脸把这个问题解决了。他说："现在国内二级市场大的机构都有校友，不少人在读书时就认识。校友之间不仅交流信息，有什么事需要帮忙时，只要不违反规定，都会热情支持。"

前几年公司获得第一笔利润时，田圣杰和严特商议后决定，将其中一部分捐给汇丰商学院海闻学生发展基金，另一部分捐给西湖大学。他说："钱不是太多，只是想表达我们对母校的感恩之情，以及对西湖大学改革精神的致敬。"

一毕业就自己创业的还有外国留学生。厄尔迪·塔克（Erdi Tac）是土耳其人，从土耳其比尔肯特大学电子工程专业本科毕业后，2016 年来到北大汇丰攻读管理学硕士学位。读书期间，除学好功课外，他一直寻找在中国的创业机会。尤其是去华强北电子市场看了一次之后，深圳电子信息产业之发达让他倍感震撼。此后，他经常去华强北了解市场，还多次参加国内外的创业大赛。毕业时，他在香港创立了一家 AI 公司，用 AI 技术助力语言学习，公司自研的 AI Agent 让学习者一年内掌握一门语言成为现实。现在，公司已成功完成近百万美元的种子轮融资，还荣获了 2023 年 QS 重塑教育全球银奖。

高校办学的最大成功和骄傲，一定是来自培养学生的成功。成功的学生越多，说明高校的教育质量越高。北大汇丰还很年轻，毕业的校友是"小荷才露尖尖角"，相信更大的精彩还在后面。再过一二十年，随着毕业年限的增长，学院全日制校友中会涌现出更多更有成就的人物，他们将在中国甚至世界的舞台上书写辉煌。

报考这里成为"最佳选择"

商学院办学质量高不高，是否被社会广泛认可，除了毕业生就业情况，还有一个重要的判断标准，这就是招生情况——学院对优秀学子的吸引力有多大。

王立根从小就是名副其实的"牛娃"，成绩优异，且综合能力十分突出。他曾参加北京大学的自主招生考试，并获得了加分资格。最终，他通过高考考入了北京大学信息科学技术学院的微电子学系。

在大学三年级时，王立根开始规划毕业后的研究生求学方向。经过深思熟虑，他决定转行投身金融领域。然而，选择进一步深造的地方成了一个关键问题。经过多方考量，他发现汇丰商学院是最理想的选择。学院全英文教学，具有浓厚的国际氛围，而且为期 3 年的学制对数学能力强但金融基础较为薄弱的学生来说尤为合适。此外，作为广东河源人，在北京生活了几年后，他希望能回到家乡。深圳这座年轻而充满活力的城市，以及汇丰商学院的理想环境，使得这所学校成了他的首选。

获得推免资格后，王立根毫不犹豫地向汇丰商学院提交了申请。通过严格的面试筛选后，2013年8月，他如愿以偿地来到深圳。

在汇丰商学院2013级的259名学生中，有67名是本科在北京大学就读的，此外还有8名来自清华大学。在这里，王立根加入了汇通社，积极参与学院的宣传工作，结交了一群志同道合的伙伴。在3年的学习过程中，王立根最大的感受是汇丰商学院的学生都非常优秀。他说："班上的同学有的学习能力极强，有的组织能力出众，很多是来自北大、清华等'985'高校的尖子生。在汇丰商学院这个大熔炉里，大家都很团结，关系非常融洽。"

招生工作是高校人才培养的第一道关口，好坏决定着人才培养的质量，同时，招生情况也直接反映学校对生源的吸引力。

这里有两份汇丰商学院全日制硕士招生分析报告。先看2010—2014级招生情况：推免和考研学生的报名总人数分别为746、804、1077、1300和1431人，呈年年增长态势。每级录取人数基本保持在210—260人之间。和申请人数相反，那几年的录取率越来越低，从2010级的27.8%，降到了2014级的17.4%。

再看2016—2020级招生情况：报名总人数分别为1494、1748、1945、2532和2674人，录取人数在279—292人之间。录取率逐年降低，从2016级的18.7%，降到了2020级的10.9%。

两份报告对比来看，2010级报名人数为746人，2020级达到了2674人，增长了258%，说明汇丰商学院对生源的吸引力大幅增加。同时，2020级虽然比2010级增加了招生人数，但录取率依然从27.8%降到了10.9%，也就是现在10个人报名，基本上只有1个人能被录取。

报告统计数字显示，生源质量逐年提高。2016—2020级共录取中国（不包括港澳台地区）学生1456人，有96%来自双一流高校，其中北大264人，占比最高，一枝独秀。从推免生成绩来看，排名前10%的学生从2016级占比60%提高到2020级占比80%，其中在各自院系排名第一的学生从50人提高到77人。从英语水平来看，2016—2020级入学学生的平均英文成绩为：CET6（大学英语六级考试）570分、雅思（A类）7分、托福100分，语言能力已达到申请香港顶尖高校和海外高校的要求。

从首届学生全部是调剂生,到2009级没有一名调剂生,再到2020级录取率为10.9%,这是汇丰商学院办学水平和声誉快速提升,得到广泛认同的结果。

"严进"和"难进"是世界上所有一流高校的共同特点,像哈佛、牛津、剑桥大学这类一流高校,想进去成为它们的学生那不是一般的难。不仅对学业成绩、语言能力有很高要求,而且还要综合考虑学生的领袖能力、创新精神、公益爱心等方面的表现。

"我们招生工作是越来越火、越来越忙了。"王毅2010年北大硕士毕业之后,到汇丰商学院具体负责招生,她对学院招生情况有切身感受。每年3月公布研究生录取结果,是王毅最忙也最"闹心"的时候。很多优秀学生没有被录取,就会反复给她打电话,她只能耐心安抚,有时一个电话要打好几十分钟。

申请的人多了,招生火爆了,有时候海闻也有点儿"烦"。很多家长通过各种渠道跟他打招呼,甚至不远千里要来深圳拜访他。当然,在严格的招生制度面前,这些都没有用,但还是得花时间耐心解释。另外,有少数落榜生找了王毅之后,又找到海闻希望能给予机会。有一次,一位知名大学的专业排名第二的推免生没被录取,她写信给海闻质问:"汇丰商学院是不是只招收各个高校的第一名?!"为此,海闻专门给她写了一封长信,耐心解释,并希望她放下名次包袱,鼓励她继续努力。

在"挤破头"的火爆招生背景下,公平公正备受关注。张凡姗介绍,学院有一套涵盖各个招生环节的制度规定。比如,为了防止最为关键的面试环节出问题,学院组成专门的面试委员会,委员会至少由5人组成。最终录取名单,要由院长和副院长组成的招生委员会一个个审核。整个招生过程公开透明,如果发现谁徇私舞弊,面临的结果可能是严厉的处分甚至直接开除。

与其他高校一样,汇丰商学院每年的招生采取推免和考试两种方式。但在推免招生中,汇丰商学院有一个独特的做法。

通过举办夏令营选拔生源,是海闻2000年在中国经济研究中心时的"发明",后来很多国内高校纷纷借鉴这种做法,后来海闻在汇丰商学院又搞起了作为夏令营"升级版"的论坛。

自2011年起,汇丰商学院开始组织"全国优秀大学生经济金融论坛",参加论坛的学生除了成绩要名列前茅,并具有所在高校推免资格,还必须提交一篇英文论文。这不仅是为了招到学习和研究能力都很强的优秀学生,也是为了鼓励更多杰出大学生参与经济学、金融学的科学研究和学术讨论,促进各高校优秀大学生之间的思想交流和学术互动。

"相比一般的面试,论坛可以加深学院与学生之间的了解,看看能否'看对眼',这一点很重要。"张凡姗说,"招生应该是双向选择,对学生来说,如果对我们办学上的许多独特做法不了解,进校后发现不适应,那么对双方都不好。"

随着学院名声越来越大,每年报名参加论坛的人也越来越多。比如,2014年报名人数为605人,2024年上升到1400多人。学院每年会从报名者中筛选出120—150人参加,论坛期间费用全免,结束后给其中特别优秀的直接发录取offer。

全日制硕士研究生培养是汇丰商学院最强的培养项目,从招生到培养、从毕业生就业到进入社会后的发展情况来看,毋庸置疑,北大汇丰这几年整体上已经进入国内顶尖商学院的行列。

添砖加瓦捐资助学

2011年的一天,海闻收到Q先生的电话,约他一起吃饭。

海闻事务繁忙,一般的饭局能推则推,但Q先生关系特别,海闻爽快地答应了。

1999年,Q先生报考北大中国经济研究中心的硕士,却遗憾落选。他给海闻写了一封长信,谈落选的失望,谈人生的理想。海闻看完信觉得小伙子不错,当时刚好在办中国经济学教育科研网,需要人手,就让他到北京帮忙办网站。硕士没考上,却意外地获得了一份在北京的工作,Q先生的心情由阴转晴。

在网站工作一年多后，Q先生突然向海闻辞行，说他一位要好的朋友在创业，让他去那儿一起干。"感谢海老师在我失意的时候收留了我，将来如果我发达了，一定回来捐款，报答师恩。"Q先生对海闻一直执"弟子礼"。

Q先生有了更好的发展，海闻当然为他高兴，但对捐款一事，并没放在心上。

听者无心，说者有意。一晃七八年过去了，期间Q先生也来看望过海闻，两人各自谈谈工作。有一天，海闻突然收到Q先生的电话，说要给中国经济学教育科研网捐款。海闻半信半疑，加上公务缠身，就派工作人员去和Q先生洽谈。没想到，来自Q先生的30万元捐款很快到账了。海闻惊讶中特别感动。

又过了不久，海闻又与Q先生见面。得知汇丰商学院的创办过程后，Q先生直率地表达意愿："您在深圳创办商学院已属不易，还自掏腰包成立了学生发展基金。这样吧，我给您的基金捐点儿钱。"

就这样，Q先生又捐了50万元。

这次海闻如约来到吃饭地点。饭局中，两人一边喝酒，一边海阔天空地聊。聊天中，海闻知悉Q先生抓住时代机遇，生意兴隆。饭局快结束时，Q先生动情地说："海老师，您这些年做的事一直让我肃然起敬，对学生，对北大，对这个国家，都很有价值，很有意义。别的我帮不了您，我再给您捐500万元吧。"

"500万元？你个人一下子捐这么多？"虽然海闻早就感受到了Q先生对捐资助学的热忱，但没想到捐赠数目这么大。

"就这个数字，我已经想好了。"

"这是利在千秋的大好事，那就以你的名义在汇丰商学院设立一个奖学金吧。"

"不用了，我想当个'隐身人'。基金名字我已经想好，就叫海闻奖学金。"

"不行，你捐钱，我得名，不合适。"

"以你的名声和贡献，最合适不过了。"Q先生看海闻还要推辞，又说道："可要遵从捐赠人的意愿哦。"

于是，汇丰商学院又多了一个奖学金，主要用于鼓励德才兼备的优秀本科生报考汇丰商学院,并激励全日制在读学生勤奋学习,全面发展。正式成立时,海闻心里过意不去,建议搞个仪式,给Q先生发个证书。Q先生坚决回绝,连一封感谢信都不要,甚至跟海闻"约法三章":永远不要透露这钱是他捐的!他捐款就是为了支持海闻,支持教育事业,别无所求。

这是一个真实的传奇故事。此后,每年都有几十位学生获得"海闻奖学金",但很少有人知道捐款的"隐身人"的故事。

自汇丰商学院创办以来,有很多个人和企业奉献爱心,在学院设立奖学金。比如,南峰集团捐款500万元,设立了南峰奖学金,奖励优秀学生。校友李成杰捐款200万元,设立了英杰奖学金,用于奖励学院品学兼优的全日制研究生。达世行公司捐款100万元,设立达世行学生学术交流基金,主要用于助推学院的国际化建设。此外还有花木兰奖学金、百瑞信托奖学金、国弘奖学金、均和奖学金、汇丰英国校区基金、汇丰商学院发展基金等。

除了捐款设立奖学金,还有一些公司和个人捐赠物资支持汇丰商学院办学。新大楼装修期间,瞻博公司捐赠了市值七八百万元的网络设备,让师生在楼内上网非常方便。长江家具则捐赠了80套小桌椅,都摆放在大楼公共空间里。EMBA校友黄锐则捐赠了1200个储物柜,给师生们提供了极大的便利。

如果说社会捐赠体现的是外部对汇丰商学院这所"商界军校"和海闻办学的高度认可,日益增多的全日制硕士校友捐款,则不仅体现了校友对母校的认可,还反映了学院重视学生社会责任教育取得了良好效果,公益文化在校友中得到普及。

全日制硕士从首届开始,就形成了一个惯例:每届校友在入学的第十个年头,大家都集中回母校看看,同时捐钱设立一个基金,用于奖励和帮助师弟师妹。全日制硕士带了头,其他MBA、EMBA、EDP校友纷纷跟进。入学10年再回学院相聚,并捐款设立基金支持学院发展,成为校友们热衷的爱心行动。

彭雨露介绍,学院师生的爱心行动还惠及了北大本部。2022年,海闻教授发起并个人捐赠首笔资金,成立了北京大学海闻奖学基金(图4.4)。当时共有14位汇丰商学院校友捐资,后来又有几位北大校友跟进。该基金的收益全部用于发放奖学金,一方面奖励中文、历史、哲学、考古、外语等文科基础学科的优秀学生,鼓励学生钻研基础科学;另一方面资助本科学生赴汇丰商学院英国校区交流访学,拓宽国际视野。

图4.4　2023年5月,北京大学海闻奖学基金捐赠仪式上,北京大学党委书记、教育基金会理事长郝平教授向海闻教授颁发"茂林奖"

20年来,"添砖加瓦,捐资助学,回馈母校,促进发展"已成为北大汇丰校友的文化和传统,这一优良传统的形成,正是北大汇丰坚持育人第一的喜人成果。

第五篇
培养企业家

对一所商学院来说，EDP、MBA 和 EMBA 是服务社会最主要、最直接的项目，办得好坏关乎商学院的社会声誉，关乎商学院的价值实现，办学者对此都高度重视。

这些项目最贴近社会，也最具市场挑战性。学员有工作经验，有社会阅历，很多人本身就是商界精英，能不能吸引他们来付学费上课，取决于商学院的办学质量，取决于在公开公平的竞争中有没有过人的实力。

在"商界军校"的理念下，北大汇丰通过高质量的课程和严格管理，以及精心设计的活动，吸引了很多学员。他们的 EDP 曾经做到全国第一，已经培训数万名学员；MBA 和 EMBA 虽然学费位于国内第一梯队前列，但报考人数年年增长，和全日制硕士一样竞争激烈。

在一个面向社会的市场化项目中，北大汇丰能做得如此出色，成为市场竞争中的佼佼者，本身就是一个精彩的商业案例。

一穷二白中启动 EDP

EDP 是英文"Executive Development Programs"的简称,即高层管理培训项目。EDP 的特点是没有学位,市场化程度非常高,学员花钱来上这个课完全是因为课程有用。

对商学院来说,举办 EDP 是服务社会和增加收入的重要途径。尽快启动 EDP 项目,对汇丰商学院来说是服务广大中小企业的需要。珠三角是全中国乃至全世界经济最发达的区域之一,当年中小企业数量就以百万计,而这个区域中能提供管理教育的商学院却寥寥无几。海闻认为,作为有使命感的商学院,有责任在中小企业的成长过程中,通过提供高质量的管理教育助其一臂之力。

另外,启动 EDP 项目也符合学院自身发展的需要。汇丰商学院以全日制硕士培养起步,但如果仅靠学费收入,根本无法维持学院的正常运转,因为从财务上看,全日制硕士是亏本的项目。即使今天该项目已经非常火爆,每年也还是有数千万元的资金缺口。如何弥补经费不足?这是一个非常现实的问题,从商学院创办之初就困扰着海闻。让北大本部补贴,不可能。找深圳市政府,当年签订的协议已经明确了固定的生均补贴,那点钱远远不够。因此,只有自力更生。

魏炜到商学院工作不久,海闻便交给他一项重要任务:把 EDP 尽快办起来。

接受任务之后,善于动脑的魏炜就开始琢磨,采取什么办法才能办好。"那时候要钱没钱,要人没人,一穷二白。"魏炜回忆,虽然商学院当时有 100 万元开办费,但不敢随便用,因为担心用完了还没有挣到钱。于是,他想到了找人合作的路子。

当时 EDP 培训市场已经强手如林,中欧、长江等商学院不仅在本地做得很大，而且还在北上广深等大城市设点布局，把培训扩展到了全国。不仅高校纷纷介入这个高端市场，一些社会培训机构也在想方设法从中分得一杯羹。面对激烈的市场竞争，深圳商学院成立不久，势单力薄，如果不走合作的路子，想在市场中扑腾出名堂来，不是短期内能够做到的。

魏炜瞄准的合作对象是清华大学经济管理学院，他曾在这里攻读硕士学位，有良好的人脉关系。清华经管学院实力雄厚，大名鼎鼎，朱镕基是首任院长。

魏炜主动联系，对方一开始就表现出了极大兴趣，因为他们也意识到，自己的根在北京，能与北大深圳商学院联手在深圳开展 EDP 业务，是不错的选择。但正式讨论时，不知什么原因合作方案被否决了。

怎么办？逼上梁山，看来只有自己单干了。

魏炜从大学城另一家机构挖来了一位工作人员韩珂珩。有了帮手，他们开始"试探"市场。不问不要紧，一问简直备受打击。多数客户的反应是："深圳商学院？怎么没听说过。你们是不是在北大承包了培训业务，跑到深圳赚钱来了？"另外，当时深圳的高端培训基本上集中在虚拟大学园，大学城地偏人稀，甚至连出租车司机都不知道在哪儿。

单干碰壁，困难重重，找人合作的念头一直没有断掉。

这时候机会来了。台湾企业家林伟贤搞的实践家培训中，有一个企业教练项目正想推广。魏炜刚好认识林伟贤，于是一拍即合，两家决定联合开班。借助实践家良好的市场运作和北大强大的品牌效应，这个班招生火爆。魏炜亲自上阵讲课，就在这个班上，他第一次系统地阐述了自己在商业模式方面的研究成果（图 5.1）。

EDP 项目初战告捷，海闻和魏炜异常开心，真切地感受到了 EDP 市场的巨大潜力，更坚定了甩开膀子大干的决心。

就在和实践家合作的同时，他们也在积极筹备推出自己的独立培训项目。可是，企业有什么样的培训需求，要推出什么样的项目才能赢得市场青睐？当时并不十分清楚。

在深圳人生地不熟，自己很难做市场调查。正在困惑的时候，魏炜灵机一动,想到了一条捷径:看其他机构的广告,它们搞什么培训,我们就跟着搞什么。

图 5.1　2007 年 9 月,魏炜在给企业高管授课

本来想打"差异牌",现在却无可奈何反其道而行,变成了打"趋同牌"。看了几天报纸、电视广告,魏炜很快确定了自己的培训项目:企业高管培训班、金融培训班和企业 CEO 班。

项目敲定了,第一批学生怎么招?这是关键。

归纳起来就是两招。第一招是打广告。选择当地最有影响力的报纸《深圳特区报》,刊登招生广告。这一招比较简单,也很灵验,但就是花钱。

第二招是会销。现任 EMBA 项目办公室主任的胡笑天 2007 年 5 月一进入深圳商学院就赶上了招生,她对第一次会销记忆尤深。5 月 26 日,"北大深圳论坛"在深圳特区报业集团会堂隆重举办。海闻亲自主讲"中国经济未来发展:机遇与挑战",讲座中,他提出中国经济在未来 20 年中,仍然有希望保持较高速度增长,并有可能避免之前亚洲一些国家或地区出现的经济低迷的现象,这场讲座吸引了近 600 名企业高管前来听讲。经过后续跟踪,其中不少人成了第一批 EDP 培训班学员。

"为了招生，大家没白天没黑夜地干活。"胡笑天说，当时除了魏炜，普通工作人员只有她和韩珂珩两位。忙完 26 日的会销，韩珂珩于 27 日赶回老家时，妻子已经在生产。

付出总有回报，经过两个多月的准备，2007 年 7 月，几个班全部招满开课，总数近 200 人。也就在这个月，EDP 培训中心正式成立。

第一炮打响之后，深圳商学院 EDP 培训如何定位的问题再次引发了思考。经调查发现，中欧、长江两家商学院当时在市场上树立了高价、高品质的形象，而且多是短训，有的就两三天，企业定制课程比较多。

要想铸造自己的特色和品牌，形成持续良好的发展态势，还是必须走差异化道路。于是，根据市场需求，深圳商学院确定以长训为主，以公开课为主，培训时间一年多一点。这种模式的一个好处是，学生在一起的时间多，班级的活动多，学员不仅学到了知识，也结识了很多朋友，对学院的感情也会更深（图 5.2 为海闻教授在 EDP 班开学典礼上讲话）。价格上高、中、低几个档次均有，形成金字塔结构。这样的策略很快受到市场的欢迎。

图 5.2　2007 年，海闻在 EDP 班开学典礼上讲话

2007年,虽然只有半年时间,但深圳商学院已经在深圳培训市场崭露头角,初步站稳了脚跟。2008年,无论是业务量还是管理、口碑,均实现了较大幅度的提升。

PE 培训做到全国第一

在海闻的规划里,2008年是商学院起飞之年。EDP项目建立并在市场上站稳脚跟之后,如何实现快速发展?这和一般的办学不同,这是在做市场经营,需要企业家头脑。

借力,借市场之力,借社会之力!就在这一年,机会来了。北京一家社会培训机构的老板武爱荣主动找到汇丰商学院,希望"被收编"。这家机构2002年开始涉足高端培训行业,涵盖金融、企业管理、国学等多个领域,当时取得了不错业绩。他们要求加入,是希望在更大平台上获得更大发展。

学院经过一番考察,双方签订协议,武爱荣团队正式办理手续,于2008年10月整体加盟北大汇丰(2008年8月30日北大深圳商学院正式更名为北大汇丰商学院),她本人成为EDP中心主任。就这样,汇丰商学院快速建立起一支EDP运营队伍。

在激烈的市场竞争中,靠什么来服务市场和吸引学员?课程设计和师资队伍很关键。

2007年《中华人民共和国合伙企业法》修订,为PE(Private Equity,私募股权)投资发展打开了制度之门,而当年股市的高歌猛进又为PE成长提供了肥沃土壤。到2010年,PE募资、投资、退出案例数量均创历史新高,以至于有媒体惊呼:中国出现了全民PE狂潮。

市场爆发出巨大需求。在当时来说,PE还是一个新鲜事物,很多企业老总、投融资项目负责人、私募基金从业人员、金融管理者、律师、相关政府官员等,缺少系统的PE领域知识。他们像干涸的土地渴望甘霖一样,急需充电补课。

海闻对 EDP 中心人员说：是 PE 培训大发展的时候了。

EDP 中心精心调研市场，聘请知名专家学者担任培训教师，不断完善和优化课程设计，为市场献上了一道道营养丰富、味道鲜美的知识盛宴。当时中心设计的课程共包括私募股权投资基本理论、宏观经济形势与政策法律环境、资金募集与融资、投资的组织形式与近期关注的行业，以及商业模式创新与投资行为学等12大模块。每个模块下面，又有很多小的模块。比如，资金募集与融资模块包括资金的公募与私募及比较、不同法律对资金募集的要求、如何避免资金募集中的"乱集资"等。

课程内容涵盖 PE 公司设立、融资、投资、退出等环节的系统知识、技巧和工具，以及相关法律、政策。通过具有丰富实战经验的讲师的教授，学员掌握这些知识之后，就能成为投资经营和管理方面的高手。这些课程体现了极高的专业性、实用性和独特性，教学理念十分超前。

汇丰商学院这道 PE 课程盛宴，在市场上受到了持续欢迎，班越开越多，班额越来越大。从北京、上海、深圳、广州，开到郑州、西安、南京、合肥，成为培训市场难得一见的现象级项目。

至2013年年底，汇丰商学院在国内大多数省会城市都设有 EDP 教学点。班级人数也是一路飙升，从100多人，到200多人，最后居然办出了300多人的大班，在高端培训领域，当时罕见。

2011年4月9日，北大英杰交流中心一层新闻厅，伴随着庄严的国歌声，PE37班正式开班，317人的班级人数创造了汇丰商学院 EDP 项目最高纪录。由于人数太多，担心一起上课影响效果，EDP 中心在开班前特地把317人分成了 A、B 两个班，从任课教师到上课时间都做了安排。可当 EDP 中心人员在开班仪式上宣布分班结果时，没想到却出现了下面这样一幕。

"317人在一起上大课，在一起搞活动，在一起做同班同学，更加温暖，更有意义。我不希望分班，现在请允许我做个现场调查，不愿意分班的同学请举手。"一名同学主动走到了台前，做了一番激情演说。

"不分班！"全场齐刷刷地冒出一片手臂的森林。分班宣告失败，这个班成为汇丰商学院 EDP 项目史上最大的 PE 班。

截至 2024 年年底，PE 班一共开班近 200 个，培训学员多达 2 万人。汇丰商学院为中国 PE 行业培训了大量人才，不仅助力个人发展，改变了很多人的命运，也为中国 PE 行业的规范发展做出了卓越贡献。

有一年，一位刚参加培训的学员问 EDP 中心工作人员，自己的企业希望上市，请了一家公司做咨询，对方提出要 2000 万元咨询费，他问应该怎么办。工作人员回答，上一段课之后再说吧。几个月之后，这位学员兴奋地说，已经和对方谈好了，咨询费一分不给，反而要对方给他 2000 万元，回报是一定数量的公司股份。"通过学习，我终于明白了这些事情该怎么处理。"这位学员切身感受到了参加培训学习的好处。

曾经在 PE 班接受培训的沙渝晨说，每月一个周末两个整天的教学，内容丰富，讲授精彩，让大家系统了解了私募股权投资的理论、政策和实践问题，带来了全新的思维。徐煜同学则在《我心中的北大 PE 班》一文中写道："我们的老师来自不同领域，有熟悉政策的政府官员、著名的经济学家、知名的学者教授，也有实力派的职业经理。他们以深厚的学术背景，丰富的人生和职业经验，无私地传道解惑，辛勤地浇灌着我们这些 PE 小花，使我们茁壮成长。吸收快的已经结出了丰硕的果实，组建了基金，开始为国家创新战略服务了。"

市场需求是多样而且变化的，在推出火爆市场的 PE 培训的同时，汇丰商学院还不断创新课程设计，根据市场需要先后推出了商业模式班、CEO 班、AMP（Advanced Management Program，高级管理课程）班、国学班、国际投融资与资本运作班、创业家班、房地产开发与金融总裁研修班、文化产业与投融资班、电子商务与移动互联网总裁研修班、特劳特战略定位班、创始人顶层设计班、互联网金融创新高级研修班等，为企业家尤其是民营企业家提供多种有针对性的服务，其中不少课程在国内 EDP 市场影响巨大。

其中商业模式班自 2010 年推出后的几年，很多企业界大腕都慕名前来听课，并给予了高度评价。

创维集团创始人黄宏生曾感慨地说："汇丰商学院的商业模式课程就像及时雨，针对我们乌龟竞走、老牛拉破车的困境提供了新的思维方式。"他甚至认为"这是十几年来我上过的对我思想触动最大的课程"。

建恒测控股份有限公司副董事长汪建元上完课之后，把学到的东西结合公司实际变成了积极有效的建议，最后形成了可复制、可培训、可管理的模式，结果"对公司帮助很大"。

商业模式课程之所以能取得巨大成功，主要是因为：第一，满足了企业的现实需求，按照现代管理学之父彼得·德鲁克（Peter Drucker）的说法，"当今企业间的竞争，是商业模式的竞争"；第二，汇丰商学院在商业模式研究上国内领先，拥有许多原创的学术成果，为课程教学提供了源头活水；第三，在教学方式上有许多创新，如实行"商业智慧教学法"，师生一起深入同学企业进行现场教学等。

一次，学院一位老师给EDP班上课时，发现班上坐着多位潮汕老板。在很多人眼里，潮汕老板驰骋商场，很多是精明的生意高手，但对读书似乎不怎么在意。于是问他们为什么来学习。这几位老板回答："课程对我们有用，肯定还是要来学的。"

学院老师们因而更加坚信，在EDP市场竞争日趋白热化的环境下，要立于不败之地，就必须研究市场，精准服务，不断创新，开发出市场需要的高品质课程。

EDP师资国内一流

2014年上半年，汇丰商学院EDP规模已做成国内第一。究其原因，除学院领导高度重视，工作团队能敏锐地把握市场需求，开发出适销对路的产品，还有关键一点，就是他们打造了一支强大的师资团队。

这支稳定的队伍有100多人，在全国商学院EDP项目中，无论是规模还是水平都排在前列。队伍中除了有学院内海闻、樊纲等大牌教授以及青年博士，还从外面聘请了一些高校教师、政府部门研究员和企业高管等。高校教师被称为学院派，企业高管是实践派，政府部门研究员是政策派，在知识结构上三者实现了互补。

课程设计可以学，可以借鉴，但教师队伍不能复制，这支队伍构成了汇丰商学院 EDP 的核心竞争力。

在 EDP 教师队伍建设上，汇丰商学院是有过"教训"的。EDP 起步之初，某位院领导利用担任管理顾问的关系，拿下了一家企业的内训项目。这也是商学院获得的第一个企业内训项目，为期一年，费用为 100 多万元。因为熟悉情况，课程设计针对性极强，企业老总看完之后连声叫好。

但接下来的事情就有点儿麻烦了。EDP 教师队伍还没有建立，学院老师本来就不多，这家企业又远在外地，只能临时从社会上匆忙请了一些讲师。这些讲师水平参差不齐，有的讲得精彩，有的讲得较差。

大约半年之后，这家企业老总给这位院领导发来一条短信，大意是全国各地分公司负责人每月专飞一次总部，花两天时间来听课，却没有什么收获，大家很生气，商学院需要钱可以直说，不能这样浪费他们的时间。

谁接到这样的短信，都会羞得要钻地缝。

虽然这件事后来得到了圆满解决，但它像一记重锤敲响了警钟：建设一支强大的 EDP 教师队伍刻不容缓。

EDP 学员多数是企业中高层管理人员，很多人不仅有实践经验，还有一定的理论水平。他们带着问题来商学院学习，希望教师在较短时间内能给出思路，帮助他们解决问题。EDP 教师既要懂得理论，又要懂得企业管理实际，对某一个领域或行业有深入研究，从解决问题、切入实践和开拓思路的角度去备课，而且教法要灵活，注重跟学员沟通互动。因此，EDP 起点高，对老师的要求更高。

要吸引一流教师，当然要给予一流的待遇。这是一个高度市场化的市场。汇丰商学院给 EDP 教师的薪酬，在业界是最高的。他们也因此受到一些同行的责难：为什么你们要把薪酬水平抬得那么高？

没有真本事，这份薪酬肯定是拿不到的。

先是入口关。外聘教师，先要审查学历、职称和有无教学经验。这些硬件条件基本达标之后，最难过关的还是面试。这里的面试和一般的面试不同，应试者要做一场时长至少一个小时的讲座，下面坐的除了评委老师，多数是学生。别以为学生只是来听听的，他们也是评委，一起参与打分。得分合格的应试者才能被录用。试用期3个月，不行即淘汰。

聘用之后，日常考核管理更是严得出奇。2009—2010年在汇丰商学院担任EDP教务长的史永翔，曾对EDP的教学管理进行大胆的创新改革，他说，当时创造性地推出了对教授教学的现场管理，每个课堂里安排一位教辅人员，把整个课堂情况记录下来，然后再做专业评价。此外，教师好不好，学生最知道，当时他们还建立了学生给教师打分制度。一门课讲完，学生给教师打分。后来经过不断完善，确定平均分未达到95分的教师，取消聘用资格。这一招成为教师的紧箍咒，促使他们平时教学兢兢业业，不敢有丝毫马虎。

严把入口关，严格日常管理，最后每年还是有10%—20%的教师被淘汰。这里面多数是因为得分没有达到95分，还有少数有自己企业的讲师，因为在课堂上推销自己的企业，被取消讲课资格。学院规定，教师上课除了传道授业解惑，不准做商业宣传。有人开玩笑地说，这样的淘汰不是大浪淘沙，而是大浪淘金。都是金子，只是成色不同，汇丰商学院留下的都是亮闪闪的"纯金"。

PE18班的何烈恒第一次上课，正好是参加2009年12月在北京国际饭店举行的北大汇丰PE年会。无论从形式、氛围，还是内容上，他都觉得非常特别。后来他每月到北京学习一次，收获很大，感受很深。他毕业时专门写了一篇文章《北大汇丰，真的很给力》，里面写道："我特别敬重这些上课的老师，他们水平很高。通过他们的讲授，我首次系统了解了很多以往不知道的经营投资理念，大大开阔了自己的视野，增强了经营企业的能力。可以说每一次课都很给力，都有不同的收获，我从心底感激老师。"何烈恒写出了EDP同学的共同感受。

对学院有了家的感觉

2010年一个意想不到的不幸事件,让EDP学员深切地感受到,汇丰商学院不仅传授知识,还是特别重情重义、温暖心灵的地方。

2月26日夜晚,元宵节前夕,广东普宁市爆竹声声,烟花在空中绘出美丽的图案。正当人们尽情享受节日快乐的时候,一起意外的烟花爆炸事故让整座城市罩上阴霾。

这起爆炸造成21人死亡,其中3人是汇丰商学院EDP学员,当时他们正在普宁商谈业务。

噩耗传来,EDP中心老师们深感震惊,陷入悲痛之中。三位年轻学员的笑容,在他们脑海中浮现。但悲剧已经发生,生命无法挽回。现在刻不容缓的是,如何为三位兄弟善后。两名学员是北京的,但将遗体运回北京不现实,怎样才能妥善处理? EDP中心老师与EDP校友组织负责人韩冬梅等放下手头工作,于28日从北京飞抵深圳。当晚大家一直讨论到凌晨3点,在多个善后方案中,他们最终倾向于一个"温暖的方案":将三位学员的遗体运回深圳,在汇丰商学院为他们举行追思会。

在校园举办追思会,学校领导会同意吗?大家心中没底。当时春节刚过,开学伊始就办这种事情,学院会不会有所忌讳?而且去世的是三位EDP学员,和全日制学生相比,他们与学院之间的关系比较松散。另外,虽然这是为了让三位学员在最后一程走得体面一些,但毕竟要惊动学院上千名师生。

正式汇报时,校友组织提出了几套方案,包括租酒店搞追思会。海闻听完当即表示:"花钱到外面酒店给他们举行追思会不行,EDP的学员也是我们的学生,就安排在学校。学校就是他们的家,让他们回家吧。"一句话,让现场所有的EDP同学感动得热泪盈眶。

于是,大家兵分几路开始紧急行动。一路去普宁,协调将遗体运回深圳以及相关补偿事宜；一路去深圳殡仪馆，协调遗体安放，准备召开追悼会；一路留在汇丰商学院，部署追思会现场。因为有两位逝者的户口不在深圳，为了把他们的遗体从普宁运到深圳，学院出面做了大量繁复的协调工作。

3月3日上午10点，200多位师生早早站在了深研院模拟法庭教室门外，预定的追思会时间已到，但其中一位逝者的母亲和家属从外地还未赶到现场。工作人员问："一切准备就绪，是不是按时开始？"

"我们再等一等，一定要等家属全部到齐。"海闻回答。

结果，十点半了家属还没有到，大家继续等。直到11时许，远远看见几位EDP学员陪着一位年迈的母亲缓缓走来，霎时间现场空气凝固般肃静，大家自觉站成了两排。海闻快速迎上去，紧紧握住老人的手，搀扶着走向会场。

追思会现场经过精心布置，庄严肃穆，三位逝者的遗像挽上黑纱，下面簇拥着洁白的鲜花，他们显得那么平静、安详。左边是两个大展板，写满了大家的追思留言。海闻挥笔写下："在北大汇丰的大家庭里，你们不管走到哪里都永远不会孤独！"PE15班同学深情留言："我们来生继续做同学！"右边液晶大屏幕上，滚动播放着三位逝者生前的照片和同学们的一条条追思词。大厅两边摆满了花篮，花篮里盛满了23个PE班同学无尽的哀思。那位年迈的母亲看到大屏幕上儿子生前的照片，老泪纵横，不顾一切地喊着："那是畅畅呀，那是畅畅呀！"好像看到儿子重回人间。白发人送黑发人，大家伤心欲绝。

追思会开始，海闻身穿黑色西装，声音哽咽着致追思词。台上的人声泪俱下，台下的人不住抽泣。现场真情流露，汇成悲痛的海洋。

最后，师生们自发为逝者家属捐款，在几分钟时间内，现场捐款达80余万元。

EDP学生多来自商界，在激烈的市场竞争中，一些人多了些冷漠与无情。三位同学意外死亡，这是一场灾难，但汇丰商学院这种特殊的善后方式，让大家深深地感受到无论在什么情况下，学院都是他们温暖的家，在这里真情常在，友爱长存。

"人生难免会遇到不幸。这件事让我真正认识到，什么叫母校情，什么叫师生情，什么叫同学情，什么叫情谊无价！"一位参加追思会的学员感慨，这件事好似一堂特别的课，让大家领悟了太多人生真谛。

这件事之后，EDP学员之间的感情和凝聚力极大增强，汇丰商学院在社会上，尤其是在企业界，影响力和美誉度更是极大增强。"培训就上北大汇丰"成了更多人的选择，因为他们看到了一个人性化的商学院。

几千人参加的 EDP 年会

在汇丰商学院，不仅全日制学生有年会，EDP学生也有年会。不仅有，而且在业务最火爆的那几年一年要开两次：大年会和小年会。

让我们来感受一下其中的一次小年会。时间：2014年6月21至22日；地点：广州白云国际会议中心；承办方：汇丰商学院EDP广州教学中心和EDP广东校友组织；参加者：1500多名EDP同学。

20日接待晚宴。21日开幕式之后，全天樊纲围绕"中国经济：近期波动与2020展望"这一主题展开讲座。他对当时中国经济面临的问题进行了深入剖析，认为中国经济未来要"软着陆"，更多还要依靠政府的宏观调控以及战略调整和转型，大泡沫导致大危机，小泡沫带来小调整。当晚，"商界军校，中国力量"晚会精彩上演，节目全部由同学自编自导自演，高潮不断。

22日上午，海闻围绕"市场经济与中国改革"主题做了精彩演讲。海闻通过案例和图示等方式，深入浅出地讲述了经济中的热点问题，阐述了中国为什么要全面深化改革，为什么要让市场在资源配置中起决定性作用。他还对中国经济未来10年的改革与发展进行了分析和预测。授课风格幽默诙谐，气氛活跃，现场座无虚席。下午，大家共同见证了多个班的结业典礼和开学典礼。在两天时间里，除了"项目超市"全天开放，每天午饭之后，还安排了一个小时的项目路演。

年会制度是汇丰商学院当时的一项创举，后来逐渐成为金灿灿的品牌。2010年，很多同学提出希望海闻老师给他们上一次课，当时已经有十几个PE

班了,海闻工作十分繁忙,给每个班都上课不太现实,于是有人建议,是不是把所有学员集中起来上一次大课。海闻一听,当场表示"这个主意好"。就这样,上大课的年会制度便建立起来了。很多人把年会称为"海院长见面会"。第一次在北京友谊宾馆举办,有13个班的同学参加。

年会参加对象除了正在就读的EDP学员,还有已毕业的校友。到2012年,新老学员越来越多,组织起来非常困难。从当年开始,年会开始分大小了。北方集中在北京,南方集中在深圳或广州,各开一次小年会,年底再在北京开一次大年会。小年会是一门课,在读学员参加,当时由海闻和樊纲主讲。大年会与汇丰金融论坛一起举办,新老学员都可以参加,每次都是重量级嘉宾云集。

年会是聆听大师声音、汲取知识营养的平台。

每次大年会都会精心设计主题,如2009年的"全球危机下中国经济的机遇和挑战"、2013年的"全面深化改革:分析与展望"(图5.3)、2015年的"共享的世界,中国经济的新机遇"、2017年的"新时代,新征程"、2020年的"创!

图5.3 2013年,北京大学汇丰金融论坛暨北京大学汇丰商学院EDP大年会上,厉以宁做"全面深化改革"讲座

无止境"、2023 年的"志苍穹，行坚毅"等。这些主题都紧密结合当时的经济热点，针对性极强。

每次年会都会有重量级嘉宾来做讲座。尤其是大年会，除了海闻必到，成思危、吴晓玲、龙永图、沈联涛等政策制定者，厉以宁、樊纲、周其仁、李扬、余永定、贾康、姚景源、巴曙松、曹远征、保罗·泰柏勒（Paul Temporal）等理论与政策研究者，以及王石、冯仑、宁高宁、马蔚华、龚方雄、黄海洲、刘晓光等第一线的金融高管和成功企业家，都曾出席并做过演讲。

年会也是展示项目、实现项目与资金对接的平台。

EDP 学员绝大部分是民营企业家或高管，他们有的有项目要找资金，有的有资金要找项目。因此，组织方通过竞争方式，每次年会安排 10 余个项目参加路演，此外，还会安排更多项目进入"项目超市"展示。最多的一次年会，进超市的项目达到 150 多个。

每次小年会，至少有 1000 人参加，大年会接近 3000 人。多数参加者是商海里的实力派，而且同学间更容易互信，因此，路演和展示的效果很好，对接率较高。2011 年大年会，对接资金高达数亿元。

年会由 EDP 校友组织具体承办，运作上非常市场化。参加学员除了车旅费和住宿费，其他费用都免。商学院出一部分钱，其余大部分靠捐赠，以年会冠名、路演和"项目超市"展示等作为对捐赠者的回报。这既培养了学员的公益心和捐赠文化，又持续解决了年会经费问题。由于要求路演的学员项目太多，一次 20 分钟的项目路演，捐赠标的最高涨到 10 万元。不过，如果你的项目不错，在年会中被评为好项目，还可以获得最多 5 万元的奖金。

捐款使用公开透明。每次年会结束后，在总结会上都会公开捐赠收入的花费明细，所有学员都可查询。

年会也是营造 EDP 文化、增强学员之间凝聚力的平台。

从第一次年会开始，举办联欢晚会就成为惯例。当时一些学员为了使班级表演更加出彩，提出想请外援，被坚决否定。因为年会就是要展示同学们自己的风采，同学演出，同学欣赏，如果请外援，演出不管多么精彩，味道都变了。"我奉献，我快乐"，这是汇丰商学院在 EDP 中一直倡导的文化，哪怕举办晚会也不例外。

不要小看在晚会上表演一个小小的节目,学员们可重视了。西北校友组织为了参加 2012 年 12 月的大年会,发动 5 个班的 9 位同学,提前一个多月就开始排练舞蹈《陕西八大怪》,最后在晚会上获得了最具舞台魅力奖。这届大年会共演出节目 26 个,数百位学员过了一把演员瘾。演出时台上投入,台下开心,其乐融融。很多同学感慨地说:"每次年会都像过年一样!"

EDP 校友遍布世界

EDP 同学来自全国各地,每月才聚在一起上两天课,一般一年多结业,同学关系容易松散。如何加强同学之间的交流,增进感情,让同学资源进一步放大?汇丰商学院有自己独到的做法。

2009 年,汇丰商学院 EDP 校友组织宣告创立。韩冬梅校友担任首任负责人。校友组织致力于开展各种学习交流活动,加深同学之间的友谊,创造共赢机会,促进同学事业发展。校友组织下设形式多样的专业委员会或俱乐部,以此为同学之间建立友谊、相互交流、分享合作等,提供专业、高效、多元的大平台。

2014 年 7 月 17 日,两位竞选 EDP 深圳校友组织负责人的候选人信息出现在汇丰商学院网站上。这则特殊的公示,让大家看到了学院做事的透明、规范,以及对校友组织的重视。

两天后的晚上,EDP 深圳校友组织大会在学院 501 教室举行,海闻与魏炜出席。两位候选人做竞选演讲,回答代表问题,然后,50 多个班的 100 多位代表采用无记名投票方式,选举出深圳市环世全球物流有限公司董事长郑淑林担任新一届 EDP 深圳校友组织负责人,并由他组建服务团队,为同学服务两年。

汇丰商学院 EDP 在世界各地成立的校友组织有 30 多个,遍布中国的北京、

上海、天津、江苏、黑龙江、山东、河南、广东、海南、重庆、广西等，以及加拿大、美国、澳大利亚、韩国等国，总会员达1万多人。

在EDP、MBA、EMBA教育中流行一句话："学习重要，跟谁一起学习更重要。"在重视人脉的社会，"同学"是一种十分宝贵的资源。这种资源要发挥最大效用，需要组织和整合，校友组织便是最好的形式，它给大家提供了交流交往的舞台，像一张巨大的网，使每位同学成为其中的一个"结"。

在汇丰商学院，把EDP同学拧在一起的，除了校友组织，还有各个班级组织。通过开展各种活动，班级成为同学们共同的家园。

PE37班是EDP中的"明星班级"，不仅因为规模大，而且因为在一年多的时间里，他们组织的活动多，班级文化很有特色。

这个班不仅有"班徽""班歌""班报""班酒"，而且还创造了"三七生活方式""三七之家"，组织了"井冈山大会师""青岛游学"等大型活动。他们的"三七之家"在全国有几十家，均由同学提供，为PE37班同学提供差旅过程中的文件制作、临时秘书、临时会议室、当地餐饮住宿交通信息指南等便利服务。

这个班有一个出色的班委团队，当时为同学们打造了三个平台。一是学习平台。比如，班委与教务组协商，在每节课前都会进行课程介绍、问题调查，增强同学与教师的课堂互动性，课后还会对授课情况进行总结。在课外组织案例式学习，定期实地考察同学企业。二是搭建交友平台。比如，在班级个性化台历上，按组刊登每位同学带名字的照片，精心标注同学的生日；经常组织打高尔夫球、打羽毛球、自驾游、生日聚会等活动。三是搭建一个事业发展的平台。比如发起成立连锁经营专业委员会、国际投资专业委员会、节能环保专业委员会等，为同学事业发展和转型提供平台，穿针引线，直接促成同学项目合作、资本对接等。

在凝聚同学方面，当时他们推出了内部刊物《EDP视窗》，这是从文化层面聚集向心力。双月刊《EDP视窗》编排时尚，图文并茂，内容丰富。既有教师和学员风采、最新的国内外商学领域研究成果，又有大量全国各地各类班级活动的报道，当年深受学员喜爱。

近年来，随着网络的发展，现在学院和同学会主要通过微信群和公众号发布信息，分享视频照片，保持互动。

共同的学习，共同的活动，共同打造的文化和记忆，让 EDP 同学之间结下了深厚情谊。结业分别时，很多同学甚至抱头痛哭。结业之后，同学之间仍然经常往来，甚至有生意上的合作。汇丰商学院举办活动需要他们参加时，一呼百应，有的还向母校捐赠钱物。

汇丰商学院打造的 EDP 文化深入人心。这种文化的形成，靠班级、校友组织和大小年会，更靠全体老师和学员。它把所有学员拧在了一起，无论哪一届，只要说在北大汇丰商学院读过 EDP，感情马上拉近。同时，这种文化也成为战胜市场的强大武器。

听一次课躲过金融危机

EDP 不发文凭，没有学位，为何竟然有数以万计的人愿意花钱花时间到汇丰商学院来接受培训？答案很简单：有用。

叶明钦是金港控股有限公司董事长，他参加了汇丰商学院的 PE 培训，还担任了 PE60 班班长。由于上课收获很大，后来他不仅把自己一家几口都送来培训，还介绍了多位亲戚朋友参加培训，总人数达十几位。

像叶明钦这样的学员有不少，他们自己参加培训之后，把自己孩子和亲戚朋友也带了进来。这让 EDP 中心工作人员很感动，也更有信心。如果不是确确实实好，他们绝对不会这样做。

海闻多次碰到学员跟他反映上课收获很大。一次，东莞一位企业老板见到他，十分感激地说："海老师，您的课对我来讲太重要了。听完您的课，我回去就对公司进行了收缩调整，之后金融危机爆发，我的损失很小。"

"一堂课能帮你这么大忙，我也很高兴。这也说明你悟性高，学以致用。"海闻说。

原来，2008年上半年，这位EDP学生听过海闻一堂课，讲宏观经济。当时政府在着力治理通胀，连续紧缩银根。虽然通胀率下来了，但也让经济增速降下来了。针对当时政府还在继续使用紧缩的货币政策，海闻认为，中国经济增速会进一步下滑。后来事实证明，海闻的预测和提醒非常准确及时。2008年奥运会后，中国经济已非常疲软，广东、福建、浙江、山东不少中小企业破产，而9月份爆发的国际金融危机，更使中国经济雪上加霜。

当时听了海闻的一堂课，这位企业老板看清了经济大势，他主动应对，躲过了一场危机。

CEO092班的陈栋通过学习，结合理论，总结工作经验，提升公司管理水平，创新了商业模式。2009年，他在全球企业间电子商务品牌ECVV产品搜索引擎上，推出了远远超越竞争对手的新商业模式：按询盘付费——从事国际贸易的企业不是按照时间来付费，而是按照海外推广带来的实际效果，也就是海外买家实际的有效询盘数量来付费。按询盘付费改变了主动权和话语权被电子商务网站绝对控制的格局，是适应国际贸易新趋势的睿智选择。

至于利用EDP平台和同学网络，在事业上有一番新开拓的故事更多。

卢大能在2010年成为PE27班的一员，这位做东北大米生意的企业家，很快在同学中获得了一个昵称：大米饭。他本人对这个称呼一点儿也不介意，反而内心有点儿得意。他渴望打响自己的大米品牌，规模正需要扩大。

在一次年会上，卢大能做了一次项目路演，没想到宣传效果出奇的好，不仅更多人知道了他这位"大米饭"，还有全国各地的同学主动找他合作，买他的大米。几年下来，他的"大米饭"王国已经拓展到了全国各地。

因为课程有用，收获丰厚，很多EDP学员对汇丰商学院充满感激，并把好的课程分享给自己的亲戚朋友。靠这种口口相传主动找上门的学员，每年都有很多。一个非常具有说服力的事实是，2010年商学院启动EMBA首届班的学员中，来自EDP的同学接近四成。

EDP培训使学员受益的同时，也为深圳甚至中国经济的结构调整、产业升级提供了智力和人才的支撑。当年大量举办的PE班，参加的学员有的是赚了钱想进行投资，有的是创新创业想融资。培训之后，他们就能用掌握的资本市场知识，去实现自己的目标。比如，深圳有家知名的地产公司，在房地产很火的时候挣了很多钱，老板就把一双儿女都送进 PE 班，毕业回去管理公司金融板块，投了不少科技项目。

一场突如其来的大整顿

秋天的深圳簕杜鹃红，满城姹紫嫣红。2014 年 10 月 25 日下午，北大汇丰建院 10 周年庆祝大会在大学城体育馆举行，会场展示秋的收获，也洋溢着春的气息。时任北大党委书记朱善璐、中国科协书记处书记陈章良，以及诺贝尔经济学奖获得者詹姆斯·莫里斯等领导嘉宾共计 2000 余人出席。作为此次庆祝活动的一部分，10 月 24 日还举行了全球商学院院长论坛，世界各地 40 余位知名商学院院长参加。

汇丰商学院迎来了高光时刻。创院 10 周年，无论是办学质量、品牌建设还是经济效益，都取得了辉煌的成就，并形成了良好的行业影响力、社会影响力和国际影响力。朱善璐在庆典发言时表示："汇丰商学院已为北大赢得骄傲，未来也一定能为北大赢得新的骄傲。"

回顾过去，充满自豪；展望未来，信心满满。然而，就在大家享受荣耀的开心时刻，一瓢凉水从天而降，而触发的原因则是学院 EDP 培训管理不善。

庆典仪式结束后的第二天上午，海闻习惯性打开某媒体办的手机报，一条消息跳入眼帘："干部'禁读令'颁布近 3 个月，高价培训仍有人参加"，点开一看，里面点名批评了两家单位：清华大学深圳研究院培训中心和北大汇丰商学院。那时媒体批评报道相对较多，海闻看完也没太在意，心想有问题改正就是了。

27 日他应邀去杭州参加一个高峰论坛，并在当天下午在论坛上做主旨发言。中午过后，北大本部打来了电话，语气严肃紧迫：立即回北京开会！

海闻不得不匆匆奔向机场。在北京一落地，打开手机，就接到了太太的电

话:"急死我们了,电话打不通,有人说你被纪委从会场带走了。"

原来,就在海闻忙着参加论坛并准备发言时,报道引发的事态迅速变得严重。他看到的手机报消息是新华社的一篇长篇调查,新华网刊登之后,想不到当天人民网等各大网站就进行了转载。第二天,《中国青年报》和《人民日报》分别刊发了这篇通稿,不仅引起社会广泛关注,更严重的是中央领导对此做了严查的批示。下面是相关稿件中关于汇丰商学院的内容:

……北大汇丰商学院一处后 EMBA 项目的招生办公室,招生人员重点推荐了一款标明"党政领导干部行政级别正处级以上"参与的项目。招生手册中,还公开列出多位前官员对口兼任授课名师,包括至少 7 名处级以上官员。

这位招生人员多次强调,"前官员、老领导授课"是卖点之一。根据申请指南,该培训一年仅上课 30 天,不含考察差旅的年基本学费 19.8 万元。据该招生人员介绍,"在读班级和 10 月下旬开班的秋季班中,还有国企、事业单位负责人。"

这篇批评报道推出的背景是,2014 年 7 月底,中央党的群众路线教育实践活动领导小组、中组部、教育部联合下发《关于严格规范领导干部参加社会化培训有关事项的通知》,严禁领导干部参加高收费的培训项目和各类名为学习提高、实为交友联谊的培训项目;严禁各级各类干部教育培训机构和各高等学校举办允许领导干部参加的高收费培训项目。

尽管海闻一直认为汇丰商学院的培训不存在这些问题,但媒体和上级并不了解每个单位的具体情况,从招生简章上看,显然是公然违反国家的相关规定,直接撞到枪口上了。在北大领导晚上召开会议前,海闻还了解到,国家有关部门通知北大,第二天上班前必须把情况报告送上去,否则"工作组将进驻北大"。

"捅了天大的篓子!"在 27 日晚召开的专题会上,刚刚在前天院庆会上狠狠表扬商学院的北大领导,又狠狠地把商学院痛批了一番:"性质严重,影响恶劣!必须追究责任,严肃处理……"海闻知道 EDP 管理中出了问题,作为第一责任人,他公开承认错误,做了自我批评。

第二天海闻回到深圳之后,根据上级要求立即在学院展开一场大整顿,首当其冲的当然是EDP项目。

经过深入调查,海闻发现,EDP培训在高速发展时,规模快速增大,满足了个人和社会在经济转型时期提升素质的需要,学院获得了较好的经济效益,支持了学院的快速发展,功劳很大,但发展过程也积累了一些问题。

当年整体"收编"的外部团队,市场能力确实强,但政治意识和规则意识却很弱。中央下达"禁读令"3个月后,仍然无动于衷,没有及时更正不当宣传,对招生人员也缺乏培训和管理。

大整顿对上要有合法合规合理的交代,对下要查清问题并做处理。从10月份到12月份,海闻在学院里召开了8次有关EDP项目整顿与改进的工作会议,从管理结构、财务、招生宣传等方面检查与落实。这样严格彻底的整顿自然会涉及一些人的切身利益,海闻遭遇了许多意想不到的压力。当时,甚至出现了这样的场景:

"如果让我走,必须赔偿我300万元!"EDP中心当时的主任居功自傲,开出要价。

"北大是国有事业单位,学院资金是国有资产,每分钱的支出都要按规定来,这笔钱不可能支付!"海闻态度坚决。

对方自然不甘心,四处活动,并扬言要告海闻。

"告我请自便,但对培训问题的调查和处理不会让步!"海闻坦坦荡荡。

为了强化和规范调查,学院还专门从北京聘请了专业律师,确定证据。结果在一项项事实面前,EDP中心主任不得不辞职离开学院,并带走当时一起进来的所有人员。过后不久,另一支专门负责内训的外部小团队,也全部离开了商学院。

汇丰商学院借此重新组织工作团队,并严格按照中央要求对EDP业务进行梳理,撤销深圳和北京之外的培训点,停止不符合规定的高收费和面向领导干部的培训,整体上大大收缩了战线,而且有大约一年时间没有再开新班。同时,EMBA也按规定清退已经招收的2014级党政机关和国有企事业单位领导学员,此后在招生简章中明确不再接受此类人员报名。

因为北大和清华的两个培训机构出事,那段时间在全国高校引发了一场声势浩大的培训整顿,某名牌大学甚至因此免去了一名副校长的职务,整个高校的培训市场在规范的同时,规模大幅萎缩。

2015年3月,教育部办公厅发出《关于北京大学汇丰商学院违规办班的通报》,标志着培训大整顿告一段落。此前,北大内部已对此做出了处理,有人因此被免去职务,海闻被全校通报批评。

"这是我们遇到的一次大挫折,尤其是发生在10周年院庆刚刚办完之际,两相对比给人情感上的冲击太大了。"海闻说,这是件坏事也是好事,问题早暴露早解决,反而有利于学院长期稳健发展。

其实早在2013年10月海闻因年龄原因不再担任北大副校长和深圳研究生院院长之后,他就集中精力回到汇丰商学院工作,开始在学院管理上进行一番改革和整顿。

"海老师管得很细,他经常给行政人员打电话,看接电话的方式,如果发现不对,马上教你怎么改进。比如,接到外面人的电话,要先说'您好!这里是汇丰商学院'。"张凡姗对此印象深刻,她说,大家过去往往只关心自己的业务,海闻表示不行,只要在一个团队,其他同事的业务也必须了解,这样遇到外面人咨询,任何人都可以解答,不至于一问三不知。

海闻制定了一整套严格的管理制度,比如规定老师和行政人员与学生交往时必须遵守几项原则等。"这些制度对行政人员来说,是要强化服务意识,增强服务本领,规范服务行为。"张凡姗说,整顿让少数不适应的人离开了,但留下来的变得更有战斗力。

规范中实现高质量发展

经过整顿之后,EDP培训进入以"规范"和"质量"为核心的新发展阶段。

EDP 培训有"公开课"和"定制课"两大模式。公开课是学院设计课程，面向全社会招收符合条件的学员，学习时间短的一年，长的两年；定制课是为社会机构量身定制的培训服务，时间从半天到几年都有。过去，这两种业务在学院各自为政，培训大整顿时统一由 EDP 项目办公室管理，办公室主任由 2007 年入职的资深员工刘时聿担任。为了在新的环境下高质量发展，刘时聿带领团队在工作中投入了大量时间精力，项目运营水平和效益不断提升。

"我们先是尽可能多地研发贴近市场需求的公开课程，满足不同的学习需求。"刘时聿谈起公开课业务时介绍，在传统的 PE 班之外，学院推出的还有战略管理、工商管理、商业模式创新、哲学与商业智慧、企业数字化转型、青年领创和董事会秘书等几十个研修班。每年根据学员关注的热点，都会推出两三个新课程，其中包括国际课程，确保学员能学到国内外最新、最领先的知识，站到行业潮头。

现在对学员的服务和管理更细致化了。比如招生方面，曾经只要交钱基本上就能读，后来增加了考察背调和面试环节。同时，为了更好地促进学员间的交流，公开课还会考虑学员的背景，一般不希望在一个班里从事某类职业的人数太多，以保持学员职业的合理结构。"如果出现从事某类职业的报名者过多，就动员部分报名者推迟就读，去未来开的班。"刘时聿说。

班长是班级的灵魂人物，作用非同小可。在班长管理上，先是改进选举安排，选出最合适的人。过去谁积极谁就最有可能当选，甚至出现有人在报名之后马上请客吃饭，私下搞定一些学员就坐上了位子。现在"积极"只是基本条件。班长选举放在开学上完两次课并且完成素质拓展之后，让学员之间有机会充分接触了解。

"就拿拓展训练来说，它很考验一个人的体力、脑力和人品。我们的地点选在中山市，清晨出发到五桂山营地，大家背着午餐爬山，一直到下午 5 点多下山。回营地要自己做饭，晚上还有晚会，大家自己表演节目。第二天，待在营地进行各种团队协作活动。"刘时聿介绍，班主任还会对班长候选人进行背景调查，去他所在的公司了解情况。

再是引导班长做好班级工作。明确班长和班委的职责定位是服务同学。对

班长行使职权制定详细规定,比如班长必须比别人多交班费;在班费使用上班长的拍板权最高是 3 万元,超过限额必须经班委批准;班级大事要按议事规则办理,不准搞一言堂。

在学员管理上,推出强化集体意识的改革。比如实行积分制,学员参加班级和学院的各类活动,按照不同的分值计分,总分达到规定的要求才可申请办理结业证书。

EDP 校友组织一直是校友之间联系交流的纽带,是学院为他们精心打造的"家"。如今已是第五届,会员总数近 3 万人。虽然深圳、北京之外的培训中心在整改时撤销了,但校友组织大大小小的活动仍在如火如荼地开展。年会是校友们交流的大舞台,每年都与汇丰金融论坛一起举办,年年有不同主题,每次都有近千人参加。校友文化生生不息,届届相传。

汇丰商学院 EDP 公开课,如今已成为国内高端培训市场上的品牌项目,具有良好口碑和较大影响力。像 PE、商业模式等课程,从 2007 年推出以来,经久不衰。现在 EDP 培训报名者中,有多达五六成是老学员介绍的。还有学员读完一个班之后又接着读另一个班,几年甚至十多年"不离校"。

"爱学习的企业家,做企业更容易成功。"这是深圳易龙泰科技有限公司创始人赖万东爱说的话,他大学读的是铁道工程专业,做工程没问题,但是当他真正管理企业、经营生意的时候,知识的盲区就越来越多了。在资本市场火热的时候,总有人跟他谈 PE 融资、IPO、借壳上市,他都不懂。他来到北大 PE 班学习后,这些困惑就慢慢解开,经营上获得了很多益处。

读完 PE 班之后,2019 年赖万东又成为哲学 01 班学员。"北大汇丰老师尽职敬业,同学情谊质朴纯真,这是让我选择在这里读书的最重要原因。"赖万东说,读书让他开始深入思考人生,并在汇丰商学院的一堂课上找到了人生的意义,那是在长白山的一次游学,郭春林老师主讲"哲学智慧和人生思考",里面有一段话让他醍醐灌顶:"人活着的意义是为了创造,为自己创造、为他人创造,不断创造价值、创造人生。只有不断地创造,企业才有未来,国家才会富强,人类才有希望。"在读期间他热心于校友事务,并积极向北大相关基金捐款。

深圳汇安消防董事长邱平安，自 2017 年经人介绍报读公开课之后，就与汇丰商学院结下了不解之缘。7 年来，这位优秀的企业家从战略管理班、PE 班，再读到哲学与商业领袖班，不仅自己持续不断地报班学习，而且购买了定制课给公司管理层充电。谈起学习经历，他说有三大收获：第一，同学来自五湖四海，而且分散在不同行业领域，跨行业的经验分享让他大受启发；第二，课堂学习拓展了大家的思维与认知，讲授内容很落地，很实用；第三，不仅学习了知识，更打开了格局。

与时俱进满足市场需求

最近这些年，EDP 项目及时跟进市场变化，在定制课和国际化课程上发力，取得了新成绩和新突破。

在学院整体的培训业务中，定制课经过这些年的不断发展，规模已占汇丰商学院 EDP 课程的半壁江山，档次上已成国内顶流。刘时聿介绍，取得这样的成绩，是因为汇丰商学院抓住了三点：师资、教学和服务。

定制课是培训中的 VIP，收费不菲，对师资的要求更是非同一般的高。汇丰商学院除了自身师资雄厚，背后还有强有力的北大本部作为支撑，这极大地增强了市场竞争力。

以精益求精的态度做好每个环节的服务，确保课程质量，才能赢得客户的信任和长期订单。区别于其他商学院招生老师与项目班主任由不同人员担任的做法，汇丰商学院定制课程的招生老师与项目班主任均由同一人担任，负责从需求调研、方案设计到课程交付、后续服务等全流程管理工作。由一个人负责到底，保证了对客户服务的前期承诺与实际交付能够一致，省去客户与商学院多线沟通的麻烦，并使班主任能够深入建立与客户的长期信任关系，对客户的人才培养需求作出快速反应。当然，这样的制度对班主任的专业能力、沟通协调能力以及项目管理能力要求都非常高。

多年前,平安集团下属平安金融管理学院向汇丰商学院订购课程,集团下属公司领导听完课之后,认为效果非常好,纷纷寻求合作。如今,汇丰商学院与平安银行、平安科技、平安人寿等都建立了良好合作关系,平安系成了学院最大、最优质的客户。一些合作项目深受欢迎,一办就是几年。比如"北大汇丰平安银行大零售商业模式创新研修项目"连续办了3年,曾荣获《培训杂志》第十二届中国人才发展精英奖最佳学习项目。

2021年4月,平安科技与北大汇丰商学院合作,以商业模式为主题共同打造了"科技赋能金融"研修班,旨在帮助科技高级管理干部能力升维,由魏炜教授亲自担任课程导师。半年的培训让学员们收获很大,一位姓董的学员说:"魏炜老师在课程中设计了很多很丰富的案例,有一期讲到了链家和贝壳找房,魏老师也分享了很多底层的思考,听完对我实际工作的启发很大。"罗姓学员说:"我觉得这一次研修班给我最大的感受,就是可以系统地学习商业模式理论和商业模式工具,并且开始理解所有的行为、所有的动作都是为商业服务的。"

2017年,新加坡知名女企业家范文瑁博士找到海闻,希望与汇丰商学院进行定制课培训合作。当年4月学院为她的公司在北京举办了第一期领导力提升研修班,公司创办人及海内外子公司高管共120多人参加,效果极佳。自此,双方的合作一发不可收,开课频次越来越密,地点也从北京扩展到广州、成都、贵阳、温州等。截至2024年4月,已成功举办24期,公司近3000人次接受了高品质的课程学习。范文瑁认为,北大汇丰领导力课程针对公司的整体发展,从根本着手,让学员明白领导者的定位和意义是什么,从格局、行动力、判断能力等方面都有所优化,使学员能由内而外地得到全方位提升。"我们在领导层的教育培训方面投入了很多资源,当然跟北大汇丰的合作也会一直延续下去。"

现在,除上述知名大企业外,汇丰商学院定制课的合作伙伴还有招商银行、腾讯、华为、宁德时代、中国旅行集团、中信泰富、九牧集团、嘉宝莉、招行基金、字节跳动等公司,而且名单还在不断变长。

随着经济全球化的不断深入,商界人士必须深入了解世界、融入世界,要具有全球视野和跨文化沟通能力，这对 EDP 培训提出了更高要求。2017 年，北大汇丰购置英国校区并开始运营，这给 EDP 项目加速国际化提供了更好的契机和条件。

刘时聿介绍，目前 EDP 国际化项目定位"观世界"，聚焦"研"和"学"两大主题，旨在深度了解和理解国际商业环境及全球经济趋势。课程形式包含海外研学、探讨交流，以及国际化课程等，为学员提供丰富多样的学习体验和国际化交流平台。

海外研学由知名教授带队，对各国的产业机会和发展模式进行总结复盘，帮助学员扩展国际视野，寻找发展机会。目前游学目的地已经从最初的英国、德国，扩展至非洲以及中东、东南亚等地区，形成了不同的系列。EDP 项目会每年至少新增一个国家或地区的成熟游学路线，这些路线包括高校课程学习、企业参访交流、文化考察等板块。

加班加点启动 MBA 项目

MBA 是英文"Master of Business Administration"的简称，翻译成中文是工商管理硕士。1908 年 MBA 诞生于哈佛大学，由于教学特别注重理论与实践的结合，深受商界人士青睐。有人统计，现在美国最大的 500 家公司的总经理、董事长等高层主管，绝大多数都读过 MBA。在国外商学院中，MBA 是规模最大的旗舰项目。

中国（不包括港澳台地区）1991 年才正式开展 MBA 教育，属两年制专业硕士。伴随着中国市场经济不断走向繁荣，国内商学院纷纷推出 MBA 项目。

创院之初就进入学院工作、做过几个办公室负责人的胡笑天回忆说，建院后不久，海闻院长就积极推动，以期尽早推出 MBA、EMBA 项目，为此，2007 年还派她专门到北大本部和中欧国际工商学院考察学习，撰写了多份启动报告和方案。可是，万事俱备，一直只欠招生名额，因为 MBA 属于教育部

管理的学历学位教育，不是学校想招就能招、想招多少就能招多少的。

在眼巴巴地等待多年之后，2011年机会终于来了。胡笑天至今仍然清楚记得日期，那是9月30日上午。

"你们十一国庆假期加班，我们MBA要开始招生了。"正当大家已买好机票，准备假期外出放松一下时，魏炜走进办公室告诉她。

"不可能吧，名额批下来了吗？即使批下来了时间也不允许啊。2012级MBA招生早已启动，假期一结束教育部网报系统开通，就正式报名了，我们连网报系统的名录都没有进入，还怎么招生？"胡笑天对招生流程非常熟悉，她知道有自主招生权的高校此前早已完成了很多报考者的面试和预录取工作。

"你们要相信海老师。"面对大家的质疑，魏炜很坚定地说，海闻告诉他，魏炜他们只管着手招生。

听魏炜这么一说，胡笑天虽然心里还是半信半疑，但马上不再说什么，立即行动起来。她和同事干的第一件事就是退票，然后马上投入招生工作。她说："假期7天之内，大家加班加点设计出了报名简章，做了报名登录系统，并在我们的官网和研究生招生网的官方渠道把招生信息发布出去。"

最终，MBA的招生名额顺利批下来了，而且在没时间做宣传推广的情况下，最后有近百人报名。参加全国联考后，20人被录取，其中1人因特殊情况放弃就读，剩下的这19人成为2012年秋季入学的首届MBA学生。至此，汇丰商学院全日制硕士研究生、EDP、MBA、EMBA全部成功开设，一所商学院该有的大类教育项目这里都具备了。

首届招生紧紧张张，从第二届开始情况就大不相同了，一年比一年强。2013级报名就暴涨到340人，录取96人；2015级报名突破400人，录取破百，达到102人。

"美国等国的商学院MBA基本上是全日制，我们这里相反，全日制只占百分之十几，绝大多数是边工作边读，放弃工作读书的成本太高。"MBA办公室主任闫璐说，MBA在招生对象、培养目标和培养方式等方面的特点，给管理带来更高要求。在MBA教育管理上，同样体现了军校风格。除了军训，管理上也极其严格,类似全日制硕士。

2014级MBA曾经出过一件影响深远的事,一位学生因为工作忙没做好复习,在一次期末考试时请人代考。根据学校规定,请人替考属于严重违纪,要开除学籍。学院马上启动处理程序:调查事情经过,形成文字材料,举行听证会,然后两次上党政联席会议,做出处理决定上报北大本部。最后,本部通过了学院的决定,违纪者被正式开除。

这位学生30多岁,在某金融机构风控部门担任管理者,因考试作弊被开除学籍对个人声誉、事业都会产生影响。事情发生后,他反复找当事老师和学院领导求情,甚至编造了一些不实之言,希望从轻处理,但在事实和规定面前,学院始终坚持了原则。

当年参与处理过程的毛娜介绍,这事对MBA至少产生了两方面影响。第一,学院强化了MBA学生"学生意识"和"纪律意识"的教育。"我们强调,既然选择走进校园读书,在心态、角色、守纪和时间安排上就要像一名真正的学生。"她举例说,比如考勤,每堂课都要打卡。老师开讲了就不能进教室,课间才能进入。

第二,这件事对MBA学生震动极大,让他们看到学院的纪律不是仅仅写在纸上吓唬人的。毛娜说,此后,再也没有出现过类似事件,坏事变成了好事。

管理上对学生要求严,对老师同样是高标准。比如某位老师想开新课,学院会先做基本评估,然后要求他做一场相关讲座。如果效果好,就在比较小的课程模块试开让学生选择。选课学生必须多于20人,否则就自动取消开设资格。

"每门课程结束之后,都有比较详细的测评,学生直接参与打分。任课老师如果来自学院,测评分不能低于90分,对院外老师要求更高。这项制度促使教师必须用心开发课程,讲好每一堂课。"闫璐说,现在所有课程的测评分都在95分以上,说明学生满意度很高。

报考人数不降反升

新冠疫情对商界的打击前所未有，在恶劣的经济环境下，2022级MBA招生究竟会怎样？尤其是这级的招生名额还增加了50个，很多人心中没底。

4月13日，汇丰商学院网站公布招生结果：圆满完成招收200名MBA新生的任务，其中全日制25名，非全日制175名。令人惊喜的是，在经济下行、项目扩招两大不利因素下，结果却呈现三大亮色。

一是申请人数大幅增长。2022级报名人数为1283名，在上一年的高基数上大幅增长37.8%，竞争十分激烈，录取率只有15.6%。

二是辐射地域更加广泛。非全日制录取新生中，在深圳以外工作的占比达28.6%，其中，来自北京、福建、上海、四川、浙江等广东省外的占比10%。外地生源数超过之前所有年份，彰显了汇丰商学院MBA的影响力、辐射力之大。另外，香港、澳门、台湾地区考生和外籍考生占比5%，有突破性增长。

三是生源背景更加资深。录取新生高学历人数和入学前平均收入等延续了逐年增加的趋势。有8.5%的新生拥有硕士研究生及以上学历，其中包括2名博士研究生；非全日制新生平均工作年限达到11.5年，平均管理经验7.5年，入学前平均年收入达到81.2万元。

新冠疫情可谓是一所商学院综合实力的试金石，北大汇丰经受住了严峻考验，在招生、毕业生就业等方面都交出了出色的答卷。MBA与EDP、EMBA项目一样，招生和学费高度市场化，而且北大MBA学费在国内处于最高等级，不是一笔小数目，为何还能如此受考生的欢迎？看下面MBA毕业校友的评价就明白了。

赵山岑是2017级MBA校友，本科毕业于北大生命科学学院，并在香港中文大学获得博士学位，在深圳华大基因农业控股有限公司担任总裁。他认为，两年的学习带给他最大的改变是思维上变得更加开阔，看到这个世界还有更丰富的一面。除了思维改变，学习还给他的工作带来了很实在的帮助。他说："毕业前，我管的农业应用研究院与华大农业集团完成了一次并购重组，这是一个涉及商业资本并购重组的重大商业案例。在汇丰商学院学的知识和受过的良好训练，帮了我很大的忙。同时，整个项目处理过程中，老师和同学们起到了很好的智囊团作用，他们给了我很好的主意。"

2021级校友喻世杰是深圳全息时代传媒科技有限公司CEO，本科学的是软件工程，报读MBA时公司发展进入瓶颈期。他希望在不断学习中修炼内功，加深对管理的认知，给团队带来更多活力与动能。至于为什么选择北大汇丰，他的理由简洁明了："既然要花时间与精力去上学，就一定要读最好的学校。"

上学之后，通过聆听教授们学贯中西的智慧见解，喻世杰学到大量具有国际化视野的管理方式与理论。同时，通过与优秀同学的朝夕相伴，他也看到各行各业最顶尖的人才，从他们身上吸收了不同行业的管理经验，拓宽了认知与见识，构建起更宏大的视野和格局。"在这里我结识了诸多良师益友，拥有了属于自己的顶尖智囊团。遇到问题时，不论有关工作还是生活，都有了更多可交流的对象。"他相信，在北大汇丰所获得的知识、能力和人脉资源，还会为公司发展带来持续性帮助。

本科毕业于浙江大学物理学院的姚鲁是埃森哲战略和咨询部门总监，是2013级MBA校友。谈起当年学习的收获，他用了三个词：格局、思维和定力。他说："这个世界唯一不变的是'变化'，北大汇丰商科教育非常前沿，让我有机会站在一个更高的起点上，去理解和拥抱这种变化，更有能力通过把握趋势，去创造和引领变化。"

校友的感受概括起来就是"学了有用"：对实际工作有用，对增强能力有用，对提升境界有用。

汇丰商学院MBA开办10周年纪念会上，海闻在讲话中总结学院MBA项目已形成以下三大特色。

首先，强调对健全人格的培养。对商科学生来说，综合素质和社会责任的

塑造至关重要。学院不少课程和活动都在帮助学生提升品格境界、形成健全人格。比如每年开学第一课"北大历史与北大精神",是让学生树立起心系国家、勇担社会责任、追求卓越、不断改革创新、引领社会发展的精英意识。还有组织学生参加军训、亚太地区商学院沙漠挑战赛、学院运动会等活动,是践行蔡元培老校长讲的"完全人格,首在体育"。而且军训是必修课,1个学分;挑战赛是选修课,2个学分。

其次,强调筑牢学生的理论功底。海闻说:"在北大汇丰,即使对于MBA这样的应用型学位,也要培养有深厚理论功底的经济工作者、金融工作者或者管理者。"学院除了开设国家规定的13门必修课,还开设了经济学、管理学、商业人类学、社会学等近40门涉及多个领域的选修课。同时,为引导学生了解未来发展,在选修课里有很多交叉的、前沿的课程,如金融科技、人工智能、舆情管理等。另外,学院把写好论文作为提升学生理论功底的重要手段,要求严格,每年大概有8%—10%的毕业论文初次答辩没有通过。

最后,强调培养学生的国际视野。具备更高更宽更远的国际视野,才能把企业做得更好。汇丰商学院本身是非常国际化的学院,为MBA学生创造了很多国际化的学习机会。比如,可以去选修全日制硕士的英文课程;新冠疫情之前每年都会组织国外游学;2018年英国校区启动后,可以去那里学习一个学期。另外,汇丰商学院还跟纽约市立大学杰克林分校巴鲁克商学院(The Zicklin School of Business at Baruch College)进行双学位项目合作,学生如果同时被纽约市立大学录取,就可以第二学年去纽约学习一年,并有机会在华尔街实习,毕业可以分别获得两所大学的MBA和金融硕士学位。

"在汇丰商学院学历教育中,MBA学生规模仅次于全日制硕士,在全院排名第二。"欧阳良宜副院长分析,MBA地域性比较强,深圳这座充满活力的一线城市,年轻的商界精英很多,北大汇丰MBA项目前景无限。

"改变自己，改变世界"

EMBA 的英文全称是"Executive Master of Business Administration"，翻译成中文是"高层管理人员工商管理硕士"。EMBA 课程由美国芝加哥大学管理学院于 1943 年首创，目的是为高级管理人员提供教育服务，国内直到 2002 年才在 29 所大学试办。无论是招生对象、培养目标，还是收费、教学，EMBA 都是一个极其高端的项目，对国内很多商学院来说，甚至是旗舰项目。

2010 年 3 月 26 日，来自深圳、广州、北京、上海、吉林、新疆、重庆、安徽、湖南、山东等地的首批优秀学员，齐聚汇丰商学院上课，宣告汇丰商学院 EMBA 项目正式推出。

很少有人知道，北大汇丰在筹备 EMBA 项目的过程中，还发生过一段小"插曲"。

在推出全日制硕士、EDP 两个项目并声名鹊起之后，海闻一直在谋划推出 EMBA 项目。根据国务院学位委员会的文件，EMBA 学员毕业后将被授予国家承认的 EMBA 学位。正因为如此，教育部对此控制得很严，招生名额必须得到教育部学位办的批准。

于是，海闻只好请北大主要领导跑到教育部申请。结果很不错，学位办负责人当场表示给 100 个名额。海闻喜出望外，回到深圳加快了筹备工作。

然而，100 个名额正式下来之后，学校却迟迟不给汇丰商学院。其中原因是教育部学位办给指标时，只说是给北大，没有具体注明给汇丰商学院，这些名额就自然落到了本部的 EMBA 项目里。

海闻一方面争取学校早日明确名额分配情况，另一方面加紧招生准备，并在媒体上登出了招生广告。

2009 年 8 月下旬，海闻回北大本部办事时，学校某领导找到他问："你们没经过同意怎么去打招生广告了？"

"当时我们一起去找教育部,不是说好了这些名额是给我们的吗?既然同意我们办了,打广告招生是理所当然的啊。"

"问题比较复杂,你能不能不办这个EMBA?"领导沉思了一会儿说。

"你要是不让办,我们就不办了呗!那我们再打个广告,声明前面的广告作废就行了。"海闻生气地说。听到不办的话,他甚至有些伤心。

"那就再等等吧。"听到海闻这样说,这位校领导也不好再说什么了。

后来,北大再去教育部沟通,又拿到了100个名额。这件事的结果是皆大欢喜。

汇丰商学院EMBA项目推出时,国内不少商学院已经办了多年EMBA,而且赢得了广泛影响力。它们各出奇招,抢夺生源,有的还在深圳设了教学点。当时民间还流传一个关于国内某四所知名商学院的段子,说它们分别在"思辨百年崛起""讨论十年战略""落实五年计划"和"商量今晚行动"。对于教育部下发的会议通知,不同商学院分别关心"会议内容""参加领导""吃饭地点"和"饭后活动"。

段子形象生动。业内人士认为,虽然不完全准确,但能看出在"江湖"眼中,那几所商学院在风格上的一些不同之处,尤其是在EMBA方面。

有些商学院是靠"圈子文化"来吸引EMBA学生的。对当时流行的"圈子文化",汇丰商学院一开始态度就很鲜明,承认圈子的重要性,通过读商学院来获得人脉资源有助于促进事业的发展,但商学院就是商学院,本质是学习场所,不是俱乐部,更不是会所。对人类社会来说,知识始终是最重要、最可靠的资源。因此,汇丰商学院不靠"圈子"来吸引EMBA学员,也绝不允许汇丰商学院成为纯粹"混圈子"的平台。这里重视学习,重视营造风清气正的学习氛围。

汇丰商学院EMBA在后发的情况下,如何树立起自己的品牌,快速赢得学员的信任,从而在激烈竞争中打出自己的一片天地?当时学院采取了如下措施。

第一,在教育理念上强调8个字:理想、责任、智慧、境界。EMBA学员本来就是社会精英,很多已经是有成就的企业家,在中国迅速崛起的大时代中,EMBA教育不应该传一般的道、授一般的业、解一般的惑。尤其对北大这样的高校来说,更是被赋予了更多教育重任。要培养企业家明确历史责任,做到有理想、有境界，运用自身智慧在经济社会发展中发挥更大作用。

海闻在给 EMBA 学生的寄语中写道："著名教育家陶行知先生说，'人生天地间，各自有禀赋。为一大事来，做一大事去'，我们应以这样的气度来面对这个伟大的时代。中国再一次开启了东方与西方、传统与现代对接的大门，也必将在时代变革中跻身世界大国、富国、强国之列。在这一进程中的我们，则必然拥有更多'做一大事'、实现梦想和创造历史的机会。"

汇丰商学院 EMBA 的口号是："改变自己，改变世界。"希望每一位学员都树立雄心壮志，能够在人生中"做一大事"。

第二，在课程设置上突出全球战略方向和金融两大特色。全球战略方向包含中西文化比较、全球领导力、国际商法等课程，培养能够驰骋国内国际商场的企业家，这是商学院打造国际化特色的有机组成部分。EMBA 每年会安排两次国际模块的课程，了解全球商学院研究的最新成果，并参访当地知名企业。春天去英国，到牛津大学、剑桥大学、伦敦政经学院完成两学分课程；秋天去美国，在哈佛大学、耶鲁大学、西点军校完成两学分课程（图 5.4）。

图 5.4　北大汇丰 EMBA 学生美国课程模块学习留影

金融投资方向包含了国际金融、投资行为学、私募与风险投资、战略并购与重组等课程，为企业家提供金融知识，借助金融助推企业腾飞。

第三，在教学上重视理论学习。很多人觉得EMBA只需要突出案例教学，强调"实战"，但海闻认为，EMBA学生实践经验很丰富，恰恰需要通过理论学习，在理论上进行总结和提升，所以要重视理论学习。"学了理论之后，你不但知道了'这样做是对的'，还知道'为什么这样做是对的'。可以把经验变成一个可以复制、可以发展的东西。"海闻说，有很多企业家早年并没有接受过这方面的理论教育，通过EMBA学习掌握理论之后，他的思维、逻辑，以及看事情的方式，都会发生飞跃式的变化。

第四，严格管理，不把学生当"顾客"。虽然不能按照管全日制学生的方式来管理EMBA学生，但汇丰商学院强调教育和管理的理念在各个项目中是一致的，把学生当"产品"而不是"顾客"。他们认为，当成顾客，"顾客是上帝"，就容易迁就，容易失去必要的管理，甚至变成花钱买文凭。为了加强班级管理，奠定EMBA的文化和学风基础，海闻亲自担任首届EMBA班班主任。一位毕业多年的EMBA学员仍然记得海闻对他们的严格要求，在一次晚会上，台上的人还在发言，台下已经在敬酒寒暄，吃喝喧哗。海闻见状，毫不客气地上台严厉地批评大家，强调企业家应该有礼貌教养，说得大家鸦雀无声，羞愧难当，从此更加严格要求自己。

独创商业智慧教学法

在EDP、MBA和EMBA课堂上，老师面对的学生与本科毕业直接升上来的全日制硕士大不相同。这些学生阅历丰富，时间紧张，学习目的性很强，希望通过短时间学习，提升解决问题和管理企业的能力。面对这样一群学生，如何因材施教，打造一个令人满意的课堂？

课堂上要讲理论，理论可以提升学生认识和解决问题的能力，但全部讲理论肯定不行，毕竟这些学生的学习目的不是搞理论研究。那么用哈佛大学著名的案例教学法吧，教师们却发现，那一套不太适合中国课堂，有的教授甚至表示照搬的结果"很失败"。

哈佛大学的案例绝大多数是外国案例，大背景不同，跟中国企业面临的问题相去甚远，学生很难身临其境地进入角色讨论。另外，哈佛大学的案例内容很长，课堂上案例分析之前，学生要先花大量时间阅读材料和进行小组讨论。这对中国 EMBA、MBA 和 EDP 学生来说，很难做到长期坚持。

为了找出适合中国课堂的教学方法，汇丰商学院有针对性地加强研究，在十几年前就创造性地推出了"商业智慧教学法"。这是一种"问题导向"的教学法，将商业问题以"公案"的形式呈现在课堂上，教师引导学生充分讨论，启迪商业智慧，提高解决问题的能力。

魏炜、史永翔等多年前联合出版著作《再造商学院课堂》，对"商业智慧教学法"做了系统全面的论述。书中还精选了大量课堂教学案例，下面是该书选录的 EMBA 课堂上的一个情景，主题是学习什么是商业模式。

随着科技的不断发展和生活质量的提高，手机在人们生活中的作用愈显重要。手机对于消除世界贫困也有非凡的意义，小贩、农民购买手机后收入大幅增长，在乌干达和孟加拉国的手机银行解决了无数人的温饱问题。伦敦商学院最近一项研究称，每 100 个人拥有的手机增加 10 部，一个国家的 GDP 就会上升 0.5 个百分点。那么如何将手机卖到贫困地区呢？

教授：哪位同学先讲一下自己打算怎么做？

甲学员：这个题目刚好和我所处的行业相关性很大，我们当年采用的一种模式就是在贫困地区推广手机。当时我们生产的是电池，电池一般是捆绑式出售，比如与充电器一起。现在的充电器发展也非常快，有各种形式，比如座充、便携充等。

教授：那么你们是怎么把充电器和手机销售联系到一起的呢？具体采用什么方法？

甲学员：我们公司把手机买回来，把所有供应商的相关产品打包。然后进

入湖南省一个较为贫困的地区，相隔25公里的两地，一地生产茶油，另一地不产茶油。于是我们就用我们的手机换茶油，然后拿到不产茶油的这一边来卖。而现在呢，我们将未在当地卖出的茶油卖给供应商。这样做既使当地农民的资源得到了很好的再分配，又使我们公司从大量的剩余茶油中获利。

教授：好，以物换物，再赚取剩余价值，这是一个办法。还有没有其他办法呢？

乙学员：要将手机卖到贫困地方，第一，手机的价格必须比较低；第二，手机的功能要简单一点；第三，最好这个手机能给使用者带来一定的利益；第四，我们做了一条利益链——手机生产商、销售商和使用者等构成的利益链。

教授：很好，考虑到了产品应与需求对应和产业链上各个参与者的利益衔接。

丙学员：我觉得在产品设计方面，首先要考虑大家的喜好，体现当地的风俗、特色等。

教授：对，这叫真实需求。

丙学员：其次是手机的成本不能太高，所以功能可能就只有基本通话和短信功能；最后，我们会和各个村委会进行合作。我们会以低价或者采用租赁的方式向当地人提供手机，一定比例的租金收入我们会给村委会作为该村的活动基金。另外我们会打包话费，提高人们打电话的频率。还有就是短信服务，我们会定时给农民发送天气、农产品价格等相关资讯，刺激需求。

教授：那么假如不是在中国，没有村委会怎么办？

丙学员：那就与协会进行合作。

教授：进一步，如果没有任何协会、组织呢？我们下面再找一位同学谈谈自己的看法。

丁学员：我们公司是通信行业的，参与了中国移动这一块的相关项目，我来谈谈要点。一是低端机；二是捆绑销售，比如客户在网两年或者一年就赠送手机；三是亲情号码；四是短信功能的整合；五是网络电信、供应商资源的整合，降低他们的价格。

教授：大家说得非常好。我们下面来看看尤努斯在孟加拉国的做法。尤努斯组建了一个银行，专为穷人贷款，额度一般为10—25美元，坏账率很低，且该银行为营利性机构，已经经营了30余年，前几年他因此获得诺贝尔和平奖。尤努斯拥有通信运营商资质，还成立了一个格莱珉电信公司，卖手机卖话费。格莱珉银行给贫困地区的乡村妇女贷款，使她们有钱买手机，开起小商店，供人们接打电话，有时还充当村里的话务员，并收取小额佣金。同时，格莱珉电信公司向电话公司以50%折扣的批发价格支付网络使用费和通话费，再以全价卖给乡村妇女，再由乡村妇女卖给当地的穷人。格莱珉电信公司只需支付给"电话女士"相应的佣金。这种做法的成效十分显著，2005年孟加拉国的"电话女士"已经达到了15万人。如果一个"电话女士"为100个农民服务，那么相当于有1500万农民在享受这种手机服务。这种做法有效地将分散的需求集中起来了，尤努斯成功地将手机变成了赚钱的工具。

第一个"公案"讨论结束，接着教授引导大家开始讨论第二个"公案"，内容是关于雀巢、上岛和星巴克咖啡不同的销售方式。讨论最后，教授总结："让我们来看看学术界对商业模式的定义，五花八门：商业模式就是企业的赚钱方式、商业模式能清楚说明一家公司如何通过价值链定位赚钱、商业模式就是企业运作的方式等。而我们给出的定义是：商业模式是企业的利益相关者的交易结构，交易结构本身就叫商业模式。因为当结构确定时，企业的价值也就确定了。其实每个人的说法都对，大家都从直观上认识了商业模式，但还需要进一步提升将一个概念抽象化，提炼成概括性、全面性的客观道理的能力。"

在上面的课堂中，我们可以发现几个显著特点：首先，"公案"很短，就是一个需要解决的问题，在不同的课堂，"公案"还可以是一句话或者一段视频；其次，"公案"提出的问题很容易与学生既有的经验结合起来；最后，整个过程教授都在引导、互动，不仅有简单点评，还有简要总结。

有人认为，"商业智慧教学法"和案例教学法的区别在于：案例教学是在给定案例的特定背景下进行讨论，结果没有最佳答案；"商业智慧教学法"从企业面临的真实问题出发，学员通过各种学习方法，在教授引导下，结合自己的不同背景来寻找问题的解决方案，对每个学员来说，都有最佳答案。这套方法重在训练学员发现问题的敏锐度，提升其快速、准确地解决问题的能力，让学员掌握提升认知能力的方法，而不是纯粹学习理论、工具、方法。

"商业智慧教学法"已经在汇丰商学院组织设计、制度设计、商业模式、财务管理、公司战略、领导力等课程的课堂上得到了广泛应用，不仅学生反应很好，学术界也给予了高度关注和肯定，认为它是对中国EDP、MBA、EMBA教学的一种贡献。

EMBA"难进"又"难出"

欧阳良宜本科是北大毕业的，在香港大学博士毕业后又回到北大本部任教9年，被海闻邀请到深圳，现在担任汇丰商学院副院长。长期在北大读书工作的经历，使他的"北大情怀"深入骨髓。他2014年开始管理EMBA项目，用的一直是"北大标准"，甚至比本部标准还高。他和海闻都认为，虽然EMBA学生很多是成功的企业家，但既然来读书就是学生，必须接受严格管理。他深知如何才能确保EMBA培养的质量，其中一个关键手段是把好学生的"进口关"和"出口关"。

教育部认为EMBA招生各自为政，容易造成混乱，2016年首次在全国实行统一招生考试，其中北大、清华两校单独实行联考，这为汇丰商学院提升生源质量赢得了"天时"。

招生方式改革对2016年招生却带来了巨大考验，因为这相当于差不多一年之内同时要招2016级和2017级两届学生。经过努力，结果让大家喜出望外，汇丰商学院不仅圆满完成了两届招生，而且2017级学生录取分数线特别高。北大、清华统一出题，考完之后汇丰商学院录取分数线在北大、清华两所高校5家招生单位中最高。

如果说2016年之前，有的年份还要为生源发愁，那么自此之后，北大汇丰EMBA招生就变得越来越火。胡笑天形象地比喻之前是1.0，之后进入了2.0、3.0。

最近这些年每年招生名额只有100人，报名人数都在1000人以上，其中符合条件的也超过400人。然后面试要淘汰一大半，剩下的人再参加联考。现在每年录取分数线在北大、清华两校5家招生单位中，北大汇丰仍然名列前茅，多数时候是第一。"可以毫不夸张地说，我们EMBA的生源是最牛的。"面对这样的结果，欧阳良宜很自豪。

生源充裕，为北大汇丰"结构化招生"提供了条件，比如规定每个行业录取人数不能超过3%。这样做的结果是每届生源在结构上变得更加合理，学员背景更加多元化，他们聚在一起可以相互学到更多东西。

EMBA进来的生源好，既为提高教育质量提供了条件，又对汇丰商学院教育教学提出了更高要求。汇丰商学院精心设置课程，配置最优师资，严格教学管理，保证教育质量。每届新生开学第一课，都是海闻亲自来讲，讲北大历史、北大精神，讲汇丰商学院的特点和使命，讲为什么要学EMBA等。他还亲自带头给EMBA上"宏观经济分析"课。樊纲、巴曙松、魏炜等教授也都给EMBA上课。教学上既有理论的深度，也有实践的广度。

EMBA学员认认真真上完两年课，要想顺利毕业，还需完成一篇高质量的毕业论文。欧阳良宜介绍，每届都有一些人延期毕业，主要原因是卡在论文上。有的是论文没按时写出来，有的是写出来答辩没通过，不通过的比例大约为10%。

"您看我做人工智能投资很成功，赚了很多钱，智商肯定没问题。现在花这么长时间写的论文，水平不至于达不到毕业标准吧？"一次，一位学员因论文没通过找到院领导，想请他通融一下。

院领导很认真地了解情况后回答："答辩委员会的3位老师全部给你打了不及格，这是有道理的，论文不规范，观点陈旧，也没有深度。不要多想了，还是回去按要求好好重写吧。你做企业很优秀，相信你也能写出非常优秀的论文，预祝下次顺利通过。"

有极少数人论文不通过，当面跟院领导抱怨北大汇丰太严了。他们拿国内

某两家知名商学院的做法举例说，有一家4个学生只需合写一篇论文，另一家答辩也就5分钟，基本上是象征性地走个过场，大家都能过。哪里像北大汇丰，EMBA论文要求差不多跟全日制硕士的论文一样严了。面对这些抱怨，北大汇丰从来没想过要降低标准。

欧阳良宜说，在坚决卡住不合格论文的同时，对优秀论文则给予褒奖。每届都会评出优秀毕业论文奖、优秀毕业生奖，获奖者上台领奖，非常自豪。

高标准要求，考进来和顺利毕业都不容易，反而让北大汇丰EMBA在社会上的口碑更好，这里货真价实。那些顺利毕业的学员，感觉毕业文凭更有分量。

高质量的EMBA教育让学员们掌握了知识，锻炼了思维，启迪了智慧，少数学员甚至在学术研究上也颇有收获。首届EMBA学员李永延在读书期间，主编出版了"中国纳税指南"系列丛书，多篇论文在《纳税》等期刊上发表；校友何树宇出版了个人摄影集，在《管理科学》上发表了多篇学术论文。

"在北大聆听教授们的经典课程，让我把多年的工作实践经验和理论知识联结成一个系统，开阔视野，对企业发展有了更新更高的目标。"深圳市中铁城实业发展有限公司董事长梁兵是2010级EMBA学员，他说："通过学习，北大厚重的人文精神渐渐融入我的血脉，同时北大人以国家兴衰为己任的使命感也深植我心中，理想、智慧、境界、责任，成为我们EMBA学子的新追求。"

"北大汇丰EMBA也是一座高炉，一座熔炼人才的高炉。熔炼过程就是我们蜕变的过程，因此我倾注全力投身其中。"徐葵谈读完EMBA后表示。

"我上学以前做企业主要凭感觉、经验和机会，侥幸活下来。2016年来北大汇丰读EMBA，课堂上学到了系统的企业经营管理知识，课后和同学的交流、相处也让我自己的格局和认知不断提升。"深圳市网旭科技有限公司CEO吴欢告诉笔者，两年的学习使他的知识、能力、境界和体质得到全方位提升和增强，他的企业也实现了平均每年两位数的复合增长率。

"现在有四成多的报名者是老学员推荐的。"胡笑天介绍，从招生可以看出，校友们对学院的认可度极高。

都是"商界军校"学子

汇丰商学院致力于打造"商界军校",在全日制教育中贯彻深入,效果显著。很多 EMBA 和 MBA、EDP 学员的年龄在四五十岁,要不要也贯彻这个理念?

答案很明确:要。因为"商界军校"重在锤炼学生的团队精神、坚强意志和组织纪律性等意志品质,这不分年龄、职业、身份地位。

2014 年 8 月 28 日上午八点半,2014 级 EMBA 班 80 多位学员换上戎装,准时从校园出发,开展为期两天一夜的军训。

坐在车上,有人在嘀咕:"年纪一大把,军训有必要吗?""听说如果这次请假,下次还得补上。"

一下车,立即进入"军营时间"。第一个项目是站军姿,"立正""向右转""敬礼",在教官刚劲有力的口号声中,不到半个小时,这群来自祖国四面八方、年龄最大相差 30 岁的"乌合之众",就组成了一支步调一致的队伍。接下来,这支队伍便要接受各种考验了。

决战沙场、极限时速、穿越黑洞、战地野炊、高空行走、翻越毕业墙,一个个精心设计的军事素质拓展项目都突出了一个主题:团队。

"穿越黑洞"在当天晚上举行,这是让很多学员"泪洒沙场"的项目。"黑洞"半人高,是用绳子拉成的一个长方形,一个人平躺着小心翼翼才能通过。教官选出一位学员担任总指挥,在穿越过程中不准讲话,不准碰绳子,否则就算犯规。80 多人在规定时间内必须全部穿过去,犯规次数不能超过 10 次,每多超过一次,总指挥就要被罚 5 个俯卧撑。

穿越开始,一些学员被水平抬起穿过黑洞。很快有人触绳犯规,一次、两次,才 20 多人穿越过去,犯规指标就已经用完。

"有人触绳,总指挥罚俯卧撑 5 个。"教官厉声喊道。

总指挥杨光立即原地趴下，快速做了5个。

就这样，当60多位学员平穿过去时，杨光已经累得趴在了地上。

"又有人犯规，总指挥，活动是停止还是继续？"

"继续！"杨光的声音有点儿虚弱，但很坚定。

"继续再做5个俯卧撑。"教官吼道。

于是，杨光又艰难地做了5个，做完瘫在地上。

看到总指挥一次次接受惩罚，累成这样还不放弃，几位女生已经泪流满面，一些男生也不时擦着眼角。

"看到了吗？你们每次犯错，都会有人替你们接受惩罚！"教官依然是大声吼着。

"教官，能不能让我们替总指挥接受惩罚？"在活动暂停环节，几位学员恳求，但教官不同意。

当所有学员穿过黑洞，杨光做的俯卧撑已经超过200个。在分享环节，来自郑州的薛景霞激动地说："刚才我一直在擦眼泪，很长时间没有这么感动了。我被杨光甘于奉献的精神打动，被他永不放弃的精神打动，也被大家团结协作的精神打动。我还对个人与团队的关系有了深刻理解。"

在军训结束回来的路上，大家虽然已经异常疲惫，但仍然有不少学员在兴致勃勃地谈着感想。

"20年没接触军训了，我觉得这些项目独具匠心，针对性极强，是在利用军训的手段，传授现代企业管理的理念。"一位学员说。

"是啊，这些理念我们平时可能也知道一些，但在这种特殊情境下亲身体验，理解更深。"另一位学员回应。

"在单位一直是指挥别人，现在尝到被指挥的滋味了，很不一样。"

"这次感受到的军人意志、军人精神，我一定要带到我的事业中去，带到我的人生中去。"

几位学员越说越有劲，有人甚至表示要直接把军训运用到自己企业的员工培训中去。

按照汇丰商学院的设计，EMBA开学时的军事拓展课程旨在运用科学的训练理念和手段帮助受训学员重塑自我认知，建立和谐高效的团队关系，为应对即将到来的严峻的学习挑战和全球化商业竞争奠定坚实的思想基础和行为规范（图 5.5）。

图 5.5　EMBA 军事情景训练

这次军训过后，紧接着就开始了两天的"TechMark"（管理实战模拟）课程。课堂上外国教授把 80 多名学员分成 10 个小组，一个小组就是一个公司，然后模拟真实的市场，开始公司运营，看哪个小组在一轮轮决策中，获得的收益最高。

同学们发现，军训中强调的团队理念，在课堂上马上就用上了。只有小组成员分工明确，各司其职，又相互配合，才能运营好公司。

为何别称"体育学院"？

汇丰商学院是众人皆知的"商界军校"，但在 EMBA、MBA 和 EDP 校友中，它还有一个别称叫"体育学院"。欧阳良宜这位知名的金融学教授，居然被大家亲切地称为"我们的体育老师"。要明白其中的缘由，先看下面几个场景。

场景一：2019 年 9 月的一天，清晨 6 点多的田野，薄雾还没完全散去，江西婺源虹关古村弯弯曲曲的村道上，就出现了一支跑步队伍。这是来自汇丰商学院 1011 班的同学，他们进校 5 周年纪念活动选在了这里。虽然头天晚上玩得很嗨、很晚，但第二天一大早，绝大多数同学还是习惯性地爬起来参加集体跑步，这已成为班级外出活动时的必选项目。

场景二：每周二北大深研院操场红色的塑胶跑道上，不论春夏秋冬，总能见到一批穿着运动服的成年人跑步，而且起步距离至少 10 公里。如果细看，有时还会发现队伍中欧阳良宜的身影。大学城里爱运动的人都知道，这是北大汇丰 EMBA 戈友会从不间断的日常训练。

欧阳良宜在北大本部任教后期，开启了"跑步人生"。那时他体重最高达到 210 斤，两年跑下来变成了 150 斤，现在是标准的帅哥身材。多年的亲身体验，让他深刻认识到跑步对一个人的体质和精神的巨大影响。来北大汇丰分管 EMBA 和 MBA 项目之后，他竭尽全力倡导跑步文化。而当时正在各大商学院中兴起的"戈赛"，给了他一个绝佳契机。

"戈赛"全称为玄奘之路国际商学院戈壁挑战赛，是一个具有深厚文化背景的体验式赛事，赛点设在当年玄奘取经曾经走过的甘肃瓜州，开始主要在华语商学院 EMBA 学员群体中开展。参赛队员要在四天三夜里徒步穿越 121 公里的戈壁，从中领悟"理想、行动、坚持、超越"8 个字的真谛。

汇丰商学院 2014 年派人观摩戈赛，第二年正式组队参赛。学院领导一直全力支持，海闻 2016 年还亲自去现场，和队员们一起行走戈壁，并掏钱赞助活动。欧阳良宜更是矢志不渝地推动，年年训练陪跑，年年带队参赛，还年年出钱赞助。

"说实话，开始两年大家参与积极性并不高，主要是因为对戈赛不了解。EMBA 学员年龄较大，工作又极忙，不会轻易把时间花在不了解的事上。"从戈 13（第 13 届戈赛）至戈 17（图 5.6）期间一直担任商学院戈友会会长的徐泽林说，他参加戈 11 的 A 队后才深刻认识到其中的价值，"A 队是比速度的，结果以 10 名队员中第 6 名的成绩计算，这样团队之间只有密切配合，才能取得最佳成绩，所以有个口号叫'A 队没有自我'。"

图 5.6　EMBA 戈壁挑战赛

徐泽林回来后，利用戈友会会长的身份，大力配合欧阳良宜在全院宣传戈赛，鼓励大家跑步。"欧阳老师说，老戈友要做好传承，所以第二年我又上戈壁，担任了 B 队队长。赛前我请人拍了个宣传片《围墙》，意在让大家突破心中的围墙，更多参与戈赛活动。"徐泽林说，宣传片在校友群中传播效果非常好，最后还获得了戈赛主办方颁发的金奖。此后，每年戈友会都会拍摄宣传片，比如戈14的《一起上更远方》、戈15的《做自己的英雄》、戈16的《每一步皆跨越》，反响都很强烈。

参赛队员现身说法，叠加各种宣传推动，戈赛终于被越来越多的人认可。从戈14之后，汇丰商学院比赛成绩突飞猛进，每年都是前八。这对起步晚、校友规模小的北大汇丰来说，在如林强手中能取得这样的成绩，已属十分不易。

"近几年要想成为A队队员代表学院参赛，太不容易了。"徐泽林介绍，比如2020年5月戈15一结束，6月就组织戈16训练营，80多人报名。然后每周集中训练4次，开始每次跑10公里，后面渐渐增加到20—30公里。正式组建参赛队之前，要进行4次拉练，每次3天，每次跑80—90公里。最后还要去戈壁搞一次实战演练，然后根据总成绩，前10名才能进入A队。

原来在训练中要跑1600公里才可能有资格进入A队，现在远远不够了，至少在差不多一年时间内要持续跑2000公里。每年A队选拔结果一公布，入选队员第一时间就是兴奋地发朋友圈，一些班级还会专门聚会庆祝。以至于有人开玩笑地说，竞争激烈得有些"卷"了。

有些人参加不了A队，就退而求其次加入B队、C队，反正就是要去戈壁现场参与。如今，有60%以上的EMBA校友至少去过一次戈赛现场。由于去的人太多，这几年学院都是包机前往。

戈赛热带动了整个学院的跑步热，在深圳跑步爱好者经常打卡的深圳湾公园、大沙河走廊、塘朗山、笔架山等处，周末经常能看到北大汇丰校友跑步的身影，跑步成了他们生活中不可或缺的组成部分。此外，北大汇丰校友的身影，还经常出现在国内各地举行的马拉松比赛中。在这些隆重的赛场，校友们都会穿上校服。

有的校友甚至在国内外跑出了很高的知名度，蒲爱民就是这样一位"大神"级的跑者。近几年来，他先后完成了世界马拉松六大满贯、世界马拉松挑战赛（7天在7大洲跑7场马拉松）、330公里意大利"巨人之旅"马拉松等比赛，每一项成绩都十分出色。2021年5月23日，他还成功登顶珠穆朗玛峰，把北大汇丰商学院的标志带上了地球之巅。

"老戈友经验丰富,我们训练时请他们给新戈友带跑很管用。蒲大神参加过戈10的A队,只要请他来陪跑,他从来不拒绝。他开玩笑说,陪跑是学院交给他的重要任务。"徐泽林说。

戈赛除了EMBA组,还有MBA组。最近几年,汇丰商学院MBA同学参赛的积极性和表现同样可圈可点。2023年国庆,MBA学子征战戈18赛场,体重近200斤的2023级学生王培友,在团队精神的鼓舞下,凭着顽强的意志完成了4天121公里这看似不可能完成的任务。

能被誉为"体育学院",当然不只是跑步。校友们自发组织了各种运动类协会,比如高尔夫协会(简称"高协")、网球协会、乒乓球协会等。其中高协的"战绩"最为辉煌。

高尔夫球运动非常适合EMBA校友,加上华南特殊的地理环境,一年四季皆可下场打球,因此北大汇丰EMBA高协人数多、水平高。欧阳良宜介绍,2018年,北大与清华组织首届"隔壁杯"高尔夫对抗赛,校本部忘了请汇丰商学院高协参加,结果惜败。从第二届起汇丰商学院高协获邀参加,一下子就扭转乾坤,连续两届大比分获胜。北大与清华有点"瑜亮情结",获胜一方自然很自豪,获胜情况更是被校友们津津乐道。另外,汇丰商学院高协跟北大光华管理学院联合组队,曾在中国商学院高尔夫联盟总决赛中连获两届亚军。

从戈赛热、跑步热到体育健身热,这些运动能够持续火热的逻辑其实很简单,就是这些运动本身能够给校友和学院带来巨大价值。

一是健身塑体。欧阳良宜深有感触地说:"很多学员毕业时喜欢做一件事,把自己进校时的照片拿出来和现在的对比,发现瘦下来后更帅更靓了,有的甚至判若两人。"这方面例子比比皆是,像2018级的陈登峰,进来时是一个大胖子,出去时变成身材匀称的大帅哥了;2020级的张磊,7个月就减了50斤。

"作为商界人士,尤其是做企业的,大家工作都很累,身体非常重要,身体锻炼好了,精神状态也会更好",这是参加运动校友的共同感受。

二是形成凝聚力。像戈赛等活动,纵向打破了班级、年级的界限,让过去陌生的校友能够相识、相知,结下深厚的友谊。而且很多活动是集体性的,需

要团队力量去完成,这会增强校友之间、校友与学院之间的凝聚力。

"我们大力倡导体育活动还有一个原因,就是运动本身是单纯的,就是健身、娱乐。"欧阳良宜认为,至于大家在一起跑步、打球时,发现志趣相投,从而合作去做一些商业生意,这是活动带来的边际效应。

重视体育,也是弘扬北大传统。北大老校长蔡元培就曾说过:"完全人格,首在体育。"一个"首"字,凸显了体育的重要性。

这里毕业"不离校"

2023年12月16日晚,虽然是周六,汇丰商学院大楼里却异常热闹,EMBA 2024新年嘉年华正在这里举行。一楼大厅被布置得喜庆大气,红地毯从门口一直铺到偌大的背景台,上面"志苍穹、行坚毅"六个遒劲的大字,是海闻为年度活动书写的主题。很多校友穿着正装走完红地毯,来到背景台上拍照留念。

这是EMBA校友一年一度的盛大聚会,对所有校友开放,参加者中有已经毕业十多年的首届班校友,也有2023级在校学生,不少校友是专门从全国各地赶来的。会场在大楼负二层多功能厅,设置了40个圆桌。院领导介绍学院情况,各班表演节目,大家其乐融融。

欧阳良宜介绍,北大汇丰有个响亮的口号,或者说现象,叫"毕业不离校"。这五个字的核心含义是,永远不离开汇丰商学院师生组成的这个大集体!它反映出学校与校友、校友与校友之间的关系密切而恒久。

跟EMBA一样举办年会的还有EDP、MBA,在年会时回到母校相聚,这就是一种"不离校"。除了年会,校友们还有很多机会回到那座熟悉的大楼听讲座,甚至走进课堂听课。比如学院对EMBA校友有一项政策,毕业之后,可以回母校免费听课。EMBA课程与时俱进,会适时增加新的课程,即使是同一课程,同一位老师,每年讲授的内容也有不少变化。因此在EMBA学员上课时，经常能看到已经毕业多年的校友坐在教室。这种福利让 EMBA 学员付一次学费，能够享受终身的学习机会。

"毕业不离校"有一套"组织系统"提供保障。一是以校友组织为龙头的各种校友社团。拿 EMBA 来说，EMBA 校友组织面向所有校友，选举会长的程序是候选人公开演讲，由校友代表投票选出，定期换届。在校友组织下有十几个校友协会，比如按照行业组织的有制造业协会、金融协会、律师协会等；以共同兴趣组织的有戈友会、高尔夫协会、网球协会、篮球协会、羽毛球协会、拨云会、悦己会等。

成立各种协会的目的，是通过组织活动增进校友之间的友谊。学院和 EMBA 校友组织对这些协会提出严格要求，如果连续几个月不组织活动，就将解散协会，不允许"僵尸协会"存在。每年还会评选优秀协会，在年会上进行表彰。

在 EMBA 各种校友群中，经常能看到各种活动预告。像高尔夫、篮球等协会，不仅经常组织北大汇丰校友比赛，还把活动拓展到了全国各地的兄弟院校。戈友会参加人数众多，最近几年每年新增会员超过百人。胡笑天很早就加入了，她介绍，每个人参加的目的不同，有的要参加戈赛，有的单纯是为了健身养生。为了便于开展活动，戈友会里又细分成不同的小组，教练会有针对性地提出不同的训练方式和要求。她参与的小组不是为了比赛，只是为了强身健体，但也要求每人每周必须跑够 20 公里，并且截图发到小组群里。组长每周进行考评，对不达标的进行批评。

"你总要找到一项运动，让自己保持一个比较好的状态。"胡笑天说，这就是很多人加入运动类协会的初衷。冬天寒冷，夏天炎热，工作繁忙，面对这些困难人很容易有惰性，加入运动类协会大家相互鼓励、监督，就有了坚持的压力和动力，让运动成为一种习惯，每个人都成为受益者。

二是永远都不会解散的班级组织。在很多学校，学生毕业了，班级组织也就自然解散了。北大汇丰 EMBA 同学毕业后，不仅原来的班级、班长、班委会仍然存在并发挥作用，而且原来学院配的班主任仍然为他们提供服务。比如 2014 年入学的 1011 班，现在毕业差不多有 10 年了，以林武雄为班长的班委们仍在正常运作，班主任还是李世焜。学院为每个已毕业的班级保留班主任，相当于为校友与学院之间保持了一条联系的纽带。这些做法，就为班级持续开展活动提供了条件。

2023年1011班组织了两场大活动。初秋时节，在新疆同学的支持协助下，他们去北疆自驾游，放飞自我的同时，还考察了同学所在的石河子花园乳业有限公司。12月初，他们又与19班在东莞松山湖开展联谊活动。

当天下午3点，大家准时来到1011班同学杜碧创办的公司安健科技。参观完研发、生产等场所，校友们集中起来听公司介绍。这是一家国际领先的数字化X线机研发和生产企业，2002年创建于深圳，曾经创造了多个国内第一，比如生产了第一台国产数字化动态探测器、第一台动态数字化X线机等。公司做完介绍，现场不断有校友提问：

"你们用于医疗设备的X线技术，能够用于工业品的检测吗？"这位提问的校友从事制造业。

"刚才听你们说准备上市，想问一下目前公司的营收和盈利情况，另外对估值有什么期望。"这位校友从事投行业务，希望在安健科技上市过程中有合作机会。

"参观过程中看到你们员工坐的桌椅可以升降，既能坐着办公，也能站着办公，非常人性化，我想咨询是从哪儿采购的？"这位校友有一家科技企业，他希望给员工提供更好的办公条件。

在这样的班级活动中，班主任担起了组织者和服务者的角色。1011班的上述两次活动，李世焜都全程参与。跟19班的联谊，欧阳良宜也挤出时间来到现场。

北大汇丰不鼓励学员在上学期间就忙着搞合作、做项目，因为大家刚结识，相互了解不深，合作中容易出现问题，甚至产生矛盾冲突；另外也是希望大家集中精力学习，提升自己。但学院"毕业不离校"的理念和做法，为校友的合作创造了很好的条件。通过丰富多彩的活动，校友们可以获得更多的知识、信息，扩大校友圈、朋友圈，找到生意和事业上的合作伙伴。这些年，校友合作的案例越来越多，有些已经结出了丰硕的果实。

做有家国情怀的企业家

2020年春节期间，新冠疫情从武汉开始肆虐全国，北大汇丰校友们立即行动。在疫情暴发的第一个月，就有大量捐赠物资被送到了疫区，给冷酷的冬天增添丝丝暖意：

戴信敏校友的华氏医药控股（深圳）有限公司，分别捐赠武汉市1000万元药品及5万个口罩、亳州市1000万元药品、云南省委5万个口罩、莆田市政府5万个口罩；

薛景霞校友的康利达集团，向郑州慈善总会捐赠300万元；

曾少彬校友的翰宇药业，向武汉、鄂州、增城、深圳捐赠总价值超过1000万元的抗疫药品；

王雷校友的深圳市正浩创新科技股份有限公司，向武汉方舱医院捐赠价值140万元的移动电源和1004台物资设备。

李海建校友是深圳嘉力达节能科技有限公司董事，在新冠疫情肆虐的时候，瞒着家人连夜自驾17个小时赶到武汉雷神山医院施工现场，支援医疗废弃物焚烧车间建设。项目完工后，他留下来作为一名志愿者，负责医院医疗垃圾焚烧设备的运行和维护，不顾生命危险，一共坚守雷神山长达77天。"等这边画上句号我再走"，一句话，感动了无数人！

这里列举的仅仅是疫情初期EMBA和EDP校友的部分爱心行动，整个新冠疫情期间北大汇丰校友的爱心奉献举不胜举。疫情、地震、洪水、干旱，国内每有灾情，北大汇丰校友都会第一时间站出来献出爱心。

很多校友有浓郁的家国情怀，灾情出现时捐赠冲在前面，在平时，也是积极尽着社会责任。他们既是优秀的企业家，也是备受尊敬的慈善家。

薛景霞高中毕业就开始创业，从装修公司开始做起，经过30多年的不懈努力，她创立的康利达集团现已发展成国内知名的大型企业集团，业务涵盖教育科创、城建运营、现代服务业、股权投资和新能源等领域。在公司发展早期，还没有多少利润时，她就开始做慈善，尤其热衷捐资教育。

2007年她成立了"薛景霞革命老区教育基金"，旨在关注革命老区教育、关爱革命老区贫困学子。2010年又向郑州市慈善总会捐款1000万元成立"薛景霞教育慈善基金"，以更加专业的方式和途径参与教育慈善事业。这是郑州慈善总会成立以来，接受的最大一笔来自民营企业的捐款。两只基金运行十几年来，累计支出6000余万元，1万余名贫困学生受到资助，1200多名优秀教师得到了奖励，近百所中小学受到帮扶，形成了长期支持慈善事业的良性机制。2018年4月，她作为创校荣誉董事向西湖大学捐款1亿元，支持基础科学研究。迄今为止，康利达集团累计为教育助学、脱贫攻坚、疫情防控、防汛救灾等慈善公益事业捐款达4亿元。

薛景霞现任第十四届全国政协委员、河南省工商联副主席，之前曾连续担任三届全国人大代表。她先后荣获全国劳动模范、全国三八红旗手、第六届"中华慈善奖"最具爱心行为楷模等诸多荣誉。除了自己热心慈善事业，她还充分利用自身影响力动员更多企业家加入慈善行列。在抗击新冠疫情的关键时刻，她一夜之间动员十多家郑州本地企业，一次性集中捐赠款物达2550万元，动员全市非公经济人士共计为抗击疫情捐款捐物达2.4亿元。

作为汇丰商学院校友，薛景霞对母校充满感情，多次捐款支持学院事业发展，是学院英国校区创校校董和董事会副主席。

EMBA校友白宝鲲是上市公司坚朗五金创始人，也是一位默默奉献的慈善家。21世纪初，当公司招工时发现还有求职者是文盲时，他有些吃惊。教育是改变命运的最好方式，2007年3月，他们在湖南安化县江南镇捐资兴建了第一所坚朗爱心小学，从此迈开了捐资助学的大步。最近一两年经济疲软，公司业务即使受到影响，他们也没有停止捐建。坚朗五金迄今已经在国内捐建爱心学校96所，在海外捐建14所爱心学校。

北大汇丰校友在教育领域做的公益活动还有很多，比如，PE166班同学持续5年在贵州省从江县，为下江镇的小学捐赠桌椅、书包和住宿用的床铺等学习和生活用品；PE162 班同学从 2018 年开始，持续资助江西省万载县黄茅镇高桥小学，为他们捐赠了升旗台、爱心图书馆、过冬物资等。

EMBA22 班 2024 年毕业时，适逢汇丰商学院建院 20 周年，怀着对学院的感恩和祝福，在班长李习彦的带领下，每位同学捐赠一块砖，围成一个大大的"E22"，为北大创建世界一流的商学院而添砖加瓦。

从上课到上市

2020 年 11 月 18 日，深圳汇创达在深交所上市交易，收盘每股报 90.17 元，大涨 204.9%。当晚，公司在深圳某酒店举行大型答谢宴会，大家惊奇地发现，有三分之一的嘉宾是学院校友，有 280 多人。

"是北大汇丰成就了我的公司！"汇创达董事长李明校友发言时由衷地表示。他这样说并不是客气，而是事实。2017 年公司发展急需资金，于是启动 A 轮融资。当年他在学院读 EMBA 时的班长唐征宇听说后，和几位同学一商议，马上做出决定——"我们投定了"。很快，4000 万元投资款到了汇创达账上，带来公司高速发展。

李明很清楚，当时公司还很小，前景还不是十分确定。他们这么爽快地投钱，实际上是因为同学之间知根知底，投的是对他个人的信任票。

2018 年，公司又启动 B 轮融资，投资人也是 EMBA 校友。北大汇丰 EMBA 每年招生名额只有 100 名，与国内其他著名商学院相比，属于小体量。但小体量也有优势，校友之间更容易相互熟悉。

经过两轮融资，汇创达上市前，股东很多是北大汇丰校友。有人说，这是北大汇丰"绝对控股企业"。当然，敲钟和答谢现场去了那么多学院领导和校友，被如此高看一眼，还与李明对校友和学院的贡献有关。EMBA 校友组织成立之后，他从首届副秘书长做到第六届名誉会长，一天没离开过同学会，始终在出力出钱服务校友、为学院做贡献。

上市是很多创业者的梦想，代表着公司发展的成功。据统计，北大汇丰校友在学习期间和毕业后所创企业上市的，至今已有30多家。

2003年白宝鲲校友在东莞创建坚朗五金，深耕制造业。他从一开始就不做贴牌加工，坚持自主品牌，以专注、精益、创新的工匠精神，把坚朗五金打造成高品质的代名词，赢得了客户信任和广泛市场。2016年公司成功上市后，在更大的平台上，他带领员工持续创新，不懈奋斗，不断创造辉煌。如今坚朗五金生产基地建筑面积超过70万平方米，员工总数超过1.6万人，有60多家子公司。公司拥有产品2万余种，海内外专利近1000项，产品远销100多个国家和地区。在阿联酋迪拜塔、北京大兴机场等国内外重大建设项目中，都可以见到坚朗五金的产品。

坚朗五金能在制造业领域做得这么好，与白宝鲲做人做事的哲学分不开。他认为"唯有专业才能创造独特价值，投机没有未来"，"把简单的事情千万遍做好就是不简单，把容易的事情认真地做好就是不容易"。一辈子专心做好一件事，他要为中国从"制造大国"迈向"制造强国"尽一份历史责任。

2007年8月，EMBA校友徐鳌凤和合伙人在深圳创立跨越速运公司。当时物流市场已经硝烟四起，竞争十分激烈，一家新公司如果没有几个"绝招"很难赢得市场。徐鳌凤以敏锐的市场洞察力，定位高端2B航空运输领域，并创造性地推出"当天达、次日达、隔日达"三大跨省时效产品，开创"限时速运"先河，以创新之举在国内航空货运领域形成了独特优势。

现在跨越速运拥有20架货运包机、2.8万多辆运输车、7万多名员工，平均每天运输货物5万多吨，已经发展成为AAAAA级综合性物流服务商。公司多次入选"胡润大中华区独角兽排行榜"，估值达200亿元人民币。2023年蝉联中国零担企业排行榜第二名，增速领跑三甲。

这些年随着学院品牌影响力的不断提升，对优秀企业家的吸引力越来越大，2022级EMBA同学杨新芳就是一位优秀的年轻企业家。

2014年，跨境电商爆发式增长带来对跨境支付需求的大增，而国内跨境支付业务又被欧美公司垄断，杨新芳与合作伙伴敏锐地意识到其中蕴藏着大机会，于是一起创立深圳钱海网络技术有限公司，致力于为跨境外贸、旅游航空等提供全球数字支付技术解决方案和服务。经过持续打拼，该公司已经成为国内唯一一家拥有全球数字支付技术和业务资质全牌照的 FinTech 公司，公司系统平台支撑全球 500 多种支付产品，覆盖 200 多个国家和地区，服务全球电子商务网站数十万个，被誉为中国全球数字支付解决方案领先品牌。

现在，杨新芳已经成为国内全球数字支付技术领域知名专家和企业家，她是中国跨境电商 50 人论坛副主席，2022 年被评为"深圳市十大杰出青年企业家"。

2022 级另一名 EMBA 同学马爽则是一名奋斗在新兴产业的新锐企业家。她创建的深圳市世宗自动化设备有限公司，2008 年开始与美国苹果公司合作，至今已成为苹果公司精密流体控制设备等自动化设备领域的战略供应商。公司生产的精密流体控制设备，近三年在全国细分市场占有率均达 10% 以上，而且经过中国工业合作协会认证，其核心技术产品的市场销售额连续三年位居行业第一名。公司不仅为社会创造了 1 万多个高薪就业岗位，还成为地方的纳税大户。

马爽怀着对新知识的渴望，来到北大汇丰学习。面对不确定的国际政治与经济形势，她用学到的知识，在公司制定了技术创新引领和全球布局运营的发展战略，坚持核心技术的重点攻关，为国家智能装备产业链和电子信息产业链的安全和稳定发展做出了贡献。

同时，马爽也是一名热心公益的慈善家。读书期间，她毫不犹豫地慷慨解囊，为北大汇丰、为英国校区、为北大本科尤其是人文学科学生的发展捐赠了 400 多万元。

第六篇
学术大跃升

　　学术研究孕育新思想、创造新知识，是高教机构的重要职能，其实力是衡量机构地位和影响力的重要指标。然而，一家新机构要想建立学术影响力并不容易，北大汇丰建院10周年时，这方面仍是短板。

　　最近10年是北大汇丰在学术上加速追赶和超越的10年，也是实力和影响力爆发的10年。聘请包括诺贝尔奖得主在内的学术大咖，强化内部学术机构建设，举办有影响力的高端学术会议，建立教师科研激励机制，增加博士招生数量等，海闻和团队招招有力，成效卓著。

　　如今，北大汇丰出版学术著作和在国际顶级刊物发表论文年年增长，2023年国际顶级论文发表多达40篇。2023年11月国际知名网站IDEAS发布数据，北大汇丰学术排名在所有中国经济研究机构中已经位居第6位。"短板"不仅消失不见，跟其他同类商学院相比，还成了一块"长板"。

首次见面相谈甚欢

"怎么突破学术发展的瓶颈,怎么进一步提升学院的学术地位和影响力,是我当时重点思考的问题之一。"海闻说,不当北大副校长和深研院院长后,自己有更多时间和精力来谋划汇丰商学院的发展。

2016年秋季刚开学,海闻接到薛景霞校友的邀请,请他参加10月份在郑州举办的"嵩山论坛"。这个论坛在中原地区有巨大影响,薛景霞的康利达集团承办了好几届,这届将邀请2011年诺贝尔经济学奖获得者萨金特。海闻听说要请大名鼎鼎的萨金特教授,马上提出北大金融校友会秋季要在深圳举办全球金融论坛,如果能"借光"请他来参加就太好了。热心母校发展的薛景霞爽快答应帮忙,并表示费用由她来出。当时谁也没想到,薛景霞这次无意中的牵线,后来居然成就了萨金特与北大汇丰之间的美好"姻缘"。

10月28日上午,"嵩山论坛"在郑州国际会展中心开幕,重量级嘉宾云集。萨金特、海闻分别做了主旨发言,都谈到了对中国经济未来发展的看法。下午,他们一起飞来深圳。一路上,两人从上午的大会谈到当下经济热点,从学术问题谈到个人经历,说说笑笑,相谈甚欢。

两人虽然是第一次见面,一路聊下来却变得像一对老朋友。萨金特很认同海闻关于中国经济的一些看法,认为他在东北下乡的经历很有意思,赞赏他为中国经济学教育所做的努力。海闻对萨金特印象很好,感觉他"非常谦和,对中国很有兴趣"。20世纪80年代中期,海闻在美国加州大学读博士时,曾买过萨金特写的著作《宏观经济理论》(*Macroeconomic Theory*),作为高级宏观经济学的教科书,海闻读了好多遍。从美国带回北京,又从北京带到深圳,现在就放在他办公室的书架上。

第二天,萨金特在论坛做了主题为"国际金融体系:融合和底线"的演讲,海闻又专门安排他参观学院大楼,并跟师生座谈。从萨金特座谈时脸上不时露出的笑容可以看出,他对北大汇丰的第一印象非常好。海闻不失时机地问道:"您今后可不可以更多地参与我们商学院的活动?"萨金特当即坦率地表示:"Everything is possible(一切皆有可能)!"

这时海闻对萨金特已经开始"另有所图"了,听到萨金特的回答,他当然十分欣喜。但究竟采取怎样的合作方式,海闻还没有想好,所以并没有继续就此话题进行深谈。

恰在那段时间,深圳市政府提出要在全市建设十个诺贝尔奖科学家实验室。2017年2月有人跟海闻说,有一位诺贝尔奖获得者有兴趣来深研院建立实验室。这件事给海闻一个启发,既然政府倡导建诺奖科学家实验室,经济学方面不是也可以搞诺奖研究所吗?

方向明确,思路更加清晰之后,海闻开始行动了,目标当然是已经接触并有情感基础的萨金特。这位诺奖得主自20世纪70年代初以来,一直是理性预期学派的领袖人物,为新古典宏观经济学体系的建立和发展做出了杰出贡献。他的《宏观经济理论》和《动态宏观经济理论》(*Dynamic Macroeconomic Theory*)是欧美经济学领域的经典读本。如果能聘到这位经济学领军人物,对北大汇丰的学术地位,无疑是巨大的提升。

2017年2月12日,早晨醒来,海闻正想着聘请萨金特的事情,准备写邮件联系他时,收到了北大CCER(中国经济研究中心)校友朱胜豪用微信发来的一张照片,蓝天白云下,他与萨金特在海边钓鱼。真是无巧不成书,想什么就来了什么,海闻一阵惊喜。

朱胜豪在CCER硕士毕业后,曾在纽约大学经济系读博士,而萨金特是纽约大学经济学教授,海闻于是问他们是不是在纽约。朱胜豪说在新加坡,照片是刚刚拍的,那天是星期天,两人白天钓鱼晚上去吃烧烤。朱胜豪当时在新加坡国立大学(简称"新国大")任教,萨金特跟新国大有合作,那几年每年1月、2月都在新国大。

海闻马上把自己的设想告诉了朱胜豪,让他问一下萨金特教授,有没有兴趣在北大汇丰建一个研究所。吃烧烤时,好不容易有空放松了一天的萨金特心情愉快,朱胜豪主动跟他聊起海闻,聊起北大汇丰商学院。萨金特当然记得

海闻，回忆起去深圳的情景，对北大汇丰印象深刻。这时朱胜豪说，海闻有点事情要转告他。萨金特敏锐地意识到是合作的事，答应第二天下午到他办公室详谈。

第二天朱胜豪依约来到萨金特办公室，转述完海闻的意思，对方表现出浓厚的兴趣。于是朱胜豪把见面情况告诉海闻，说萨金特离开新加坡的时间是当月25日，问他能不能在此之前亲自来新加坡面谈。海闻听完恨不得马上飞去见面，无奈出国审批时间较长，很难在这么短的时间内办好手续。

在这种情况下，萨金特说没关系，他可以飞到深圳。这让海闻喜出望外，非常感动，他赶紧安排好在深圳的行程。2月17日，萨金特与朱胜豪乘坐新加坡胜安航空MI962航班飞到了深圳。

萨金特决定加盟

萨金特一行上午飞抵深圳，海闻立即带他去拜会一位副市长，一起吃了工作午餐，然后参观中国平安集团和国家超级计算机深圳中心。让萨金特感受到深圳市政府对人才的重视，以及深圳这座城市金融和科技领域的繁荣、活力。

第二天，双方正式商谈合作。海闻提前准备了两张纸的谈话要点，第一张主要讲为什么要在北大汇丰建"萨金特数量经济与金融研究所"，对传承萨金特理论和培养人才的意义；第二张主要讲希望萨金特在这里做什么，以及北大汇丰会提供什么样的支持。谈话过程充分体现了"海氏风格"，即尊重对方并从对方角度思考问题。

"我说话用词非常用心，没有使用obligation（义务）和responsibility（责任），也没有使用salary（工资）和benefit（待遇）这样的词。像他这样的高层次人物，应该说希望他来做什么，我能给你提供怎样的支持。否则，容易让人感觉不愉快。"海闻说，整个过程萨金特教授很随和，与海闻认真讨论建立研究所的具体问题。不过最后他并没有立即答应，而是很幽默地说："这是一件大事，我得回去问问我太太的意见。"

过了几天，萨金特回去后发来邮件，说跟太太商议之后，决定接受北大汇丰的邀请共同创建"萨金特数量经济与金融研究所"并担任所长。2017年6月8日，双方正式签约，萨金特加盟北大汇丰，首届聘期5年。萨金特将把四分之一的时间和精力，用于北大汇丰人才培养和学术研究的工作。在当天举行的萨金特数量经济与金融研究所成立仪式上，萨金特教授致辞并作了一个题为"经济学研究者在做些什么？（What economic researchers do？）"的演讲。

为何决定加盟北大汇丰，萨金特后来接受笔者采访时说："2017年之前，我在中国参加了几次会议，并听过海闻教授谈论经济学。他使用经济理论来阐明历史和当代挑战的方式给我留下了深刻印象，我很快就意识到他在向不同层次的观众解释经济理论方面特别有天赋。因此，当他邀请我访问北大汇丰参加一个会议并会见学院的一些教师和学生时，我很高兴有这个机会。在那次访问期间，我与海闻教授一起跟学院年轻教师进行了座谈和长时间的晚餐讨论，他们的才华给我留下了深刻的印象，通过与他们交谈我学到了很多东西。这些最初的印象让我很高兴有机会参与并尽我所能支持海闻教授和学院教师在应用、创造和教授经济学方面的探索。"

当萨金特被海闻请到北大汇丰的消息公布后，在国内高校尤其是商学院，引起了不小的轰动。大家佩服的不仅是请到了诺奖得主，关键是背后双方的合作方式，诺奖得主真正成了北大汇丰的一员。

经济学诺奖得主与其他理工科诺奖得主在工作方式上有些不同，理工科诺奖得主必须依靠一流的实验室和团队，而经济学主要靠个人自身。海闻说："萨金特在纽约大学也没有实验室，他人在哪里，精力放在哪里，哪里就是他教学和科研的基地。"

北大汇丰为萨金特提供了非常好的工作条件，让他工作起来能够开心、安心，从而充分发挥诺奖得主的作用。双方一签约，学院马上就组建了"萨金特数量经济与金融研究所"，聚焦宏观经济、国际经济、数量金融等领域，研究人工智能和大数据在经济与金融的分析预测中的作用。研究所由萨金特担任所长，成员由学院数量经济与金融领域的科研人员和萨金特海外科研团队组成。2019年10月，王鹏飞教授开始担任研究所执行主任，研究所的力量得到进一步加强。这是中国高校在经济学领域建立的第一个由诺奖获得者真正深度参与教学科研的研究所。

萨金特决定加盟时就告诉海闻，他对培养学生特别有兴趣，很希望在这方面能多做点事，这一想法与海闻不谋而合。但这也给海闻出了一个难题，当时北大汇丰每年仅有5个博士生招生名额，有些教授有资格招生却苦于没有名额。海闻找到北大相关领导，提出要再增加10个博士名额。

"不可能给这么多！北大博士生导师平均每人只有一个博士生招生名额，最多给你3个。"这位领导回答说。

"我请来诺奖得主，只给他带3个学生？这也太少了吧。"海闻不想让步。

"就是给你更多名额，一位诺奖得主也没办法带那么多学生呀。"

海闻听领导这么一说，心想你是把我们经济学培养博士看成跟理工科一样了，理工科导师带博士，需要做大量的实验，一个导师带一两个学生很正常。但经济学不是这样，培养过程主要是上课、读文选、写论文，一位导师在上面讲，下面可以有十几二十几个学生听。他把这些道理跟领导解释之后，领导也很开明，毕竟请来的是诺奖得主，必须给他发挥作用的舞台，最后同意给8个名额。一下子拿到了这么多名额，北大其他院系的领导都十分羡慕。

在海闻争取博士名额的同时，萨金特也开始了经济学（数量经济方向）博士项目的设计，包括招生目标、课程设计、培养模式等方面内容。项目专注于经济学研究工具的基础训练和应用，旨在通过扎实的训练，使博士生们掌握经济学的现代研究工具和方法。谈起项目设计的目标，萨金特说："我们希望可以教给学生经济学中基本的工具和思想。刚开始接触时，经济学理论会显得非常学术，有时令人迷惑。但是，只要掌握合适的方法、从恰当的角度思考，它实际上是统一而简洁的。仅仅用少量的数学、统计和经济学理论，就可以统一看上去差异很大的经济学不同领域。我们希望通过将这些工具和知识用一种耐心的、扎实的方法教给学生，可以提高他们的学术能力并增强他们理解和创造经济学理论的信心。"

在项目设计时，萨金特借鉴、综合和改进了其他国家的顶级博士项目。这些项目的特点在于通过少量核心素材，向学生们传授最关键的基础知识，使得学生对于以此为基础的大量其他知识有更加深刻的理解。因此，与国内同类博士项目相比，这个项目特色鲜明，一推出就引起关注。

2018年秋季，扩招的博士生顺利入学。2018年和2019年研究所每年都举办"数量经济学与金融学冬令营"，每次都会吸引一大批国内一流高校的优秀学生参与，很好地宣传推介了博士项目。"过去博士项目一直是我们的弱项，现在起来了，生源非常优秀，这是这些年学院发展的最大亮点之一。"海闻坦诚地说，这与萨金特教授的贡献分不开，他亲自设计课程，亲自指导博士。

诺奖研究所成立后，也发生了一件让人遗憾的事。当时海闻想申请成为深圳市正在推进的"十大诺贝尔奖科学家实验室"之一，但有关部门说不是理工科的不行。于是退而求其次，想争取一点经费补贴。对方回答也不行，并顺便问了一下要多少钱，海闻回答启动经费600万元，以后每年500万元。对方一听不太相信："其他诺奖实验室费用都是以亿元计，你们怎么只用这么一点？"

对此，海闻感觉有点郁闷："如果他们真正了解经济学对经济社会发展的巨大价值，就不会把它'拒之门外'了！"

诺奖得主带来的效应

萨金特对待北大汇丰的工作，非常积极负责。合同还未签，他就带着夫人来到学院开始工作。为了节省时间，他没有选择在外面住酒店或租房，办公和住宿都在学院大楼6层。吃饭也经常拿着教师卡去学校食堂，锻炼经常在大楼里的健身房，工作与生活安排得紧张有序。

在新冠疫情暴发之前，他坚持每年有近3个月时间在北大汇丰工作。除了日常指导博士，他还走上讲台给研究生们讲课（图6.1）。他重点研究的是经济学理论而不是计算机方面的技术，但他特别重视IT、大数据、人工智能等技术在经济学领域的应用。巫汶航介绍，从 2020 年秋季开始，他设计并讲授"计算经济与金融"系列课程，课程主要包括"数学基础""数据技能""机器学习和算法""动态模型"四个模块。他主要负责讲课程理论部分，技术方面由他在纽约大学的博士助理讲授。这些课让学生收获颇丰，既学习了理论又掌握了技术工具。

图 6.1　萨金特在给学生上课

2022 届硕士黄铿华读书期间担任萨金特研究助理，双方交往较多，他深有感触地说："平时我们几位助理做的一个主要工作，是用 Python 这类工具编写软件程序，来实现萨金特教授提出的一个个理论构想。因此我除了编程能力得到大幅提升，以及学到了一些最前沿的经济学知识，萨金特教授做人做事的风格对我的影响也非常大。"

黄铿华说有三点特别深刻的感受："首先是他工作一丝不苟，效率很高。疫情期间我们跟他沟通主要通过邮件和视频，邮件发给他之后，有时当天就会收到他的回复，有时因为时差关系，过一天也能收到，最多不会超过三天，他会对我们提出的问题给予详细解答。其次是他'活到老学到老'的精神令人感动。

能够获得诺奖，说明在所在领域的研究上已经达到了世界最高峰，可他快80岁了仍然在虚心学习，不断吸收最新的知识来提升研究水平。萨金特教授曾经说过，'我一直将老师视为有经验的学生，我们老师应该和学生一起学习。'最后是平易近人，一点架子也没有。他就像一位和蔼可亲的爷爷，跟他交流一点压力也没有，我们都很喜欢他。"

几位助理中有的硕士毕业继续申请读博士，萨金特教授非常乐意为大家写推荐信。"他这种显赫的身份对大家申请无疑帮助很大。"黄铿华说，现在他在美国罗切斯特大学读博士，当初他不仅请萨金特写了推荐信，还就申请的学校和专业请教了他，他给出了很具体有用的建议。

新冠疫情暴发后，萨金特无法来北大汇丰开展教学科研，这时他主动向学院领导提出，停发他的工资。院领导对他表达敬意的同时，并没有这样做，萨金特继续在线上给学生讲课和参加学院活动。

2022年7月合同到期，双方又续签了一个新的5年期合同，萨金特担任研究所荣誉主任及高级顾问。巫汶航介绍，2023年疫情防控放开之后，他在6月和12月两次来到北大汇丰，每次工作一个月，给研究生上课。除了教学活动，他还花费不少时间与学院年轻老师交流，帮助他们提升学术水平。每周至少参加一次"午餐讨论会"，会上老师们做PPT发言，他做点评。平时学院老师如果有问题需要请教，就跟他约好时间单独沟通。

萨金特的加入对北大汇丰招聘和培养一流人才，开展学术活动，以及提升品牌影响力都发挥了较大作用。学院在国内外招聘高层次人才时，只要说起萨金特在北大汇丰任教，对方就会表现出很大的兴趣。能够与萨金特成为同事，那是一件很幸运的事情。

学院组织大型学术活动，萨金特的影响力能够帮助吸引国际上更多知名的专家学者参加。比如学院举办2019中国宏观经济国际年会，就有全球数十所著名高校的150多名学者出席，仅美英国家就有耶鲁大学、芝加哥大学、哥伦比亚大学、普林斯顿大学、宾夕法利亚大学、纽约大学、华盛顿大学、牛津大学等高校的教授参加。2022年举办第五届北大汇丰宏观经济与金融学国际会议，正值疫情期间，萨金特不仅自己线上参会发言，还包揽了全部外国嘉宾

的邀请工作。这样的学术活动，极大地提升了北大汇丰在宏观经济研究上的国际地位。

在汇丰商学院对外合作中，萨金特既是一块金字招牌，也是一些合作的深度参与者。

萨金特数量经济与金融研究所多项研究获得国家自然科学基金立项，在分析和预期中国宏观经济，聚集、培养高端人才，促进深圳与大湾区的经济金融发展等方面取得了显著成果。2021年9月，研究所入选广东省普通高校哲学社会科学重点实验室。

时间长了，萨金特与学院师生建立了深厚友谊。他在北大汇丰工作和生活既紧张，又快乐，除了教学科研，他也很乐意参加学生的新年晚会、毕业典礼这类活动。

萨金特对汇丰商学院评价很高，他说："北大汇丰的研究和教学文化让我印象深刻。我了解许多教授，并且观察和听过他们的教学，他们尊重学生，并努力帮助他们学得更好。学生们的高智商和活力以及他们的良好道德品质也给我留下了深刻的印象。这里的课程要求很高，世界一流。我参加了一些硕士论文答辩，老师对学生的期望以及学生对自己的期望都很高。总之，这里的教师和学生都很出色。"

2024年1月初，《环球时报》刊登了记者王一对萨金特的一篇专访。在专访中萨金特盛赞了中国经济的发展奇迹，他说："我最近有一次从深圳到厦门乘坐高铁的非凡经历，不像乘坐美国的任何火车，这是一趟愉快的旅程，我甚至可以在车上舒适地工作。这个例子凸显中国创造和采用技术的进步。"他认为中国社会有很多好的文化，比如"重视努力工作和教育"。谈到美国对芯片贸易实施限制令，他说"感到困扰"，并表示"美国大多数经济学家都主张自由贸易，对拜登和特朗普的贸易政策都持批评态度"。萨金特作为美国的一位诺奖得主，能够对中国有这么深入的了解和友好的态度，应当与他担任了多年北大汇丰的教授分不开，这是聘请他的另一种收获吧。

王鹏飞当选 SAET 会士

北大在多年之前，曾组织专家对汇丰、光华、经院、国发院四家内部商学教育机构进行评估，结果对北大汇丰整体评价很高，但也提出在科研方面存在短板，需要继续加强。

专家的评估意见和海闻的看法一致。他很清楚一点，要提升科研实力，扩大学术影响力，关键在人才，必须引进更多的大咖教授。这时候，海闻想到了正在香港科技大学任教的王鹏飞。早在2000年王鹏飞报考北大中国经济研究中心硕士，参加面试时海闻就认识他。硕士毕业，王鹏飞以优异的成绩进入美国康奈尔大学经济系读博士，2007年博士毕业进入港科大任教。读书时是大学霸，毕业后科研成果又特别丰硕。他主要研究领域为宏观经济学、金融经济学、货币经济学，在同行中出类拔萃，当时已经在国际顶级刊物发表了大量学术论文，是一位有国际影响力的宏观经济学家。

"请他加盟，主抓学术事务，一定不负众望。"海闻下定决心，向王鹏飞发出了邀请。王鹏飞得到邀请来抓科研，这正是他擅长和喜欢做的事，而且又是回到母校工作，他欣然同意。于是，2019年他全职加入北大汇丰，担任讲席教授、副院长，2021年起担任院长（图6.2为王鹏飞教授在北大汇丰课堂上）。海闻因年龄关系不再担任院长，作为创院院长，继续担任院务委员会主任。

王鹏飞有在国际著名高校读博和长期在世界一流大学工作的丰富经验，自己又是学术大咖，他来北大汇丰之后发挥所长，在抓学术研究方面，迅速有针对性地开始发力。

首先，提高了教师长聘制度的要求。北大汇丰从创院开始，教研岗位的教师就实行了非升即走的 tenure 制，也就是长聘制度，在教师管理中发挥了非常大的正面作用。但经过多年实施，发现当初有的规定需要更加明确，有的需要适当调整。王鹏飞经过认真调研，结合北大本部的人事制度改革，对原有规定做了完善。这些措施使得长聘标准变得更明确，要求也更高了。学院教师如果达到这个标准，即便无法在北大获得长聘，也能够为自己积累很好的学术成果，也可以在其他高校轻易找到工作或获得晋升。这些措施既增加了压力，也进一步激发了年轻教师做科研、发论文的积极性，使更多年轻教师通过考核，获得了长聘教授资格。

图 6.2　王鹏飞在课堂上

其次，完善学术会议制度，更多地组织高水平的学术会议。学术会议与面向大众的讲座不同，主要是圈内人士交流、探讨学术问题。王鹏飞要求每个细分研究领域，都要定期组织高质量的学术会议，这些年学院召开的高端学术会议数量明显增加。此外，他还对学院教师参会提出具体要求，不仅要多参加学术会议，而且从会议开始到结束都必须在场，要形成习惯。

王鹏飞认为，学术研究必须跟同行经常保持交流切磋，这样才能得到提升，会议的一个重要功能就是提供现场互动的机会。他经常参加国际学术会议，非常熟悉国际上这方面的规矩。他举例说："参加会议必须从头听到尾，这不仅是尊重其他发言者的表现，也是学术交流的需要。自己发完言就离开会场,既听不到别人的发言,也得不到别人对你发言的反馈,这样就会失去很多有价值的信息。"如果会议在学院召开,那么相关教师必须参加。他工作做得非常细致,有时候发现有教师无故没参加,就会去办公室敲门喊人。经过他的努力,良好的会风很快在学院形成起来。

最后,鼓励并创造条件让教师尤其是年轻教师更多地在顶级刊物发表论文。王鹏飞在国际顶刊发文很多,清楚这些刊物的选稿标准。他一方面跟年轻教师分享在顶刊发表论文的经验,另一方面积极邀请顶刊的主编们来学院参加学术会议。国际上学术刊物的主编都是由该领域的大咖担任,这些人本身就在学术机构里工作,做主编是做学术公益。邀请他们参加会议,既能获得最前沿的学术信息,又能相互增进了解。王鹏飞说:"每请一位主编来这里,我们都会有很大收获。面对面交流之后,他们发现我们老师研究做得非常好,就会留下非常好的印象。"

国际上学术刊物有 A 类和 B 类之分,A 类属于顶级,B 类比 A 类低一级。王鹏飞鼓励学院年轻教师争取把论文发表到国际顶级期刊,在顶刊发表论文对一个人的学术成长非常重要,如果长期只在一般期刊发表,会对自己的学术声誉有负面影响,也很难成长为一流学者。当然发表有一定的偶然因素,也有很好的论文不被顶刊接收但仍然产生很大学术影响力的情况,所以学院也并不是仅以顶刊发表"论英雄"。

北大汇丰这些年学术实力得到极大提升,王鹏飞的努力功不可没。他把国际一流高校的一些先进做法带了进来,在学院学术事务上抓得卓有成效。另外,他个人很好地发挥了学术领军者的带动作用,在资产泡沫、信贷及信息不对称等前沿领域做深入研究,目前已在 *The American Economic Review*、*Econometrica*、*Journal of Economic Theory*、*Journal of Finance* 等国际顶级刊物发表论文 40 多篇,不少是来北大汇丰工作之后发表的。全球知名经济学研究数据库 RePEc/IDEAS 根据过去 10 年的学术论文发表及影响情况,发布 2021 年 2 月全球经济学家排名,王鹏飞教授在全球 6 万多名经济学家中排名第 216 位,在中国(不包括港澳台地区)供职的经济学家中排名第 5 位。这项权威排名的结果充分说明,他发表的论文量多质高,在全球同行中名列前茅。

2024年春节前夕，经济学理论促进学会公布了2023年新当选会士名单，王鹏飞教授名列其中，成为中国（不包含港澳台地区）第二位当选的经济学家，也是首位当选的华人宏观经济学家。SAET成立于1990年，至今已选出会士共422人，都是在经济学领域内取得重要成就的杰出经济学家，其中包含35位诺贝尔经济学奖获得者。这既是对王鹏飞教授学术地位的充分肯定，对北大汇丰来说，也是一项极高的荣誉。

大楼里的大师与新秀

北大汇丰既有一流大楼，也有一批"大师"和"新秀"。这里群星璀璨，萨金特、海闻、王鹏飞、樊纲、魏炜、巴曙松、朱家祥等教授大咖，成果卓著，在国内外学术界有广泛影响力。其中很多知名教授在前文已做过介绍，下面重点介绍樊纲、巴曙松两位特聘教授，他们长期在北大汇丰从事教学和科研工作。

樊纲是恢复高考后第一届大学生，中国社会科学院博士毕业，读博期间曾赴美国哈佛大学学习两年，年轻时打下了坚实的理论功底，是一位具有国际化知识和视野的著名学者。他的主要研究领域为宏观经济学、转轨经济学和发展经济学，在很多问题的研究上建树不凡。他在国内较早发文论述"灰市场理论"，在理论界产生了较大影响，为人们解释某些经济现象提供了一种理论工具。

他的研究与经济发展的实践贴得很近，很多成果和建议受到政府和有关机构的重视。经国务院批准，他担任过两届央行货币政策委员会委员。还被世界银行（World Bank）、联合国开发计划署（United Nations Development Programme），联合国亚洲及太平洋经济社会委员会（United Nations Economic and Social Commission for Asia and the Pacific）等国际组织聘为经济顾问，应邀到许多国家讲学访问。目前他担任中国经济体制改革研究会副会长、国民经济研究所所长、国家高端智库中国（深圳）综合开发研究院院长等职务。

北大汇丰创建不久,海闻请他来商学院给学生做一场讲座。樊纲至今还记得来了之后,海闻怎样跟他谈办学的理想抱负。"那时候商学院学生和老师都少,但海闻对办一所一流的国际化商学院信心十足。"樊纲接受笔者访谈时说,海闻谈完自己的设想,就向他发出了加盟的邀请。

"我被他说动了,2008 年就来这里给学生上课了。"樊纲说,他很认可海闻的办学理念和对商学院的定位,比如实行全英文教学,坚持研究型和务实型并举,既重视学术也重视实操等,这也是后来商学院能发展得这么好的重要原因。

樊纲来商学院之后,曾经承担了一位全职教授的工作量,最多同时给全日制硕士、MBA 和 EMBA 开课,一共三门。他在课堂上结合大量生动的案例系统讲解理论知识,娓娓道来,深受学生欢迎。

给全日制研究生上的发展经济学的理论研究是一门大课,全院金融、管理、经济等专业的研究生都来听,共有 300 多人。樊纲用世界各国经济发展的例子,特别是中国改革开放后经济发展的例子阐释理论,用理论来分析过去 40 多年来中国改革发展的历程,帮助学生去深刻理解宏观经济发展中的各种现象和问题。

考核方式也很特别,期中测验把学生分成十多个小组,让每个小组选择研究一个国家,然后在课堂上给大家讲研究成果,有的讲英国,有的讲印度,有的讲墨西哥等,涉及的国家很多。通过这种测验形式,让学生们对世界各国经济发展有了更广泛和深入的认识。樊纲认为,一旦他们毕业进入社会工作,课堂上掌握的知识和研究问题的能力就会发挥作用。

樊纲来北大汇丰前,只在 CCER 带博士,并没有给学生上过一门完整的课。来北大汇丰之后,他专心上课,乐在其中。虽然他在国内外获过很多大奖,但接受访谈时他唯一提到的,是 2018 年任教 10 周年时,汇丰商学院曾给他颁发"长期服务奖",他很看重这份荣誉。

巴曙松教授的研究领域为金融机构风险管理与金融市场监管、货币政策、资产管理行业发展,在业界和社会上都有很高的知名度。他曾在多个金融机构担任高级职务,对银行业、证券业、基金业的发展有深入的了解和丰富的管理经验。他的研究切中金融实践和现实需要，覆盖金融领域的很多方面，在金融机构风险管理与金融监管、资产管理行业发展与资本市场、货币政策、城镇化与房地产、老龄金融、《巴塞尔协议》与金融监管、金融科技等领域，发表了大量论文和著作。

他长期研究《巴塞尔协议》，从2003年至今，共出版相关著作近十本，比如《巴塞尔Ⅲ：金融监管的十年重构》《巴塞尔Ⅲ与金融监管大变革》等，成为该领域的权威专家。他长期做金融行业发展跟踪研究与评估，从2009年至今，每年主持编辑出版《中国银行家调查报告》。他还翻译了大量外国专家学者撰写的金融著作，主持或参与了数量众多的金融课题研究。他指导北大汇丰学生做研究，成果丰硕，比如他指导博士后张帅研究银行资金存管、声誉信号与P2P平台生存状况，撰写的论文在核心期刊《经济学（季刊）》上发表。

巴曙松有很多头衔，比如中国银行业协会首席经济学家、中国宏观经济学会副会长、商务部经贸政策咨询委员会委员、中国证监会并购重组专家咨询委员会委员等。他做学术研究坚持"问题导向"，对金融实践有很强的指导意义，因此成为很多部门的高参智囊。2023年11月，北京市一位领导专门通过北大统战部找到巴曙松，希望他就贯彻中央金融工作会议精神推进养老金融问题，提供书面建议。像这样通过书面或参加座谈会的形式建言献策的事有很多，他多次以金融专家身份参加中国金融领域的决策者主持召开的专家座谈会。

他2001年曾在CCER做博士后，是北大校友。2009年开始兼职在北大汇丰指导学生，2016年受邀担任北大汇丰金融研究院执行院长。研究院以编辑出版专业刊物、发布专业研究报告、举办专业讲座、组织前沿学术会议等多种形式，为区域金融发展和国家金融决策提供积极的智力支持，致力于打造聚焦市场前沿的"金融专业智库"。巴曙松协助金融研究院院长海闻，把《北大金融评论》和"金融前沿讲堂"等办得声名鹊起。

除了一些蜚声中外的学者，汇丰商学院近年来也涌现出一批学术新秀，如李凯、刘柏霄、马琳琳、李荻、彭献华、曾小铧、谷一桢、蔡晓鸣、朴炷映（Jooyoung Park）、吴承俊（Seungjoon Oh）、陈亮、贾盾、马啸、汪意成、黎志敏、马芳原、赵泠箫等。

李凯在北大 CCER 硕士毕业后去美国杜克大学深造，于 2013 年获得博士学位后到香港科技大学工作，2020 年 9 月加入北大汇丰，现任金融学教授，任《经济学（季刊）》副主编。入职 3 年来，他已发表论文 12 篇，包括近两年发表于 *Journal of Finance*、*Journal of Financial Economics*、*Journal of Monetary Economics* 和 *Review of Financial Studies* 等国际顶级期刊的 6 篇论文，其中一篇论文被美国金融学年会（AFA）网站列为 2019 年 1 月至 2023 年 12 月 5 年期间刊登的被引用次数最多的 25 篇文章之一，在 2023 年发表于 *Journal of Finance* 的 70 余篇论文中，仅有两篇论文获此殊荣。他的另一篇论文在大宗商品与能源协会 2022 年年会上荣获最佳论文奖。

刘柏霄于 2012 年获美国普渡大学金融学博士学位，2021 年 8 月放弃美国高校长聘职位，回国加入汇丰商学院，现任金融学长聘副教授，主要研究领域为行为金融学、金融科技等。两年多来在国际一流刊物发表论文 5 篇，其中在国际顶级学术期刊发表论文 4 篇，2023 年获得国家自然科学基金优秀青年科学基金项目（海外）项目支持。

马琳琳于 2013 年获美国佐治亚州立大学金融学博士学位，2018 年 7 月从美国回国加入汇丰商学院，现任金融学长聘副教授，主要研究领域为公募基金和对冲基金、行为金融学。近年来发表了 6 篇论文。其论文 Portfolio Manager Compensation in the U.S. Mutual Fund Industry（《美国共同基金行业的基金经理薪酬》）获评第九届高等学校科学研究优秀成果奖（人文社会科学）青年成果奖。她主持国家自然科学基金委青年科学基金项目 1 项。其研究被《华尔街日报》《纽约时报》等美国著名媒体引用。

彭献华于 2009 年获美国哥伦比亚大学金融工程专业运筹学博士学位，2018 年 7 月加入北大汇丰，现任金融学长聘副教授，研究方向包括金融工程、金融科技、量化交易和投资。主持过广东省自然科学基金、深圳市自然科学基金等项目，多项研究成果发表于国际顶级学术期刊。

曾小铧于 2008 年获英属哥伦比亚大学市场营销学博士学位，2019 年 8 月回国加入汇丰商学院，现任管理学长聘副教授，其研究专注于社交网络、用户生成内容及新技术对营销的影响，在国际一流学术刊物上共发表过十几篇学术论文。

朴烓映 2014 年博士毕业即加入北大汇丰,现任管理学长聘副教授。她的主要研究领域为市场营销、消费者信息处理、消费者动机与自我调节、品牌管理等,入职以来在管理学一流和顶级学术期刊发表论文近 30 篇,并于 2024 年获得国家自然科学基金外国学者研究基金项目。她的成果几乎都是在加入学院之后取得的,可谓和学院共同成长的代表。

蔡晓鸣博士毕业后,于 2020 年 7 月加入学院,现任经济学长聘副教授,近年来在顶级学术期刊发表多篇论文。2024 年,承担的国家自然科学基金项目"工作搜寻中的相遇机制对劳动力市场雇佣双方匹配的决定机制研究"被评为"特优"。

陈亮博士毕业后,于 2020 年 8 月加入北大汇丰,现任经济学助理教授,主要研究领域为计量经济学理论、应用计量经济学。在国际一流期刊发表论文多篇,其论文 Quantile Factor Models(《分位数因子模型》)获评第九届高等学校科学研究优秀成果奖(人文社会科学)著作论文奖二等奖,同时该论文还获评第十届广东省哲学社会科学优秀成果奖论文类一等奖。主持的青年科学基金项目"带有交互效应的面板数据分位数回归"获评为"特优",在参加本次绩效评估的 1658 项面上项目及青年项目中,仅有 65 项评估获此殊荣。

贾盾博士毕业后,于 2021 年 8 月加入汇丰商学院,现任经济学助理教授。目前其研究工作关注量化宏观模型的微观基础以及市场结构和不完备信息于货币政策传导和宏观金融领域的相关应用。加入学院后,在国际一流学术刊物发表论文 7 篇,其中在 American Economic Review 等顶级刊物发表 3 篇。他当前主持一项国家自然科学基金项目,受邀参与国务院、国家开发银行以及中国农业发展银行等多项研究课题。

马啸于 2021 年博士毕业后加入北大汇丰,现任经济学助理教授,主要研究领域为国际贸易、宏观发展经济学、经济增长等,在 International Economic Review、Journal of International Economics 等国际顶级刊物和国内《经济研究》《世界经济》等期刊发表论文多篇,荣获 2023 年世界贸易组织青年经济学家论文奖,并主持国家自然科学基金青年项目。

智库：为社会贡献智慧

高校成立智库，不仅是实现社会价值的一种手段，还能反过来促进高校的学术研究，提升学术地位。北大汇丰在办学过程中，积累了雄厚的人才和学术方面资源，为了让这些资源更好地服务社会，2020年7月，他们正式成立了智库，第二年学院智库入选广东省普通高校特色新型智库。

北大汇丰智库整合了北京大学宏观经济与金融研究中心、海上丝路研究中心、北京大学汇丰金融研究院等学院内部研究机构，在定位上重点从事有关宏观经济、国际贸易与投资、金融改革与发展、粤港澳大湾区可持续发展、城市与乡村发展、海上丝路沿线国家经济贸易与合作等领域的实证分析与政策研究，致力于打造专业化、国际化的新型智库平台。智库汇聚了学院一批在各领域的知名专家学者，海闻任主任，王鹏飞、巴曙松、任颋、魏炜、林双林任副主任，专职人员有十余位，从这个豪华阵容可见学院对智库发展的重视。

智库日常的一项主要工作，是针对当下某些领域的热点和难点问题，展开及时深入的研究并撰写报告，至今已累计发布报告近90篇。在很多领域，都陆续推出了系列研究报告，比如宏观经济分析系列、粤港澳大湾区经济分析系列、深圳经济分析系列、东南亚经济系列、宏观金融分析系列、财政专题系列等。除了系列报告，还有针对某些特定问题的专题报告。这些研究报告虽然有较强的学术性，但最突出的特点是问题导向、地域特色和实用价值。

首先是"问题导向"。智库做的研究与一般的学术研究不一样，前者的目的是助力解决当下现实问题。我们打开北大汇丰智库网站，上面刊载了很多研究报告，只要看看《地方政府如何填补资金缺口？》《什么制约了理财公司规模增长？》这些标题，就会发现这些报告研究的都是具体现实问题。北大汇丰金融研究院副院长李荻介绍，为了使智库研究更贴近现实问题，他们还经常邀请业界和政策界人士一起来做闭门研讨，使问题讨论更准、更深、更透，在此

基础上再形成内参或研究报告。

其次是"地域特色"。汇丰商学院党委书记任颋介绍，北大汇丰与北大本部在智库站位上有所区别，身处粤港澳大湾区核心的深圳，当然要特别关注身边的深圳、大湾区、东盟等地区的问题，做一些服务大湾区、"一带一路"倡议和国际化的带有创新性的研究。智库长期聚焦的研究中有深圳经济、粤港澳大湾区经济和东南亚经济的系列，经常推出研究报告。当然，强调地域特色并不是只关心身边的事，最近几年北大汇丰还通过加强与延安大学乡村发展研究院和泉州民营经济研究院的研究合作，助力乡村振兴和民营经济发展。

最后是"实用价值"。智库研究不仅要针对问题，而且要对解决问题有帮助，对决策有用才是研究的价值所在。北大汇丰智库专家们的研究，都是基于充分、可靠的数据和信息来源，引用前沿的研究成果和理论，保证分析的深度和广度。不仅呈现事实，而且通过深入分析，揭示背后的因果关系、趋势及其潜在影响。在很多研究报告中，他们不仅有独到的见解，还提出了实际可行的解决方案或建议，能为政策制定者、业界或社会提供明确的"操作指南"。也正因为如此，智库成立以来，在政府部门、企业和社会上的影响越来越大，不少高水平的报告得到有关领导的批示，建议被采纳。

2024年1月底，智库秘书长岑维、高级研究专员王若林两位专家撰写了上万字的研究报告《大湾区经济复苏了吗？》，分析2023年第四季度及全年大湾区经济情况。

报告非常详细具体，还对2024年一季度湾区经济形势做了展望，认为预期向好但挑战不断，经济增长需在以下重点领域扬长补短：一是投资拉动动能不足，稳投资需先稳定民企和楼市信心；二是消费增长趋势向好，可联合港澳进一步扩大北上南下消费；三是国际局势复杂令外贸承压，确保外贸可从优势产品和新业态入手。

对关心大湾区经济的政府、企业和普通人来说，这样的研究报告，可谓及时而实用，读完可以获得很多启迪启发。下面我们再看一份关于投资东盟的研究报告。

东盟具有劳动力成本优势和稳定的经济环境，因此成为中国制造业尤其是粤港澳大湾区制造业对外直接投资的首选之地。东盟包括越南、老挝、缅甸、新加坡、泰国等国，这些国家在要素市场发展水平、经济环境和社会环境等影响投资的因素方面有很大不同，一般的企业和企业家对此很难十分了解。2024年1月20日，智库副秘书长蔡荣撰写了《制造业投资东盟首选哪些国家？》的研究报告，用了大量的数据和事实对东盟国家的制造业投资环境，包括补贴措施、税收政策、审批制度等做了深入分析，指出新加坡在要素市场、经济和社会环境整体领先。马来西亚在九类指标的五类里排名东盟的前三位，整体投资环境友好。越南在经济发展、制造业发展和政府廉洁方面有一定的优势。泰国、文莱和菲律宾在经济环境和社会环境方面存在较明显短板。柬埔寨、缅甸和老挝三国在生产要素、经济和社会环境的多方面均有较大差距。

仔细阅读这份报告，即使是大众读者，也能对东盟国家的投资环境有大概的了解。如果是企业家看了这份报告，对他们的投资决策一定帮助很大。这份报告推出后，就有不少企业家主动与智库和作者联系，希望进一步了解相关信息，获得更多帮助。

在开展独立研究的同时，智库也承接国家级、省级政府机构、企业集团的研究课题和定向研究任务，数项研究成果获得决策部门的批示。岑维介绍，据初步统计，智库成立至2023年年底共承接10项课题，总经费300多万元，主要委托方来自国家发展改革委、国家自然科学基金委、广东省委财经办、深圳市决咨委等机构，涵盖了政府机关、企业集团、教育机构等多类主体，既体现智库积极服务社会、扩大社会影响力的决心，也反映了智库的影响力越来越大，在政府和社会层面获得了更多信任。

截至2023年年底，智库共上报内参88篇，25篇被采纳批示，做出批示的领导中有中央政治局常委、央行行长、深圳市主要领导等。部分内容获得《中国经济报告》《新华文摘》《经济要参》《经济日报》《决策参考》《港澳与国际研究》等刊物刊登或转载。为此，北大汇丰智库被评为"北京大学2023年度智库工作先进单位"，巴曙松被评为先进个人。此外，智库还通过举办论坛，以及专家接受媒体采访等方式，扩大研究成果的影响面。

《北大金融评论》的传承与创新

2019年10月北大汇丰15周年院庆时,一本封面特色鲜明的《北大金融评论》创刊面世,这是北大第一本面向金融领域的学术性杂志。

经济发展到一定阶段后,金融会成为其他产业创新和发展的支柱。创办这样一份刊物,是商学院繁荣学术事业的需要,体现了北大人对金融行业的责任和担当。正如海闻在《中国金融,全球价值》的发刊词里说的那样:"金融作为现代经济中资金配置的重要方式、渠道和纽带,我们唯有正视之、研究之、驾驭之,才能让金融业得到更好的发展,同时也为促进中国经济的转型升级做出贡献。"北大从19世纪末京师大学堂初建时就设立了商科,商科的第一个专业就是金融领域的"银行保险学",重视对金融的研究是北大的传统。

《北大金融评论》创刊时邀请厉以宁、林毅夫、刘明康、刘遵义、沈联涛、黄益平、吴志攀等国内学术大咖,分别组成了顾问和学术两个委员会。海闻出任学术委员会主任,巴曙松担任总编辑。学术委员会包括北大四个经管类学院经济与金融领域的主要教授,还聘请了中央金融部门的重要学者。这些保证了杂志的高端品位和独特风格。

巴曙松是一位既有深厚学术功底,又有丰富金融工作实践的知名学者。这种"跨界"的经历与身份,决定了他在办刊时能够从学者和金融从业者两方面视角思考问题。他认为,这本杂志理所当然必须有学术性,但不能只考虑学术,还必须面对现实、面向未来,研究要有助于解决金融实践中的问题。把理论研究、实践研究和政策研究三者有机结合,这样的刊物才会在社会层面发挥更大作用。

要贯彻落实这样的办刊理念,关键在于主动做好选题策划。巴曙松说,每期的选题都经过反复琢磨,有时候他和海闻要对比十多个选题才能选出一个。巴曙松本身就处于金融界"问题域"之中,在选题上有独特优势。创刊以来,他们先后就金融开放、普惠金融、金融智能化、疫情冲击下的全球经济、全球收入不平等、大城市群重构金融格局、双循环战略、脱碳金融、欧美大通胀、中国式现代化金融新征程、数字资产洗牌等众多话题进行深入探讨，分享金融前沿的理论知识与实践经验。在作者队伍中，既有高校和科研院所的学者教授，也有银行、保险、投行、证券等行业的领导、专家。

这种理论与实践相结合、问题导向的办刊模式，使得刊物的文章更具有前瞻性和引领性，而不是"马后炮"。金融界对此喜闻乐见，很多文章刊出后，引起了较大反响。2020年1月，经济学家钟正生写了一篇文章《现代货币理论的"能"与"不能"》，讨论现代货币理论中有关财政边界问题。稿件刊登不久，一天他突然收到央行某原副行长的电话，跟他聊了一个多小时。原来这位领导看到文章深受启发，想进一步就此问题进行探讨。还有一次，樊纲在刊物上发表文章《理性解决收入不平等问题》，国务院研究室有关领导看到后，通过北大本部找到编辑部索要未删减的原稿，希望更全面地了解作者的观点。让刊物发挥智库功能，正是他们希望达到的目标。

北大汇丰办学上坚持国际化，《北大金融评论》办刊同样如此。杂志副总编刘柏霄介绍，编辑部持续建立和完善国际专家网络，先后邀请诺贝尔经济学奖获得者克里斯托弗·皮萨里德斯（Christopher Pissarides）、萨金特、威廉·诺德豪斯（William Nordhaus）、克劳迪娅·戈尔丁（Claudia Goldin），以及世界银行前首席经济学家安妮·克鲁格(Anne Krueger)、英国科学院院士查尔斯·古德哈特（Charles Goodhart）、桥水基金创始人瑞·达利欧（Ray Dalio）、哈佛大学经济学教授格里高利·曼昆（Gregory Mankiw）等众多国际著名专家学者就金融开放、金融科技、收入不平等、疫情经济学等议题发表观点。即使邀请中国学者谈论中国问题，编辑部也希望他们不是就中国谈中国，而是把中国金融的改革发展放在全球背景下来思考。这种做法让读者受益匪浅，视野变得更加开阔。

刊物要实现其出版价值，必须不断增加读者数量和扩大影响力，其中起关键作用的当然是刊物质量。除了每期选题和每篇文章的质量，刊物的设计风格等也很重要。《北大金融评论》在这些细节上也非常注意，每次的封面都与主题有关，都有故事，却又都保持一致的风格。在这方面，海闻非常关注，每次都亲自审核。但即使如此，"酒香也怕巷子深"，信息时代需要千方百计争夺"眼球"。编辑部充分利用各种平台和渠道进行宣传推广，比如，海闻是北京大学金融校友联合会创会会长，编辑部充分利用这一平台把很多校友变成了刊物的读者甚至是作者，其中就包括国投证券首席经济学家高善文、上海新金融研究院理事长屠光绍、摩根士丹利中国首席经济学家邢自强等大咖校友；在新媒体蓬勃发展的浪潮下，编辑部积极探索线上线下的宣传和销售模式，与中信出版集团深度合作，让杂志在新媒体渠道获得更多曝光，触达更多读者；编辑部携手学院其他机构联合举办银行理财公司竞争力排名活动，2022—2023年，"北大汇丰·银行理财公司竞争力TOP10"发布后，在新浪财经上的阅读总量超200万人次。

编辑部充分利用网络平台推广刊物，杂志的电子刊已经覆盖当当云阅读、京东电子书、掌阅、腾讯阅文（含QQ阅读、微信读书）等十几个电子书平台。此外，他们还构建了全媒体深度传播矩阵，包括微信公众号、视频号、小红书号等。其中微信公众号粉丝4万多人，不少文章和视频的阅读量都是10万+。据初步统计，全媒体矩阵每期刊物影响人次高达7000万。

跟那些历史较久的刊物相比，年轻的《北大金融评论》才崭露头角。但其鲜明的特色让人相信，它一定会后来居上，让学术界和金融界人士爱不释手。

到北大汇丰听讲座

"到北大听讲座！"这句话在北京很流行，如今也流行到了深圳。从几十人参加的小沙龙，到几百人参加的讲座，再到有数千听众的大讲堂、论坛，思想盛宴在这里轮番上演，或线下，或线上，或线下线上同时进行，听众既有学院学生，也有社会上的各界人士。

海闻特别注重在北大汇丰打造"讲座文化"。创院之初的几年，厉以宁、沈联涛、吴敬琏、张五常、邹至庄、林毅夫、吴志攀、龚方雄、马蔚华等，就先后来学院做过讲座。后来学院大楼一流的硬件环境，为此提供了更加得天独厚的条件。经过持之以恒的努力，有多个系列讲座活动不仅在大学城影响力爆棚，在深圳也有很大的知名度，比如"北大深圳论坛""北大汇丰金融前沿讲堂""北大汇丰创讲堂""北大汇丰金融茶座"等。

"北大深圳论坛"原本是一个内部论坛，从2021年开始，汇丰商学院把它办成面向社会的公开论坛，每次邀请3位政界重要人物，2位著名学者。"北大深圳论坛2021"于2021年两会之后隆重推出，当时全国人大刚刚通过"十四五"规划，论坛贴近现实需要，将主题确定为"'十四五'规划与粤港澳大湾区发展新机遇"。这次论坛主题前沿，嘉宾高端，时任全国政协经济委员会副主任毕井泉、国家外经贸部副部长龙永图，以及樊纲教授和黄益平教授做了主旨发言。深圳市派了主要领导出席，以示重视。论坛在学院大楼举办，因为有多达1300名听众，共安排了三个会场。

2022年的"北大深圳论坛"由于新冠疫情严重而不得不取消。2023年新冠疫情一结束，"北大深圳论坛"就立即恢复了。这次请的是重庆市原市长黄奇帆、商务部原部长陈德铭、国际货币基金组织原副总裁朱民，以及林毅夫教授和刘伟教授，论坛主题聚焦"中国经济：新形势、新发展"。为了进一步扩大论坛影响，也为了让这一高规格的思想盛宴惠及更多人，论坛的地点放到了深圳许多重要会议的举办地五洲宾馆，千余人的大厅座无虚席。

2024年3月30日下午，以"科技创造未来，改革引领发展"为主题的"北大深圳论坛2024"如期举行，这次论坛增加了科学技术和国际关系两个重要方面，中国科学院原院长白春礼谈了科技创新与产业发展，北大国际关系学院原院长贾庆国分析了中美关系的现状与未来。亚投行行长金立群、中国人民银行原行长易纲、北大国发院教授周其仁就国际合作、数字金融、企业制度等方面发表的真知灼见，让深圳各界人士深受启发，获益匪浅（图6.3）。

海闻在主持论坛时表示，"北大深圳论坛"被誉为深圳版"到北大听讲座"的标志性活动。论坛既有前瞻理论，又面对现实问题，既分析当下，又探讨未来。论坛邀请不同领域权威演讲者直接面对社会公众，就当前社会最关注、最迫切、最紧要的问题为大家答疑解惑，是深圳市最重要的政治经济学术论坛之一。

图6.3　2024年3月30日，"北大深圳论坛2024"现场

"北大汇丰金融前沿讲堂"是另一个重要的讲座系列，持续时间长、影响面大，从2016年至2023年年底，共举办117期，线下线上共吸引听众70万人次。北大汇丰金融研究院组织这个讲堂时，紧紧围绕"金融前沿"来设置主题。讲堂内容涵盖银行、保险、基金、证券、房地产、黄金、债券、期权、信用等许多重要金融领域。而且主题贴近实际，比如人民币国际化、金融风险、中美经贸摩擦、金融去杠杆、全球资产配置、乡村振兴、数字化转型、数字货币等，都是大家关心的热点。

抓住"讲什么"之外，还要请好演讲的嘉宾。这些年他们邀请的嘉宾，既有国内外主流金融机构或新兴金融企业的领军人物，例如，中国工商银行原董事长姜建清、中信银行原行长朱小黄、大连商品交易所理事长李正强、广发证券董事长林传辉、招商证券副总裁兼首席经济学家丁安华、中泰证券首席经济学家李迅雷、中诚信评级公司创始人毛振华等；也有金融监管机构的高级官员和专家,还有在高校和科研院所工作的一流学者。这些高端嘉宾自带光环,登临讲坛,对听众有巨大吸引力。

在邀请嘉宾时,巴曙松和金融研究院的同事们特别重视发挥深圳毗邻港澳的区位优势,有意识邀请了一批具有丰富的全球金融视野和实践经验的嘉宾。比如香港大学亚洲环球研究所原所长陈志武、香港证监会原主席沈联涛、香港中国金融协会会长孟羽、摩根大通中国首席经济学家朱海斌、Harshky 数字资产交易所创始人肖风、中金公司首席经济学家彭文生、京东集团首席经济学家沈建光、野村中国首席经济学家陆挺、瑞银中国首席经济学家胡一帆、摩根大通首席中国经济学家邢自强、安信证券首席经济学家高善文等;也有海外大学的知名教授,如牛津大学教授傅晓岚、哥伦比亚大学教授徐丽娜等。他们通晓国际规则,从他们的讲座中,听众能够了解更多的国际金融知识,开阔视野。

很多讲座内容建立在嘉宾丰富的从业经验和深入研究的基础上,不少内容本身就是高质量的分析报告和研究成果,如"利率曲线与定价""中国系统性风险预警指数体系研究""中国债券市场发展的新趋势"等。因此,讲堂很多时候成了高质量研究成果的发布会,有时候还是独家首发。

海闻一直强调一所大学的社会责任,这些高质量的金融专业讲座目前均免费对社会开放,有一些听众专门从广州等外地赶过来听讲座。同时,北大汇丰的毕业生中,有很多在金融及相关领域工作,这些讲座极大地丰富了同学们的金融知识,同时,也为北大汇丰的教师与金融界的交流提供了一个高效率的平台。为了惠及更多人,讲堂不限制听众名额,不设规模上限,完全根据实际报名人数安排,单场讲座曾创下逾 50 万人次观看的纪录。另外,北大汇丰充分利用学院官网、公众号、微博等构成的自媒体矩阵对讲堂内容进行二次传播,并在历次讲堂听众组建的 20 个微信群进行推广。他们还辑录了部分精彩讲座内容,出版了 3 本《金融前沿讲堂》系列丛书,在国内公开发行。

赠人玫瑰,手有余香。"北大汇丰金融前沿讲堂"惠及社会的同时,学院也因此受益。讲堂进一步营造了浓郁的学术氛围,成为学生课堂之外获取

知识信息的重要渠道；另外，举办讲堂活动增强了学院对业界、学界和社会的联系，扩大了商学院的影响力，这些对招生和毕业生就业都有潜移默化的好处。

研发商学教学科研的利器

研究企业发展，是商学院重要的任务。"案例教学法"是商学教育的重要方法。许多一流的商学院，都有自己的案例库。那么，北大汇丰如何建立自己的案例库呢？

海闻做事总是喜欢追求与众不同，所以，北大汇丰的企业案例库也必须有自己的特点。他认为，目前大多商学院的案例库，是收集了对各类企业成败经历的研究，从某种意义上说，都是别人研究的成果，或者说，都是别人"做出来的菜"。对于一所商学院来说，如何能够为师生们提供更多"做菜的原材料"？换言之，北大汇丰的案例库，不仅仅是一个有各种"丰富菜肴的餐馆"，还应该是一个可以为师生提供"做菜"所需原材料的"大超市"。在这个"大超市"里，有各类企业的各种信息，包括数据和具体做法。这个案例库，更应该是一个"企业信息库"。

根据海闻的设想，这个信息库的数据是一个巨大的矩阵，纵列可以是企业的名称，并根据行业、规模、性质等分类，横向可以是研究的问题，如创始人信息、技术特点、融资情况、国际化战略等，当然，产值、利润、员工等基本信息也是必不可少的。研究者可以根据自己研究的课题来获取信息和数据，并写出更多更高质量的案例和研究报告。

在与美国沃顿商学院院长和剑桥嘉治商学院院长的交流中，海闻发现他们对建立这样一个"中国企业信息库"的想法也很感兴趣，这就更加坚定了他创建这样一个信息库的决心。

在2017年的一次战略研讨会上，海闻正式提出建立"企业信息库"的动议，并在党政联席会上得到批准。具体任务交给魏炜负责。

接到任务后,魏炜和同事们开始调研、谋划。他们意识到,创建这样一个信息库最重要的是收集和整理海量企业信息,而这一任务若靠人工来完成基本是不可能的。于是,他们转向了一个大胆的计划:利用人工智能NLP(Natural Language Processing,自然语言处理)技术,来收集和整理企业信息。这一重要决定与魏炜的知识背景也有关,他是著名的商业模式专家,但很少有人知道他还通晓计算机技术。在本科和研究生学习期间,他学了大量计算机课程。早年在新疆工学院任教时,他除了上管理课,还给学生上过多门计算机课,内容覆盖软硬件、数据库和计算机网络诸多方面,也主持过几个商业化软件开发项目。20世纪90年代初人工智能火热时,他也学习过人工智能技术并用当时流行的人工智能语言Prolog和Lisp开发过专家智能决策支持系统。当时他很快就发现并意识到了人工智能普及的瓶颈在于知识获取和自然语言处理。做过计算机任课老师,干过计算机工程,这样独特的经历和知识结构,让他特别重视现代科技在教学和科研中的运用。

一所商学院要做NLP?这可是人工智能技术中最难的一块,很多人对此表示怀疑。但魏炜有信心,海闻和学院其他领导也非常信任和支持魏炜。商学院本身没有技术人才来做开发,必须利用社会上的企业。组织公开招标时,因为是北大的项目,吸引了国内不少科技公司参与,包括几个科技大厂,招标结果是某大厂中标。魏炜给他们确定的初期目标是:用计算机高效准确地给商学类文档中的句子打标签和结构化(也叫标注),也就是要实现低成本高质量地构建知识图谱。

根据著名的可拓理论,人类描述万事万物的自然语言中的任何一个句子都可以按照属性、行为和关系拆解成三种结构。用机器对文档中的句子进行结构拆解并打上标签,是解析理解语料的基础和前提,模型的输出能力也基于此。中标半年之后,这家大厂请学院支付第一期项目款,魏炜没有立即答应,而是让对方演示标注的成果。对方打开电脑演示,魏炜一看,有点傻眼,怎么做成了一个微信形式的文件浏览器,根本不是他需要的东西。原来这是这家大厂的PPT业务,要求的东西他们根本做不出来,项目合作自然终止。这时候刚好另一个大厂一位技术骨干正在商学院就读，魏炜通过他了解到，他所在的大厂也做不出来。

科技大厂做不出来，就去找创业公司。魏炜当时认为，会有公司有能力做出学院想要的东西。他选中一家在国内 NLP 创业公司中位居前三的企业，为慎重起见，他亲自跑到公司位于上海的总部，实地了解情况，当面跟公司负责人谈项目要求。在对方信誓旦旦表示交给他们没问题之后，魏炜才再次启动招标。这家公司中标之后，魏炜跟他们约定，一个月后看标注的结果，满足要求则合作继续，否则就中断。过了一个月魏炜去查看，发现对方依然达不到要求。

一年多的时间过去了，连续招标两家不同规模的公司都不行，这让魏炜有些苦恼。幸亏在找上海那家公司的同时，他认识了一位年轻的技术专家，此人曾在创维公司参与负责酷开电视操作系统的研发，这是一套国际领先的智能电视操作系统。魏炜在跟他沟通过程中发现，年轻人技术功底过硬，领悟能力极强，不仅能准确理解学院要做的是什么，还能站在技术的角度提出建设性意见。这让魏炜下定决心，让这位年轻人的小团队负责项目研发。不过魏炜对他们并没有放低要求，同样必须先证明自己能做，才能继续合作。到了约定时间，这个团队不负所望，拿出了满意结果。

这个团队和商学院成立的中国企业信息中心团队一起，这些年来开发了很多新的算法，建成了拥有巨量语料的公共数据库，内容主要涵盖经济、管理、金融方面，包括过去 20 多年所有上市公司的招股说明书、年报半年报，以及证券分析师撰写的分析报告 100 多万份，100 多个财经网站上的数千万篇文章，还有工商登记网站上的工商资料，各种政府网站上财经方面的统计资料和政策法规信息等。

"现在每天都在收集，已经有 10 亿个以上的句子了，文章篇数几千万篇。"魏炜介绍，这些语料全部用机器自动打上标签，进行了结构化解析，形成了独有的知识图谱。目前社会上打标签的正确率一般在 60%—80%，他们的高达 95%。这个结构化解析了的数据库，是商学大模型发挥超级功能的基础。某大厂的一位技术负责人曾说，要是让有些公司来建这个数据库，需要 300 人至少花 3—4 年时间，仅人工花费起码四五亿元。而魏炜和他的团队仅用了 2000 万元左右的资金，智慧地运用了人工智能的技术，研发和创建了中国高校独一无二的商学科研教学利器。

在开发的过程中，魏炜挤时间学习了大量有关人工智能方面的知识，了解最新动态，还发表了多篇这方面的论文，申请并获授权了很多发明专利。在技术路线、产品架构和商业模式上给予团队有力的指导。

魏炜他们采用"大模型＋小模型（如知识图谱）+Agent 系统"的技术架构，创建了一个商学大模型。魏炜介绍，这是在深入分析包括 ChatGPT 在内的现有大模型弊端的基础上设计的技术路线。目前中心化、一体化、闭源的大模型商业模式有不少缺点，比如会出现一本正经地胡说八道的幻觉问题；没有实时数据且不能溯源，输入输出有长度限制，输出结果不可控之类的能力问题；用户数据隐私容易泄露，出现数据产权保护的问题。而商学大模型中建立的庞大的知识图谱，可以作为"事实"来校正大模型幻觉，目前北大汇丰"一种解决大型语言模型幻觉问题的系统和方法"已经获得国家知识产权局的专利授权；用 Agent（智能体）编程可以解决各种能力限制；商学大模型采用本地化部署和区块链技术，用户可以上传资料，模型可以上网实时搜索最新信息，这样就解决了数据产权的问题。

同时，他们希望把用商学大模型创建的企业信息库做成一个可以公开在市场上销售的产品，而不是一个仅给北大汇丰使用的定制化工具。基于庞大的数据库和知识图谱，企业信息库不仅可以提供给全世界的商学院使用，企业和金融机构也可以使用，应用场景十分广阔。

"这套人工智能系统功能十分强大，能够高质量地撰写包括案例、讲义、分析报告、论文在内的各类文档，输入和输出数据长度没有限制，而且克服了幻觉问题。"魏炜教授兴奋地向笔者谈起学院即将推出的"企业信息库"。"我们很快将推出试用版本，试用版本完善之后，将正式推出商用版本。"魏炜说。根据介绍和技术人员的演示，笔者感受到企业信息库强大的应用能力。你用自然语言说一句话或几个关键词，让它搜索资料，马上就能搜索并整理出来。告诉它你需要什么样的表格，它立马就能呈现，并根据要求及时调整，比如增加行数或列数、修改指定单元格的文本内容，直到你满意。更为强大的是，它能够写出符合要求的各种类型的文章。给它一个样例，上传你自己准备的资料，它就能生成逻辑、风格、长度、准确性都让你满意的文章。比如，你给它提供一篇《整车货运平台企业的商业模式竞争》，它就能给你写出中国健身房、中国宠物店等企业商业模式竞争的文章。当然还能根据要求生成真实的企业案例，并在教学中与学生进行问答对话，答疑释惑。有了这样的商学大模型，教学科研人员就有了好用的"数字助手"，还能在此基础上打造出"数字分身"。

北大汇丰建立的这个企业信息库不仅运用人工智能技术收集了中国企业的海量信息，能运用商学大模型整理分析数据信息，还能协助师生进行科研和教学，其先进程度远超一般数据库和智能技术。为此，海闻和魏炜将其定名为"智慧企业信息库"

仅从科研角度来看，"智慧企业信息库"就是一个"倍增器"，将极大地提高教学科研人员的工作效率和学生的学习效率。使用它之后，科研成果的数量和质量有望得到大幅提升。

不断提升的学术影响力

衡量学术机构水平的一项重要指标，是其发表学术论文的数量和质量，尤其是在国内外顶级学术刊物上的发表情况。最近几年北大汇丰师生像"开了挂"一样，发表论文的数量和质量年年创出新高，令人惊喜。

2022年，师生们共发表学术论文123篇。其中发表在国内外一流学术刊物（SSCI/SCI/CSSCI）上的有96篇，占比为78%。这里面又有32篇发表在 *American Economic Review*、*Information Systems Research*、*Journal of Economic Theory*、*Journal of Finance* 等国内外顶级刊物上，顶级刊物论文发表数量比2021年增加113%，幅度惊人。

2023年，师生们发表学术论文的数量和质量继续上升，共115篇。其中在国内外一流学术刊物上发表论文92篇，占比80%。顶级刊物上发表论文40篇，与上年相比增长25%，其中国际顶刊发表17篇。特别值得一提的是，这17篇国际顶刊的作者都是副教授或助理教授，这说明北大汇丰年轻教师已经成长起来，学术能力与活力让人击掌叫好。国际顶刊是全球学者竞争的论文发表阵地，没有过硬的科研实力、在某个问题上没有新颖独到的学术见解，根本不可能在上面有露面的机会。

"现在就可以预见，2024年一定也是'丰收年'。"学院科研办公室主任程云接受采访时介绍，截至2024年上半年，学院已有35篇论文在国内外一流学术刊物发表，还有18篇被国际顶刊接受，即将刊出发表。

如果我们再看北大汇丰最近5年的学术成果数据，会对他们的学术实力有更深的印象：中文期刊发表论文222篇，其中CSSCI论文126篇；英文期刊发表论文350篇，其中SSCI和SCI论文316篇；出版学术著作48部；承担各级各类科研项目125项；新增国家杰出青年、原创探索计划等国家自然科学基金项目及国家社会科学基金项目15项，教育部人文社会科学研究项目1项，广东省自然科学基金项目5项，深圳市自然科学基金项目7项。作为主要从事社会科学研究的商学院，能够获得这些基金项目实属不易。

在探索建立多元多维学术评价体系方面，北大汇丰积极作为。2022年，他们根据中国经管学院的学科特征，综合北大核心刊物目录和国际权威排名使用的期刊目录，选取50个核心期刊作为参考标准，制定了"PHBS 50"，作为衡量中国经管学科国际论文发表水平的新标尺，并根据这一标尺统计了中国相关研究机构2000年以来在这些期刊上的发表数量，为客观理解中国经管研究机构国际影响力水平提供了参考。"PHBS 50"不仅可以从中看出近300个中国相关研究机构的发表情况，它还开放数据搜索功能，使用者可按年份、学校名称、期刊名称、学科进行搜索，获取相应的文章列表和引用信息，推出以来，在学术界受到越来越多人的关注。

举办学术会议，对一家学术机构来说，既能展现学术实力，又能扩大影响力。这些年北大汇丰从国际性的大型学术会议（图6.4），到小范围学者之间的学术研讨会，可谓接连举办。有些会议已连续举办很多年，形成学术品牌。

图 6.4 学院举办国际学术会议的场景

至 2024 年 6 月底,"北大汇丰宏观经济与金融国际会议"从 2018 年开始,已经连续举办了 8 届;PHBS-CUHKSZ 经济金融研讨会从 2022 年开始,已经连续举办了 5 届。有的会议虽然刚开始举办,但已经实现开门红。比如 2023 年年底举办的北大汇丰首届管理研究国际会议吸引了剑桥大学、新加坡管理大学、北京大学、清华大学、上海交通大学、复旦大学等 12 所国内外一流高校的 80 余位知名专家学者,共同探讨管理前沿问题,展示最新研究成果。

2024 年 3 月 3 日,"人工智能、平台和传播"国际研讨会在汇丰商学院举办,汇聚了来自密歇根大学、宾夕法尼亚州立大学、南洋理工大学、新加坡国立大学,以及北京大学、中国人民大学、中国传媒大学等高校的 40 余位国内外传媒界知名专家学者。会议聚焦人工智能、平台和传播的前沿研究,是北大汇丰财经传媒专业向"国际标准"看齐的重要一步。

2024 年 6 月 14 日至 15 日,"首届北京大学汇丰商学院金融论坛"举办。论坛聚焦新型技术和 ESG 金融,汇聚了来自哥伦比亚大学、欧洲工商管理学院、新加坡国立大学、香港科技大学等国内外一流高校的 100 余位顶尖专家和学者,交流学术成果,探讨研究前沿。此外,本次论坛通过线上直播,吸引了超 1.5 万次的观众在线参会。

除了上述规模大、规格高的学术会议，学院几乎每周都会邀请国内外优秀学者举办系列学术研讨会（seminar），内容覆盖经济、金融、管理和财经传媒四大领域，每学年举办研讨会 90 多次。

萨金特教授经常参加北大汇丰举办的学术会议，他深有感触地说："我在这里参加了十几场高水平的学术会议，既有面对面的也有线上的，都是由北大汇丰教授主导。这些都是世界级的学术活动，来自世界各地的杰出演讲者就宏观经济、产业组织、国际金融和贸易以及其他经济领域的前沿问题进行了讨论。这些会议吸引了如此广泛和杰出的学者们参与，是对北大汇丰作为研究机构地位的高度认可。"

这些年北大汇丰学术影响力大幅提升，背后的原因有很多，以下几个因素非常关键：

一是建立了一支国际化、高水平科研队伍。这些年北大汇丰加大了高端人才的引进力度，比如引进萨金特、王鹏飞、李凯、刘柏霄、马琳琳等，他们的到来，提高了学院人才的天花板，对其他年轻教师发挥了培养带动作用。学院有全职教授近 80 名，90% 以上具有名校博士学位，30% 为外籍教师。这支队伍老中青结合、大咖与"青椒"（青年教师）协作，大咖星光熠熠，"青椒"活力四射。

二是建立了一套好的科研体制机制。比如成立北大汇丰智库，统筹学院多个研究机构的研究工作；不断完善学院学术研讨会、学术会议的制度体系；在经费上加大对教师科研，尤其是对年轻教师科研的支持力度。除了积极协助教师申请国家和地方政府的科研基金和人才资助，学院通过"年度科研经费""优秀科研成果研究经费""院长基金"等多种经费渠道支持科研。

在 2023QS 全球 EMBA 排名中，北大汇丰思想领导力指标得分高达 97.6，远超全球平均的 47.6 和亚太地区平均的 55.8，位居全球第 8 位和亚太地区第 4 位，说明北大汇丰在全球思想领导力领域具有卓越的地位。据介绍，思想领导力主要体现在学术声誉等方面，QS 排名数据来自对 49 个国家和地区的 48378 家学术机构的调研。

第七篇
创院院长海闻

汇丰商学院的发展历史，也是创院院长海闻带领同事艰苦创业的历史。

海闻在商学院创建、发展和崛起的过程中，发挥了最为关键的作用。他秉承北大精神，在这块园地里精心耕耘长达20年，倾注智慧和汗水，个人风格也融入其中。在国内开创"双硕士"教育的先河、全日制硕士实行全英文教学、创办英国校区大跨步推进国际化、全力打造"商界军校"等，无不彰显了汇丰商学院追求卓越、敢想敢为、守正创新、刚强坚毅、视野国际化的"海氏风格"。

海闻经历丰富而特殊，是一位勇立潮头的杰出人士：杭州出生，东北插队，北大读书，美国留学，获得美国高校终身教职之后，毅然又回到北大创业。我们要更深入地了解北大汇丰，就必须了解海闻的经历和性格特征。

家庭出身带来成长压力

1952年8月,海闻出生在被誉为人间天堂的杭州。

海闻有一位英雄父亲,对他影响至深。抗战时期,父亲在金陵大学上学,读无线电专业。在"一寸河山一寸血,十万青年十万军"的召唤中,毅然投笔从戎,高唱"忍情轻断思家念,慷慨捧出报国心"的军歌,参加孙立人将军率领的远征军赴印度和缅甸与日寇血战。

和海闻父亲同在一辆坦克中战斗的4位战友,也都是大学生。5位热血男儿,驾驶着美式坦克,在战场上冲锋陷阵,打得日寇鬼哭狼嚎。一次坦克在野外行驶,日本鬼子伏击他们,躲在树上往坦克里面扔手榴弹。他们一边开一边用机枪往树上扫射,机枪都打红了,结果,树上的日本鬼子和蟒蛇一起被打下来,坦克甲板上血肉模糊。他们九死一生,为国家和民族立下战功,成为光荣的抗日英雄。

海闻的母亲是上海大户人家千金,知书识礼,几个舅舅和姨妈也都上了大学或中学。

出生在这样的家庭,应该是相当幸运和幸福的!

海闻很小的时候,度过了一段同时代孩子无法想象的美好时光,尤其是物质上可称为"富二代"。婴儿时有保姆,有婴儿车。父亲有一台德国进口相机,经常给他和姐妹们拍照。海丰西餐厅是杭州当时少有的高档西餐馆,普通市民可能一辈子也没去过,母亲却能时不时带他去品尝美食。家里有进口西式餐具,海闻经常使用刀叉吃饭。

然而,父亲参加过国民党军队,母亲有海外关系,而且去台湾的二舅还在国民党中任过要职,这样的家庭出身很快变成了海闻成长中的负担。尤其随着"文革"爆发和海闻日渐长大,这种负担变得越发沉重,以至于像大山一样整整压了他十几年。

"我从五年级开始就意识到家庭出身不好的问题了。反右运动中，父亲被打成了'右派'。老师还找我谈过这个问题，说我爸爸是'右派'，我将来如果不把握好自己，可能也会犯错误。"海闻说。

海闻聪明好学，小学阶段成绩一直名列前茅，1964年毕业报考中学时，他自然信心爆棚，在志愿栏里只填报了包括杭州一中在内的5所重点中学。考完之后，成天盼着任何一所中学录取通知书的他，却等来了让他极度失望的结果：5所重点中学没有一所录取他，也没有任何一所普通中学录取他！万般无奈的海闻，就像"菜市场的剩菜一样"，被划到了一所叫"北山初中"的民办中学，校址在一座被称为"弥陀寺"的旧庙里。

40年后，意外落榜的谜底终于揭开。2004年初中同学聚会，班主任当众说出内幕：实际上海闻当时已经被杭州一中选中了，但因为家庭出身不好，最终未被录取。1964年，教育界强调家庭成分，一大批学习成绩优秀但出身不好的学生被学校拒之门外。还好当时杭州有三所民办中学，否则海闻可能小学毕业后就失学了。

如今，海闻早已能够"静观花开花落，笑看云卷云舒"，从容淡定面对一切。但当时对一位12岁的孩子来说，落榜的打击可想而知。当然，海闻根本不知道，出身不好带来的人生挫折才刚刚开始。"文革"时，家里被红卫兵抄家，父亲被关进"牛棚"，他也成了"黑五类"子弟，被压制，被歧视。

然而，海闻没有听天由命，更没有从此消沉下去，一种不服输的倔强劲儿让他找到了奋斗的方向。

"初中以后，我就开始醒悟了。越是家庭出身不好，我越是希望做一个对社会有贡献的人。当时我的榜样是马克思、恩格斯、周恩来，他们家庭出身都不好。当然，毛主席家庭出身也不怎么好，是富农。从他们的经历可以看到，不是说家庭出身不好就不能对社会有贡献。"海闻说，当时开展学雷锋活动对他也有影响，让他努力去做个好人，还要对社会有贡献。

进入初中二年级后，海闻迷上了《毛泽东选集》（以下简称《毛选》），一到四卷厚厚一摞，他从第一卷开始通读。中午别的同学到处玩耍，他找一个地方静静读书。海闻至今仍然记得其中的文章，如《中国社会各阶级的分析》《矛盾论》《实践论》等，这些文章不仅让海闻开阔了眼界，更让他开始思考国家大事。后来读到第四卷，里面有很多打仗的内容，他读起来更是津津有味，如《敦促杜聿明等投降书》等，看了一遍又一遍。

海闻读《毛选》的认真劲儿，一点儿不亚于学习文化课。读到精彩之处，他会用笔细心地画下来，有了心得想法，还会写读书札记。像同时代很多人一样，毛选对海闻的影响深刻而又长远，尤其在方法论上，让他受益一辈子。

"比如说突出重点，抓主要矛盾，就是你不能什么都搞。有很多商学院什么课都开，什么都搞，结果没有特色，没有强项。我们不同，就是集中重点搞好几个项目，最主要是金融。我不是对其他不重视，我是集中力量打歼灭战。毛主席说了，伤其十指不如断其一指。"海闻认为，毛主席的很多工作方法简单实用，比如说领导要学会"弹钢琴"，也就是每个部门都要相互配合好，才能弹出美妙音乐。

"还要善于捕捉战机，你要考虑到各种情况的变化，你不能拖，战机稍纵即逝。比如说汇丰商学院，如果我稍微不抓紧点儿的话，可能就签不成了——2008年8月30日和汇丰银行签的协议，没过多少天国际金融危机就全面爆发了。还有盖大楼要地的事情，我也是步步紧跟，动用各种力量解决各种困难。"海闻深有感触地说。

"毛主席说，战略上藐视敌人，战术上重视敌人。也就是战略上要看得远、看得宏观，但是具体的事情，你要脚踏实地。"海闻说，他给自己定的座右铭就是"海阔天空地想，脚踏实地地干"。《毛选》中对他产生影响的还有"民主集中制"，让他在管理上遇事会和大家商量，不独断，但是他又不是没有主见和原则，他敢于拍板，敢担责任。

中小学阶段，海闻还养成了两个很好的做事习惯：执着和重视细节。海闻中学时就是"学生头儿"，当时出黑板报，搞展览，为了赶时间，他甚至通宵达旦地干，不干完不休息。"当头儿的时候你就有一种责任感。"他说，"做事很在乎细节，这可能跟从小喜欢画画有关系。"

写血书争取屯垦戍边

1969年3月8日,杭州春寒料峭,火车站里热闹异常,"热烈欢送知识青年上山下乡干革命"的标语格外瞩目。一批批带着大包小包行李的年轻人,从杭州各处聚集到这里。他们将乘坐专列,奔赴遥远的黑龙江边陲。一起来的还有为他们送行的亲属。

在这些知识青年中,有一支队伍叫"杭州东风中学赴黑龙江先行排",一共24人,包括5名女生,17岁的海闻担任排长。"文革"中,民办北山初中改了一个革命名字,叫"东风中学"。

随着火车开行时间临近,亲人间离别的伤感迅速升温,并传染开来。人群中先是有人小声抽泣,接着便哭声一片。对海闻来说,当日的情景今天仍历历在目:"我从来没看到过我妈妈哭得那么伤心,我妹妹也哭了。姐姐已经下乡了,没能来送我。我的眼泪也止不住哗哗直下。别了,母亲!别了,家乡!像壮士出征一样,我们踏上了保家卫国、屯垦戍边的征程。"

在那个年代,类似的故事几乎每天都在上演,多如牛毛。但与绝大多数人不一样,海闻他们去的是黑龙江虎林县(现为虎林市),而与苏联接壤的珍宝岛就在该县内。1969年,中国在这里进行了激烈的珍宝岛自卫反击战,震动世界。海闻他们离开杭州的时间,恰好在珍宝岛战争期间。他们是"迎着珍宝岛的隆隆炮声",奔赴"反修前线"。

就是这种冒着生命危险的壮举,对海闻来说,也不是轻而易举得到的,而是付出了血的代价:用一封血书换来的成果。

出身不好,但又有强烈的家国情怀,要为社会做出贡献,成为革命者。中学时的海闻觉得,唯一的途径就是先"脱胎换骨",改造好自己。1968年12月,机会来了,"上山下乡"运动如火如荼地展开,东风中学有机会送一批学生到黑龙江插队落户。海闻知道消息后,热血沸腾,第一个报了名。他想:"不但

要革资产阶级的命，还要革自己灵魂的命，只有到最艰苦的地方去才能更好地改造自己。"

"虎林县与苏联交界，属于严控的边境地区，出入都需要通行证。最近苏联对我们虎视眈眈，让海闻这样的学生去合适吗？"

"去了会不会从边境线上逃跑？"

"他父亲是'右派'，母亲又有复杂的海外关系，我们不能冒险让这种人去。"

最初的讨论中，海闻的名字很快被拿掉。

中学期间，这已经不是海闻第一次因家庭出身遭受挫折。之前校革命委员会选举，他被所在的学生组织推荐当了候选人，结果被人贴上一张大字报，"右派儿子休想翻天！"但这次连吃苦改造的机会都被剥夺，有点儿绝望的海闻心中很不服气。他毅然划破手指，连夜写了一份血书，表达自己永远忠于祖国和要求赴黑龙江边境屯垦戍边的强烈决心。

血书明志，负责政审的人员被打动了，海闻赢得了吃苦改造、建设祖国、保卫边疆的机会！而那份血书，也许至今仍在他的档案里，见证着一位男儿的血性和一段奇特的历史。

绿皮火车离开人间天堂，向北一路开去。一群年轻人擦干眼泪，沉闷的车厢一会儿便飞出了欢笑声。"革命的青年，有远大的理想；革命的青年，志在四方。到农村去，到边疆去……"车厢里播放着雄壮的歌曲，年轻人的心沸腾起来，对未来充满无限憧憬。

专列开了五天五夜，13号清晨到了虎林县城。一下火车，大家立即感受到一股刺骨的寒冷。虽然一路上都在加衣服，下车前已是"全副武装"，但清晨零下20多摄氏度的气温，还是让这些在南方城市里长大的年轻人冻得发抖。

下午，海闻他们被送到15里（7.5千米）外的红卫公社前卫大队。到村小学操场时，那里已经聚集了几十位乡亲。听完大队书记的欢迎辞，大家就被现场的乡亲领到了家里。领海闻的是个小男孩大保，也许是看上去特别成熟，13岁的大保一直叫海闻"叔"。大保爸是管村小学的贫下中农代表，没读过多少书，却戴一副近视眼镜，看上去很有文化。女房东很热情，风风火火的，海闻叫她大嫂。两口子一直对海闻很好，张口闭口"俺家海闻"，弄得其他老乡嫉妒地说："海闻是你家的吗？"

从此，在遥远而陌生的黑土地上，海闻彻底抛开了儿时想当一名飞行员的梦想，开始了长达9年的下乡生活，等待他的是千辛万苦。

北大荒里劳筋励志

从城市下放农村，从南方跑到北国，从生活条件优越的学生，变成一位靠双手劳动养活自己的农民，落差之大，真如天上地下。

面对难以想象的巨大落差，海闻努力做到忍受、适应，并尽量融入其中。

气候寒冷，条件艰苦，生活上的艰难对海闻来说是一道深坎。海闻回忆说，那时村里还没通上电，点的是劣质的煤油灯，一早起来，鼻孔里都是黑黑的。拿现在的标准，不知道吸进去了多少颗粒物。最难熬的是没吃的。东北的三四月份正是青黄不接的时候，窖藏的蔬菜早已吃光，大地还没有开冻，只能吃农民腌的酸菜。海闻特别不喜欢吃酸菜，总觉得有股锈味儿。但不吃也不好，怕房东为难，只好忍着。

冬天的虎林，气温低至零下30几度，房子的窗户都是密封的，屋里的空气浑浊难闻。有时候炕没有烧好，屋里太冷时，海闻不得不穿着大衣戴着口罩睡觉，早晨起来，眼睛眉毛上都是白色的霜。耳朵和手脚都冻坏过，有几次，冻坏的耳朵还发炎流脓水，奇痒无比。

对一位城市青年来说，和农民一样劳动，苦不堪言。面对黑得出油的肥沃土地，虽然怀揣理想的年轻人浑身有使不完的劲儿，但毕竟从未干过这么繁重的农活。

刚去时的任务是兴修水利，要扛着劳动工具走十几里路，中午不能回来。海闻和村里的农民只好带几片苞米面饼子，怕冻了，捆在腰上。不能带菜，只好带上几瓣大蒜当菜。这样，下乡不久海闻就学会了吃生大蒜，直到现在，他仍然是吃蒜能手。

夏天麦子成熟，金黄色的麦浪人见人爱。然而收割起来却是苦差事，麦芒刺得人浑身发痒不说，烈日下，汗滴禾下土，弯着腰一把把地割，一天下来腰酸背痛。天黑收工回来，有时顾不上洗漱就累得一头倒在床上，第二天天一亮还得起来上工。夏天还有一项活儿，就是到几十里外的荒草甸子打草，炎炎烈日，口渴难忍，只能找个水洼子趴在边上喝积水。

更苦的农活还在秋天。大豆和苞米是北大荒主要的农作物，收割大豆时，秸秆在干燥的秋风中，变得和小树干一样坚硬，抓在手里疼痛刺骨。虽然镰刀磨得锋利，但只有刀刀使劲儿才能割断。割豆秸最好的办法是戴手套，可一副手套要一块钱左右，那时候谁能戴得起？大家只能用自己手上现成的"皮手套"，一季割下来，"皮手套"变得血茧斑斑。掰苞米也是辛苦活儿，直掰得虎口红肿。

海闻干活拼命，成为村里出了名的出活的人。当时农村盛行大寨评工法。一次讨论谁该拿多少工分时，海闻很谦虚地说："我跟大家一起学习干农活时间还不长，我就当三等工吧。"

"你干活很卖力，活儿出得多，进步很快，我觉得应该是二等工。"队长很了解海闻，也很喜欢这个城里来的小伙子。

这时候队里最厉害的"车把式"开始说话："海闻干活不错，但技术上还差一截子，还要磨炼磨炼。"

"正因为技术上还需要磨炼，所以是二等工，要不然就是一等工了。"队长一席话说得海闻心里热乎乎的，他差点儿掉下眼泪，自己没有因为出身不好被农民看不起，他们在最艰难的时候包容了他。

远离亲人和朋友，在那片广袤的黑土地上，海闻与同去的知青以及当地乡亲打成一片，他学会了抽烟喝酒。物质贫乏，没啥吃的，想喝酒了，就到供销社买一瓶60度的"北大荒"白酒，加上一两斤散装饼干，几个知青就喝开了。一天晚上，一位做炊事员的哥们儿想办法弄来一块肉，炒了一个菜，大家喝得兴起，就唱起了歌，唱着唱着，所有人突然号啕大哭。

艰苦岁月，青春在黑土地上闪光、锤炼，也有可能瞬间消失。和海闻同在虎林插队的知青，有的再也没有回来。一次，有一位知青掉进河里，虽然会游泳，但手脚被水草缠住了，无法游动。岸上的人想解救他，但不会游泳，就扔镰刀想让他砍断水草。由于扔不准，最后眼巴巴看着他沉下去再也没有上来。

在如此艰苦的环境中，海闻为何能一待就是9年？关键是当初去北大荒时，17岁的他，已经是心中有理想，眼中有目标。

"我给自己立了三个目标：改造自己、建设祖国、保卫边疆。现在的年轻人会觉得我们当时很傻，可我们当时就是这么单纯，就是这么想的。"2007年恢复高考30周年，中央电视台二套采访海闻，采访的年轻记者一开始根本不相信海闻他们当时能有那样的境界，当她看到很多海闻当年的家信和日记后，万分感叹，被深深折服。

即使经历了这么多风风雨雨，而且过了古稀之年，海闻仍然不忘初心，满怀激情。"我甚至觉得，年轻时如果没有吃过苦，可能会是一大遗憾。要想成才，想要成就伟大的事业，就要像孟子说的那样，'必先苦其心志，劳其筋骨，饿其体肤，空乏其身'。"海闻真诚地表示，净化灵魂，磨炼意志，改造自己，不是别人强迫的，而是他自觉自愿的行为。所以，至今他仍然没有觉得下乡时生活很苦，也从来没有放弃过理想。

另外，能在北大荒长期坚持下来，还在于海闻有个良好的心态。"我有一个座右铭是'比上不足，比下有余'，我再苦，比起村里的大多数农民来说要好多了，我小时候享过福了，他们没有；我到过很多地方，他们没有；我受到很好的教育，他们没有……所以，跟绝大多数人比，我已经很幸福了。"正是这种心态，让海闻始终保持乐观，这也是一个人能不断克服困难取得成功必须具备的素质。

"我常常想，要是没有那一段经历，没有那一段的艰苦生活，我会了解中国社会吗？我会珍惜后来的学习生活吗？我会在留学时遇到的各种困难面前坚持下来吗？我会感激生活，始终充满激情吗？我会有今天的成功吗？"北大荒的艰苦日子已经过去几十年了，海闻今天谈起来，仍然十分动情。

粗犷的黑土地把海闻从一位南方书生，变成了东北壮汉，这种"壮"不仅在身体上，更在精神和意志上。所以海闻对黑土地，总是充满感激。

高考恢复，考进燕园

在农村劳动两年后，海闻已经从"三等工"变成了"一等工"，成为生产队里能挣最高工分的社员之一。

"现在大队小学缺老师，我们希望你去当老师。"一天，大队书记找到海闻说。

"我是来接受教育的，还是和贫下中农一起在生产一线劳动比较好。"海闻真心认为，体力劳动比当教师更能改造自己，他婉拒了书记。

"给村里的孩子们传授知识，是为贫下中农服务，我们需要你。"大队书记没想到海闻居然拒绝了这份美差，他坚持要海闻去当老师。海闻没有办法，自此从农民变成了乡村教师，但还是拿工分的社员。由于看到了海闻的文化水平和组织能力，大队党支部直接任命他当了村里学校的副校长。

家长们欣喜地发现：学校纪律明显变好了，这位知青校长要求很严格；孩子的眼界逐渐开阔了，海闻经常给他们讲城里的故事；课间操做得更整齐了，海闻亲自教他们怎样做操。

干了三年多，学校彻底变了样，从家长到领导都赞不绝口。1975年，公社党委副书记和公社文教助理同时找到他，一位让他去当大队民兵连连长，另一位让他去当公社中学副校长。

两件好事同时出现，海闻稍加思考，就选择当中学副校长。他觉得在学校更能发挥特长，更重要的是，他此时已深深爱上了办学。农村学校的孩子们，虽然穿着破旧，有的甚至脏兮兮的，但他们都有一双灵动的眼睛，有一颗渴求知识的心。面对孩子们的目光，海闻内心经常被灼痛，觉得自己要对国家和民族的未来负责，教好孩子义不容辞。这种心理，一直影响他到现在。

到了中学，海闻把在小学积累的好经验拿过来，从站队、做操等小事入手抓校风校纪建设。这些农村孩子，因为没什么好老师教，到了初中，站队仍然歪歪扭扭，做操更是乱七八糟，连"立正""稍息"等基本动作都做不标准。海闻以身示范，手把手教。过了一段时间，学生在操场站队做操整整齐齐，精神面貌焕然一新，引起了隔壁公社院子里领导的注意。于是，公社的很多会上，少不了对海闻的表扬。

进入学校教书之后，海闻自己对知识的渴求也像那些孩子一样，变得强烈而执着。他渴望一个继续深造的机会。"文革"爆发后，通过考试升大学的高考被废除，取而代之的是"推荐制"。

靠着"脚踏实地地干"，海闻早就成为虎林县远近闻名的先进知青，加上工作成绩显著，人缘也比较好，基层组织推荐知识青年上大学时，自然少不了他。但是，前几次大队推荐他，被公社拿掉了。后来过了公社的推荐关，到县里又被拿掉了。原因很简单，海闻是"黑五类"子女。

1973年，中国在大学招生方面，增加了极为重要的"文化考察"，实际上就是考试。机会难得，海闻不敢有太高奢求，小心选择了一所不知名高校的冷僻专业：东北林学院道路工程系。他认为读完大学，"去深山老林修路总可以了吧？"但结果还是落选。虽然成绩优异，县里和牡丹江地区都同意了，但学校说道路工程是保密专业，"黑五类"子弟不适合，海闻最终仍未被录取。

谁都无法选择自己的"出身"，现在海闻却要为"出身"不好屡屡付出代价。很多一起来的知青都被推荐上了大学，很多远不如他的也走了。夜深人静，他躺在床上辗转反侧，思考未来。一想到家庭出身问题，就感到极度迷茫。出身问题成为压在海闻心头的大山和挥之不去的梦魇。

然而，让海闻感动的是，村里的老乡们并没有抛弃他。读书不多的大队党支部书记李春生深知海闻不能上学的症结所在，决定先帮他解决政治问题。

于是，从1974年开始，大队党支部积极发展海闻入党。1975年，大队通过了，结果公社不同意；第二年公社同意了，但又被县里否定了，原因还是家里的海外关系。

几经波折，最后峰回路转，结局颇具戏剧性。

公社文教助理王中伟是海闻的好朋友，他对这么优秀的青年一直入不了党感到十分遗憾。他对公社书记说，海闻思想进步，表现出色，本人肯定没有问题，不能因为他亲属的缘故不让他入党。"他的二舅在新中国成立前去了台湾，跟他也没有联系。再说，去台湾也不一定都是坏人，说不定还是共产党的地下党员呢！"王中伟一席话说得书记频频点头。在公社书记的鼎力支持下，海闻终于在1977年5月加入了中国共产党。

1976年10月，"四人帮"被粉碎，紧接着，1977年秋天高考全面恢复。春回大地，万物复苏，到处呈现出勃勃生机。1977年12月24日，朝气蓬勃的海闻走进了尘封多年的考场。"天生我材必有用"，海闻对自己充满自信，第一志愿填的就是北京大学，然后是南京大学、吉林大学等。

第二年的早春，一天，正在杭州老家过春节的海闻收到虎林同事发来的电报，打开一看，全家沸腾，"祝贺你考进北京大学经济系！"儿子考上了中国最高学府，不苟言笑的父亲突然张开双臂，搂住海闻，声音因激动而有些颤抖："祝贺你！"

金榜题名，"朝为田舍郎，暮登天子堂"，海闻更是高兴万分，多年的梦想终于实现，热泪夺眶而出。

1977年高考，全国570万人参考，最后只有27万人被录取，他们的命运因此改变。海闻是其中的佼佼者、幸运儿，成为令人羡慕的"北大人"。

2014年8月，电视剧《历史转折中的邓小平》在中央电视台一套黄金档热播，引起广泛关注。第12集主要反映恢复高考的那段历史，里面有一场戏是演绎北大经济系1977级新生迎新会。经济学大师马寅初、陈岱孙出席并讲话。在新生介绍环节，有这样一个镜头，一位穿着中山装的年轻人站起来自我介绍："大家好！我叫海闻，1952年出生的，来自浙江杭州，不过我是黑龙江的下乡知青。"声音洪亮，一口标准的普通话。

这是具有历史性的场景，里面出现的几十位学生，只有海闻是真实人物。当晚播出后，海闻收到众多朋友和学生的电话和短信，不少学生在"人人网"上留言。朋友对海闻说，由此可见你现在的影响很大，所以编剧才把你作为那个年代的代表。

正如剧中马寅初讲话中所寄望的那样，很多年后这批人中真的出现了共和国的部长、银行的行长和经济学大师。不仅开创了自己的未来，还开创了共和国的未来。

幸遇诸多恩师好友

在北大荒度过了9年的艰苦岁月后，海闻终于来到了梦寐以求的燕园。在北大一批著名学者的引导下，他和同学们一起畅游知识的海洋，为今后的人生积蓄更多能量。

前几年海闻接受媒体采访，谈到燕园生活时说："重心是学习，尤其是我们77级学生，很多中学都没读完，重返校园后非常珍惜学习机会，学习知识如饥似渴。"过去想读书，苦于没有书读，进入北大，书籍、报刊资料，汗牛充栋。而且，那时候刚刚改革开放，思想活跃，各种新思潮如雨后春笋般涌现，比如反思"文化大革命"、重新审视西方文明、讨论检验真理的标准等。于是，海闻每天大部分时间不是在上课（图7.1），就是在图书馆阅读，像海绵一样吸收着新知识、新思想。

除了学习，海闻和同学们一样还特别关心时事，关心政治。未名湖畔的男生寝室，经常可以听到激烈的争论声，熄灯后仍然不止。他们很少关心具体成绩，也不会考虑将来的工作，讨论的话题主要集中在社会改革、国家发展等方面，如民主政治怎样推进、物价如何放开、私营经济是否应该存在、能不能开办私人企业、企业自主权的范围如何界定、企业能不能自主发奖金等，北大人的使命感表露无遗。

和海闻一起卧谈的室友，有当时的北大学生会主席张炜，有后来成为中国人民银行行长的易纲、摩根士丹利华鑫基金总经理于华、牛津大学经济学博士金立佐等。在校时他们切磋学问，交流思想，结下情谊；进入社会，他们身处重位，施展才华，贡献社会。

图 7.1 海闻（左二）在北大学习

北大经济系当时云集了一批顶级的经济学家，如陈岱孙、胡代光、厉以宁、杜度、赵靖、陆卓明、洪君彦、张友仁、肖灼基等著名学者。其中不少人是留美博士，知识渊博，治学严谨，待人谦和，有的在民国时期已经是大家。

"这些老师亲自教授课程，对我们影响很大，受益匪浅。比如陈岱孙老师，1926年哈佛大学博士毕业，回国后，1928年起就任清华大学经济系教授和系主任，后来还曾在西南联大担任商学系主任。他密切关注我国社会经济生活中的重大理论和实践问题，主张对于经济现象的研究要注意定性分析和定量分析两个方面，批评忽视数量分析的倾向。在财政学、统计学、国际金融、经济学史等方面，他都有极高的研究成就。讲课时他都快80岁了，仍思路清晰，语言幽默，风度翩翩。我虽然只修过他一门课，却终生难忘。"海闻谈起这些老师，流露出敬佩之情。他说，厉以宁老师教授西方经济学，讲课时介绍了许多经济学的前沿理论，当学生问到他不熟悉领域的问题时，他会非常直率地告诉学生自己在这方面考虑不多，实事求是。

无论做学问还是做人，在燕园能遇到这样一些大师，受其熏陶，真是幸运无比。陈岱孙教授主张专才和通才教育结合，基础理论和应用科学结合，经济科学人才也要拥有全面的知识素养。这些教育思想在海闻身上得到了延续和发扬，并在汇丰商学院办学中开花结果。海闻坦承："我们这一代人扮演了承上启下的角色，继承了上一代的优良传统和学术思想。"

在燕园待了两年之后，一个想法在海闻脑海里逐渐坚定起来："必须到美国留学！"他至今仍清晰记得，一次晚饭后，大家拿着小板凳到大饭厅看电影，正式放映前聊天时，一帮同学突发奇想，要一起给中央领导写信，希望国家支持他们出国勤工俭学，"看看发达国家是怎么搞经济建设的"。

海闻产生留学的想法，主要是看到那些有留学背景的教师，不仅涉猎更广，视野更开阔，就连授课和做学问的方式都有些不同。而且从周恩来、邓小平这些伟人身上他发现："为什么他们思想比较开放，一个重要原因就是留过学。"另外，1979年邓小平访美，对他也产生了较大触动，资本主义的美国有很多值得学习的东西。

在美国生活和工作的舅舅们对海闻能考进北大也非常欣赏，对他想出国留学也都非常支持。于是，从大三开始，海闻便着手准备自费出国留学。那时候，国门刚刚打开，出国留学十分稀罕，北大在读学生申请自费留学的更无先例。找学校人事处老师，他们不仅没有给学生办过，连怎样申请、要哪些材料都不知道。

海闻自己对美国的了解也不多，只有不断跑北京图书馆查阅资料，找到的东西也很有限，基本上只是一些学校的地址。海闻就按地址发信，索要申请表，填好后再寄出去。没有互联网，没有电子邮箱，更没有留学中介代办。海闻自己联系学校，不仅辛苦，而且极富挑战。

在办理留学的过程中，海闻的几位恩师给予了他无微不至的关心和帮助。厉以宁老师帮他修改成绩单的英文翻译，海闻至今记得其中的细节："他特别

认真,有的翻译不确定的,还专门去四院经济系的资料室查阅。"

历经辛苦,海闻终于拿到了美国加州州立大学(长滩)的录取通知书,去经济系攻读硕士研究生。办好赴美留学的一切手续,临行前,海闻向尊敬的陈岱孙老师辞行,没想到这位学贯中西的经济学家的一番建议,让他做出了一个重要改变。

海闻当时就想着早去早回,还没毕业就准备出去,但陈教授告诉他,这时作为"转学生"去美国,光补本科的学分起码要两年,早去并不能早回。因为中美是两个不同的教育体系,在北大的大部分学分人家不一定承认。但对方是承认北大的学士学位的,应该北大毕业了再去。

结果,海闻自然是听从了陈教授的建议,决定推迟半年出国。作为77级学生,海闻实际上是1978年春季入学,毕业时间在1982年1月中旬。而美国高校是1月初开学,海闻交完北大毕业论文,就匆匆赶往了美国。

海闻成为"文革"后拥有北大学士学位、自费出国留学第一人,在燕园曾经引起不小的轰动。自此,他开始了人生另一个重要阶段:在美国长达13年的留学和工作生涯。他总结这个阶段的最大收获是:"开阔了视野。"

留学美国,获博士学位

海闻出国的目的,就是想学学、看看人家到底怎么搞建设的,怎么搞经济的,学成之后,回来报效国家。然而,这对于"英文差到甚至连基本的生活都不能应付"的人来说,可谓"难于上青天"。

到了美国一下飞机,海闻就开始发蒙。机场指示牌还能勉强看明白,但过海关美国工作人员问他问题,他就听不懂了;他说话,美国人也听不懂。双方面面相觑,最后只好找来翻译,才过了海关。坐上二舅接他的车子,二舅问他能不能听懂收音机里的内容,海闻说,听不懂。"你这样的英语,还能读研究生?"二舅担心地说。

英语不好，也不能怪海闻个人，那个时代很多中小学根本就不开英语课，他是从大学才开始学英语的，总共才学了两年，也没有学太多东西，而且基本上是"哑巴英语"。

海闻偶尔会跟人说起自己当年因为英语不好在美国遇到的尴尬事。由于急于在经济上独立，减轻家庭负担，他通过朋友介绍找到了一份酒店电话接线员的工作，希望通过打工挣钱。工作主要是将来电接到对应的房间，以及解答客人的一些问题，时间是从晚上12点到早上6点。没想到，一个星期他就被炒了鱿鱼。

"你想想大半夜的，如果给人接错电话，打扰到客人，肯定是大事故。当时听到客人报的房间号，有时反应不过来，就问人家能否再说一遍，肯定遭到客人的投诉。"海闻回忆说，最后精明的老板扮客户打来电话，问酒店怎么走、房价是多少，这些海闻都不知道，很自然就被辞退了。后来有人告诉他，这样的工作要求反应快，英文好，对酒店情况十分熟悉，就是一般美国人也不一定能够胜任。海闻听后，觉得当初接下这单活儿，真是"初生牛犊不怕虎"。

靠嘴巴挣钱不行，那就去干体力活儿。去餐馆端菜洗盘子、帮别人做油漆工刷房子、收拾院子、清理房间这些活儿，海闻都干过。凭着北大荒磨炼出的坚强体格与意志，还有劳动技能，干这些活儿对他来说，都是小儿科。放暑假时，他最多同时兼职四份工作，每周差不多工作60小时。

学业上的困难同样巨大。刚开始英语不行，上课很多地方听不懂。他专门买了一台录音机，把老师讲的内容录下来，课后反复听，直到懂了为止。

在课程内容上，北大本科他读的虽然是经济系，但读的是政治经济学，根本没有学过美国的宏观经济学和微观经济学等基础课程。现在要读美国的经济学硕士，基础太差，甚至连课程中的一些基本概念都不知道。另外，西方经济学对数学的要求非常高，海闻的数学课实际上只上到初中二年级。

挑战面前，海闻总是勇敢面对，迎难而上。他边学习新内容，边补习旧知识。上课之后，做作业，看书，经常熬夜到凌晨（图7.2为海闻当时的学习情景）。虽然时间高度紧张，但他明白不能做书呆子。有时还跟着美国室友一起去参加户外活动，比如去教堂等，学习英语，了解社会，收获颇丰。

图 7.2　20 世纪 80 年代中期，海闻在美国就读博士期间使用电脑学习

像杂技运动员走钢丝一样，在学习、打工、活动等各方面，海闻尽量做到兼顾、平衡。一年多之后，他已经适应了美国的留学生活。英语水平飞速提升，课业成绩不断提高，打工挣钱也有斩获。英语、文化、财务和学术方面的挑战，一一化解。

1983 年 12 月，海闻顺利拿到经济学硕士学位。他想到了回国，把这个想法告诉美国导师时，导师建议他再读博士，这样可以学习更多知识。于是，他赶紧向美国多所大学发出读博申请。1984 年 9 月，他进入加州大学（戴维斯）经济系读书。到 1991 年 6 月，他先后获得该校经济学硕士和博士学位。谁都知道，在美国读小学很轻松，越往上读越难，最难的就是读博士。能拿到美国的博士学位，没有真本事完全不可能。

在攻读博士期间，海闻曾在加州州立大学（旧金山、萨克拉门托）经济系教过课。博士毕业后，又在加州大学（戴维斯）担任过讲师。之后，海闻来到美国福特路易斯学院商学院求职，竞争对手是两位美国人。此时的海闻已有美国高校的教学经验，因此在面试时淡定自如，还不时透出幽默，最终拿到了该校的聘书。后来，海闻又成为该校副教授，而且获得终身教职。

放弃终身教职毅然回国

1992年早春,邓小平发表"南方谈话",《深圳特区报》发表陈锡添撰写的著名通讯《东方风来满眼春》,全面生动地报道了邓小平"南方谈话"的精神,在全世界引起轰动。正如歌曲《春天的故事》里所唱,"天地间荡起滚滚春潮,征途上扬起浩浩风帆",中国展开了一幅百年的新画卷,捧出万紫千红的春天。

始终关注国内局势的海闻,从邓小平"南方谈话"中,从中央提出要实施市场经济的伟大决策中,看到改革开放将进入新阶段,掀起新高潮,书写新篇章,中国发展前景一片灿烂。一直胸怀报国理想的海闻,心潮澎湃,认为回国的时机到了。一方面是国家需要,另一方面回国能充分发挥自己的才华。毕竟改革开放的中国是一个巨大舞台,这样的舞台,在美国无法找到。

拥有美国名校的博士头衔,拿着美国大学终身教职,这样的人才,当时凤毛麟角,极度稀缺,是国内很多单位争抢的对象。

时任国务院发展研究中心主任孙尚清就很想"抢"海闻。1988年孙尚清到美国考察,海闻专门开车接待,陪伴孙尚清走了几个城市。孙尚清慧眼识才,认为海闻既有良好的经济学专业背景,又有美国生活和工作经验,还有相当强的组织能力,在美国参与创办了中国留美经济学会,还担任过三届理事和一任会长,研究中心国际合作部急需这种人才。

去了可能就是有一定级别的领导岗位,而且一把手对自己又如此赏识,未来上升空间巨大,面对诱惑,海闻如何抉择?

人生就是选择,选择不同,便会呈现出不同风景。海闻从中学时代起,就始终心中有理想、眼中有目标,所以每当人生面对选择,他总能从容地做出自己的决定。海闻很清楚,他回国的主要目标是"推动中国经济学教育和研究的发展,并使之走向世界"。而北京大学,给了他这样的机会。最终,他谢绝了孙尚清主任的好意,接受了母校北大的橄榄枝。

关于海闻回北大发展，不得不提到著名经济学家林毅夫。当时，海闻还在北大读本科时，林毅夫来经济系攻读硕士。1987年，林毅夫从美国获得经济学博士学位后回国到国务院发展研究中心工作，后来一直希望找机会回到北大。海闻和林毅夫既是校友，又是好友。先期回国的林毅夫非常希望海闻能够早点儿回国，大家一起做些事情。两人见面探讨问题，有一个共同志向："怎么把北大经济学的教学科研搞上去？怎么把中国经济学提高到国际先进水平？"

1993年夏天，由中国留美经济学会等主办的经济改革论坛在风景如画的海南岛举行，林毅夫、海闻、易纲、张维迎同时与会。四位"洋博士"经过商议，要完成一项创举，在北大成立中国经济研究中心。此时，易纲在美国获得博士学位之后，正在印第安纳大学经济系任教，张维迎还在牛津大学读博士。不久，筹备会正式成立。

1994年8月17日，北大决定正式成立中国经济研究中心（简称"中心"），任命林毅夫为中心主任，易纲、海闻为副主任（图7.3）。后来北大给中心的

图7.3　海闻（右三）回国和其他学者一起创办CCER

定位是:"集研究、教学和培训于一体的学术机构。是北京大学进行教学和科研体制改革的一种新探索,也是吸引海外留学人员回国服务的一种开创性尝试。"

在美国的大学当终身教授,工作稳定,薪水不菲,除了教学科研,每年还有大量时间到世界各地做学术交流,甚至休闲旅游。这是一份令人羡慕的工作,意味着至少能过上美国中产阶级的舒适生活。但为了心中的那份理想,海闻抛开这一切,离开美国,回到了阔别已久的母校。

中国经济研究中心虽然牌子很大,但初创时实际上"一穷二白",没有创办经费,蜗居在老地学楼的三间破旧办公室里。海闻是创建中心的6位元老之一,1997年之后,当年一起"卧谈"的室友易纲离开中心去了央行。从中心成立到2002年担任北大校长助理,海闻实际上是中国经济研究中心的大总管。

实现归国抱负,海闻重任在肩,如何一一"破局"?

北大校园里艰苦创业

"推动中国经济学教育和研究的发展,并使之走向世界",目标宏大,如何落实?海闻给自己的定位十分清晰:"我主要是搭建平台,而不是写多少文章。"

中国经济研究中心是海闻回国之初参与搭建的最大平台,也是最有影响力的平台。为了在"搭平台"中发挥更大作用,舍掉仕途的海闻,主动承担了中心的行政工作。"如果只是当个教授,我没必要回来,假期回来教教书就行",他对林毅夫如此说道。

"我的时间60%做行政,30%搞教学,10%做研究。"海闻介绍他的时间安排时说,"我们的学者很多,但既懂学术又懂管理又愿意做管理的人不多,而行政工作对一个机构来讲又非常重要。"

数字往往是枯燥的,让我们来看看"60%"背后的故事吧。

曾经在中国经济研究中心工作多年的马晓萍回忆说："中心办公环境装修、配色、窗帘挑选，乃至院子里消火栓由立体改为平面以不破坏古建筑的整体风格等调整，都出自海老师的设计。朗润园新楼设计出来之后，海老师要求按照设计图纸制作沙盘模型，以便来访者观看。台湾企业家万众先生应邀访问中心，据说看到模型后决定捐款修建，这才有了现在的'万众楼'。"

据了解内情的人介绍，捐赠过程是这样的：在万众向林毅夫表达捐款意向之后，海闻紧密跟进，多次与对方沟通协商，最后成功动员对方捐款200万美元，解决了建设资金问题。

万众楼建设过程中，海闻经常去盯现场。二楼多功能厅装修快完工时，马晓萍想先睹为快，她和同事邢惠清等专门跟着海闻去看。一进门，马晓萍就被眼前的一切惊呆了：整个大厅以金色、绿色和红色三种颜色为主，屋顶以及廊柱上的雕花典雅大方又富丽堂皇。她一时无法形容，只好说："真是金碧辉煌呀，太奢侈了吧！"

海闻听后哈哈大笑："这些都是仿制的，并不是真的金箔，其实成本很低的。你们猜猜楼上的椅子多少钱一把？"

"这种样式和质量，要180元吧。"马晓萍想了一会儿回答。

"按这个单价都卖给你！"邢惠清笑着说，卖家要200元一把，海闻跟她一起砍到了80元。马晓萍数了一下万众楼上椅子的数量，至少有几百把，算下来真省了不小一笔钱。

"我当时就想，海闻老师作为大总管，对中心的支出简直可以用'锱铢必较'来形容了。"马晓萍如今回忆说，万众楼二楼在投入使用后，很长一段时间都是北大校园里公认的最上档次的会场。

海闻做事不仅事必躬亲，而且追求完美，标准极高。在中心，小到一本画册的设计，大到招生过程、课程设置、教学模式、论文要求，他都要亲自上阵，严格把关。据说中心成立5周年出版纪念画册，他竟然亲自修改了十几稿。

一心干事创业，辛苦不说，还要忍受各种非议。当时中国没有这样的研究中心，里面是清一色的海归，而且他们没有拿政府一分钱，都是自己找世界银行、福特基金会等组织资助的。海闻说："一些人怀疑我们是否拿着美国人的钱到中国搞和平演变,还有人认为这个中心肯定干不长,因为有几位当时还没有完全辞掉在美国的教职。"

艰辛的付出换来了巨大的收获,当中国经济研究中心成立10周年时,已经蜚声国内外,古朴清雅的朗润园成为中国经济研究和教学的重镇。

海闻创建的第二个平台,是于1999年建立的"中国经济学教育科研网"。网站自2003年以来,相继推出了自助建站系统、经济学资源库、经济学数据库、经济学搜索系统等,为教师、学者、学生等相关人士提供了一个经济学综合信息平台,一度成为全国访问量最大的经济学教育科研网站,至今还在运营。

海闻创办的第三个平台是中国经济学年会。2001年10月,首届年会在北大中国经济研究中心召开(图7.4)。年会每年召开一次,宗旨是:"加强中国高等院校经济类院系以及国内外其他经济学科研、教学机构之间的交流与合作,为广大从事经济学教学科研的中国师生搭建一个开放、互动的平台,以促进中国经济学教学与学术研究水平的提高。"

图7.4　2001年海闻主持首届中国经济学年会

创办年会时,也有很多"杂音"。有人说海闻是要普及西方经济学,有人说冠名"中国经济学年会"的旗子扯得太大,时机还不成熟。海闻态度坚决:"不成熟也要上,一定要跳出北大,做一个全国高校和经济学界交流的平台。"林毅夫后来也站到了海闻一边,他说影响巨大的美国经济学年会,当初起步时也很粗糙,后来是越办越好。

果然,办到第三届时,规模和影响已经超出想象。近500位知名学者到复旦大学出席年会,时任上海市市长韩正亲自致辞。中国经济学年会已经成为中国经济学界规模最大、最具影响力的学术盛会,理事会由北大、清华、人大等国内近20个著名大学的经济学科研和教育机构组成。

2020年12月,第二十届中国经济学年会在北大汇丰商学院举办,海闻正式卸任理事长职务。为感谢他20年来对中国经济学年会的创立与发展做出的卓越贡献,年会永久设立"海闻讲座",每年邀请重量级经济学家主讲。

在中国经济研究中心的8年里,海闻还为中国经济学教科书编写做了大量工作。比如,1996年,他作为实际主编(主编请的是恩师陈岱孙)组织了"经济科学译丛"的选题和翻译,引进了一批世界先进的经济学教科书。1997年,他与易纲组织留美学者撰写了"现代经济学管理学教科书系列",该系列教科书为读者提供了大量中国案例。

海闻忙于搭台,自己已经无暇在台上唱戏。这样虽然对社会贡献更大,但对他自己则意味着学术研究上的牺牲。他说:"我的理想是把优秀的学者组织起来,成为一个团体,多做一些事情,多影响一些人。我是搭台的人,不一定非要自己在台上唱戏,请更合适更优秀的人来唱戏比自己唱要好。"如果观察在中国经济研究中心的角色和成就,可以得出这样的结论,海闻既是一位教授、经济学家,也是一位教育和科研活动的组织者、管理者,更是一位不断开拓的创业家和痴心办学的教育家。他不仅使"推动中国经济学教育和研究的发展,并使之走向世界"的梦想成真,而且为后来到深圳创办商学院积累了宝贵的实践经验。

在中国经济研究中心度过精彩的8年之后,海闻即将迈入人生创业的下一站:南国深圳。

南下深圳开拓新事业

2005年8月，汇丰商学院首届学生从全国各地来到深圳大学城。作为创院院长的海闻和学生们一样，一个人从北京带着行李来到深圳，住进了学校公寓楼，开始了他深圳办学的艰苦而精彩的生活。

海闻当时的家在学生公寓L栋10层，两室一厅，最多40平方米。客厅小得可怜，只能放一张小桌和几个小凳，电视只好挂在主卧室墙上。不管谁去看，都会觉得这是典型的深圳白领打工者的住所，根本无法想象主人竟然是著名经济学家和北大副校长。

更让人想不到的是，海闻在这里一住就是9年，而且是常住。直到2014年春节，在深圳市领导的安排下，海闻才作为高级人才搬进深圳市政府提供的一套三居室公租房。

谁都知道，海闻对办事的要求之高，近乎苛刻，唯独对自己的生活不讲究，随遇而安。当然，着装等涉及外在形象的除外。"在北大荒待了9年，什么都能适应。"海闻说，工作都在办公室，在哪儿住无所谓。

一个人在深圳，除了有应酬，他吃饭基本在北大深研院食堂，偶尔会在校内快餐店解决。笔者多次跟他去食堂吃午饭，一路上不断有师生跟他打招呼："海老师好！"这时候他总是微笑回应。遇到有些师生，还顺便聊上两句。进入二楼食堂，他和大家一起排队，选菜，刷卡，端着托盘找座位。深圳很多单位有食堂，领导虽然有时也吃食堂，但大食堂里面有小食堂，领导坐在小餐厅吃小灶。但在这里，海闻没有任何特殊待遇。他吃饭非常简单，笔者要两荤一素，他只要两碟素菜。菜快吃完时，他把碟子里的汤和菜倒进碗里，用勺子吃得干干净净。

在食堂吃饭，除了方便，还有利于对食堂饭菜质量、服务水准等加强管理。海闻于2005年成为北大副校长和商学院院长，还曾多年兼任深研院常务

副院长和院长。对师生生活特别重要的食堂,他在管理中自然不会放过。

"现在离关门还有半个小时,你们为什么已经开始自己吃饭,而且洒水打扫卫生?连饭菜都没有了?"海闻刚到深圳不久,一次到食堂吃晚饭时发现了问题。

"大家都吃完饭了,您看,这里已经没有人了。"食堂负责人觉得自己没有做错什么。海闻环视饭厅,果然只有两三个人还在吃饭。

"正因为你们总是提前打扫卫生,才造成现在没人。大家觉得这时候来吃不到东西,而且环境很差。"海闻看到对方无所谓的态度,有些发火,"如果你们以后再这样,我们就换公司!"

按照规定,食堂晚上 7 点关门,中午 1 点关门。于是,海闻经常选择晚上 6 点 50 分或中午 12 点 50 分左右,去食堂吃晚饭或中饭,这样方便边吃饭边检查食堂工作。

又过了几天,海闻吃饭时又发现了问题。食堂门口玻璃门上被人贴了小广告,饭厅吊灯、风扇上面脏兮兮的。海闻把食堂负责人叫来,限令两天之内清洁干净。

"这位海校长怎么与别的领导不一样,抓得这么细,这么严!"食堂人员私下偷偷议论,但也不敢不改。很快,师生们反映食堂饭菜好吃了,服务也好多了。

来深圳办学,睡在宿舍,吃在食堂,海闻一点儿没有觉得不习惯。但有一点却让他特别难受,就是坐飞机。

海闻在深圳以校为家,但北京有他的太太和女儿,任副校长期间经常要回北京参加校长办公会,还要给本部本科生上课。因此,他几乎每周都要在京城和鹏城之间,飞一个来回。

"空中飞人"的生活确实艰辛。深圳与北京相距 2000 公里,单程要 3 个小时。有人给海闻算了一笔账,仅在京深两地之间每周飞一次,一年也要飞行 20 万公里,差不多绕地球 5 圈,包括去机场,总共至少花费 600 个小时。这是一个惊人的数字。为了不浪费时间,海闻很多工作都是在飞机上完成的。比如给第一届学生找工作的"院长推荐信"、担任深研院院长的"就职演说"和"施政纲领"等，都是在飞机上起草的。

"我现在一想到坐飞机就发怵。"海闻说。有一次国外发生空难，栾胜基和海闻聊天，海闻突然说："我经常坐飞机，如果哪一天飞机掉下来，汇丰商学院咋办呢？"一句话说得栾胜基眼中含泪。

即使很不愿意坐飞机，他还是不得不做"空中飞人"。深圳与北京，两地都有他的事业和牵挂，汇丰商学院和北大500人的大课，都离不开他。

做海老师的学生很幸福

有人说，在海闻眼里，学校人员的"待遇"是不一样的，排在第一位的是学生，第二位的是教师，第三位的是行政人员。

这是一种容易引人误解的说法，海闻对所有人一视同仁，绝不会分三六九等。用魏炜的话说，海闻跟高官说话和跟清洁工说话，态度是一样的。对权贵不阿谀，对平民不傲慢，平等观念深入他的骨髓里。但在学校里面，他反复强调一个理念，行政人员要为教师服务，教师和行政人员都要为学生服务，学生是一切工作的中心。

正因为有这样的理念，做海老师的学生很幸福。

从北大荒第一次给学生上课开始，他就特别喜欢面对一双双求知的眼睛。到了中国经济研究中心之后，他从未离开过三尺讲台，教书育人对他而言是一种超乎寻常的享受。即使担任副校长之后，他仍然坚持给本科生讲"经济学原理"。大学校长给本科生从头至尾讲授一门课，在全国高校比较少见。

"海老师学问做得好，课讲得好，风度翩翩，在我们学生中很受欢迎。"这是学生刘越男的感受。海闻学识渊博，讲课深入浅出，因为听的人多，每年上课地点都选在北大约有500个座位的最大的教室，即使这样，有时候还是人满为患，连过道上都站满了人。

2013年秋季，网上流传一个"北大蹭课指南"的帖子，告诉社会上的人

怎样到北大蹭课,帖子列举了北大最受欢迎的大课。其中排名第一的,就是海闻的"经济学原理";第二是朱孝远教授的"西方文明史导论";第三是刘伟教授的"经济改革与发展"。虽然获得各种奖励无数,但拿到这样的"奖项",海闻还是特别看重和自豪:"我自己都没有想到,在那么多优秀教授中,学生居然这么认可我。"

海闻曾在人人网开通个人主页,这实际上是那段时期他与学生交流沟通、听取意见的一个窗口。学生遇到什么问题,都爱私信给他,他看到后,不论大小,都会一盯到底。

新教学大楼投入使用不久,学生反映没地方买文具。海闻马上打电话要求李志义解决。很快,2014 年 3 月,由学生自主管理、相互提供服务的学生活动中心在大楼 202 室成立,卖一些日常学习和生活用品。活动中心成立刚几天,又有女生反映,里面买不到卫生巾。海闻又给李志义打电话,卫生巾很快上了货架。又过了不久,又有学生反映,有时候学习太晚,想买点儿饮料,但活动中心已经关闭,于是李志义又接到了海闻的电话。

李志义说,他已经观察出一个规律:凡是学生反映的问题,海闻布置解决的方式肯定是第一时间打电话,不会用邮件交代,更不会拖时间。

海闻对学生特别好,故事特别多。

2010 年 11 月 29 日深夜,深研院增建宿舍楼,快到凌晨 1 点还在施工,噪声特别大。海闻拿起电话打给后勤管理部门,对方回答说水泥要一次性浇灌,时间长又不能停。为何不在白天施工?回答说是白天水泥车不准通行。于是,住在学生宿舍的海闻和同学们一起,忍受了大半夜的噪声。第二天,这件事成为校园 BBS 上的最大热点,有的表示理解,有的认为应当提前告知,有的则认为这是学校协调工作没做好造成的。

面对批评,海闻两天后写了一封《关于深研院新宿舍楼施工问题的道歉信》:"由于学校对施工单位的监督协调不力,造成 11 月 29 日晚新宿舍楼施工时间过长,影响大家的正常休息,在此向大家表示歉意!"署名"北京大学副校长、深圳研究生院院长海闻"。

因为各种原因,学校后勤有一件工作没做好影响了学生休息,一位大学校长个人竟主动公开道歉，这在高校中罕见。这显示了海闻对学生的重视，也可以看出海闻的气度。道歉信一放到网上，赞声一片。

魏炜讲了一个真实的故事，商学院一位学生告诉他，因为家庭经济困难，开学交不起学费，心里很紧张着急。海闻知道后，把他叫到办公室，从抽屉里拿出一沓钱给他，让这位学生一下子目瞪口呆，不知如何是好。

"想想当时的情景，真的挺感人。"魏炜说，学生平时如果缺钱向海闻借，海闻大多来者不拒。

很多学生反映，海老师经常请学生吃饭。比如遇到元旦、中秋，甚至是情人节这样的节日，他会突然袭击式地请客。快到晚饭时间，临时通知那些没有安排的人跟他去吃饭，有时一去就是十几个。"我临时通知，就是要请那些真正没有安排、过节可能会比较孤独的人。"海闻做什么事想得都很细。

海闻对学生有一种"大爱"。他带着强烈的使命感办学，希望培养的学生能对国家民族发展发挥作用，因此，他才有巨大动力和无限真诚来爱学生。

不用说殚精竭虑建设软硬件，为学生发展打造一流环境，单从一些小事上，就能看到海闻对学生大爱的背后，是一种使命感在驱使。否则，他很难数年如一日，从校长到班主任，给学生不厌其烦地开班会；很难数年如一日，从深圳跑到北京，给本科生上大课。

一次接受媒体采访时，海闻认为高校需要的校长，一要有理念，有眼界；二要懂得管理，要带领所有行政部门人员为教学科研服务；三要重视学生，只有校长重视学生，管理的团队和师资队伍才会重视学生。

2013年11月7日，因为年龄关系，海闻不再担任深研院院长，他在告别演说《这一切，值得》中，还不忘特别指出："我们要继续保持关心学生、爱护学生的工作作风，在重视对他们严格教育的同时，关心他们的生活，重视他们的意见，保持跟他们的沟通。学生的优秀，是深研院未来最值得骄傲的资本。学生对深研院的感情，也将是我们这个南方北大最宝贵的财富，是奠定深研院声誉的基石！"

因为付出巨大，回报才更加丰厚。无论是在校生，还是已经毕业多年的学生，谈起海老师时，无不充满尊敬、亲切和感激之情。很多学生说，这是他们

一生中遇到的最好的老师、最好的班主任，同时也是最好的校长。

李志义介绍，海闻曾经担任2000级北大国际EMBA的班主任，2013年汇丰商学院大楼建好之后，这个班有几位校友提出想到深圳来看看海老师的"杰作"。于是，海闻正式向这个班全体校友发出邀请，欢迎他们参观考察。让所有人没有想到的是，竟然一下子来了70多人！要知道这些人毕业已经10多年，而且绝大多数事业有成，工作忙碌，时间十分有限。对这次毕业后的最大聚会，大家都很兴奋，盛赞"还是班主任号召力大"。

为了培养人才，海闻甘做学生的后勤部部长。对老师，他也是关爱有加。

笔者多年前采访时，刚好碰到这样一件事情。

在7层教师办公区，海闻走进一位教师的办公室。聊了两句，突然问道："你的桌子腿怎么用书垫着？"笔者低头一看，四条腿下面果然各放着两本书。

"哦，最近脖子不太好，桌子垫高一些，看电脑舒服一些。"这位老师回答。

"这样不稳，也不雅观，我让人给你搞一下。"

"谢谢海老师！冲凉房的热水器已经安装好了，现在我们冲凉方便多了。"原来有老师反映，白天运动之后一身汗，回宿舍冲凉太远，只能在厕所用冷水抹一抹。于是，海闻交代在厕所旁边装一个有热水器的冲凉间。

"我去看看。"说完，海闻走出房间，走到男厕隔壁的一间空房间，果然看到墙上装了一个白色圆筒形电热水器。但一会儿，细心的他发现，没有挂衣服和放沐浴用品的地方，连个凳子也没有。于是，他又掏出电话，交代管理人员把上述用品补齐。

20年的"得"与"失"

2014年春节前，"中国经济50人论坛"换届，由于长期无暇参加活动，新的成员名单中没有海闻。谈起这件事，他流露出淡淡的失落："唉，有得则有失!"

自从到深圳创办商学院以来,过去在北京拥有的很多资源,也与海闻渐行渐远。北京是中国的政治、经济、文化中心,离开北京对一名正处于上升期的经济学家来说,意味着什么,不言自明。

在北京,政治资源离得近,学术圈就在身边。"大家经常见面,有时提前一两天打个电话,就可以聚起来开个研讨会。"海闻很怀念那些时光,包括经常参加各种部委的咨询会,甚至被聘为顾问。"看到自己的研究和思考,能够变成政策促进国家的发展,有一种特殊的成就感。"当然,北京还拥有众多国家级媒体资源,可以极大地放大一个人的声音和影响力。

坐在汇丰商学院宽敞明亮的办公室里,海闻用不紧不慢的语速,向笔者娓娓道来他的创业故事,但很少提到他失去的东西。在他眼里,"经济学是一门研究人们怎样选择的科学",因此,他比很多人更懂"得"与"失"之间的辩证法,关键是你追求什么。

作为创院院长,他带领汇丰商学院一路走来,至今已整整20年时间。汇丰商学院在教师队伍建设、学生培养、学术研究、国际化推进和品牌打造等方面,成绩斐然。创立汇丰商学院并把它带进国内外一流甚至顶流行列,是他来深圳办学的最大成就和自豪。在他眼里,这种精神上的"得"是任何东西都无法相比的。

海闻身边的人都知道,为了事业,他做出了多少牺牲和奉献。

"2009年,教育部有意让海闻老师到北京外国语大学当校长,他问我们去还是不去。我们说你不要去了,你去了我们就都走了。结果他就放弃了。"魏炜说起这件事很感动,当时很多人都是冲着海闻老师来深圳的,商学院又正处于腾飞的关键阶段,如果他一走,对商学院的冲击是致命的。

"海老师挺刚强的,但有时候谈到孩子也落泪,为了北大和深研院,照顾不了家庭。有一次到惠州军训的路上,谈起缺少关心的大女儿,他说愧对她,说着说着眼圈里闪动着泪花。"与海闻共事多年的栾胜基说,幸亏他有个全职太太,承担了家庭重担。

2008年3月13日,海闻在人人网个人日志中记录的一件事,感动了无数

"粉丝"。

当天,海闻和商学院130多位师生,乘坐三辆大巴去深圳龙岗一处风景区春游,一路上车里充满欢声笑语;也就是在同时,北大附小六年级学生,在前往世界公园春游,海闻的小女儿媛媛也在其中。

中午时分,海闻和师生们正兴高采烈地爬着山。这时电话响了,他一看是太太的电话:"媛媛的脚扭了,老师送她去医院了,我去看看。"

"媛媛的腿断了,很严重。"40分钟后,电话那头传来太太的哭声,海闻心中一惊,一疼。随后不断与太太电话联系,及时获得信息,做出各种安排。

"是不是马上就赶回去?"小女儿是他的心肝宝贝,现在腿摔断了,正需要父爱。但商学院的活动让他犹豫了,他不想因为自己的离开,影响晚上师生聚餐和晚会的气氛。

他把自己的想法告诉太太,太太很体谅:"那好吧,你明天回来。"

当晚,师生们玩得很放松、很尽兴。

第二天一早,海闻飞回北京赶到医院,小女儿正躺在病床上忍受着痛苦,一见到爸爸,眼泪哗哗流了下来。海闻见此,眼角也湿润了。老师告诉他,出事后媛媛不让老师给父母打电话,说爸爸在深圳,很忙,妈妈有高血压。

这位老师还说,为了分散媛媛的注意力,减轻她的痛苦,媛媛班的同学自发地组织起来,轮流打电话、发短信,送来问候,他们还要折出999颗星星和1000只仙鹤,祝愿媛媛同学早日恢复健康。

在日志的最后,海闻动情地写道:"我不后悔当天没有回北京,更不抱怨在深圳工作。我的背后有我女儿的支持,女儿的背后有她的同学们……"

面对在学术和家庭方面做出的牺牲,面对放弃的一切,说海闻一点儿怨悔没有也不真实。他偶尔也反思自己的定位,把绝大多数时间都用来工作,到底值不值得?自己本来也可以像一些著名学者那样,写更多理论文章,出更多学术著作,贡献更多研究成果。特别是在深圳办学过程中,有些想做的事情却得不到支持理解,甚至还会受到阻挠,他也会抱怨几句,甚至对北大主要领导说,自己要回北京当教授,全心全意搞研究。但谁都知道,他这是气话,说说而已,工作一刻也没停过。如今,已过72岁的他仍然站在教学的第一线,仍在为学院的发展而操心。

在深圳这片热土上,办好深研院和汇丰商学院,默默地当一位教育家、创业家,海闻乐此不疲,享受着过程,也享受着丰硕的成果。正如他在离职抒怀中所说:"这一切,值得!"

教育界的创业家

每当问起他为何能在深圳创造如此辉煌的办学成就时,海闻总是谦虚地表示,首先是时势造英雄,没有中国崛起这个大背景,自己不可能如鱼得水,汇丰商学院也不可能劈波远航。同时,北大和深圳市的支持,还有同事们的努力,都缺一不可。

然而,我们不能不承认海闻的个人因素在创业中的关键作用。现在,让我们撇开他身上耀眼的光环,来看看海闻的"真本色"。

海闻是特殊时代造就的特殊人才。中学时全国闹革命,书本知识虽然没学多少,但养成了关心国家大事的良好习惯;接着"上山下乡"运动,让他这位生活在"人间天堂"里的少年,经受了9年严酷的身体和心理磨炼;后来进入中国最好的学府北大,深受大师熏陶;再后来去世界最发达的国家美国留学、工作长达13年。这些经历,很多只属于那个时代。

如果再进一步看,即使是同龄人,有这样丰富经历的人,也是少之又少。有的生在城市,但没有下乡当过农民;有的当过农民,但无缘读大学,更无缘北大;有的上了北大,但没机会留学,不能学贯中西。因此,有这种特殊资历的人,可以说是国家难得的精英,民族宝贵的财富。

海闻是"有理想的人"。每年开学,海闻都会给新生上一堂课,讲"北大历史与北大精神"(图7.5)。在他眼里,北大传统有两点最为重要:一是心系家国;二是追求卓越。一位学生告诉记者,海闻经常强调要担起对国家和民族的责任,并说作为一名老北大,"我是有理想的人"。他开始认为这些话有点儿"假大空",后来了解海老师的经历之后,发现他确实是这样想也是这样做的。初中开始,海闻就具有家国情怀,理想成为他事业的起点,也是基石。

图 7.5　海闻讲述北大历史与北大精神

海闻性格最突出的特点是"刚毅"。他浓眉大眼,鼻梁挺直,棱角分明,头发茂密粗硬,是典型的北方男子汉形象。他和任何人说话,都不紧不慢,中气十足,落地有声。笔者和他初次接触,就想到了"刚毅"两字。接触越深,越觉得这是他最突出的性格特点。这种性格可能更多来源于那片黑土地,也来源于他内心深处的高度自信。他所做的很多开创性事业,尤其是从零起步创办商学院,其中的坎坷艰辛,一般人难以想象。"刚毅"让他能够直面困难和挑战,不屈不挠,直至成功,同时,也让他敢于拍板,勇于担当,成为商学院师生的主心骨。

海闻最可贵的能力是能够"化蓝图为现实"。他既有北方人的粗犷,又有南方人的细腻;既能战略谋划,放眼千里,又精于战术,着眼毫厘,亲力亲为。他的座右铭"海阔天空地想,脚踏实地地干"很好地诠释了这一点。有的人能够海阔天空地想,说起来头头是道,宏图描绘得五彩斑斓,但都是纸上谈兵,自己无法落地;有的人踏实肯干,执行力强,但缺少战略眼光,没有宏观思路。能够集两者于一身,是海闻特别强的优势。共事多年的林毅夫对他这点尤其佩服。他说,在我们这一代人中,有想法能出主意的人很多,但能够将主意想法很好地落实下去的,当数海闻。

海闻拥有创业家的优秀素养:创新和激情。当年林建华力劝海闻到深圳办学,就是看中了他的开拓精神。海闻做的很多事情,如成立中国经济学教育科研网、创办中国经济学年会、在深研院开办国际法学院引入欧美国家法学教育、在商学院推出"双硕士"项目、在研究生中开展军训、提出"商界军校"理念等,都是开创性的,并无先例。他在深研院和汇丰商学院埋头搞改革,使之成为中国高等教育改革的一块试验田。干很多事情,他不会过分循规蹈矩,常常另辟蹊径。魏炜这样评价:"海老师创新能力很强,很多东西都能反着看,逆向思维,差异思维,这也是很多事情能够取得突破的原因。"创业中,他总是像年轻人一样充满激情,有时候为了把一件事情干好,废寝忘食。

在海闻身上我们看到一种企业家精神。如果一个人具有企业家精神,做任何事情都更容易成功。笔者曾对海闻教授说,您做教育很成功,如果去做企业,同样能取得十分卓越的成就,成为大企业家。

海闻待人接物最大的特点是"真"。他办公室里挂着一幅字,写的是《老子》中的"抱朴含真"。这最能代表他的做人哲学:朴素、纯真。他待人直率、坦诚,有什么说什么,不会藏着掖着绕弯子,主张简单的人际关系。跟他交往多的人会发现,不管是第几次和他见面,他都不会有过多的客套,直截了当。"跟他共事比较简单,他性格比较急,不高兴了,就批评你一顿,批评过去了,就完了。"栾胜基说,做到"真",真不容易。和和气气对你,是不是真?你不知道。栾胜基也多次被他批评,但并不妨碍两人始终是好朋友。

事物都是辩证的,海闻身上的优秀素养成就了他的非凡事业,但也因此引起了一些人的误解甚至恶意批评,比如刚毅有时被人说成武断,说真话和追求简单的人际关系,容易让人感觉不灵活,容易得罪人。

为了让读者更好地认识真实的海闻,我们可以看看他在 2010 年 10 月接受搜狐网采访时的回答。当谈到一个人怎样才能做成大事时，他说，第一要有目标，"我每一个阶段都有自己具体的奋斗目标"；第二要有激情，要想做成事必须始终充满激情，保持动力；第三要踏实，注重实现目标的每一个细节，踏踏实实地去落实；第四要坚持，做成一件大事不会是一帆风顺的，遇到挫折不能轻易放弃，只有坚持才能胜利。他说"我个人的经历是做一件事情至少要10年"。

同一采访中，海闻还答了一份"普鲁斯特问卷"，这是用来了解一个人生活方式、价值观和人生经验的著名问卷。下面是他对部分问题的回答。

问："您认为最完美的快乐是什么？"

答："实现自己的理想。"

问："您最恐惧的是什么？"

答："大环境的恶化。"

问："您认为您最伟大的成就是什么？"

答："在经济学教育方面，我参与创办了中国经济研究中心，现在又创办了汇丰商学院。"

问："您自己的哪个特点让您最痛恨？"

答："拖拉。"

问："您最珍惜的财富是什么？"

答："责任。"

问："您最喜欢的职业是什么？"

答："教师。"

问："您最看重朋友什么特点？"

答："诚实。"

海闻就是海闻，个性鲜明，富有人格魅力，是一位拥有众多"粉丝"的社会名人。他很欣赏乔布斯，从某种角度来看，他挺像乔布斯的，甚至也有人称他为"教育界的乔布斯"。

他的头衔很多，如果只能选择一个，笔者觉得应该是：耕耘在教育领域的创业家。

结 语
商学院的社会价值

企业家与科学家一样重要

现在是科技创新的大时代，创新是发展的第一动力。在这种背景下，科学家和工程师的作用被社会充分认识，培养科学家和工程师的高等院校和专业也被高度重视，但对企业家和培养企业家的商学院，我们对其价值的认知还不够充分，重视程度也远远不够。

一座城市甚至一个国家，经济发展必须靠一批顶天立地的大企业和无数铺天盖地的中小微企业，企业整体上的强大是一个区域和国家强大的基础。企业促进经济增长、推动科技进步，企业向社会提供就业、产品和服务，为政府创造税收。因此，我们看世界上的发达国家，它们无不是企业繁荣发展的地方。企业的创立和发展要靠企业家，科技造福人类也要靠企业家。如果没有任正非，就不可能有今天的华为；没有马斯克，也不可能有今天的特斯拉和开发了星舰的太空探索技术公司。伟大的企业，都是由伟大的企业家成就起来的。所以，企业和企业家对经济社会发展的作用极其重要，无可替代。

当我们说创新是发展的第一动力时，一定要明白企业是创新的主体，企业家是创新活动的组织者和引领者。如果只有科学家，没有企业家，基础研究的成果就不可能变成供消费者使用的产品和服务，就不可能推动经济社会发展。这方面的事例很多。谁都知道，瓦特发明了蒸汽机，使人类进入"蒸汽时代"，拉开了工业革命的序幕。然而，人们也许不知道的是，瓦特发明和改进蒸汽机的整个过程都得到了企业家的大力支持。科技发明需要大量的资金，更需要企业家的远见卓识和冒险精神。第一个支持瓦特的企业家约翰·罗巴克（John Roebuck）因此而不幸破产，最后在另一位企业家马修·博尔顿（Matthew Boulton）的大力支持下，蒸汽机才得以面世。爱迪生是人类历史上最伟大的发明家之一，他曾经在投资人的支持下成立公司从事技术发明和成果转化，却因为缺乏相应的经营管理能力，在市场方向和商业模式上都出现错误，经营陷入困境，最后拥有1000多项发明专利的爱迪生不得不黯然退出。此后公司在管理天才查尔斯·柯芬（Charles Coffin）的领导下，业务蓬勃发展。这家公司就是现在大名鼎鼎的通用电气。还有美国著名物理学家肖克利（William Shockley），他因发明晶体管而被授予诺贝尔物理学·奖。1955年他在硅谷创办肖克利半导体实验室有限公司，招聘了一批非常优秀的年轻人，其中包括提出摩尔定律的戈登·摩尔（Gordon Moore）。但肖克利处理不好与同事的关系，对他人疑心太重，造成公司内部矛盾重重。两年后，8位主要员工出走成立仙童半导体公司，开发了世界上第一块集成电路。而肖克利的公司却每况愈下，结局是不得不关闭。这些案例都说明，科学家与企业家是两种类型的人才，对社会来说缺一不可，在创新活动中处于同样重要的地位。

企业家重要，那么以培养企业家、提升企业家素养为己任的商学院，理所当然有非常重要的社会价值。商学院教育不仅教授学生商业核心领域的专业知识，还提升他们的人生境界。EDP、MBA、EMBA项目市场化程度很高，学员是社会上有商界工作经验的优秀人士，有些已经是出色的企业家，来商学院上学不仅付出学费还得花费大量时间。他们之所以选择来商学院读书，是因为商学院的学习对经营管理企业有很大用处。

我们从实际情况来看，经济发展水平同管理教育规模正相关。一般来说，经济越繁荣对管理人才的需求就越高，报读商学院接受工商管理教育的人也越多。与此对应的是，培养的管理人才越多，他们在经济发展中发挥的作用就越大，就越能促进经济繁荣。商学教育，可以说是经济社会发展的强力引擎。经济发达的国家，无不是商学教育发达之地。商学院除培养商学人才外，还通过科研创造与企业组织有关的商学知识。这些知识除了被商学院用来教学，还在社会上被广泛传播学习。

有人可能会说,很多企业家没有上过商学院,企业不是发展得也很好吗?这是事实,但这并不能说明商学教育和经管知识不重要。那些没有上过商学院的,也有很多是通过其他途径学习了商学院创建的经管知识。更重要的是,商学教育和经管知识的掌握,有助于企业发展得更好,走得更远。

正如北大汇丰创院院长海闻所总结的:"北大汇丰对经济社会发展的贡献巨大:一是通过人才培养支持了社会的创新创业;二是为中国尤其是深圳本地的产业升级,输送了大量高素质人才;三是提升了包括企业家在内的商界人士的管理本领和人生境界;四是通过在办学上的改革创新为其他商学院和高校提供了可供借鉴的办学经验。"

是什么成就了北大汇丰的奇迹

从零起步,20年成为国际一流商学院,这是北大汇丰创造的高校领域的"深圳速度"。那么,北大汇丰为何能创造这样的奇迹?除了上级支持,笔者认为以下几个因素非常关键。

第一,中国、深圳和北大三个元素叠加,使北大汇丰在办学上得"天时"而拥"地利"。2004年此后的十几年,全球化迅猛推进,和平与发展成为时代主题,中国经济高速发展,国际地位不断上升,北大汇丰享受了国家发展带来的巨大红利。另外,北大与深圳市合作在深圳大学城办学,是真正的强强联手。合作之后的20年,是深圳跃升为国际化大都市的20年,深圳的经济、人口和城市规模上了一个新台阶,在国际上有举足轻重的地位,北大汇丰搭上了深圳这趟高速行驶的列车。在商学院刚创立的时候,海闻已经预见到了中国和深圳的发展将给商学院带来什么,现在来看,他的预见都变成了现实。

第二,创院院长海闻和商学院一流团队,使北大汇丰拥有"人和"。同样的事由不同人来做,过程和结果一定大不一样。对创建一所商学院来说,院长尤为关键。海闻北大毕业，留学美国，获得经济学博士学位并拿到终身教职之后，又回到北大工作。他来深圳创办商学院不久，又升任了北大副校长。他的特殊经历和能力，让他在创办商学院过程中，具有无可比拟的优势。除了海闻，商学院还建立了一支能打硬仗的队伍，包括高水平的教师队伍和高效率的行政团队。教师们绝大多数具有世界名校的博士学位，学术水平高且有情怀和追求。行政职员也基本上是国内外名校硕士毕业，业务能力强且有责任和担当。

第三，他们目标高远，追求卓越。北大汇丰人做事有理想、有抱负，不做则已，要做就要做到最好，就是要办出国际一流的商学院，这也是北大人的做事风格。他们有一流的眼光、一流的追求、一流的定位、一流的措施。比如，创办后不久，就通过国际权威认证来高标准办学，高标准推进国际化；建设学院大楼一步到位，从面积、设计、建设到后期管理，都超前规划高标准要求，提前实现办学硬件的国际一流。如今，商学院在师资建设、学生培养、国际化、学术研究、办学管理等方面，虽然已经取得了令人瞩目的成就，但他们永不满足，仍然在不断提升，永远保持向前奔跑的状态。

第四，他们总是以创新的思维办学。做什么事重要，以什么方式做事同样重要，要干出一流的事业，就不能简单重复别人的做法，必须闯出新路，开辟一片新天地。在深圳这片改革开放的热土，海闻和他的团队敢闯敢试，敢为人先，很多事情上突破常规，另辟蹊径。像创办"双硕士"项目、在全日制硕士中开展军训、实现全英文的教学和工作环境、在英国创办校区等，这些做法在高教领域并无先例。创新是汇丰商学院能够办出特色、脱颖而出的关键。

第五，在办学的关键节点和关键事情上，能够抓住机遇，形成发展突破。每当北大汇丰处于重要的发展时刻、面对重要的事情，他们总能以果断的决策和有力的执行，把一个个"关键点"变成快速发展的起点和突破点。比如，以调剂方式招收首届硕士、争取汇丰银行捐赠冠名和政府财政支持、当机立断购买英国校区等，这些事情上的成功，对学院跨越式发展具有重要的推动作用。

第六，他们面对困难能够迎难而上，坚持不懈、锲而不舍。目标越高远，措施越创新，做起来难度就越大。北大汇丰从创立至今，走过的路坎坷不平。

结 语

从全日制硕士争取招生资格，到 EMBA 获得招生名额；从争取汇丰银行捐赠冠名，到在大学城成功拿地并获得政府资金资助；从军训等措施实行后受到不少人抵触，到现在"商界军校"成为学院品牌和学生眼中的骄傲；从去英国成功购买校区，到校区获得英国政府正式注册；从聘请诺奖得主来院设立研究所，到学院发表论文整体水平跃居同行前列，其中的过程无不充满了艰辛。面对发展中的一个个困难，他们坚韧不拔，逢山开路，遇水搭桥，用毅力和智慧去解决一切。

北大汇丰有一支具有企业家精神的团队。企业家精神的内涵包括创新、责任、勇敢和执着等，其中创新是企业家精神的灵魂。德鲁克在《创新与企业家精神》（*Innovation and Entrepreneurship*）一书中提出，企业家精神不仅可以体现在企业家身上，同样可以体现在任何人和任何机构上，比如政府、工会、学校、军队、医院、社区等。威廉·冯·洪堡（Wilhelm von Humboldt）是一名外交官，1810 年创办柏林洪堡大学，在办学理念和措施等方面有很多大胆的创新。洪堡大学办得非常成功，因此被誉为"现代大学之母"。德鲁克认为，洪堡在办学上体现的就是企业家精神。北大汇丰的创院院长海闻及其团队，用企业家精神，在改革开放的前沿深圳，创建了一所国际化的现代商学院，培养和培训了数以万计的企业家、管理者、经济金融高端人才，其社会价值，跟培养大批科学技术人才的院校同样重要。两者相辅相成，共同促进社会的发展。

让我们共同祝贺北大汇丰商学院 20 年取得的卓越成就，共同祝愿北大汇丰商学院越办越好！

附录一

变革中国的商学院教育

改革开放之初，改进企业管理就引起中国社会各界的关注，并出现了各种类型的企业管理人员培训班。但是，由于我国教育机构和国有经济陈旧体制的限制，适应现代市场经济需要的职业经理人教育并没有得到普及。到20世纪90年代邓小平"南方谈话"后，中国的市场化转型速度加快，职业经理人教育也随之开始大量引入并在中国落地生根，社会也给予了愈来愈多的认可。经过20年发展，目前各类综合性大学已经普遍设立商学院，还有少数独立商学院初步建立了自己的国际声誉。北大汇丰商学院无疑是其中的佼佼者。

最近几年，中国经济环境快速变化，体制改革也进入以完善竞争性市场经济体系为目标的攻坚阶段。中国的商学院教育也需要主动适应环境变化，进行变革和提升。它不仅要教给人做生意的技术，还要培养学生的社会责任感，帮助他们养成高尚道德素养，塑造个人人格；一方面通过更为专业的知识和技能教育为经济服务，另一方面通过法治、职业伦理方面的教育，提高商学院毕业生的社会参与意识。在我的印象中，在职业伦理和社会参与方面，中国的商学院毕业生还有很大的进步空间。而建设比较完善的市场经济体制，特别需要既有专业精神，又有社会责任感的经理人阶层的积极参与和推动。北京大学的海闻教授原本专长于国际贸易研究，近些年来倾力于商学院教育。在他和他的同事们的共同努力下，北大汇丰商学院俨然成为中国商学院中的后起之秀。这本《深圳特区报》的沈清华所写的新书，详细讲述了汇丰商学院和以海闻教授为首的办学团队的创业故事，读起来令人饶有兴味。它既可以被视为中国商学院教育发展史中一个值得书写的篇章,也是中国改革史中一个需要认真总结和借鉴的案例。

最后,祝北大汇丰商学院越办越好。

吴敬琏

2014 年 9 月 27 日

(该文是吴敬琏先生为 2014 年出版的《商界军校》一书所写的序言)

附录二

为北大添彩

作为北大汇丰商学院创建和发展的参与者、见证人，看到在短短10年里，学院就发展到现在的规模和水平，我倍感欣慰。

北京大学当年去深圳大学城办学时，我自己有一个梦想，就是希望在深圳这个改革开放的前哨，北大深圳研究生院（简称"深研院"）能够更加开放、更加国际化，在那里可以尝试进行更多的教育改革。中国要成为在世界上真正有影响力的强国，必须有一流的高等教育，也必须培养出一大批能够在国际事务中发挥作用的人才。"国际化"是高校要走的路子，尤其像北大这样的高校，要建成世界一流大学，别无他路。

为了加大深研院的领导力度，作为副校长的海闻教授去深圳担任深研院领导之后，坚持与本部"一个品牌，一个标准"的理念，提出北大深研院要成为北大建设国际一流水平大学的重要组成部分，并致力于把深研院建成"北京大学坐落在深圳的世界一流国际化校区"，希望通过高水平办学，为北大争光。为了这样的目标，他们踏踏实实地奋斗了数年。

北大汇丰商学院只是海闻在深圳办学的优秀作品之一。海闻教授与他的同事们一心要把汇丰商学院办成"商界军校"，我想如今的商学院也正在朝此方向发展。我对这所学院的国际化程度印象深刻，外国教师和留学生比例很高，实行全英文教学，在管理上很多方面都与国际接轨。同时，学院在培养学生综合素质方面也有很多特色做法，如双硕士项目、严格的纪律规章和训练有素的礼仪要求。这里的毕业生深受市场欢迎，一些刚刚毕业六七年的学生，已经在各自领域崭露头角。在海闻的带领下，汇丰商学院大胆探索、勇敢创新，而且卓有成效，很多做法都是国内首创，没有先例，吸引了海内外目光，有人甚至把这里称为"教改小特区"。

服务当地经济社会发展，也是大学的功能之一。商学院地域性很强，从深圳和珠三角地区繁荣的经济发展中，汇丰商学院汲取了成长的丰富营养，反过来又通过培养人才等，服务于当地经济、社会发展。汇丰商学院与深圳市政府保持了良好的合作关系，深圳市对商学院给予了很大支持，商学院也通过自己特有的方式积极参与当地经济社会建设。尤其是为当地培养、培训商界人才，以及助力国际化城市建设方面，汇丰商学院有突出贡献，赢得了很好的社会声誉。

汇丰商学院虽然年轻，但规模上已经是北大最大的学院之一，影响力上也是北大的一个响亮品牌；它在深圳不仅是唯一一所商学院，而且已成为深圳整个高等教育的一张名片；它每年为国家培养大量高素质的商界人才。无疑，汇丰商学院已经成为国内一流的商学院，对北大，对深圳，对国家，它都做出了不小的贡献。

能够有这样瞩目的成绩，是由于北京大学、深圳市政府和汇丰银行的大力支持，是由于汇丰商学院师生员工的共同努力，尤其是与领头人海闻个人的奉献有关。一个人不计得失、别家离舍到深圳干出这么一番事业，让人不得不肃然起敬。

最后，祝愿汇丰商学院越办越好，在各方面都更上一层楼。

许智宏

2014 年 10 月

（该文是许智宏先生为 2014 年出版的《商界军校》一书所写的序言）

后 记

因为曾在《深圳特区报》长期负责教育线的采访报道，自北大汇丰商学院在深圳创立起，我就开始与之打交道。创院10周年时，我在中信出版社出版了《商界军校》，反映其精彩的创业史。最近十年来，我与汇丰商学院交往更加频密，经常有机会听创院院长海闻教授讲述商学院发展中的故事。

在这个过程中，我既见证了他们取得的令人震撼的成就，又感受到了其中的酸甜苦辣。记得有一次在学院外见面，海闻教授一到就兴奋地从他那经典的黑色双肩包里拿出一沓照片，说正准备在英国购置一个校园。他指着彩色照片向我们介绍那片校园的情况，描绘收购后的宏伟计划。从他说话的语气和神态上，不难看出当时他内心有多么喜悦，干事创业的闯劲有多大、激情有多高。后来果然购置成功，创造了中国高校走出国门办学的奇迹。然而北大汇丰的发展并非一帆风顺，困难和艰辛总是如影随形，干得风生水起的时候，往往风雨也随之而来。我也见过海闻教授在一些想法无法实现时倍感无奈的样子。正因为如此，我对他们取得的每一分成绩，都充满敬意，尤其对创院院长海闻教授更是高山仰止。

这本书可以说是我长期跟踪观察和采访的成果，也是在前一本书的基础上写出来的。书中展示了北大汇丰办学的筚路蓝缕，也彰显了他们办学的辉煌成果和鲜明特色。但这些只是写作的部分目的，这本书还想达到两个目的：一是通过大量事例向大家展示商学院教育对商界人士的成长以及经济社会发展的巨大价值，这在本书"结语"部分有比较集中的阐述。二是希望揭示北大汇丰是怎么从0到1在20年中成长为国际一流商学院的，到底是哪些因素成就了这个奇迹，这对我们干事创业有什么启发。希望高校管理者把这本书当成办学案例来读，从中借鉴办学的经验；北大汇丰的校友把它当成类似院史的书来

后 记

读，增进对母校的了解和感情；创业者把它当成一个成功的创业案例来读。10年前《商界军校》出版后，有些读者向我反馈说，从书中能学到很多创业的方法和智慧，比如创业要有高远的目标，要有好的团队，要有创新的思维，要有国际化的视野，要有坚韧不拔的毅力，要做出特色和差异化，等等。如今，这本涵盖了北大汇丰20年创业故事和经验启示的《攀峰之路》，里面可学可用的东西更多。

感谢在这本书的采写过程中，北大汇丰商学院的领导、老师、工作人员和校友给予的大力支持！感谢北京大学出版社的编辑，为此书的出版付出了大量的时间精力！

沈清华

2024年9月于深圳